_____ 님의 소중한 미래를 위해

이 책을 드립니다.

주린이가 가장
알고 싶은
최다질문

TOP77 ②

'염블리' 염승환과 함께라면 주식이 쉽고 재미있다

주린이가 가장 알고 싶은 최다질문 TOP77 ②

엄승환 지음

메이트북스

메이트북스 우리는 책이 독자를 위한 것임을 잊지 않는다.
우리는 독자의 꿈을 사랑하고,
그 꿈이 실현될 수 있는 도구를 세상에 내놓는다.

주린이가 가장 알고 싶은 최다질문 TOP 77 ❷

초판 1쇄 발행 2024년 1월 16일 | **지은이** 염승환
펴낸곳 ㈜원앤원콘텐츠그룹 | **펴낸이** 강현규·정영훈
책임편집 안정연 | **편집** 남수정·최주연 | **디자인** 최선희
마케팅 김형진·이선미·정채훈 | **경영지원** 최향숙
등록번호 제301-2006-001호 | **등록일자** 2013년 5월 24일
주소 04607 서울시 중구 다산로 139 랜더스빌딩 5층 | **전화** (02)2234-7117
팩스 (02)2234-1086 | **홈페이지** matebooks.co.kr | **이메일** khg0109@hanmail.net
값 19,000원 | **ISBN** 979-11-6002-419-7 03320

투자는 IQ나 통찰력 혹은 기법의 문제가 아닌
원칙과 태도의 문제이다.

• 벤저민 그레이엄(가치투자의 아버지) •

질문 자체에 해결책이 있다. 투자자는 자신이 처한 상황을 개선하거나 고민을 해결해 주는 이야기를 듣고 싶어한다. 그러나 다른 사람은 나의 상황을 해결해줄 수 없다. 스스로 답을 찾아야 한다. 답을 알면 개운해질 것 같지만, 답은 하나가 아닌 경우도 많다. 단지 질문 자체에 해결책이 있을 뿐이다. 염블리는 그 질문을 파고든다. 저자의 삶 곳곳에 우리들의 투자시대가 엿보인다. 책을 읽고 난 후 우리는 스스로 질문하고, 답하고, 이해하게 될 것이다.

윤지호(이베스트투자증권 리테일사업부 대표)

나는 모든 국민이 금융으로 부자가 되는 '금융민주주의'라는 단어를 좋아한다. 이 책은 그곳으로 가는 길을 안내하고 있고, 주식시장에서 우리가 꼭 알아야 할 거시와 미시 분석을 함께 다루고 있다. 저자는 금리와 환율 등 거시 경제 변수를 기반으로 주식시장을 사계절로 구분하고 이에 따른 적정한 포트폴리오 구성을 제안하고 있다. 기업의 재무제표를 보는 방법과 종목 선정 방법도 제시한다. 특히 증권사 보고서 활용 방법을 알려주면서 투자자들이 스스로 공부하는 길을 안내하고 있다. 이 책을 읽으면 모두가 금융민주주의를 달성할 수 있을 것이다.

김영익(서강대 경제대학원 교수)

'꾸준함은 모든 것을 이긴다'는 말이 가장 잘 어울리는 사람이 아마 염승환 이사가 아닐까 싶다. 시장이 하락할 때나 상승할 때나, 변동성이 클 때나 잠잠할 때나, 매일매일 겸손한 모습으로 꾸준히 공부하고 실력을 쌓아가는 몇 안 되는 분이다. 이 책에는 강세장과 약세장을 수차례 경험한 염승환 이사의 업력이 묻어난다. 주식투자 인구

1,500만 시대라고 하지만 장님이 코끼리 다리 만지듯 여전히 풀리지 않는 궁금증을 품고 있는 주린이들이 많다. 이 책이 책장에 늘 꽂아두고 답답할 때마다 꺼내보는 주린이들의 바이블이 될 것이라 믿어 의심치 않는다.

박소연(신영증권 연구위원)

매일 새벽 4시에 일어나 주식시장의 아침을 깨우는 저자 염승환(염블리) 이사는 끊임없는 메모 습관으로 방대한 인풋을 풍부한 아웃풋으로 승화시키는 여의도의 파수꾼이다. 습관처럼 반복되는 일상에서도 그는 마치 이 일을 하기 위해 태어난 사람 같다. 주식 투자자들을 위한 이 책에서 그는 '기본으로 돌아가자' '개별 종목 분석에 집중하자' '매크로 분석을 게을리하지 말자'라고 조언한다. 이 책을 통해 주식 투자자들이 투자에 필요한 원칙을 세우고, 판단력을 높이는 데 도움 받기를 기원한다.

김경민(한국거래소 산하 한국IR협의회 기업리서치센터 애널리스트)

염승환 이사는 '주식 전도사'이자 '주린이의 멘토'다. 단순히 증권업계에 오래 있었다고 받을 수 있는 명성은 아니다. 누구보다 진심으로, 국내 상장사들을 응원하면서 '주린이'들이 투자해서 부자가 될 수 있는 길을 매일 찾는 사람이다. 〈매일경제〉는 재테크 세미나를 개최할 때마다 염이사님에게 연락을 한다. 언제나 매번 최선을 다해 세미나 자료를 만들고, 기대 이상의 강연을 한다. 재테크에 대한 투자자들의 눈높이가 나날이 높아가는 와중에도 매번 그 이상을 해내는 '공부하는' 전문가다. 이 책은 세미나 현장에서 직접 질문해야 들을 수 있는 염이사님의 육성을 담았다고 보면 된다. 정치 테마주나 세력의 급등주를 피하기 위해서라도 이 책은 국내 투자자의 '교과서'가 되어야 한다.

문일호(매일경제 증권전문기자)

이 책은 동학개미의 스승으로 알려진 염승환 이사가 주식 입문자를 위해 직접 만든 사실상 주식 과외 교재다. 주식 투자를 위한 기술적 지식은 물론 성공적인 투자를 위한 다양한 사례와 조언으로 완성도를 높였다. 책은 주린이가 알고 싶은 궁금증에 대해 설명하지만, 20년 동안 주식시장과 함께 한 나도 다시금 개념을 정리하고 투자방식을 재고할 만큼 독자를 구분짓지 않는다. 첫 번째 책이 주린이들의 수월한 주식투자 입문을 도왔다면 2년여 만에 나온 이번 책은 그사이 달라진 국내외 주식환경 속에서 내공을 한 단계 업그레이드 시켜줄 책이라고 확신한다.

김성호(머니투데이방송 증권부장, 유튜브채널 주식초등학교 교장)

주식시장은 변화무쌍하다. 어제 오늘이 다르고, 오전 오후가 다르다. 그러나 염승환 이사는 변치 않는 사람이다. 개인투자자들을 위해 10여 년 전에 그러했듯 오늘도 꾸준하다. 그리고 책은 진화했다. 조금 더 실전에 가까워졌다. 2년이라는 시간 동안 투자자도 함께 성장했기를, 그리고 이 책을 통해 더욱 진화하기를 기원한다.

이대호(유튜브채널 와이스트릿 대표)

코로나 이후 주식투자자의 숫자가 급격히 증가했다가 시장이 어려워지면서 다시 감소하고 있다고 한다. 투자는 어떻게 시작하는지에 따라 평생의 투자 방향성이 결정될 만큼 시작을 잘하는 것이 중요하다. 2년 전 베스트셀러였던 염블리의 '주린이 필독서' 1편 『주린이가 가장 알고 싶은 최다질문 TOP 77』이 주식시장에 입문한 주린이들이 투자의 알파벳을 배우는 책이었다면, 이번 책은 한층 더 업그레이드되어 증권업에 있는 염이사님이 2년간 수많은 상담을 통해 초보 주식투자자들이 궁금해하는 내용을 심도 있게 모아 해설해주는 책이다. 주린이도 염블리의 과외를 받으면서 편하게 공부할 수 있는 시간이 온 것이다.

선진짱(전업투자자)

저자는 올바른 주식투자 방법에 대해 부단히 연구하는 분이며, 이 책은 그 연구의 결정체다. 투자를 잘하려면 지식이 30%, 경험이 70%다. 경험도 중요하지만 기본 지식이 갖춰지지 않으면 절대 성공할 수 없다. 이 책은 그 30%를 채우는 데 큰 도움이 될 것이다.

피터케이(전업투자자, 투자블로거)

투자의 결과는 둘로 나뉜다. 수익 또는 손실이다. 그래서 투자자는 '더 많은 수익을 내는 방법을 배운다' 또는 '잃지 않는 방법을 배운다' 최소한 둘 중 하나를 다루는법을 배워야 한다. 여기서 후자에 가까운 투자관을 갖춘 분들에게 이 책은 충분한 도움이 되리라 생각한다. 포트폴리오와 매크로 그리고 밸류에이션을 중점적으로 다루고 있기 때문이다. 좋은 투자 조언은 1) 배우는 사람의 지식 수준 고려하기 2) 쉽게 풀어서 설명하기 3) 따라할 수 있는 방법 제시하기, 이 3가지 항목을 갖춰야 하는데, 이 책은 이 3가지를 두루 갖춘 책이라 판단된다. 투자의 기본을 갖추고 싶은 분들에게 일독을 권한다.　　　한걸음(『더 늦기 전에 당신이 자본주의를 제대로 알면 좋겠습니다』의 저자)

첫 번째 책에서 다루지 못했던
내용들을 담았습니다!

벌써 3년이 지났네요. 첫 번째 책 『주린이가 가장 알고 싶은 최다질문 TOP 77』이 종합 베스트셀러 1위에 올랐던 기억이 새삼 떠오릅니다. 부족한 책이고, 부족한 사람인데도 여러분의 관심 덕분에 좋은 결과를 낼 수 있었습니다. 다시 한번 감사의 말씀을 드립니다.

당시 책이 출간되고 바로 이 책의 후속편을 쓰자는 제의를 받았습니다. 사실 책을 다시 쓰기는 싫었습니다. 제가 방송도, 강연도 많이 하지만 책을 쓰는 건 차원이 다른 문제입니다. 당시 3개월 동안 주말에 아무것도 하지 않고 책만 썼던 기억이 납니다. 고통스럽지 않았다고 하면 거짓말일 것입니다. '다시 책을 쓸 수 있을까?' '첫 번째 책보다 잘 쓸 수 있을까?' 하는 걱정부터 앞섰기 때문에 두 번째 책을 쓰자는 제의를 받아들이기가 쉽지 않았습니다. 하지만 첫 번째 책에서 다루지 못했던 내용들이 남아 있었기 때문에 그 고통을 알면서도 제의를 받아들였습니다. 출판사와 2021년 계약을 맺었는데 3년이 지난 2024년에야 두 번째 책이 나왔습니다. 약간의 게으름도 있었고, 주식시장이 좋지 않았던 이유도 있었습니다. 하지만 이렇게 늦어지게 된 건 제 실력이 부족했기 때문입니다. 보다 완성도 있는 책을 쓰고 싶은 욕심이 나서 책을 쓰기에 앞서 더 많은 공부를 했습니다. 제가 더 공부한 만큼 독자분들이 새로운 책을 읽었을 때 더 나은 정보를 더 많이 얻어갈 수 있을 것으로 생각했기 때문입니다.

두 번째 책 역시 첫 번째 책처럼 초보 개인투자자분들이 궁금해할 만한 내용들을 중심으로 글을 작성했습니다. 첫 책보다는 다소 난이도가 올라갔지만 충분히 이해할 수 있는 내용들이고, 반드시 알아야 하는 내용들을 책에 담았습니다.

1장 '주린이가 가장 궁금해하는 포트폴리오'에서는 주식 포트폴리오가 무엇이고 포트폴리오를 어떻게 구성해야 하는지에 대해 설명했습니다. 개인투자자들의 질문이 가장 많았던 것이 바로 포트폴리오와 관련된 내용입니다. 개인투자자들의 대부분은 포트폴리오가 무엇인지 알고는 있지만 어떻게 포트폴리오를 구성하는 것이 적절한지에 대해서는 늘 고민이 클 수밖에 없습니다. 이 책에 그 해법을 담아놓았으니 잘 참고하시기 바랍니다. 2장 '주린이가 가장 궁금해하는 경제지표(매크로)'에서는 주식투자를 하기 위해 반드시 알아야 할 경제지표에 대해 설명했습니다. 매크로의 의미, 매크로의 영향, 금리의 중요성, 달러 가치 결정 요소, 채권투자 등에 관한 내용들이 담겨 있습니다. 3장 '주린이가 가장 궁금해하는 주식시장의 4계절'에서는 주식시장의 사이클에 대한 내용을 적었습니다. 봄(금융장세), 여름(실적장세), 가을(역금융장세), 겨울(역실적장세)의 내용과 그 의미를 설명했습니다.

4장 '주린이가 가장 궁금해하는 주식의 속성'에서는 주가가 어떻게 상승하고 어떻게 하락하는지 그 원인을 살펴보고, 주가가 구조적으로 상승하는 기업들은 어떤 특징이 있는지를 살펴보았습니다. CEO의 가장 중요한 임무인 자본배치의 중요성에 대해서도 설명했습니다. 5장 '주린이가 가장 궁금해하는 밸류에이션 방법'에서는 밸류에이션이 무엇을 의미하고, 밸류에이션을 어떤 방법으로 구할 수 있는지 적었습니다. 그리고 무릎에 사서 어깨에 팔 수 있는 방법도 설명했습니다. 6장 '주린이가 가장 궁금해하는 한국 주식시장의 특징'에서는 한국 주식시장만이 가지고 있는 특징을 살펴보고, 투자자들이 이런 특징을 어떻게 활용하면 좋은지를 담았습니다.

7장 '주린이가 가장 궁금해하는 기업분석 방법 – 사업구조 분석'에서는 기업이 영위하고 있는 사업이 무엇인지 파악할 수 있는 방법을 적었습니다. 아울러 주가 상승의 촉매제 역할을 할 수 있는 기업들의 숨겨진 자산, 즉 히든카드가 무엇이고 이를 어떻게 찾을 수 있는지를 쉽게 정리했습니다. '8장 주린이가 가장 궁금해하는 기업분석 방법 – 정량적 분석'에서는 기업의 숫자, 즉 재무제표를 해석하는 방법에 대해 설명했습니다. 영업이익, 영업이익률, 영업활동현금흐름, 매출채권회전율, 재고자산회전율, 순현금, ROE, 주식 공급, 배당 등의 지표가 어떤 의미를 가지고 있는지 쉽게 정리했습니다. 마지막으로 9장 '주린이가 가장 궁금해하는 증권사 보고서 활용하기'에서는 증권사 애널리스트들이 작성해서 발간하는 증권사 보고서의 종류와 활용방법, 증권사 보고서에 담겨 있는 용어 등에 대해서 설명했고, 주식담당자와 통화하는 방법까지 담았습니다.

미국의 투자자 마이클 배트닉은 "겪어봐야만 이해할 수 있는 교훈도 있다"고 말했는데요, 스스로 경험을 해보는 것이 가장 좋은 선생님이라는 의미입니다. 이 책을 통해 주식에 대한 이론을 정립할 수 있다면 더할 나위 없이 좋겠지만 주식투자는 결코 이론만으로 되는 것이 아닙니다. 주식투자 역시 직접 해보면서 경험을 하는 것이 매우 중요합니다. 주식투자와 관련된 책을 많이 읽고 그 내용을 완벽하게 숙지하고 있어도 손실을 볼 수 있는 것이 주식시장입니다. 주식시장을 지칭하는 미스터 마켓은 변덕이 매우 심하기 때문입니다.

이 책을 통해 많은 지식을 쌓고 통찰력을 기르시기 바랍니다. 그리고 수많은 선택과 시행착오를 통해 얻어진 투자 경험을 바탕으로 주식투자라는 성을 완성하시기 바랍니다. 이론과 경험을 모두 갖춘 성은 어떤 공격에도 무너지지 않을 것입니다. 이 책이 주식투자라는 성을 완성하는 데 필요한 조그마한 디딤돌이 되기를 희망합니다.

두 번째 책을 집필하는 데 도움을 주신 메이트북스 관계자 여러분, 이베스트투자증권 동료 여러분, 제가 사랑하는 아내와 딸, 그리고 독자 여러분에게 진심으로 감사의 인사를 드립니다.

염승환

※ 이 책 제목인 '최다질문 TOP 77'은 주린이가 가장 궁금해하는 질문 77개를 이해하기 쉽게 순서를 정한 것입니다. 질문 빈도에 대한 순위가 아님을 밝힙니다.

1장 주린이가 가장 궁금해하는 포트폴리오

2장 주린이가 가장 궁금해하는 경제지표(매크로)

3장 주린이가 가장 궁금해하는 주식시장의 4계절

 **염블리의 동영상 강의 차례**

주식투자를 하며 꼭 알아야 하거나 이해하기 어려운 내용에는 동영상 강의를 더했습니다. 독자들의 이해를 돕기 위한 염블리의 보너스 강의도 놓치지 마세요!

STOCK MARKET

주린이가 가장
궁금해하는
포트폴리오

많은 개인투자자가 자신의 포트폴리오가 제대로 구성되었는지 궁금해합니다. 너무 주식 비중이 높은 것은 아닌지, 반도체 기업만 너무 집중투자한 것은 아닌지, 미국 주식도 투자했는데이 정도 비중이면 적당한 건지 등 포트폴리오에 대해 계속 궁금해하고 고민합니다.

포트폴리오에 정답은 없습니다. 워런 버핏과 찰리 멍거는 집중투자만 하라고 합니다. 워런 버핏은 3~4개의 종목에 75% 이상의 자본을 투자하라고 했는데요, 수많은 기업을 담아놓은 포트폴리오로는 부자가 될 수 없다고 했습니다. 하지만 50~100개의 기업에 분산투자한 투자자중에서도 부자가 된 사람은 있습니다. 피터 린치는 예상치 못한 상황에 투자자가 희생될 수도있기 때문에 분산투자는 필요하다고 강조했고, 벤저민 그레이엄은 아무리 확실한 투자처라도 내가 모르는 위험이 있을 수 있기 때문에 적절히 분산투자를 하라고 했습니다.

정답은 절대 없습니다. 포트폴리오도 자신의 스타일에 맞는 것을 찾는 것이 더 중요합니다. 워런 버핏처럼 3~4개에 집중투자하는 포트폴리오를 구축해도 되고, 벤저민 그레이엄처럼 10~30개 기업에 분산투자해도 됩니다. '나는 어떤 스타일이고, 내게 맞는 포트폴리오 전략은무엇일까?'를 찾는 것이 우선입니다. 이번 1장에서는 포트폴리오가 무엇이고, 포트폴리오 구성은 어떻게 하는지 알아보고, 실제 포트폴리오 상담까지 진행해 포트폴리오에 대한 궁금증을 해결해보도록 하겠습니다.

질문
TOP
01

주식시장에서의 포트폴리오는
어떤 개념인가요?

포트폴리오(portfolio)는 서류가방이나 자료 묶음 등을 의미하는 단어입니다. 'port'는 '가지고 다니다'라는 어휘로, 포트폴리오는 작품이나 이력서 등을 가방에 넣어서 가지고 다닌다는 의미로 해석하기도 합니다. 우리는 증권을 가지고 다니지 않고 실물로도 보관하지 않지만 과거에는 가방에 증권 실물을 가지고 다녔습니다. 그런 점에서 증권 포트폴리오는 여러 개의 증권을 가방에 넣어서 가지고 다닌 데서 유래했다고 보면 됩니다. 주식시장에서의 포트폴리오는 보통 분산투자를 의미하는데, '계란을 한 바구니에 담지 말라'는 유명한 격언처럼 여러 기업에 분산투자하라는 의미를 담고 있습니다.

포트폴리오는 어떻게 구성되는지 예를 들어 설명해보겠습니다. 3,000만 원의 현금을 가지고 주식투자를 했을 때 삼성전자 1,000만 원, 현대차 1,000

만 원, NAVER 1,000만 원을 매수해서 보유하고 있다면 이 투자자의 포트폴리오는 어떻게 해석할 수 있을까요? 답은 간단합니다. 주식 100%에 보유 종목은 3종목, 비중은 종목당 33.3%입니다.

1억 원의 현금을 가지고 삼성전자 5,000만 원, 3년만기 국채 2,000만 원, 애플(미국 기업) 2,000만 원을 매수했다면 이 투자자의 포트폴리오는 어떻게 해석할 수 있을까요? 이에 대한 답도 간단합니다. 먼저 투자 자산별로 살펴

3,000만 원 포트폴리오

자산 종류	보유 기업	보유 금액	보유 비중
주식	삼성전자	1,000만 원	33.3%
	현대차	1,000만 원	33.3%
	NAVER	1,000만 원	33.3%

1억 원 포트폴리오 - 자산 종류

자산 종류	보유 금액	보유 비중
주식	7,000만 원	70%
채권	2,000만 원	20%
현금	1,000만 원	10%

주식 7,000만 원 포트폴리오

주식 종류	보유 기업	보유 금액	보유 비중
국내주식	삼성전자	5,000만 원	71.4%
해외주식	애플	2,000만 원	28.6%

보면 주식 7,000만 원, 채권 2,000만 원, 현금 1,000만 원으로 나눌 수 있습니다. 주식 비중 70%, 채권 비중 20%, 현금 비중 10%입니다. 주식 7,000만 원 중 국내주식 비중은 71.4%입니다. 해외주식 비중은 28.6%가 됩니다.

포트폴리오는 자산을 어떻게 분산했는지를 나타내는 척도라고 할 수 있습니다. 자산의 종류에 따라 주식, 채권, 현금으로 구분할 수 있고, 주식 내에서는 국내주식과 해외주식으로 나눌 수 있습니다. 업종별로 나눌 수도 있는데, 삼성전자 3,000만 원, 삼성SDI 2,000만 원, 셰브론 1,000만 원, 삼성화재 1,000만 원에 투자했다면 업종별 포트폴리오는 다음과 같습니다.

주식 7,000만 원 포트폴리오

업종	보유 기업	보유 금액	보유 비중
IT(반도체)	삼성전자	3,000만 원	42.8%
IT(2차전지)	삼성SDI	2,000만 원	28.6%
에너지(정유)	셰브론	1,000만 원	14.3%
금융(보험)	삼성화재	1,000만 원	14.3%

업종별로는 IT 71.4%, 에너지 14.3%, 금융 14.3%로 구분할 수 있습니다. 이 투자자는 IT 업종 비중이 매우 높다는 것을 알 수 있습니다. 미국의 정유주와 한국의 보험주를 합치면 28.6%의 비중이 되는데요, 전통적으로 미국 정유주와 한국 보험주는 배당을 많이 줍니다. 그렇다면 이 투자자는 주식에 투자한 자금 중 1/3은 배당을 받기 위해 투자했다고 판단할 수도 있습니다.

포트폴리오는 이렇듯 다양합니다. 자산, 기업, 업종, 투자 스타일에 따라 세분화할 수 있습니다. 이렇듯 다양한 포트폴리오에 정답이 있을 리가 없습니다. 누구나 자신 만의 투자 성향이 있습니다. '워런 버핏이 성공했으니까 워런 버핏의 포트폴리오가 정답이고 그대로 따라 하면 되겠지'라고 생각할 수도 있습니다. 하지만 워런 버핏의 투자 지식, 현금 보유액, 투자 스타일은 워런 버핏의 것입니다. 여러분은 워런 버핏이 아닙니다. 자신의 스타일을 찾고, 포트폴리오를 자신의 스타일에 맞게 구성하는 것이 필요합니다.

사실 투자의 세계에만 포트폴리오가 있는 것은 아닙니다. 필자의 딸은 중학생입니다. 어느 날 학교에서 '동네에서 자영업을 하는 사장님들과 인터뷰를 해오라'는 과제를 내주었습니다. 편의점, 세탁소, 커피전문점 등 여러 사장님들과 인터뷰를 하고 그중 가장 잘된 것을 골라 제출하는 형식입니다. 퇴직 후 편의점을 개업한 편의점 사장님, 평생 세탁만 하다가 국가에서 공인까지 받은 세탁소 사장님, 커피가 좋아 바리스타 자격증까지 따고 커피전문점을 운영하고 있는 사장님 등 어느 가게의 사장님을 인터뷰할 것인지를 선택하고 과제를 완성한 것이 포트폴리오라고 할 수 있습니다. 주식투자도 마찬가지입니다. 포트폴리오는 결국 '선택'의 문제입니다. 한국주식만 투자할 것인지, IT 업종을 투자할 것인지, 현금만 보유할 것인지 등 투자는 결국 선택이고, 포트폴리오는 그 선택의 결과물입니다.

염불리의 꿀팁

포트폴리오는 다양합니다. 자산, 기업, 업종, 투자 스타일에 따라 다양한 포트폴리오를 구축할 수 있습니다. 포트폴리오 구축에 정답은 없습니다. 자신만의 투자 성향을 파악하고, 그에 맞는 포트폴리오를 구축하는 것이 정답입니다.

주식투자로 수익을 낼 수 있는 포트폴리오 구성원칙은 무엇인가요? ①

포트폴리오의 개념을 잘 이해했다면, 이제는 주식투자를 할 때 적절한 포트폴리오가 무엇인지 알아보겠습니다. '나는 지금 적절한 포트폴리오를 가지고 있나?' '다른 투자자들보다 내 포트폴리오 경쟁력이 떨어져서 수익률이 이렇게 안 좋은 것인가?' '시장이 변했으니 포트폴리오도 변경하는 것이 옳을까?' 등 이런 고민들을 한 번씩은 해봤을 텐데요, 포트폴리오에 정답이 있는 걸까요? 정답은 없습니다. 주식투자에 절대 정답은 없기 때문입니다. 하지만 포트폴리오에 원칙은 있습니다.

첫째, 몇 개의 기업에 투자할 것인지 결정해야 합니다. 1억 원의 투자금으로 1,000만 원씩 10개 기업으로 분산투자를 할 것인지, 5,000만 원씩 2개 기업에 투자할 것인지 결정하는 것이 필요합니다. 10개 기업을 분산투자하는 것은 포트폴리오의 변동성을 줄여주어 안정적인 운영을 가능하게 하지만 분산되어 있기에 고수익을 내는 것은 쉽지 않습니다. 반대로 2개나 3개 기업에 집중투자한다면 변동성은 커지겠지만 투자 기업의 주가가 크게 상승한다면 계좌 수익률도 급격히 상승할 가능성이 높습니다. '당신이 부자이면 분산투자를 하고, 부자가 되고 싶으면 집중투자를 하라'는 말이 있는데요, 지키고 싶다면 분산투자가 좋고, 고수익을 내고 싶다면 집중투자가 좋습니다. 워런 버핏은 우리가 아는 상식과는 반대로 집중투자의 달인입니다. 그는 지금도 집중투자를 하고 있는데요, 전체 투자금의 50%를 애플 한 개 기업에 집중하고 있습니다.

워런 버핏의 버크셔 해서웨이 주요 포트폴리오(2023년 3분기 기준)

업종	기업	비중
IT	애플	50.0%
금융	뱅크 오브 아메리카	9.0%
금융	아메리칸 익스프레스	7.2%
음식료	코카콜라	7.1%
에너지	셰브론	5.9%
에너지	옥시덴탈 페트롤리엄	4.6%
음식료	크래프트 하인즈	3.5%

둘째, 자신의 투자 성향을 파악해야 합니다. 위험을 즐기고 변동성을 크게 개의치 않는 투자자라면 안정성보다는 고성장에 초점을 맞추고 포트폴리오를 구성하는 것이 좋습니다. 성장성이 높은 업종으로는 2차전지, 태양

광, 해상풍력, 로봇, 자율주행 관련 산업이 꼽히는데, 여기에 속한 기업들의 성장성은 높지만 실적 변동성이 커서 주가 변동성이 매우 큰 편에 속합니다. 물론 상승할 때의 변동성이 크기에 고수익도 가능하지만 고점에 투자를 했을 때는 큰 손실을 볼 가능성도 높습니다. 위험을 감수할 수 있다면 이들 업종의 비중을 최소 50% 이상 가져가는 전략이 좋습니다. 반대로 높은 변동성을 꺼리는 투자자라면 고성장주보다는 안정적인 실적을 내는 기업을 선택하는 것이 좋습니다. 은행, 보험, 통신, 음식료, 교육 등의 업종은 성장 매력은 떨어지지만 꾸준한 실적을 내는 것으로 유명한 업종들입니다. 주가도 대부분 저평가되어 있고, 배당 매력도 높습니다. 주가 변동성도 다른 업종에 비해 제한적이기에 이 업종에 속한 기업들 위주로 포트폴리오를 구성하는 것이 바람직합니다.

셋째, 같은 업종의 기업은 한 개만 선택하는 것이 좋습니다. 증권주가 좋아 보인다고 해서 미래에셋증권, 삼성증권, NH투자증권 등 여러 개의 증권주에 투자하는 것은 효율적이지 않습니다. 증권주는 주가 움직임이 비슷하기 때문에 한 개의 기업만 선택하는 것이 바람직합니다. 은행주도 그 성격이 비슷하고, 통신주도 마찬가지입니다. 업종 내 기업들의 차별성이 떨어지는 경우 여러 기업에 투자하는 것보다는 그 업종 내에서 한 개 기업만 선별해서 투자하는 것이 낫습니다.

물론 예외도 있습니다. 반도체 업종은 여러 기업에 투자하는 것이 가능한 업종입니다. 반도체는 제조공정이 워낙 다양하고, 거기에 관련된 기업들의 수도 많으며, 고객사들도 다른 경우가 많습니다. 따라서 같은 업종이라하더라도 기업들마다 차별화되어 있기 때문에 한 개의 반도체 기업에만 투자할 필요는 없습니다. 반도체만이 아니라 2차전지, 게임, 제약, 의료기기,

화학 등의 업종은 속해 있는 기업의 숫자도 많고 기업마다 차별화되어 있어서 같은 업종의 기업은 한 개만 선택하는 원칙을 적용할 필요가 없습니다. 반도체 업종을 예로 들면, 반도체 제조사 삼성전자, 전공정 장비회사 피에스케이, 후공정 장비회사 한미반도체, 검사장비 회사 인텍플러스, 반도체 소재 기업 동진쎄미켐, 반도체 파운드리 기업 DB하이텍을 모두 투자하는 것은 포트폴리오 원칙에 위배된다고 할 수 없습니다. 반도체를 제조하는 데 필요한 것들을 만드는 기업들이지만 만드는 대상이 제각기 다 달라서 차별화되기 때문입니다. 2차전지도 마찬가지입니다. 2차전지를 제조하는 공정은 전극공정(양극, 음극 제조), 조립공정(원통형, 각형, 파우치형 등 배터리 모양에 맞게 조립), 활성화공정(배터리를 충전, 방전하고 검사)으로 구분하는데 각각의 공정마다 사용하는 장비들이 다릅니다. 만드는 기업들도 역시 다양합니다. 2차전지는 4대 소재인 양극재, 음극재, 분리막, 전해액으로 구성되어 있는데 각각의 소재를 만드는 기업들 역시 다양합니다. 때문에 2차전지 업종도 한 개의 기업만을 선정해서 투자하는 것뿐만 아니라 2차전지 제조기업, 2차전지 소재기업, 2차전지 장비기업, 2차전지 부품기업들에 각각 투자하는 것도 가능합니다.

 염블리의 꿀팁

포트폴리오를 구성하는 첫 번째 원칙은 몇 개의 기업에 투자할 것인지를 결정하는 것입니다. 두 번째 원칙은 자신의 투자 성향을 파악하는 것입니다. 세 번째 원칙은 같은 업종의 기업은 한 개만 선택하는 것입니다. 단, 같은 업종이지만 스타일이 다르다면 같은 바구니에 담을 수 있습니다.

질문
TOP
03

주식투자로 수익을 낼 수 있는 포트폴리오 구성원칙은 무엇인가요? ②

포트폴리오를 구성하는 네 번째 원칙은 자신의 투자 성향이나 보유한 주요 기업들의 특징과 반대되는 기업을 한 개 편입하는 것입니다. 변동성을 감수할 줄 알고 고성장주들을 선호하는 투자자라면 포스코퓨처엠(2차전지), 에스티팜(바이오), 씨에스윈드(풍력), 레인보우로보틱스(로봇) 등과 같은 기업에 집중투자를 했을 가능성이 높습니다. 이렇게 같은 스타일의 기업들만 투자를 하게 되면 시장의 변화로 성장주들이 급락할 때 큰 손실을 볼 수도 있습니다. 투자한 기업들의 성향과 반대로 움직일 수 있는 '변동성이 낮고 배당을 많이 주는 기업'을 한 개 이상 편입해주면 계좌의 변동성을 다소 완화시킬 수 있습니다. 즉 KB금융(은행), SK텔레콤(통신), 제일기획(광고)과 같은 변동성이 크지 않고 안정적인 기업을 한 개 정도 편입하면 과도한 쏠림을 방지할 수 있습니다. 집중투자가 부자를 만들어줄 수도 있지만 아직 경험이 부족한 투자자라면 집중투자가 독이 될 수도 있습니다. 투자 경험이 많지 않은 투자자라면 자신이 투자한 주요 기업들의 주가와 반대로 움직이는 기업들을 1~2개 정도 편입하는 것도 고민해보시기 바랍니다.

다섯 번째 원칙은 상대평가입니다. 주식투자에서 포트폴리오는 결국 기업 선정과 비중을 어떻게 설정하느냐가 관건인데, 한국 주식시장에는 2,300개가 넘는 기업들이 상장되어 있습니다. 2,300개의 기업에 모두 투자할 수는 없습니다. 그중에서 30개, 아니면 10개, 또는 3개만 선정해서 투자해야 합니다. 결국 비교 분석을 통해 더 나은 기업을 선정하고 투자하는 것이 매우 중요합니다. 삼성전자에 투자했고 성과도 괜찮았지만, 분석을 해본 결과 삼성전자보다 더 나은 수익률을 안겨줄 반도체 기업을 찾아냈다면 삼성전자를 매도하고 더 나은 기업으로 갈아타야 합니다. 이를 흔히 '교체매매' 라고도 하는데, 포트폴리오는 끊임없이 기업들을 비교하고 분석하고 갈아타는 작업이라고도 할 수 있습니다. 100% 정답은 아니더라도 본인의 포트폴리오를 항상 냉정하게 검사하고, 만약 더 나은 기업이 발견된다면 주저할 필요 없이 과감하게 교체해야 합니다. 포트폴리오 전략에서 교체매매는 계좌 수익률을 결정하는 핵심 요인 중 하나입니다.

PBR

주가순자산비율을 의미. 기업의 자기자본 대비 시가총액이 몇 배인지를 나타내는 지표로, 숫자가 낮을수록 저평가

삼성전자는 PBR* 1.2배에서 PBR 2배 사이의 주가 흐름을 과거부터 보여왔습니다. 삼성전자의 2023년 2분기 PBR은 1.4배 정도입니다. 반도체 업황이 개선되고 실적이 좋아진다면 삼성전자는 최대 PBR 2배까지 상승할 수도 있습니다. 이 경우 삼성전자의 최대 상승여력은 43%

입니다. 같은 반도체 업종에 속해 있는 SK하이닉스는 PBR 0.8배에서 1.7배 사이의 주가 흐름을 보여왔습니다. SK하이닉스의 2023년 2분기 PBR은 1.5배입니다. 최대 1.7배까지 상승한다고 가정하면 상승여력은 13%입니다. 주식투자는 상대평가입니다. 삼성전자는 최대 상승여력이 43%이고, SK하이닉스는 13%입니다. 여러분이라면 어떤 결정을 내리겠습니까? SK하이닉스를 매도하고 삼성전자를 투자하는 것이 정답일까요, 아니면 그대로 SK하이닉스를 보유하는 것이 정답일까요? 정답은 없습니다. 상대평가의 원칙상 SK하이닉스를 매도하고 삼성전자를 매수하는 것이 맞겠지만 SK하이닉스가 PBR 2배까지 상승하지 말란 법은 없기 때문에 삼성전자로 교체하는 것이 무조건 맞다고 할 수는 없습니다. 정답은 없더라도 투자자들은 끊임없이 고민해야 합니다. 상대적으로 나은 성과를 낼 수 있는 기업으로 교체하는 것은 주식투자의 장기 성과를 높이는 매우 중요한 원칙이기 때문입니다.

이 외에 주식투자 계좌를 여러 개로 만들어놓고 운영하는 계좌별 분산투자 전략도 있습니다. 하나의 계좌에는 안정적인 기업들만, 하나의 계좌

연간 배당수익률 5% 이상 기업(매년 5% 이상 배당수익률 기록, 2018~2022년)

업종	기업	배당수익률(5년 평균)
금융	하나금융지주	6.3%
금융	대신증권	7.9%
교육	정상제이엘에스	6.7%
지주회사	효성	7.3%
IT	삼양옵틱스	8.1%
지주회사	HD현대	7.2%

에는 변동성이 매우 큰 기업들만, 하나의 계좌에는 배당을 많이 주는 기업들로 계좌를 분리하는 것입니다. 필자는 여러분들에게 꼭 배당주만 투자하는 계좌를 따로 만들어 운영할 것을 권유드리고 싶습니다. 연간 배당수익률 5% 이상을 매년 기대할 수 있는 배당주들만 따로 계좌를 만들어서 투자한다면 이는 전체 계좌의 안정성을 높여줄 것입니다.

지금까지 포트폴리오의 구성원칙에 대해 알아봤는데요, 포트폴리오 구성에 정답은 없습니다. 자신에게 맞는 포트폴리오를 구축하는 것이 중요합니다. 초보투자자라면 자신의 성향을 먼저 잘 파악하고, 대형주 중심으로 종목 수는 10개 내외로 안정적으로 운영하는 것이 좋습니다. 반대로 경험이 많은 투자자라면 자신이 잘 알고 있고 성장 매력이 높은 기업들 중심으로 2~3개 기업에 집중투자하는 것이 좋습니다. 이제 여러분의 선택만이 남아 있습니다.

 엄블리의 꿀팁

포트폴리오를 구성하는 네 번째 원칙은 자신이 주로 보유한 기업들의 특징과 다소 반대의 특징을 갖고 있는 기업에 투자하는 것입니다. 다섯 번째 원칙은 상대평가입니다. 비교 분석을 통해 더 나은 성과를 낼 수 있는 기업으로 교체매매하는 것은 포트폴리오 구성에서 가장 중요한 원칙입니다. 계좌를 나누어서 계좌별로 포트폴리오를 따로 관리하는 것도 좋습니다. 특히 고배당주만 투자하는 계좌는 꼭 하나 만들어보기 바랍니다.

질문
TOP
04

현금 3,000만 원으로
어떻게 포트폴리오를
구성하면 좋을까요?

한국 직장인들의 평균 주식투자 금액은 3,000만 원 정도라고 알려져 있습니다. 물론 100만 원 정도의 소액투자자도 있고 1억 원 이상의 고액투자자도 있지만 3,000만 원이 평균이기에 3,000만 원에 적절한 포트폴리오가 무엇인지 소개해드리겠습니다.

우선 몇 종목을 투자할지 결정해야 합니다. 집중투자를 할 것인지, 분산투자를 할 것인지 먼저 결정하는 것이 좋습니다. 주식 경험이 아직 부족하다면 분산투자를 하는 것이 좋습니다. 연구 결과 11개 기업까지 분산투자를 하는 것이 효과가 있다고 합니다. 초보투자자라면 5~11개 정도의 기업에 투자하면 됩니다. 종목 수를 결정했다면, 자신의 투자 성향을 파악해야 합니다. 아직 투자 경험이 부족하다면 자신의 성향을 파악하기가 쉽지는 않을 것입니다. 물론 '나는 위험을 즐긴다' '변동성이 커도 고수익을 내길 원한다' 하는 성향으로 알고 있다면 고성장주의 비중을 늘리는 것도 좋지만 주식투자를 처음 시작하는 투자자들은 대부분 두려움을 갖고 있습니다. 당연히 수익도 내고 싶지만 손실도 적게 봤으면 하는 것이 공통된 생각일 것입니다.

때문에 처음에는 변동성이 다소 제한적이면서 잘 알려져 있고 꾸준히 돈을 버는 고배당주* 중심으로 포트폴리오를 구성하는 것이 좋습니다. 충분한 투자 지식과 경험이 쌓일 때까지 무리한 투자를 할 필요는 없습니다. 소중한 내 돈을 지키는 것이 우선입니다. 방어적 포트폴리오를 구성하는 것이 바람직합니다.

고배당주

배당수익률이 다른 기업들보다 높은 기업. 배당수익률이 보통 연간 +5% 이상이면 고배당주로 분류하며 은행, 증권, 보험, 통신 등의 업종이 많은 배당을 주는 것으로 알려져 있다.

3,000만 원의 자금을 2,000만 원과 1,000만 원으로 일단 나눕니다. 계좌를 2개 개설하고 하나는 2,000만 원, 하나는 1,000만 원을 입금해 2개의 계좌를 운영하는 것이 좋습니다. 2,000만 원 계좌는 매우 안정적인 고배당주로 포트폴리오를 구성합니다. 앞서 '질문 TOP 03: 주식투자로 수익을 낼 수 있는 포트폴리오 구성원칙은 무엇인가요? ②'에서 살펴본 표를 통해 연간 배당수익률 5% 이상을 지급하는 기업들을 확인했었는데요, 최근 5년간 연간 5% 이상의 배당수익률(기업의 이익이 감소하면 배당수익율이 줄어들 수 있음은 유의)을 꾸준히 기록한 고배당 기업들입니다. 이 중에서 5개 기업에 400만 원씩 투자를 하는 것입니다.

물론 투자를 할 때는 시장이 좋지 않아 주가가 비교적 크게 하락한 날 투자를 하는 것이 좋고, 한 번에 매수하는 것보다는 두세 번에 걸쳐서 분할로 매수하는 것이 좋습니다. 지금 바로 큰 수익을 내는 것이 목적이 아니라

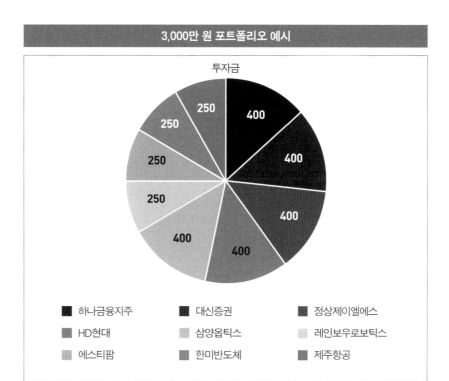

지키는 투자이기 때문에 싸게 사는 것이 무엇보다 중요합니다. 그리고 저점을 알 수 없기 때문에 가격이 하락할 때마다 분할로 매수해서 평균단가를 낮춘다면 위험을 크게 줄일 수 있습니다. 고배당주들은 매년 5% 이상의 안정적인 배당을 지급하기 때문에 장기투자하기에 유리하고, 주가도 저평가이기에 리스크도 제한적입니다. 물론 기업의 실적이 크게 증가하면서 가치가 상승해 주가가 크게 오르는 경우도 있습니다. 배당보다 더 높은 15~20% 정도의 수익이 발생했다면 매도를 해서 수익을 실현하는 것도 좋습니다. 정답은 없기 때문에 유연하게 대응하면 됩니다.

나머지 1,000만 원은 본인이 투자하고 싶은 기업에 투자하는 것입니다. 급등주도 좋고, 남들이 다 좋다고 하는 인기주식도 좋고, 아무도 관심을 갖지 않는 소외주도 좋습니다. 물론 부실기업에 투자하거나 경쟁력이 떨어져 몰락하고 있는 기업에 투자해서는 안 되겠지만, 아직 거기까지 분석할 능력이 되지 않는다면 1,000만 원 중에서 500만 원은 현금으로 남겨놓고 500만 원만 투자하는 것이 좋습니다. 500만 원으로 5개 기업을 100만 원씩 투자하는 것입니다. 이것은 주식시장에 참여한 수업료라고 생각하면 됩니다.

워런 버핏 같은 위대한 투자자나 증권시장의 유명한 전문가가 이렇게 하면 수익을 낼 것이라고 알려줘도 투자자마다 성향이나 생각이 다르기에 절대로 따라한다고 해서 수익을 낼 수는 없습니다. 투자자 스스로 수익도 내보고 손실도 내보면서 경험을 쌓아야 합니다. 매수해서 당일에 매도하는 데이트레이딩도 해보고, 2~3개월 정도 보유해서 10~20% 정도 수익을 내는 투자도 해보고, 아직은 조금 먼 미래이지만 언젠가 다가올 미래인 자율주행이나 로봇 같은 미래 산업에 관련된 기업을 찾아서 장기투자도 해보는 것입니다. 매수했는데 생각과 달리 손실이 나서 자신의 생각이 틀렸다면 과감하게 손절매를 하는 것도 필요합니다. '이 기업의 주가는 결국 회복될 거야'라고 생각한다면 끝까지 버티는 것도 해보기 바랍니다.

이렇게 다양한 투자를 해봐야 자신의 성향을 알 수 있고, 성향에 맞는 기업을 찾아낼 수 있습니다. '진짜' 주식투자 경험을 할 수 있는 것입니다. 100만 원으로 삼성전자에도 투자해보고, 2023년 상반기에 가장 인기가 많았던 2차전지주나 로봇주에도 투자해보는 것입니다.

포트폴리오에 '완벽'이라는 단어는 절대 어울리지 않습니다. 워런 버핏의 주식 포트폴리오도 완벽하지 않습니다. 투자 성과가 좋고 워런 버핏이라는 투자 대가에게 맞는 포트폴리오이기에 누구나 인정을 하는 것이지, 결코 완벽하다고 할 수는 없습니다. 주식투자는 수많은 시행착오의 연속입니다. 투자자들은 시행착오에 좌절하지 않고, 시행착오라는 경험을 바탕으로 이를 자신에게 맞는 방식으로 수정해나가야 합니다. 이를 통해 자신의 성향을 파악하고, 자신에게 맞는 포트폴리오를 구축하는 것이 주식투자입니다.

그러니 다양한 기업에 투자하면서 다양한 경험을 쌓기 바랍니다. 좋은 포트폴리오는 하루 아침에 만들어지지 않습니다. 경험이라는 시간이 포트폴리오를 만들어주는 것입니다.

염블리의 꿀팁

주식투자 경험이 부족한 투자자라면 원금의 2/3는 상대적으로 변동성이 적고 안정적인 고배당 기업에 분산투자를 하는 것이 좋습니다. 그리고 나머지 1/3은 자신이 하고 싶은 대로 해보는 것입니다. 주식투자도 경험이 중요합니다. 자신에게 가장 알맞은 포트폴리오를 누군가가 대신해서 구축해줄 수는 없습니다. 다양한 산업, 다양한 기업에 투자하면서 스스로 경험을 꼭 쌓아나가기 바랍니다. 포트폴리오의 완성은 다양한 경험입니다.

질문
TOP
05

저의 주식 포트폴리오를
살펴봐줄 수 있을까요? ①

필자는 증권사에 근무하고 있고 본업이 영업이기 때문에 개인투자자들의 포트폴리오 상담을 많이 했었습니다. 증권사로 직접 찾아오셨던 분들도 계셨고, 전화로 문의한 분들도 많았습니다. 상담을 할 때마다 느꼈던 공통점 2가지가 있었는데요, 첫 번째는 누군가의 추천에 의해서 주식을 매수한 경우가 상당히 많았다는 것입니다. 자신이 선택한 게 아니라 가족이나 친구, 전문가, 뉴스 등을 보고 투자한 경우가 많았습니다. 두 번째는 방치입니다. 이익과 손실 여부와 관계없이 자신이 투자한 기업의 내용을 잘 모르고 남에게 의존해 매수를 했기 때문에 그냥 가만히 두는 경우가 많았습니다. 수익이 나고 있으면 다시 하락할 것 같아서 '팔아야 하나?' 고민되고, 수익 실현을 했는데 '더 오르면 어떻게 하지?' 하는 마음에 팔지 못하는 경우가 대부분이었습니다. 반대로 손해를 보고 있으면 두렵지만 '반등하겠지' 하는 마음에 '버티자' 하게 되고, '손절매를 했는데 반등하면 어떻게 하지?' 하는 마음에 팔지 못하는 경우가 많았습니다. 즉 이러지도 저러지도 못하고 방치하는 경우가 대부분이었습니다.

그런데 이런 현상은 어찌 보면 당연한 것입니다. 투자 경험은 부족한데 다른 사람의 의견에만 의존해서 투자를 했기 때문에 우왕좌왕할 수밖에 없는 거죠. 필자도 처음엔 그랬습니다. 너무 자책할 필요는 없습니다. 위대한 투자자로 가는 과정이 처음부터 순탄할 수는 없죠. 흥행드라마도 공식이 있습니다. 대개 주인공이 처음엔 역경을 겪지만 이를 이겨내고 화려하게 부활하는 경우가 많은데 주식투자도 마찬가지입니다. 포트폴리오를 어떻게 하지 못하고 방치하는 것도 하나의 성장통이라고 생각하기 바랍니다.

그럼 지금부터 제가 포트폴리오 상담을 해드리겠습니다. 물론 가상의 상담이지만 포트폴리오를 구성하는 데 많은 도움이 될 것입니다.

"저는 1억 원의 자금을 운영하고 있는데요. 현금은 1,000만 원을 보유하고 있고, 계좌는 한 개만 운영하고 있습니다. 3,000만 원은 삼성전자에 투자했는데 평균 매수단가는 72,000원 정도 됩니다. 보유 기간은 2년 정도 된 것 같습니다. 2,500만 원은 기아에 투자했습니다. 평균 매수단가는 6만 원입니다. 역시 2년 정도 투자한 것 같습니다. 2,000만 원은 카카오에 투자했는데 평균 매수단가가 15만 원입니다. 카카오는 너무 비싸게 산 것 같아 걱정이네요. 500만 원은 롯데하이마트에 투자했는데 매수단가는 4만 원입니다. SKC는 500만 원어치 샀고 매수단가는 12만 원입니다. LG전자는 15만 원에 500만 원어치 매수해서 보유하고 있습니다. 이 종목들 중에서 뭘 팔면 좋을까요?"

가상의 상담이지만 이 질문을 보고 어떤 생각이 들었나요? 누구나 아는 우량주 위주로만 투자를 한 무난한 포트폴리오라는 생각이 들었을 것입니다. 1억 원의 금액으로 6개의 기업에 투자했고, 현금도 일부 있습니다. 그런데 삼성전자와 기아를 제외하고는 다 손실(2023년 11월 기준)입니다. 이대로 방치하는 게 좋을지, 적극적으로 교체를 하거나 비중을 줄이는 것이 좋을지 고민이 큰 상황인데 여러분이라면 어떻게 하겠습니까? 저라면 아마 이렇게 할 것 같습니다.

먼저 비중이 큰 기업과 작은 기업을 분리하는 것입니다. 삼성전자, 기아, 카카오는 합쳐서 7,500만 원이나 됩니다. 전체 금액의 75%를 차지하고 있기 때문에 이 기업들의 주가가 결국 계좌 전체 수익률을 결정한다고 생각하면 됩니다. 그리고 롯데하이마트, SKC, LG전자는 500만 원씩 소액으로 투자한 상태이고 다 합쳐봐야 15% 비중에 불과합니다. 따라서 비중이 큰 3개 기업에 고민을 집중해야 합니다. 일단 손실과 수익보다 먼저 생각할 것은 미래에 대한 전망입니다. 삼성전자, 기아, 카카오의 미래가 지금보다는 나을 것이라고 생각한다면 보유를 하는 겁니다. 미래를 정확히 맞힐 수는 없지만 산업과 기업에 대해 꾸준히 공부를 하면 예측은 가능합니다.

삼성전자는 2023년 1분기 최악의 성적을 기록했습니다. 메모리 반도체

중요도에 따라 포트폴리오 분리하기

기업	비중	기업	비중
삼성전자	30%	롯데하이마트	5%
기아	25%	SKC	5%
카카오	20%	LG전자	5%

에서만 -4.5조 원 적자를 냈습니다. 이 시기에 투자한다면 빨리 매도를 해야 하는 기업이겠지만, 메모리 1위 기업이고 삼성전자는 실적발표를 하는 자리에서 2분기부터 재고가 감소하고 하반기에는 업황이 돌아설 것이라고 했습니다. 삼성전자의 PBR은 2023년 1분기 기준으로 1.3배 수준인데, 보통 PBR 1.1~2배 사이에서 주가가 움직입니다. 만일 삼성전자의 말 그대로 업황이 회복되고 2024년에 많은 반도체 전문가들의 전망처럼 수요가 증가하면서 호황이 온다면, 그래서 PBR 2배도 가능할 수 있다면 주가는 10만 원까지도 상승이 가능합니다. 물론 틀릴 수도 있지만 미래를 합리적으로 예측하고 상승여력을 계산하면 보유를 해야 할지, 매수를 더 해야 할지, 아니면 팔아야 할지를 알 수 있습니다. 삼성전자는 2023년 1분기 실적발표가 끝난 시점에서는 추가 매수가 맞는 상황이었습니다. 2023년 3월에는 삼성전자 경계현 사장도 6만 원 초반대에서 삼성전자 주식을 2억 원어치 매수했습니다. 대표이사의 매수는 바닥을 의미하는 경우가 많았기 때문에 상승여력이 여전히 큰 삼성전자를 매도할 이유는 없다고 생각합니다.

기아는 삼성전자와 반대로 1분기 사상최대 영업이익을 기록했습니다. SUV 판매호조로 이익률이 증가하며 호실적을 냈습니다. 그럼에도 PER은 4배 수준으로 저평가 상태입니다. 기아에 대해서는 매도가 아니라 보유만 할지, 매수를 더 할지 고민하는 것이 중요합니다. 실적도 좋지만 주가도 저평가이고, 향후 전망도 밝기 때문입니다.

기아까지는 너무 심각하게 고민을 할 필요는 없는데, 문제는 카카오입니다. 성장도 둔화되고 있고 주가가 고점 대비 50% 이상 하락했는데도 2023년 예상실적 대비 PER이 47배로 고평가 상태입니다. 계속 보유하는 것이 맞을지, 교체매매를 하는 것이 좋을지 고민이 필요한 상황입니다. 카카오의 대체재로는 NAVER가 있습니다. NAVER를 카카오와 비교했을 때 NAVER가 상대적으로 더 저평가되어 있다면 과감하게 카카오를 팔고 NAVER를 매수하는 것도 좋은 전략이 될 수 있습니다. NAVER의 PER은 2023년 예상실적 대비 31배로 카카오보다는 저평가되어 있습니다. 카카오와 NAVER 모두 성장이 둔화되고 있다는 점은 비슷하지만 상대적으로 NAVER가 더 저평가되어 있다면 과감하게 교체를 하는 용기도 필요합니다. 물론 NAVER보다 더 나은 대안이 있다면 그 기업으로 교체하는 것도 좋습니다.

정리해보겠습니다. 이 포트폴리오의 핵심은 삼성전자, 기아, 카카오입니다. 삼성전자, 기아는 꾸준히 보유한다면 좋은 결과가 있을 것이고, 주가도 상승하고 있어서 결과도 괜찮습니다. 문제는 카카오입니다. 카카오를 끝까지 보유할 것인지, 교체할 것인지가 이 포트폴리오의 미래를 결정할 가장 중요한 변수가 될 것입니다. 개인적으로는 더 나은 대상이 있다면 교체를 하는 것이 낫다고 생각합니다. 손해가 크다고 해서 무조건 보유하는 것보다는 회복을 위해 결단을 내리는 것도 중요한 투자 경험이라고 생각합니다.

 염불리의 꿀팁

포트폴리오에는 다양한 기업들이 담겨 있습니다. 여러 종목이 담겨 있는 포트폴리오를 변경하고 싶다면 먼저 종목별 비중을 파악해야 합니다. 비중이 가장 큰 종목부터 낮은 종목까지 분류한 후 비중이 20% 이상인 기업만을 따로 모아놓습니다. 그리고 그중 가장 손실이 큰 기업을 어떻게 할지 고민해야 합니다. 그 기업의 미래를 예측해보고, 상대평가도 해서 결론을 내리기 바랍니다. 손실의 크기와 상관없이 더 나은 투자 대상이 있다면 과감하게 교체매매를 해야 합니다.

질문
TOP
06

저의 주식 포트폴리오를
살펴봐줄 수 있을까요? ②

이번에는 앞의 포트폴리오에서 비중이 작은 기업들에 대한 고민을 해보겠습니다. SKC, 롯데하이마트, LG전자는 각각 500만 원으로 종목당 5% 비중이며, 이 3개 기업의 비중은 다 합쳐서 15%입니다. 먼저 미래에 대한 고민입니다. 이 기업들 중에서 미래 성장이 확실하다면 비중을 더 높일 고민을 해야 합니다. 가망이 없다면 과감하게 잘라낼 필요도 있습니다. 비중이 많은 기업들은 큰 항공모함이기에 경로를 변경하는 것은 사실 큰 고민과 용기가 필요합니다. 비중도 큰데 20% 이상 손실을 기록하고 있는 기업은 더 나은 대상이 있어도 교체하는 것이 말처럼 쉽지는 않다는 것을 잘 알고 있습니다. 하지만 비중이 적은 기업들은 소형 선박과 같기 때문에 경로 변경에 큰 결단이 필요하지 않습니다. 주식투자에서 진중함은 꼭 필요합니다만, 매

SKC의 현재와 미래

SKC의 현재
→ 석유화학

SKC의 미래
→ 배터리 소재, 반도체·신소재

순간 너무 무거운 짐을 올려놓고 고민할 필요는 없습니다. 가벼워질 필요도 있습니다. 비중이 적은 기업들은 단순하게 생각하면 됩니다.

필자가 생각하기에 SKC, LG전자는 미래 전망이 밝다고 생각합니다. SKC는 원래 화학 기업인데 2차전지 음극재에 쓰이는 동박 기업을 인수했고, 2025년에는 생산량 기준으로 1위가 될 것으로 시장에서는 전망하고 있습니다. 인공지능 반도체에 쓰일 반도체 글라스 기판도 개발했으며, 차세대 2차전지 음극재로 촉망받는 실리콘 음극재도 개발 중에 있습니다. 주가는 2021년 고점에서 2023년 11월까지 -53%나 하락한 상황입니다. 여기서 매도를 고민하는 것보다는 성장에 대한 확신이 있다면 추가 매수를 하는 것도 고려해봐야 한다고 생각합니다. 1,000만 원의 현금이 있기 때문에 300만 원 정도를 추가 투자해서 단가를 낮추는 전략도 괜찮습니다. 단가를 낮추는 전략의 핵심은 주가가 아니라 미래 가치입니다. SKC의 미래 가치가 현재 가치보다 더 높은 곳에 있을 것이라고 확신한다면 주가 하락은 매수 단가를 낮출 수 있는 좋은 기회가 될 수 있습니다. 단지 주가가 하락했다는 이유만으로 소위 말하는 '물타기'를 해서는 안 됩니다. 물타기의 전제조건은 기업의 성장입니다. 성장이 보이지 않는 기업을 물타기 한다면 여러분의 계좌는 더욱더 깊은 손실의 늪에 빠지게 될 것입니다.

다음은 LG전자입니다. LG전자는 가전 기업이지만 자동차 전동화 부품* 사업을 신사업으로 추진하면서 체질 개선에 성공한 기업입니다. 2023년 1분기 실적은 놀라웠는데요, 비용 절감과 프리미엄 가전 판매 호조로 주력인 가전사업부의 분기 영업이익은 역대 최대치를 기록했습니다. 여기저기서 불황이 왔다고 했지만 LG전

자동차 전동화 부품

자동차 부품 중에서 전기모터, 배터리, 인버터 등의 전자부품을 의미. 내연기관 자동차에서 사용되던 엔진, 변속기 등을 대체하는 부품으로 전기차 시대를 맞아 그 중요도가 커지고 있다.

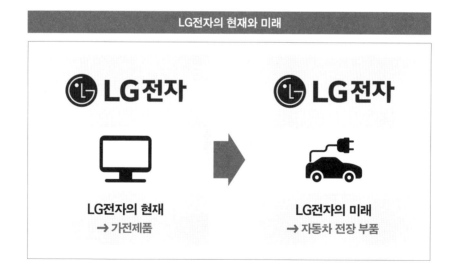

LG전자의 현재와 미래

LG전자의 현재
→ 가전제품

LG전자의 미래
→ 자동차 전장 부품

자의 가전사업은 역대 최고 실적을 냈습니다. 가전사업만이 아닙니다. 신사업인 전동화 부품 사업의 매출과 이익은 1분기 기준 역대 최고치를 기록했습니다. 물론 가전사업은 부침이 있기 때문에 현재의 좋은 실적이 계속 유지되기는 어렵습니다. 그렇지만 최악의 소비경기에도 역대 최대 실적을 기록했다는 것을 통해서 우리는 LG전자의 사업 경쟁력이 얼마나 뛰어난지를 알 수 있습니다. LG전자는 2023년 11월 기준으로 102,700원을 기록하고 있습니다. 여전히 손실 중이지만 여전히 저평가되어 있고, 체질 개선에 성공해 꾸준히 성장할 것으로 예상되고 있는 만큼 SKC처럼 추가 매수를 고려해볼 만합니다. 그러니 300만 원 정도 물타기 하는 것은 어떨까요?

마지막으로 롯데하이마트입니다. 롯데하이마트는 가전 판매를 주력으로 하는 유통회사입니다. 2021년 575억 원의 당기순적자를 기록했고 2022년에는 자산손상[*] 등 일회성 비용 등이 포함되며 무려 5,279억 원의 당기순적자를 냈습니다. 2023년 상황도 만만치 않습니다. 한때 '가전' 하면 '하이마트'였던 시절이 있었습니다. 다양한 가전제품이 전시된 롯데하이마트는 가전백화점이었고, 사람

자산손상

기업이 보유한 자산의 가치가 하락해 미래의 경제적 이익을 창출할 가능성이 낮아진 경우에 이를 재무제표에 반영해서 손실 처리하는 것

들의 머릿속에도 '가전=하이마트'라는 공식이 성립되어 있었습니다. 하지만 상황은 크게 변했습니다. 쿠팡, 네이버 등 온라인 쇼핑시장의 성장으로 가전제품은 온라인에서도 저가에 구매가 가능한 시장으로 변했습니다. 가전제품에 대한 공급 협상력이 떨어진 것도 실적 부진의 원인으로 작용했습니다. 삼성전자, LG전자는 가전업계의 양대산맥인데 문제는 삼성전자, LG전자도 롯데하이마트처럼 오프라인 매장을 운영하고 있다는 점입니다. 롯

데하이마트는 삼성전자, LG전자로부터 가전제품을 되도록 싸게 공급받아야 하는데 그럴 수가 없습니다. 공급자들이 곧 경쟁자이니까요. 여기에 고금리로 인한 소비 둔화 여파로 국내 가전제품 수요가 감소하고 있는 것도 부담으로 작용하고 있습니다. 현재로서는 롯데하이마트의 미래가 밝아 보이지 않습니다. 그렇다고 현재가 좋은 것도 아닙니다. 순부채*는 2023년 3분기 기준으로 5,697억 원에 달하며, 이에 따른 이자비용은 연간 300억 원입니다. 이익을 내고 있다면 이자비용은 큰 문제가 되지 않겠지만 적자 상태가 지속되고 있어 큰 부담이 되고 있습니다. 롯데하이마트의 주가는 2023년 11월 기준으로 10,350

원입니다. -70%에 달하는 큰 손실 중이라 비중이 크지 않아도 부담이 될 수밖에 없습니다. 그러니 롯데하이마트는 결단을 내려야 합니다. 미래가 불투명하고 현재도 과도한 부채로 좋지 않은 상황입니다. 미래 성장이 불확실하기 때문에 물타기는 절대 안 됩니다. 과감한 교체매매가 요구됩니다.

엄블리의 꿀팁

포트폴리오는 고민과 결단입니다. 그리고 그걸 가능하게 해주는 배경지식이 있으면 됩니다. 배경지식이 부족하다면 꾸준히 지식을 쌓으면 됩니다. 포트폴리오는 투자를 하는 평생 동안 고민해야 하는 중요한 주제입니다. 미래를 모르기에 포트폴리오를 변경하기는 쉽지 않습니다. 그렇더라도 꾸준히 고민하면서 포트폴리오를 변경해보기 바랍니다. 그 자체만으로도 주식투자의 큰 경험이 될 것입니다.

질문
TOP
07

손실이 너무 큰데
과감하게 손절매를 하고
갈아타야 할까요?

2021년 12월 투자자 한 분이 방송 댓글을 통해 종목 상담을 요청한 적이 있었는데, 3개의 종목을 보유하고 있었습니다. 보유한 종목은 많지 않았는데, 문제는 그 종목들의 손실이 너무 큰 것이었습니다. 투자자가 상담을 요청한 종목은 동양피스톤, 에이트원, 카프로였습니다. 동양피스톤의 매수단가는 10,200원, 에이트원은 2,400원, 카프로는 5,300원이었습니다. 2021년 12월 당시 동양피스톤의 주가는 6,120원, 에이트원은 2,010원, 카프로는 4,790원이었습니다. 필자는 당시 카프로에 대해서만 알고 있었고 다른 기업들에 대해서는 전혀 지식이 없었습니다. 그래서 "왜 매수를 하셨나요?"라고 물었더니, 투자자는 이렇게 답했습니다. "누가 좋다고 해서 샀어요. 앞으로 많이 상승할 것이라고 해서요. 그리고 제가 차트를 보니 괜찮아 보였어요. 그래서 단타를 하려고 들어갔는데 막상 손해를 보니 팔 수가 없었습니다."

주식투자는 기업에 대한 투자이고, 주가는 기업의 가치에 수렴합니다. 그런데 투자자들 중에서는 기업에 대한 정보 없이 오직 남의 이야기에만 의존해서 투자하는 경우가 많습니다. 이것도 그런 사례 중 하나입니다. 삼성전자, LG전자를 누가 좋다고 해서 투자했다면 이 기업들은 누구나 아는 기업들이기에 의사결정을 하기가 수월합니다. 하지만 동양피스톤, 에이트원, 카프로는 생소한 기업들이기에 결정이 쉽지 않습니다. 그래도 이 포트폴리오를 어떻게 할지 결론을 내야 하기 때문에 분석을 해봤습니다.

동양피스톤은 내연기관용 엔진 피스톤을 제조하는 자동차 부품 회사입니다. 전기차에 엔진은 없습니다. 사라지는 부품이죠. 여기에 들어가는 부품을 만드는 기업들의 미래는 누가 봐도 불확실할 수밖에 없습니다. 그런데 2020년 5,000원대에 머물던 주가가 2021년 6월경 11,000원대까지 상승했습니다. 당시 수소차 관련 부품 사업을 하고 있었기 때문에 주가가 급등했던 것이지요. 수소차는 당시 전기차처럼 성장할 것이라는 기대가 많았기 때문에 수소차 관련주 역시 인기가 많았습니다. 때문에 비싼 가격에도 매수를

동양피스톤의 현재와 미래

DONG YANG PISTON   DONG YANG PISTON

동양피스톤의 현재
→ 엔진부품

동양피스톤의 미래
→ 전기차에는 엔진이 없다

한 것입니다. 하지만 핵심은 수소차가 아닙니다. 본업이 사양산업이 될 수밖에 없는 상황이기에 버틴다고 될 문제가 아니었습니다. 미래가 불투명했기 때문입니다. 물론 수소차 부품에서 큰 성과를 낼 수도 있고 다른 사업에 진출해서 기업가치가 크게 상승할 수도 있지만 투자자는 미래를 합리적으로 예측해야 합니다. 공상과학 소설이 아니라 사실에 입각해 추측하고 예측하고 합리적인 결정을 내려야 합니다. 손실이 -40%가 넘었기 때문에 방향을 바꾸는 결정을 하기가 쉽지는 않습니다. 하지만 기업의 미래가 밝지 않다고 생각되면 과감한 결정을 내릴 필요가 있습니다. 2021년 12월 6,300원대에 있던 주가는 2023년 11월 기준으로 5,300원대까지 하락했습니다.

에이트원은 방위산업에 속하는 가상훈련시스템 개발, 종합군수지원 사업 등 국방교육 훈련용 솔루션 서비스를 제공하는 기업입니다. 무기와 관련된 사업을 하는 기업들을 방산업종이라고 하는데, 에이트원이 무기를 만드는 것은 아니지만 주요 납품처가 군이기 때문에 방산업종이라고 봐도 무방합니다. 방위산업은 업황만 본다면 긍정적이고 성장성이 높습니다. 러시아의 우크라이나 침공 이후 각국의 방위비 지출은 증가했고, 한국의 무기는 폴란드에 대규모 수출을 하는 등 경쟁력을 인정받고 있습니다. 신냉전 시대에 방위산업의 성장은 지속될 가능성이 높습니다. 이처럼 산업은 매력적인데, 관건은 기업의 경쟁력입니다.

기업은 돈을 벌어야 합니다. 그래야 주주들에게 그 보상을 나누어줄 수 있고, 주가도 상승할 수 있습니다. 그런데 에이트원은 2017년부터 2021년까지 5년 연속 당기순적자를 기록했습니다. 2022년에도 적자가 이어지면서 6년 연속 적자를 냈습니다. 산업이 성장하면 기업도 성장해야 합니다. 하지만 에이트원은 매년 적자를 냈고, 주가도 그 후 크게 하락하고 말았습니다. 2021년 말 2,000원대에 있던 주가는 2023년 11월 기준으로 335원대까지 −83%나 하락했습니다.

마지막으로 카프로입니다. 당시 카프로라는 기업에 대해서는 잘 알고 있었습니다. 카프로락탐이라는 나일론의 원료를 만드는 기업인데요, 국내에서는 독점적인 지위를 갖고 있는 기업입니다. 카프로락탐 사업은 당시 이익을 내기 어려운 사업이었습니다. 중국 때문에 그렇습니다. 중국 기업들의 대규모 증설로 카프로락탐은 공급과잉에 빠졌고, 카프로는 이익을 내기 어려웠습니다. 카프로는 2015년부터 2022년까지 8년간 세 번의 당기순이익을 기록했고, 다섯 번은 적자를 냈습니다. 8년간 총 순이익은 −3,198억 원에 달했습니다. 8년 동안 막대한 손실을 본 것입니다. 카프로 자체의 문제이기보다는 산업의 저성장과 함께 중국의 저가 물량 공세가 기업의 발목을 잡은 것입니다.

주식투자자라면 이러한 부분은 당연히 알고 있어야 합니다. 그 기업이 속해 있는 산업이 성장하고 있는지, 그 산업의 환경 변화가 기업에 유리하게 작용하고 있는지 항상 확인해야 합니다. '기다리면 오르겠지'라는 생각은 버려야 합니다. 카프로는 더더욱 버틴다고 될 기업이 아니었습니다. 당시 4,700원대에 있던 주가는 2023년 11월 903원대까지 무려 −80%나 추락하고 말았습니다. 더구나 2022년 감사보고서에서 감사의견 '한정'* 판결을 받았습니다. 감사의견 한정 판결을 받게 되면 관리종목에 지정되고, 2년 연속 한정 판결을 받으면 상장폐지가 됩니다. 실적도 문제지만 상장폐지 위험도 가중되고 있는 상황입니다.

감사의견 한정

감사인이 수행할 수 있는 감사 범위가 부분적으로 제한되었거나, 기업 회계 준칙을 따르지 않은 몇 가지 사항이 발견되었지만 해당 사항이 재무제표에 큰 영향을 미치지 않는 경우 여러분이라면 이런 상황에서 어떤 의사결정을 내리겠습니까? 결과적으로 3개 기업 다 손절매를 하고 다른 기업으로 교체를 하는 것이 맞았을 것입니다. 상담을 요청했던 2021년 12월 당시에도 손해가 컸지만 만일 2023년 11월까지 계속 보유하고 있었다면 결과는 더욱 참담했을 것입니다. "손실이 너무 큰데 손절매를 하는 것이 맞을까요?"라는 질문에 대한 답은 이렇습니다. "기업의 현재, 미래가 모두 불투명하고 위험이 커 보인다면 손실 여부와 관계없이 반드시 매도를 해야 합니다."

 염불리의 꿀팁

보유한 기업의 손실이 매우 큰 상황에서 보유한 기업에 대해 제대로 이해하고 있지 못할 때 많은 투자자들은 더욱 큰 공포심을 느끼게 됩니다. 보유한 기업의 손실이 클 때 가장 먼저 해야 할 일은 보유한 기업에 대한 공부입니다. 기업의 미래를 알아야 의사결정을 할 수 있는데, 기업의 미래를 알기 위해서는 기업의 과거와 현재를 일단 알아야 합니다. 기업에 대한 이해가 끝났다면 미래를 그려보기 바랍니다. 미래에 대한 그림이 안 좋거나 불투명하다면 보유할 이유가 없습니다.

2장

주린이가 가장
궁금해하는
경제지표(매크로)

주식투자는 기업에 대한 투자입니다. 앞으로 기업가치가 상승할 기업을 잘 선정해서 투자한다면 당연히 좋은 결과가 도출될 것입니다. 즉 기업분석을 잘해서 미래 가치가 증가할 기업인지 파악한다면 좋은 성과를 낼 수 있다는 의미입니다.

그런데 어떤 때는 '저평가되어 있고 성장 가능성이 높은' 매력적인 투자대상을 발견해서 투자를 했더라도 큰 손실을 보는 경우가 있습니다. 기업의 잘못이 아닌 기업의 경영이나 주식시장에 영향을 줄 수 있는 변수들 때문입니다. 금리, 물가, 환율, 원자재 가격, 정부정책 등이 그 변수에 해당됩니다. 삼성전자가 아무리 좋은 실적을 냈더라도 물가가 크게 상승해 금리가 급격히 상승하게 되면 삼성전자의 주가는 약세를 보일 가능성이 높습니다. 이러한 상황에서는 기업의 경쟁력보다 외부 변수에 의해서 주가가 결정되기 때문에 예측과 판단이 어려워집니다.

그렇기 때문에 투자자들은 기업만 들여다봐서는 안 됩니다. 기업의 실적에 큰 영향을 끼칠 수 있는 금리, 물가, 환율 같은 경제 환경에 대해서도 중요한 부분은 알아둘 필요가 있습니다. 이번 2장에서는 기업의 경영에 큰 영향을 미칠 수 있는 경제 환경, 즉 경제에 영향을 크게 미치는 경제지표를 공부해보겠습니다.

질문 TOP 08

매크로란 건
도대체 어떤 개념인 거죠?

저자 직강 동영상 강의로 이해 쑥쑥!
QR코드를 스캔하셔서 동영상 강의를 보시고
이 칼럼을 읽으시면 훨씬 이해가 잘 됩니다!

'인플레이션' '고금리' '킹달러(달러강세)' 등은 2022년 경제 기사에 가장 많이 등장한 단어들인데요, 이런 단어들을 보면 무엇이 떠오르나요? 아마 '매크로(macro)'라는 단어가 떠오를 것입니다. 매출액, 영업이익, 재고자산 등은 기업과 관련된 지표이고, 코스피 지수, 나스닥 지수는 시장과 관련된 지표입니다. 반면 물가, 금리, 환율 같은 지표들은 경제와 관련된 지표들입니다. '매크로'라는 영어 단어는 '대형의'라는 의미의 접두사입니다. 크다는 뜻으로 생각하면 됩니다. '마이크로'는 반대로 '소형의'라는 의미로 작다고 생각하면 됩니다. 매크로는 주식시장에서 사용하는 대표적인 용어 중 하나인데, 큰 의미에서 보면 경제 상황을 뜻합니다. 물가, 금리, 환율, 수출, 수입, 무역수지, 경제성장률, 실업률, 중앙은행 통화정책, 정부 정책 등 경제 상황을 알 수 있는 다양한 지표들을 모두 매크로라고 부를 수 있습니다. 마이크로는 '작다'라는 의미처럼 기업과 관련된 것을 의미합니다. 실적, 유상증자, 수주, 설비투자 등은 마이크로에 관련된 지표들입니다.

주식시장이 꾸준히 상승하고 변동성이 작을 때는 매크로보다는 기업과 관련된 마이크로 지표들에 대해 시장이 더 큰 관심을 갖게 됩니다. 반대로 시장이 급락하고 변동성이 커질 때는 매크로에 더 많은 관심을 갖게 되지요. 2022년은 주식시장이 역대급으로 하락했던 시기이기에 투자자들이 매크로에 모든 관심을 쏟았던 한 해이기도 했습니다. 한 달에 한 번씩 발표하는 미국 소비자물가 지표를 확인하기 위해 발표 당일 밤 9시 30분이면 한국의 수많은 투자자들이 다른 일을 모두 제쳐두고 미국의 물가를 확인하는 진풍경이 벌어지기도 했습니다. 2022년 2분기에는 경제서적 중에서 '인플레이션' '경제위기' 등의 매크로를 다룬 책들이 베스트셀러 상위권에 포진하기도 했습니다.

주식투자는 기업에 대한 투자이기에 매크로가 절대적으로 중요한 것은 아닙니다. 사실 매크로를 모르고 투자해도 수익을 낼 수 있습니다. 하지만 한국 기업에 투자를 한다면 적어도 기본적인 매크로 지표는 알고 투자해야 합니다. 코스피는 하나의 거대한 경기민감주이기 때문입니다.

2023년 11월 기준으로 코스피 시가총액 1위 삼성전자(480조 원), SK하이닉스(90조 원)를 비롯한 IT 기업들의 시가총액은 821조 원입니다. 현대차그룹을 비롯한 경기소비재 기업들의 시가총액은 146조 원입니다. 산업재(226조 원), 중공업(61조 원), 철강금속(70조 원), 에너지·화학(142조 원), 금융(168조 원) 등 경기에 민감한 업종들도 비교적 높은 시가총액을 나타내고 있는데, 이 업종들의 시가총액을 합치면 1,634조 원입니다. 2023년 11월 코스피

코스피 시가총액 내 비중(%)

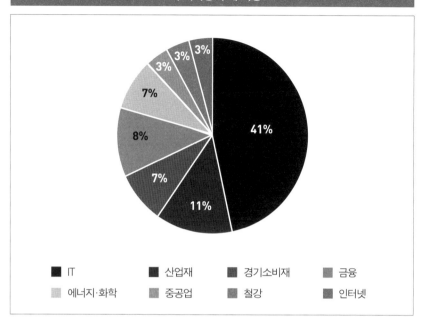

전체 시가총액은 2,027조 원입니다. 코스피 전체 시가총액의 무려 81%가 경기민감주로 구성되어 있는 것입니다. 경기민감주로 분류된 건 아니지만 광고를 기반으로 수익을 내는(경기가 악화되면 광고주들의 광고비 지출이 감소할 수 있음) 인터넷 플랫폼의 시가총액인 58조 원까지 포함하면 경기에 영향을 받는 기업들의 비중은 무려 84%까지 상승하게 됩니다.

경기민감주는 경기에 따라 실적이 좌우되는 사업구조를 가지고 있기 때문에 매크로가 매우 중요합니다. 금리가 상승해서 수요가 둔화되고 경기가 악화된다면(사실 경기가 악화되기 전에 주가는 미리 하락합니다. 금리를 올린다고 바로 경기가 둔화되는 것은 아니고 시차가 존재하는데, 주가는 몇 달 후에 다가올 경기 둔화를 미리 반영하는 경향이 있습니다), 아무리 경쟁력이 뛰어난 기업이라도 실적 악화를 피할 수는 없습니다. 반대로 금리가 인하되고 정부가 돈을 푸는 부양책이 시행되면 수요는 증가하게 되고 경기는 호전될 것입니다. 그렇게 되면 경기민감주들은 대체로 좋은 실적을 기록하게 됩니다. 경기민감주가 많은 비중을 차지하는 한국 주식시장에서 기초적인 매크로 공부는 필수입니다.

염블리의 꿀팁

매크로는 '대형의'라는 의미의 접두사입니다. 주식시장에서는 경제 상황, 경제지표라는 의미로 사용하고 있습니다. 물가, 금리, 환율, 수출, 수입, 무역수지, 경제성장률, 실업률, 중앙은행 통화정책, 정부 정책 등 경제 상황을 알 수 있는 지표들이 모두 매크로 지표입니다. 한국은 경기에 민감한 경기민감주가 많습니다. 때문에 한국 주식시장에서 매크로 공부는 꼭 필요합니다.

질문
TOP
09

매크로는 기업가치에
어떤 영향을 주나요?

한국에서 가장 큰 시가총액과 영향력을 지니고 있는 업종은 반도체 업종입니다. 반도체가 주로 사용되는 산업은 PC, 모바일, 서버입니다. 반도체 수요에서 차지하는 비중은 PC 15%, 모바일(스마트폰) 35%, 서버 35%, 기타 부문 15%입니다. PC와 모바일은 경기 영향을 많이 받습니다. 물가가 오르고 금리가 상승하면 소비자들은 PC, 스마트폰 같은 값비싼 제품에 대한 구매를 줄이게 됩니다. 실제로 고물가·고금리 충격이 있었던 2022년 3분기의 글로벌 PC 출하량은 6,800만대로 19.5% 감소했습니다. 이는 1990년대 중반 PC 시장 규모를 집계한 이래 가장 크게 감소한 수치입니다. 스마트폰 판매도 부진했습니다. 2022년 3분기 스마트폰 출하량은 9.7% 감소했습니다. 전 세계 스마트폰 수요의 30%를 차지하는 중국의 제로 코로나 정책으로 인한 스

PC 15%   모바일 35%   서버 35%

마트폰 수요의 급격한 감소가 원인이었습니다. 이처럼 PC와 스마트폰 수요가 부진하자 주요 PC, 스마트폰 제조사들은 반도체 제조사들에게 오더컷(주문축소)을 단행했습니다. 2020년 3월 코로나 팬데믹 발생 후 각국은 경기를 살리기 위해 국민들에게 현금을 지급했던 데다가 재택 근무가 필수가 되자 PC나 가전제품 수요가 급증하면서 반도체는 수요 급증으로 호황을 누렸지만 2022년에는 정반대의 상황이 펼쳐지게 된 것입니다.

반도체는 IT 기기의 필수 부품인데 제품이 팔리지 않으니 반도체 주문을 줄일 수밖에 없었습니다. 서버는 그래도 상대적으로 수요가 견조했지만 그렇다고 매크로 환경을 벗어날 수는 없었습니다. 서버용 반도체의 주요 고객사는 아마존, 마이크로소프트, 구글 같은 미국 빅테크 기업들인데 이들도 경제 환경이 나빠지자 채용을 줄이거나 구조조정을 단행하는 등 비용 축소에 매진했고, 이는 서버 투자에도 영향을 주었습니다. 비록 역성장은 아니지만 매년 +10% 이상의 고성장 국면이 마무리되면서 +3%대의 저성장 국면이 시작되었고, 이러한 전방 수요의 부진은 메모리 반도체 업황에도 악영향을 끼쳤습니다.

결국 2022년은 반도체 역사에 길이 남을 한 해가 되고 말았습니다. 매년 꾸준히 성장하던 D램 총수요가 감소하는 사건이 발생했던 것입니다. 2022년 D램 총수요는 233억 기가바이트로 전년 대비 -2% 감소했습니다. 유진투자증권의 이승우 리서치센터장은 이를 두고 "이는 마치 유럽의 금리가 마이너스를 기록한 것과 2020년 유가가 마이너스를 기록한 것에 비할 수 있을 정도로 충격적인 일이다"라고 언급했습니다. 실제 2022년 반도체 수출은 -30%나 감소했고, D램 가격은 연초 대비 -34% 급락했습니다. SK하이닉스의 2022년 3분기 영업이익은 전년동기 대비 -61% 급감했고, 2022년 4분기에는 -1.8조 원의 대규모 영업적자를 기록하고 말았습니다.

이렇듯 급변하는 경제 환경은 기업들의 영업 환경에 영향을 끼치게 되고, 기업 실적과 주가도 그에 따라 큰 변화를 겪게 됩니다. 2022년은 워낙 매크로 환경이 좋지 않아 반도체 외에도 많은 기업들이 어려움을 겪었습니다. 대표적인 기업으로는 석유화학 기업인 롯데케미칼이 있습니다. 롯데케미칼은 2021년 3분기 2,883억 원의 영업이익을 기록했는데, 2022년 3분기에는 -4,239억 원의 대규모 적자를 기록했습니다. 1년 만에 실적이 천당에서 지옥으로 간 것입니다. 왜 이렇게 실적이 악화되었을까요?

롯데케미칼이 만드는 주요 제품은 에틸렌입니다. 석유화학의 '쌀'이라고 불리는 에틸렌은 화학제품의 기초 원료입니다. 주로 플라스틱을 제조하는 데 사용하고 있습니다. 플라스틱은 가전제품, 자동차 등 우리가 사용하는 대다수의 제품에 들어가 있습니다. 즉 경기가 좋지 않으면 가전제품, 자동차 등의 수요가 감소할 수밖에 없고 이러한 제품에 들어가는 원재료인 플라스틱 수요도 감소할 수밖에 없습니다. 그렇게 되면 플라스틱을 만드는 원재료인 에틸렌 수요 역시 감소할 수밖에 없습니다. 팬데믹 이후 늘어난 제품 수요로 2021년 호황을 구가했던 에틸렌 업황은 1년 후 찾아온 매크로 환경 악화로 불황의 늪에 빠졌고, 이에 롯데케미칼의 실적도 당연히 악화될 수밖에 없었던 것입니다.

그런데 한 가지 더 짚고 넘어갈 것이 있습니다. 바로 국가별 경제 상황입니다. 특히 글로벌 생산과 소비에서 큰 영향을 끼치는 중국의 경제 상황은 매크로에 큰 영향을 끼치기 때문에 중국의 경제가 호황인지 불황인지, 중국 정부가 어떤 정책을 펼치고 있는지를 파악하는 일은 매우 중요합니다. 롯데케미칼 같은 석유화학 기업들에는 중국이라는 변수가 더욱 중요합니다. 왜냐하면 전 세계 에틸렌 공급과 수요의 대부분이 중국에서 발생하기 때문입니다. 한국 에틸렌 수출의 40%가 중국으로 가기 때문에 롯데케미칼에 투자한다면 반드시 중국의 경제 상황을 파악하고 있어야 합니다. 에틸렌 수요는 특히 중국의 가전제품 수요와 연동되는데, 이 가전제품 수요는 중국의 부동산 경기와 연동됩니다. 즉 중국 GDP의 30%를 차지하는 부동산이 살아나야 에틸렌도 살아난다는 의미입니다. 중국의 부동산 경기가 회복되고 가전제품 수요가 많아진다면 에틸렌 수요 증가로 롯데케미칼의 이익은 증가할 것입니다. 하지만 2022년처럼 중국이 코로나 방역을 위해 도시 간 이동을 제한하고 성장을 제한하는 정책을 펼친다면 중국은 경기 침체를 겪게 될 것입니다. 그리고 그로 인한 수요 감소 여파로 에틸렌 가격은 하락할 수밖에 없고, 이익을 내는 것 역시 어려울 수밖에 없습니다.

석유화학 산업은 롯데케미칼의 사례처럼 중국이 중요합니다. 그런데 자동차 산업은 석유화학과 달리 한국과 미국이 더 중요합니다. 현대차·기아의 중국 점유율은 2%가 되지 않습니다. 2011년 중국 점유율은 10%였습니다. 그런데 중국 자동차 산업의 경쟁심화로 현대차·기아는 설 자리를 잃었고, 지금은 중국 점유율이 매우 미미합니다. 반면 미국 점유율은 10%를 상회하고 있고, 한국 점유율은 89%나 됩니다. 과거의 현대차 그룹에는 중국이 절대적이었지만 지금은 중국보다 한국·미국 시장이 더 중요한 것입니다. 미국과 한국의 소비 환경이 현대차·기아의 실적을 결정한다고 판단하면 됩니다. 중국과 달리 미국과 한국의 자동차 판매는 꾸준히 증가하면서 현대차와 기아는 2022년 사상 최대 영업이익을 기록하는 성과를 냈습니다.

이렇듯 경제 환경은 기업들의 실적에 큰 영향을 끼칠 수밖에 없습니다. 즉 매크로가 현재 어떤 상황이고 어떻게 변하고 있는지 모르고 투자한다면 한국 주식시장에서는 높은 성과를 내기 어렵다는 의미입니다. 필자 역시 매크로보다 기업이 더 중요하다는 의견에 전적으로 동의합니다. 하지만 한국 기업들의 70%가 매크로에 영향을 받기 때문에 적어도 매크로의 방향이 어떻게 흘러가고 있는지는 알고 투자해야 한다고 생각합니다. 물가, 금리, 환율, 통화정책, 정부정책 등의 방향이 어떻게 흘러가고 있고 어떻게 변하고 있는지 꼭 알아야 하는 이유이기도 합니다.

 염블리의 꿀팁

한국 증시에 상장된 기업들은 대부분 제조업입니다. 제조업은 경기에 민감한 경우가 많습니다. 특히 한국은 수출 기업들이 많기 때문에 대외 경기의 영향을 많이 받게 됩니다. 한국의 내수 경기가 좋아도 미국이나 중국 경기가 좋지 않다면 한국 제조업체들의 실적은 나아지기 어렵습니다. 그래서 한국 주식시장에 투자한다면 글로벌 경기, 매크로의 흐름을 어느 정도는 이해하고 있어야 합니다. 업종에 따라 국가별 경제 상황이 미치는 영향이 다른 점도 특징입니다. 석유화학은 중국 경기가 중요하고, 자동차는 미국 경기와 한국 경기가 중요합니다.

질문
TOP
10

매크로에서
가장 중요한 지표는
왜 금리인 건가요?

주식투자자들이 알아야 하는 중요 지표로는 금리, 물가, 환율, 통화정책, 정부정책 등이 있습니다. 이 중에서 가장 중요한 것은 '금리'입니다. 금리는 단골메뉴처럼 매일 뉴스에 등장하는 너무나도 흔한 단어입니다. 하지만 정작 설명하기는 쉽지 않습니다. 금리는 '이자'라고 생각하는 분들이 많을 것 같은데요, 물론 이자가 금리입니다. 그럼 이자는 무엇일까요? 돈을 빌려주고 받은 대가입니다. 자금을 공급하는 사람이 자금을 필요로 하는 사람에게 돈을 공급하고 그 대가로 받는 돈이라고 할 수 있습니다. 만일 여러분이 1억 원의 여유자금이 생겨서 은행에 돈을 맡기면 1억 원의 3%에 해당하는 이자를 받을 수 있습니다. 여기서 돈을 맡기는 여러분은 돈의 공급자이고, 은행은 돈의 수요자가 됩니다. A기업의 사장님이 공장을 건설하기 위한 자금이 필요해 은행에 가서 100억 원을 빌렸다고 가정해보겠습니다. 대출금리가 7%라면 100억 원을 빌린 A기업은 연간 7% 정도의 이자를 은행에 지급해야 합니다. 여기서는 은행이 자금 공급자이고, 기업이 자금 수요자가 됩니다. 결국 금리는 자금을 빌려준 것에 대한 대가로 지급하는 원금 대비 비율이라고 정의할 수 있습니다. 그렇다면 금리는 어떻게 결정될까요?

자금에 대한 수요가 증가하면 금리는 상승하게 됩니다. 좋은 경기 상황으로 의류 판매가 호조를 보여 매출이 증가하고 있는 A기업을 예로 들어보겠습니다. A기업의 의류 생산량은 연간 100억 원입니다. 그런데 수요가 너무 증가해 수요량이 200억 원 정도 된다고 가정을 해보겠습니다. 이 경우에 A기업 사장님은 어떤 결정을 내리게 될까요? 부족한 100억 원을 채우기 위해 공장을 증설할 가능성이 높습니다. 자금이 부족하기에 은행에 가서 100억 원을 빌리고 공장을 짓습니다. 그런데 A기업만 그런 게 아니었습니다. 워낙 경기가 좋다 보니 의류 시장은 호황을 누렸고 경쟁 의류 기업인 B, C, D 기업도 같은 행동을 취했습니다. 너도나도 은행에서 대출을 받기 위해 길게 줄을 섰습니다.

그렇다면 은행은 여기서 어떤 선택을 할까요? 은행은 자금을 빌려주는 주체입니다. 돈에 대한 수요가 많기 때문에 그 대가를 올리는 선택을 할 수밖에 없습니다. 만일 대출금리가 5%였다면 7%로 올리는 결정을 하게 될 것입니다. 기업들은 7%까지 상승한 금리에 부담을 느끼겠지만 빌린 돈으로 공장을 지으면 더 많은 돈을 벌 수 있다는 희망에 7%의 이자를 지급하겠다는 약정서를 쓰고 돈을 빌리게 됩니다. 더 많은 기업들이 대출을 원한다면 금리는 더 올라갈 것입니다. 반대로 불황이 온다면 대출 수요는 줄어들 것이고, 금리 역시 자금 수요 부족으로 떨어질 가능성이 높습니다.

자금 수요에 따라 금리가 어떻게 움직이는지를 알아보았습니다. 이번에는 자금 공급 측면에서 살펴보겠습니다. 금리는 결국 돈의 가치입니다. 돈이 많이 풀려서 유동성이 넘치면 어디서든 쉽게 돈을 구할 수 있기 때문에 금리는 하락하게 됩니다. 반대로 유동성이 감소해 돈이 부족하게 되면 자금을 구하기 어려워지기 때문에 금리는 상승하게 됩니다.

한국은행을 비롯한 세계 각국의 중앙은행들이 하는 가장 중요한 임무는 일정 수준의 물가를 유지시키고 경기를 안정적으로 성장시키는 것입니다. 이 물가와 경기(고용)라는 두 마리 토끼를 잡기 위해 중앙은행은 금리를 조절합니다.

한국은행이 만일 기준금리를 인상한다면 어떤 일이 발생하게 될까요? 기준금리를 인상한다는 것은 돈의 공급을 줄인다는 것과 같습니다. 돈의 공급이 감소하면 돈을 구하기가 어려워지기 때문에 돈의 가치가 상승하게 됩니다. 한국은행이 기준금리를 인상해서 돈을 흡수하게 되면 시중에 유통되는 돈이 감소하기 때문에 기업의 투자와 개인의 소비는 위축됩니다. 경기가 너무 좋거나 물가가 높을 때 한국은행이 돈의 공급을 줄이기 위해 기준금리

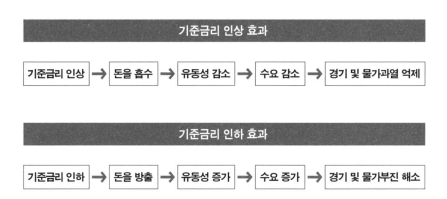

기준금리 인상 효과

기준금리 인상 → 돈을 흡수 → 유동성 감소 → 수요 감소 → 경기 및 물가과열 억제

기준금리 인하 효과

기준금리 인하 → 돈을 방출 → 유동성 증가 → 수요 증가 → 경기 및 물가부진 해소

를 인상하는 이유입니다.

　반대로 한국은행이 기준금리를 인하한다면 이는 돈의 공급을 늘리겠다는 의미와 같습니다. 돈의 공급이 늘어나면 시중에 돈이 많이 풀리게 되고, 돈의 가치는 당연히 떨어집니다. 돈의 공급이 늘어나게 되면 돈을 구하기가 쉬워집니다. 이는 기업의 투자나 개인의 소비를 증가시켜 경기를 회복시키는 역할을 수행합니다. 경기가 둔화되고 물가가 낮을 때 한국은행이 금리를 인하하는 이유이기도 합니다. 돈의 공급 조절을 통한 금리 결정, 바로 이것이 중앙은행의 가장 중요한 역할인 것입니다.

 염블리의 꿀팁

수요 측면에서 금리는 자금을 사용한 것에 대한 대가를 의미합니다. 자금을 빌려주면 그 사용료로 이자를 받고, 자금을 빌리면 그 사용료에 대한 이자를 지급합니다. 수요 측면에서 이자는 금리를 의미합니다. 공급 측면에서 금리는 돈의 가치입니다. 중앙은행이 금리를 인하해 돈의 공급을 증가시키면 자금을 구하기가 쉬워져 경기는 회복되고, 중앙은행이 금리를 인상해 돈의 공급을 줄이면 자금을 구하기가 어려워져 경기는 위축됩니다.

질문
TOP
11

금리는 주식 같은 자산시장에 어떤 영향을 끼치나요?

금리는 주식시장을 비롯한 주요 자산시장에 큰 영향을 끼치는데, 금리는 한 마디로 '중력'이라고 생각하면 됩니다. 만일 지구가 무중력 상태라면 우리 몸은 계속 가볍게 떠 있게 될 것입니다. 반대로 중력이 강하면 우리 몸은 무 거워지고 지면에 바싹 붙게 될 것입니다. 금리, 즉 중력이 약해지면 자산 가 격은 상승합니다. 주식, 부동산, 암호화폐 등 많은 자산의 가치가 상승하게 됩니다. 2020년 코로나19가 한창인 시기에 세계 각국의 중앙은행들은 너 나 할 것 없이 기준금리를 크게 낮추었습니다. 금리가 크게 낮아지자 돈의 가 치는 급락했고 반대로 주식, 부동산 같은 실물자산의 가격은 급등세를 보였 습니다. 2020년 3월 코스피는 1,400p대까지 급락했지만 금리 인하와 정부 의 재난지원금 지급, 그로 인한 소비 증가 등의 영향으로 2020년 12월에는

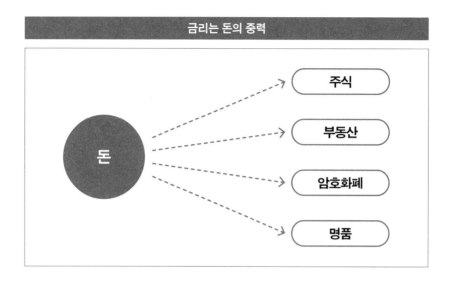

금리는 돈의 중력

돈 → 주식
돈 → 부동산
돈 → 암호화폐
돈 → 명품

2,800p까지 +100% 상승했습니다. 2020년은 재테크 역사상 가장 화려했던 시기로 부동산, 암호화폐, 미술품 등 다양한 자산의 가치가 동반 상승하던 무중력 시대였습니다.

반대로 금리가 상승하면 어떻게 될까요? 금리가 상승하면 그 속도에 따라 다르겠지만 중력은 올라가게 됩니다. 중력 증가는 자산가치를 무겁게 만들고, 자산 가격은 하락하게 됩니다. 2022년 미국의 중앙은행인 연준은 기준금리를 0%에서 4.5%까지 인상했는데, 문제는 속도였습니다. 기준금리 인상 속도는 100m 육상 우승자인 우사인 볼트 이상이었습니다. 보통 기준금리는 한 번에 0.25%p씩 올리는 게 정상인데 한 번에 0.75%p씩, 그것도 네 번 연속으로 올려버렸습

자이언트스텝

기준금리를 한 번에 0.75%씩 올리는 것을 의미. 거인의 걸음걸이처럼 금리를 한 번에 크게 인상한다는 뜻. 0.25% 인상은 베이비스텝, 0.5% 인상은 빅스텝, 1% 인상은 울트라스텝이라 부른다.

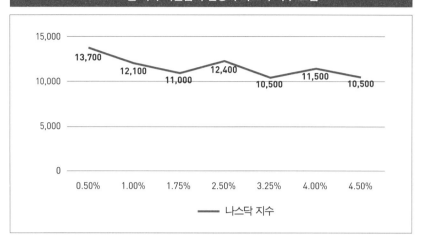

2022년 미국 기준금리 인상과 나스닥 지수 흐름

니다. '자이언트스텝*(거인의 발걸음처럼 매우 크게 금리를 올렸다는 의미)'이라는 용어가 유행할 정도로 금리 인상 속도는 빨랐고, 증가율도 매우 높았습니다. 너무나 급하게 상승한 중력(금리)의 영향으로 미국 나스닥 지수는 고점 대비 무려 -35%나 하락했습니다. 비트코인 등 암호화폐 가격은 50% 이상 떨어졌고, 철옹성 같던 부동산도 버티질 못하고 가격이 크게 하락했습니다.

금리가 상승하면 자금시장에도 변화가 발생합니다. 기준금리가 상승하면 대출금리도 오르지만 예금금리 역시 상승하게 됩니다. 2020년 국내 시중은행들의 정기예금 금리는 1.6% 정도였습니다. 2022년 시중은행들의 정기예금 금리는 4.5%를 상회했습니다. 주가는 하락하고 예금금리가 상승하자 '역(逆)머니무브' 현상이 발생했습니다. 안전한 예금에서 돈이 빠져나와 주식 같은 위험자산으로 돈이 유입되는 현상을 '머니무브'라고 하는데, 역머니무브는 이와 반대로 주식에서 돈이 빠져나와 예금, 채권 같은 안전자산으로 돈이 흘러 들어가는 현상을 의미합니다. 2022년 은행 정기예금은 무려 200조 원이 늘어난 965조 원을 기록했습니다. 채권시장도 마찬가지였는데요, 연간 개인들의 채권 순매수는 3조~4조 원정도 수준이었는데 2022년에는 20조 원을 순매수하기도 했습니다. 금리가 급격히 상승하게 되면 위험자산에 투자하지 않고 안전자산에만 투자해도 과거보다 높은 수익을 낼 수 있기 때문에 안전자산으로 자금이 몰릴 수밖에 없습니다. 이는 반대로 위험자산에서 돈을 빠져나가게 만들기 때문에 위험자산의 수요에는 악영향을 주게 됩니다. 주식을 매수하기 위한 자금인 '고객예탁금'은 2021년 12월 67조 원을 기록했지만 2022년 12월에는 46조 원까지 떨어지며 1년 만에 21조 원이 감소하고 말았습니다.

금리는 경제에도 큰 영향을 끼칩니다. 금리를 인하하면 돈이 많이 풀리게 되고 이렇게 풀린 돈들이 다양한 곳으로 스며들어가 경제를 활성화시킵니다. 2020년 코로나19 위기로 많은 국가들이 금리를 인하했습니다. 경기침체를 막기 위한 조치였습니다. 그럼 실제로 경기가 회복되었을까요? 2020년 코로나19로 -2.8% 역성장했던 미국 경제는 2021년에는 +5.9%로 고성장을 기록했습니다. 미국만이 아닙니다. 한국은 2020년 -0.7% 역성장에서 2021년 +4.1% 성장세로 전환했고, 중국은 2020년 +2.2% 성장에서 2021년 +8.1%로 급격한 성장을 보여주었습니다. 돈을 풀어 경기를 살린다는 금리 인하가 경제에 도움이 된다는 것을 명확히 보여준 사례입니다.

하지만 반대로 금리를 인상하면 경제는 위축됩니다. 2022년 급격한 금리 상승으로 미국의 경제성장률은 +2.1%로 둔화했고, 한국 역시 +2.6%로 성장률이 둔화했습니다.

금리는 물가에도 영향을 줍니다. 금리가 내려가면 물건의 가격인 물가역시 중력의 법칙에 의해 가벼워지고 가격이 상승하게 됩니다. 반대로 금리가 상승하면 물가 상승은 둔화됩니다. 2022년 6월 미국의 소비자물가 상승률은 +9.1%였습니다. 미국 연준의 물가 상승 목표치는 +2%입니다. 너무 높게 솟아버린 물가를 잡기 위해 연준은 금리를 공격적으로 인상했습니다. 2022년 6월 1.75%였던 미국의 기준금리는 2023년 6월 5.25%까지 상승했고, 2023년 6월 미국의 소비자물가 상승률은 3%대로 급격히 둔화했습니다.

이처럼 금리는 매크로 지표 중에서 가장 기본이 되면서도 가장 중요한 지표입니다. 금리가 계속 상승세를 보인다면 이는 주식시장에 부담이 될 수밖에 없습니다. 반대로 금리가 하락하거나 장기간 저금리가 유지된다면 이는 주식시장에 긍정적입니다. 우리가 금리를 이해하고 금리의 방향을 잘 알고 있어야 하는 이유이기도 합니다.

 엄블리의 꿀팁

금리는 중력입니다. 금리가 상승하면 중력이 증가해서 주식, 부동산 등 자산가치가 하락하게 됩니다. 반대로 금리가 하락하면 중력이 감소해서 주식, 부동산 등 자산가치는 상승하게 됩니다. 자금은 돈의 가치에 따라 이동합니다. 금리가 상승해서 돈의 가치가 오르면 은행, 채권 같은 안전자산으로 자금이 이동합니다. 반대로 금리가 하락해서 돈의 가치가 떨어지면 주식, 부동산, 암호화폐 같은 위험 자산으로 자금이 이동합니다.

질문
TOP
12

매크로에서
환율이 중요한 지표인
이유는 뭔가요?

매크로에서 금리와 더불어 중요한 것이 바로 환율입니다. 환율은 상대국 통화와의 교환 비율입니다. 미국 통화인 달러가 상승하면 어떻게 될까요? 우리나라 원화 가치는 상대적으로 떨어지게 됩니다. 꼭 기억하시기 바랍니다. 환율은 절대평가가 아닌 상대평가입니다. 반대로 달러가 약해지면 한국의 원화 가치는 상승하게 됩니다. 달러가 상승하면 원달러환율, 즉 1달러를 받기 위해 지불해야 하는 한국 돈의 교환 비율은 상승합니다. 원달러환율이 1,100원에서 1,300원으로 상승했다면, 우리는 1달러를 받기 위해 과거보다 200원을 더 지불해야 합니다. 달러는 상승했고 원화는 떨어졌다는 의미입니다.

환율은 주식시장에 아주 큰 영향을 끼칩니다. 환율의 등락에 따라 외국

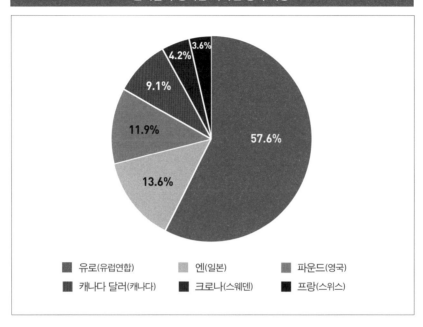

달러를 구성하는 국가별 통화 비중

- 57.6%
- 13.6%
- 11.9%
- 9.1%
- 4.2%
- 3.6%

■ 유로(유럽연합)　　■ 엔(일본)　　■ 파운드(영국)
■ 캐나다 달러(캐나다)　　■ 크로나(스웨덴)　　■ 프랑(스위스)

인 투자자들은 한국주식을 사기도 하고 팔기도 합니다. 환율은 또한 한국 수출 기업들의 실적에도 큰 영향을 끼칩니다. 그러므로 한국 증시에 투자하는 투자자라면 적어도 환율이 현재 어떤 상황인지, 왜 환율이 상승했고 하락했는지, 앞으로 어떤 방향성을 띨 것인지를 알고 투자해야 합니다.

앞서 원달러환율은 달러 가치에 의해 결정된다는 것을 알아보았습니다. 그럼 달러 가치는 어떻게 결정될까요? 달러화는 다른 나라의 통화들로 구성되어 있는데, 유로화(유럽연합)가 57.6%, 엔화(일본)가 13.6%, 파운드화(영국)가 11.9%로 가장 큰 비중을 차지하고 있습니다. 3개의 통화를 합치면 무려 83.1%가 됩니다. 파운드화는 영국의 통화이기 때문에 유로화와 동행합니다. 즉 달러는 유로화·엔화 가치와 반대로 움직인다고 생각하면 됩니다. 유로화가 상승하면 달러는 약해지고, 엔화가 약해지면 달러는 상승할 가능성이 높습니다. 환율은 상대평가입니다. 달러를 구성하는 요소 중 가장 비중이 큰 유로화와 엔화의 방향이 달러를 결정하는 가장 중요한 요소입니다.

2022년 글로벌 경제는 러-우 전쟁과 중국 제로 코로나 정책, 고물가로 인한 고금리 정책 등으로 크게 위축되었고 주식시장은 크게 하락했습니다. 그런데 반대로 달러는 좋았습니다. '킹달러'라는 말이 유행할 정도로 달러는 급등했습니다. 달러 가치는 연간 기준으로 한때 +21%까지 상승하며 수십 년 내 최고 상승률을 보여주었습니다. 달러가 급등하자 1,100원대에 머물던 원달러환율은 2022년 한때 1,445원까지 크게 상승했습니다.

반대로 유로화·엔화 가치는 크게 하락했습니다. 유럽은 전쟁에 따른 불확실성과 러시아의 천연가스 공급 중단에 따른 에너지 부족, 영국 연기금의 대규모 손실 우려가 겹치며 위기에 봉착했고, 그로 인해 유로화는 속절없이 하락하고 말았습니다. 일본은 다른 나라들과 달리 물가 상승 우려에도 막대한 양의 돈을 푸는 정책을 계속 이어나갔습니다. 일본은 구조적인 저물가 국가입니다. 10년 전부터 물가를 끌어올리기 위해 통화량을 증가시키는 완화정책을 지속해왔습니다. 다른 나라들은 돈을 거두어 들이는데 일본은 돈을 더 방출하다 보니 일본의 엔화 가치는 계속 떨어질 수밖에 없었습니다.

유로화와 엔화는 달러의 80%를 차지하는 통화입니다. 2022년은 유로화, 엔화의 동반 하락이 있었고 킹달러 시대가 열렸던 해입니다. 하지만 2023년이 되자 상황은 달라졌습니다. 에너지 위기가 해소되고 중국의 경기 부양으로 유럽의 대중국 수출이 호조를 보이면서 유럽 경기가 회복되자 유로화는 강세로 전환했습니다. 매우 완화적인 초저금리 정책을 유지하고 있던 일본은 2022년 12월, 10년만기 국채금리 상한선*을 0.25%에서 0.5%로 올리면서 완화 정책에서 긴축으로 다소 선회하는 모습을 보였습니다. 그로 인해 엔달러환율은 달러당 150엔에서 130엔까지 하락하기도 했습니다. 2022년 한때 114p까지 상승했던 달러화 인덱스(달러 가치를 나타내는 지표)는 유로화·엔화가 강해지자 100p까지 하락세를 보였습니다. 왕이 되었던 달러가 유로화·엔화 강세로 평민이 된 것이죠. 달러가 평민이 되자 원달러환율은 2023년 1월 1,215원까지 하락했습니다. 국내 증시도 약세장을 마감하고 2023년 상반기 강세장이 시작되었습니다. 원달러환율, 나아가 국내 증시까지 큰 영향을 미치는 달러 가치가 유럽과 일본의 경제 환경, 통화정책에 의해 결정된다는 사실을 꼭 이해하고 투자하기 바랍니다.

염불리의 꿀팁

환율은 상대국 통화와의 교환 비율을 의미합니다. 달러 가치가 상승하면 원화 가치는 하락하고 원달러환율은 상승하게 됩니다. 달러 가치가 하락하면 원화 가치는 상승하고 원달러환율은 하락하게 됩니다. 환율은 절대평가가 아닌 상대평가입니다. 달러를 결정하는 가장 중요한 요소는 유로화, 엔화, 파운드화입니다. 달러를 구성하는 통화 비중에서 유로화, 엔화, 파운드화는 83.1%를 차지합니다. 유럽, 일본의 경제 환경과 통화정책은 달러화의 방향을 결정짓는 핵심 요인입니다.

달러 가치를 결정하는
또 다른 요소는 뭔가요?

당연히 있습니다. 유로화와 엔화만이 달러화를 결정하는 것은 아닙니다. 달러는 다른 나라 통화와 달리 독특한 특징이 있는데, 그것은 바로 세계에서 가장 안전한 자산이라는 점입니다. 달러는 기축통화입니다. 기축통화란 국제 간 결제나 금융거래의 기본이 되는 통화입니다. 달러는 전 세계 어디서든 통용될 수 있고, 원유 거래는 달러로만 가능할 정도로 힘이 막강한 통화입니다. 그렇기에 위기가 닥치면 안전자산인 달러의 수요가 급증하면서 달러 가치가 상승하는 경우가 있습니다.

2008년 초 70p에 머물던 달러 지수는 글로벌 금융위기가 발생하자(미국에서 위기가 발생했음에도) 89p까지 +27%나 급등했습니다. 미국 경제가 망가지는데도 미국 통화인 달러는 급등을 한 것이죠. '미국의 달러보다 안전한

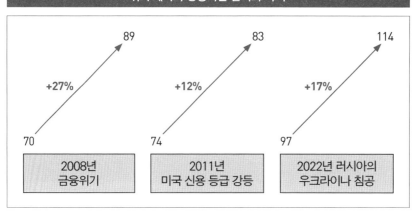

위기 때마다 상승하는 달러화 가치

89
+27%
70

83
+12%
74

114
+17%
97

2008년
금융위기

2011년
미국 신용 등급 강등

2022년 러시아의
우크라이나 침공

자산은 없다'는 믿음 때문입니다. 2011년 8월에는 미국 신용 등급이 강등되는 초유의 사태가 발생했습니다. 미국의 신용 등급이 강등되었으면 당연히 달러 가치도 하락해야 할 것 같은데 전혀 그렇지 않았습니다. 오히려 달러지수는 2011년 8월 74p에서 2012년 5월 83p까지 +12% 상승했습니다. 2022년에는 전쟁이 달러 가치를 올렸습니다. 2022년 러시아가 우크라이나를 침공하자 무기는 전장으로 집결했지만 글로벌 자금들은 안전자산인 달러로 집결하기 시작했습니다. 전쟁이 발발한 2022년 2월 97p에 머물러 있던 달러는 2022년 9월, 114p까지 +17% 급등했습니다. 달러는 비록 미국 통화지만 전 세계 경제에 악영향을 주는 사건이 발생하면 매우 강해지는 특징이 있다는 것이 2022년에도 증명되었습니다.

　달러를 결정하는 또 다른 요소 중 하나는 위안화입니다. 위안화는 달러에 직접적인 영향을 주지는 않지만 달러의 수요와 공급에 비교적 큰 영향을 줍니다. 달러는 안전자산의 특징을 가지고 있지만 중국의 위안화는 달러 대비 위험자산으로 분류됩니다. 위안화는 중국의 경제 상황에 연동됩니다. 2022년 중국은 코로나 전염을 막기 위해 두 달 동안 상해시를 외부와 격리시키는 등 극단적인 방역정책을 시행했습니다. 그로 인해 중국 경제성장률은 2021년 +8.1%에서 2022년 +3%로 급격하게 둔화되었습니다. 경제가 위축되니 위안화 가치는 속절없이 떨어지고 말았습니다. 중국 상해시 봉쇄령이 내려지기 전 달러 대비 위안화는 6.38위안에 거래가 되고 있었는데, 봉쇄령이 내려지고 중국의 경기 침체가 가속화되자 달러 대비 위안화는 7.32위안까지 상승했습니다. 위안화 가치는 -15% 하락했고, 달러는 반대로 상승한 것입니다.

중국은 신흥국을 대표하는 국가입니다. 중국 경제가 좋다는 것은 신흥국 경제가 좋다는 것이고, 중국 경제가 나쁘다는 것은 신흥국 경제가 나쁘다는 것과 유사한 의미가 있습니다.

한국은 수출주도형 산업구조를 갖고 있습니다. GDP를 구성하는 요소* 중 85%가 순수출(수출-수입)입니다. GDP 대비 수출 비중은 40%로 중국 15%, 미국 12%에 비해 수출 비중이 매우 높은 편입니다. 대외경기가 호조를 보여 수출이 잘되면 한국 경제는 성장할 가능성이 높고, 대외경기가 불확실해지고 수출이 감소한다면 한국 경제는 불황에 빠질 가능성이 높습니다. 한국 수출에서 가장 높은 비중을 차지하는 국가는 중국입니다. 전체 수출 중 중국 비중은 19%로 가장 높고, 미국이 17%, 유럽연합이 12%를 차지합니다. 한국 경제에 가장 큰 영향력을 끼치는 국가는 중국임을 알 수 있습니다.

중국의 위안화 가치가 상승하고 있다는 것은 중국 경기가 괜찮아지고

> **GDP를 구성하는 요소**
>
> GDP = 순수출(수출-수입) + 민간 소비 + 민간 투자 + 정부 지출

있다는 것을 의미합니다. 그러므로 위안화 가치의 상승은 한국의 대중국 수출이 증가할 수 있다는 것을 의미합니다. 한국의 수출 호전은 한국 경제의 성장을 의미합니다. 따라서 한국의 원화 가치도 동반해서 상승하게 됩니다. 즉 원화와 위원화는 비슷한 방향으로 움직이는 상관관계가 높은 자산입니다. 외국인 투자자들은 위안화가 강세를 보일 때 한국 증시 매수를 늘리는 경우가 많습니다. 실제로 위안화가 강세를 보였던 2022년 10월 마지막 주부터 2023년 1월까지 외국인들은 한국주식을 9조 원이나 순매수했습니다. 지난 2년 6개월 동안 한국주식 60조 원을 팔았던 외국인들이 위안화 강세에 태세 전환을 한 것입니다.

 엄블리의 꿀팁

달러는 세계에서 가장 안전한 자산입니다. 달러는 위기 시에 매우 강해지는 특성이 있습니다. 글로벌 경제에 악영향을 끼치는 금융위기, 전쟁 같은 사건이 발생하면 글로벌 자금들은 세계에서 가장 안전한 달러화를 너도나도 찾게 되어 달러 가치는 크게 상승하곤 합니다. 달러는 위안화의 영향도 받습니다. 중국 경제 상황이 긍정적이면 위안화는 상승하고 달러는 하락하는 경우가 많습니다. 위안화 상승은 경제 성장과 경기 회복을 의미합니다. 때문에 안전자산인 달러는 힘을 잃게 됩니다.

2022년 채권투자 붐이 크게 일었는데 저도 할 수 있을까요?

저자 직강 동영상 강의로 이해 쏙쏙!
QR코드를 스캔하셔서 동영상 강의를 보시고
이 칼럼을 읽으시면 훨씬 이해가 잘 됩니다!

채권은 만기까지 원금과 이자가 보장된 유가증권입니다. 주식은 원금 보장이 되지 않기 때문에 위험자산으로 분류되지만 채권은 발행하는 주체가 도산하지 않는다면 원금이 보장되기에 안전자산으로 분류됩니다.

　기업의 실적과 가치가 증가하면 주가는 상승하게 되고, 많게는 10배 이상 상승하기도 합니다. 물론 기업가치가 감소하거나 금융위기 등 외부 환경이 악화되면 -50% 이상 하락할 수도 있습니다. 그런데 채권은 기업이 돈이 없어서 지불 불능 상태에 빠지는 경우만 아니면 금융위기가 오건, 기업가치가 하락하건, 기업이 돈을 많이 벌건 등등에 상관없이 보통 3개월에 한 번씩 정해진 이자를 지급하며, 만기까지 보유하면 원금도 돌려줍니다. 즉 채권은 큰 수익은 낼 수 없지만 안전하게 정해진 이익을 보장받을 수 있는 상품입니다.

그래서 채권에 대한 수요는 꾸준합니다. 특히 국가에서 발행하는 국고채, 한국전력 같은 공기업이 발행하는 공사채, 은행들이 발행하는 은행채들은 인기가 높습니다. 이런 채권들의 경우엔 원금 보장이 확실하기 때문입니다.

2022년 유례없는 고물가로 인한 고금리로 위험자산들은 큰 타격을 받았습니다. 코스피도 -25%라는 큰 하락세를 기록했습니다. 주가 급락으로 고객예탁금은 75조 원에서 45조 원까지 30조 원이나 감소했습니다. 금리 상승으로 예금금리가 5% 이상으로 치솟자 증시에서 빠져나간 자금들이 예금으로 유입되는 '역머니무브' 현상이 발생한 것입니다. 예금도 인기가 있었지만 채권의 인기는 가히 폭발적이었습니다. 보통 개인투자자들의 채권 순매수는 연간 4조 원 정도 수준이었는데, 2022년에는 무려 20조 원의 순매수를 기록했습니다. '채권의 시대'가 온 것이죠. 한국에서 가장 안전한 기업인 한국전력의 채권금리가 5.9%까지 상승할 정도로 금리가 크게 상승하다 보니 채권으로 개인투자자들의 자금이 많이 몰리게 된 것입니다.

채권투자를 하기 위해서는 금리와 채권 가격의 연관성을 제대로 이해하고 있어야 합니다. 어떤 은행에서 금리 5%의 정기예금을 판매한다고 가정해보겠습니다. 5% 금리면 충분히 높다고 생각하고 정기예금에 가입을 했습니다. 그런데 다음 날 그 은행에 갔더니 금리 6%의 정기예금을 판매하고 있다면 무슨 생각이 들까요? '아 하루만 더 있다가 은행에 갈걸'이라고 누구나 생각할 것입니다. 즉 금리가 상승하니 전일 가입했던 예금의 가치가 하락하게 된 것입니다. 예금은 매매가 불가능합니다. 이 예금을 채권이라고 생각하면 됩니다. 금리가 상승하면 채권의 가치가 떨어져 가격은 하락하게 됩니다. 반대로 금리가 하락하면 채권의 가치가 상승해 채권 가격은 상승하게 됩니다. 채권금리와 채권 가격은 역의 관계라는 것을 반드시 잘 기억하기 바랍니다.

그렇다면 우리는 어떤 상황일 때 채권에 투자하는 것이 좋을까요? 어떤 대상이든 투자는 '싸게 사서 비싸게 파는 것'입니다. 채권도 마찬가지로 쌀 때 투자하는 것이 유리합니다. 싸다는 것은 금리가 높을 때를 의미합니다. 10년만기 채권 기준으로 보통 금리가 1%p 상승하면 채권 가격은 -10% 하락한다고 합니다.

2021년 1월 한국의 10년만기 국채 금리는 1.3% 정도였습니다. 2022년 10월에는 금리가 4.65%였습니다. 3%p 이상 금리가 상승한 것입니다. 금리

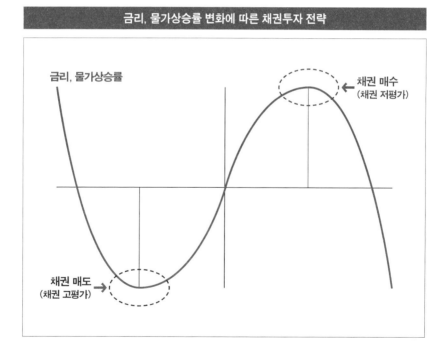

금리, 물가상승률 변화에 따른 채권투자 전략

가 3%p 상승했으니 채권 가격은 -30%나 하락을 한 것입니다. 채권이 그만큼 싸게 거래된 것이죠. 이렇게 금리가 크게 상승하게 되면 채권 가격은 상대적으로 저평가 상태가 되기 때문에 채권투자에 매우 유리합니다. 물론 금리가 어디까지 상승할지 모르지만 2022년 하반기에 물가는 고점을 찍고 내려가기 시작했고 과도한 금리 인상으로 경기가 침체로 갈 확률이 높았기 때문에 경기와 반대로 움직이는 금리 역시 하락할 가능성이 높았습니다. 물가와 경기를 보았을 때 금리가 상승하기보다는 안정되거나 내려갈 가능성이 높았던 것이죠. 그렇게 되면 채권 가격은 상승하게 됩니다. 채권투자에 매우 유리한 환경이었다는 의미입니다.

2022년 하반기처럼 금리가 높지만 더 이상 오르기 어려운 상황에서는 적극적으로 채권에 투자하는 것이 유리합니다. 당시 4.65%까지 상승했던 10년만기 국채금리는 2023년 4월 3.2%까지 하락했고, 채권 가격은 크게 상승했습니다. 한국전력 3년만기 채권금리도 5.9%에서 4%까지 하락했고, 한국전력 채권 가격 역시 크게 상승했습니다.

채권의 장점은 만기까지 보유 시 원금이 보장된다는 점입니다. 국채금리가 5%까지 상승하더라도 채권을 매각하지 않는다면 4.65%(2022년 하반기 10년만기 국채금리 최고 고점)의 이자도 매년 보장받으면서 원금도 보장받기 때문에 위험이 크지 않습니다. 반대로 저금리 구간에서는 채권투자가 불리합니다. 금리가 낮다는 것은 채권 가격이 비싸다는 의미입니다. 금리가 낮기 때문에 받게 되는 이자도 적을 수밖에 없습니다. 만일 금리가 2022년처럼 크게 상승하게 된다면 채권 가격은 급락할 것이고, 만일 채권을 매각한다면 큰 손실을 볼 수도 있습니다.

주식이나 채권이나 투자의 기본 원칙은 같습니다. '싸게 사서 비싸게 파는 것'입니다. 채권을 싸게 사서 비싸게 팔려면 금리의 방향성만 잘 예측하면 됩니다. 즉 매크로를 잘 이해하고 있다면 채권투자를 하기에 매우 유리할 것입니다.

 염블리의 꿀팁

채권은 만기까지 원금과 이자가 보장되는 비교적 안전한 금융 상품입니다. 채권 가격은 채권금리와 반대로 움직입니다. 기준금리가 상승하게 되면 보통 채권금리도 상승하게 됩니다. 채권금리가 상승하면 채권 가격은 하락하게 됩니다. 반대로 기준금리가 하락하게 되면 채권금리는 보통 하락하게 됩니다. 채권투자에 가장 적합한 시기는 채권 가격이 더 이상 하락하지 않고 오를 가능성이 높은 시기입니다. 즉 현재 금리는 높지만 앞으로 물가가 둔화되고 경기가 둔화될 가능성이 높다면 채권투자를 고민해보아야 합니다. 앞으로 금리는 하락하고 채권 가격은 오를 가능성이 높기 때문입니다.

STOCK MARKET

3장

주린이가 가장 궁금해하는 주식시장의 4계절

오늘의 여러분과 내일의 여러분은 같을까요, 다를까요? 아니면 오늘의 여러분과 1년 후의 여러분은 같을까요, 다를까요? 같을 수도 있지만 시간이 변하고 사람은 나이가 들기 때문에 어제의 나와 오늘의 나는 다를 수밖에 없습니다. 계절도 마찬가지입니다. 어제, 오늘, 내일의 온도와 날씨가 다르듯 봄이 온 후 일정 시간이 지나면 여름이 오고, 또 일정 시간이 지나면 가을이 오고 겨울이 오게 됩니다.

이러한 이치는 주식시장도 마찬가지입니다. 강세장이 오면 약세장이 오고, 약세장이 지나면 다시 강세장이 시작됩니다. 금리와 물가, 환율도 마찬가지입니다. 움직이는 모든 것들은 그 속에 변화를 내포하고 있고, 그 변화에 따라 다른 옷을 입게 됩니다. 이러한 변화를 잘 이해하면 기회를 포착할 수 있습니다. 이번 3장에서는 주식투자의 기회를 포착하기 위해 알아두어야 할 주식시장의 변화를 살펴보겠습니다.

질문
TOP
15

주식시장을 4계절로 구분하던데 주식의 4계절이 뭔가요?

저자 직강 동영상 강의로 이해 쑥쑥!
QR코드를 스캔하셔서 동영상 강의를 보시고
이 칼럼을 읽으시면 훨씬 이해가 잘 됩니다!

우리가 사는 대한민국은 4계절이 뚜렷한 나라입니다. 봄이 오면 해가 빨리 뜨기 시작합니다. 따뜻한 바람이 불고 온기가 퍼지면서 꽃이 피기 시작합니다. 사람들의 옷차림도 가벼워집니다. 여름엔 말이 필요 없을 정도로 무척 덥습니다. 에어컨 없이는 못 살죠. 가을엔 아침저녁으로 제법 쌀쌀한 바람이 불고, 낙엽이 집니다. 개인적으로 필자는 가을을 무척 좋아합니다. 겨울이 되면 밤이 길어집니다. 무척 춥기 때문에 난방도 하고, 두꺼운 패딩을 입고, 따뜻한 국물이 있는 음식을 찾게 됩니다. 자연의 4계절이 있기에 우리는 계절의 변화에 따라 생활 패턴을 바꾸게 됩니다. 언제부터가 봄이고, 언제부터가 겨울인지는 정확히 알 수 없습니다. 그 변화를 우리는 몸으로, 경험으로 느끼고 적절히 적응하면서 살아가게 됩니다. 주식시장도 이와 비슷합니다.

자연의 4계절처럼 주식시장에도 4계절이 존재합니다.

　주가가 회복세를 보이는 봄이 있고, 주식시장의 열기가 뜨거운 여름도 있고, 열기가 다소 식어가는 가을도 있고, 투자심리가 얼어붙어 주식시장에 찬바람이 쌩쌩 부는 겨울도 있습니다. 우리는 보통 3개월 단위로 계절이 바뀌는 환경에서 살고 있습니다. 모두가 이를 당연하게 여깁니다. 그런데 주식시장에 참여하는 투자자들은 그렇게 생각하지 않는 것 같습니다. 주식시장에 여름이 오면 언젠가는 겨울이 오는데, 여름이 오면 이 여름이 끝없이 이어질 것 같다고 생각해서 무리하게 투자하는 경우가 많고, 겨울이 오면 겨울 추위가 영원할 것 같아 주식시장을 떠나는 경우가 많습니다. 주식시장의 계절변화도 자연스러운 현상입니다. 경제활동, 그로 인한 자산시장의 변화는 고정된 것이 아닙니다. 경제활동의 주체는 인간이고, 인간이 개입하기 때문에 사이클이 생기고, 이 사이클의 진폭에 따라 주식시장도 변화를 보입니다. 그 어떤 것도 영원한 것은 없습니다.

　'주식시장의 4계절'은 일본의 투자자 우라가미 구니오가 만든 이론으로, 주식시장의 사이클을 계절별로 표시해 시장 상황을 설명합니다. 우라가미 구니오는 봄을 금융장세로 표현했습니다. 경기는 좋지 않지만 시중에 돈이 많이 풀려 유동성의 힘으로 주가가 상승하는 구간입니다. 여름은 실적장세로 표현했습니다. 돈이 풀리고 수요가 증가해 경기가 호전되면서 기업들의 이익이 증가하는 구간입니다. 가을은 역금융장세로 표현했습니다. 물가가 오르고 경기가 과열되면 자산시장의 버블이 생길 수 있기 때문에 중앙은행에서 금리를 올려 유동성을 회수하게 됩니다. 풀린 돈을 다시 거두어들이는 구간입니다. 겨울은 역실적장세로 표현했습니다. 긴축정책으로 금리가 크게 상승하면서 시중의 돈이 사라지고 수요가 둔화되면서 기업들의 실적

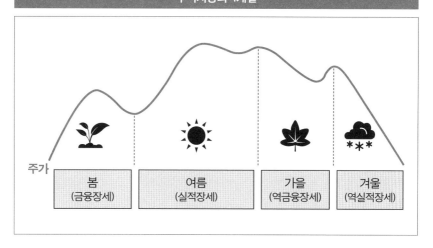

주식시장의 4계절			
주가 봄 (금융장세)	여름 (실적장세)	가을 (역금융장세)	겨울 (역실적장세)

이 크게 감소하는 구간입니다.

'주식시장의 4계절' 이론을 창시한 우라가미 구니오는 1990년『주식시장 흐름 읽는 법』이라는 책을 통해 이 이론을 공개했는데, 무려 30년이 넘은 이론인데도 2020년 코로나19 팬데믹 이후 주식시장의 흐름이 주식시장의 4계절 이론과 너무나 흡사하게 전개되었기 때문에 주식시장의 변화를 설명하는 데 적합한 이론임을 다시 한번 확인할 수 있었습니다. 경제 및 주식시장의 환경이 30년 전과는 많이 다르지만 주식시장이 변화하는 모습은 여전히 비슷한 것 같습니다.

미국의 펀드매니저 하워드 막스는 그의 저서『투자와 마켓 사이클의 법칙』에서 이렇게 이야기했습니다. "우리를 둘러싼 환경에서 어떤 패턴이나 사건은 행동과 삶에 영향을 미치며 규칙적으로 반복된다. 겨울은 여름보다 춥고 눈이 내리며, 낮은 밤보다 밝다. 그래서 겨울에는 스키 여행을, 여름에는 요트 여행을 계획하며, 낮에는 일과 취미 생활을 하고 밤에는 잠을 잔다. 겨울이 다가오면 따뜻한 코트를 꺼내고 여름이 오면 수영복을 꺼낸다. 9월에는 허리케인이 올 가능성이 높다는 것을 알고 그 시기에는 카리브해 지역에는 가지 않는다. 반복되는 패턴을 알면 모든 결정을 맨 처음부터 재고할 필요가 없다. 경제, 기업, 시장 역시 패턴에 따라 움직인다. 패턴, 즉 사이클에 주의를 기울인다면 미리 빠져나올 수 있다."

주식시장의 사이클을 알면 위험을 줄일 수 있다는 뜻입니다. 우리가 주식시장의 4계절을 공부해야 하는 이유를 하워드 막스도 인정한 것입니다. 그럼 이제부터 주식시장의 봄이 무엇인지부터 알아보러 갈까요?

 엄블리의 꿀팁

주식시장에도 4계절이 존재합니다. 봄은 금융장세로, 경기는 좋지 않지만 시중에 돈이 많이 풀려 유동성의 힘으로 주가가 상승하는 구간입니다. 여름은 실적장세로, 돈이 풀리고 수요가 증가해 경기가 호전되면서 기업들의 이익이 증가하는 구간입니다. 가을은 역금융장세로, 물가가 오르고 경기가 과열되면 자산시장의 버블이 생길 수 있기에 중앙은행이 금리를 올려 유동성을 회수하게 됩니다. 겨울은 역실적장세입니다. 긴축정책으로 금리가 크게 상승하면서 시중의 돈이 사라지고 수요가 둔화되면서 기업들의 실적은 악화됩니다.

2020년 주식시장의 봄은 어떻게 찾아왔나요?

2020년 3월 코로나19가 전 세계를 충격에 빠뜨렸습니다. 혹독한 겨울이 느닷없이 찾아왔습니다. 모두가 추위에 벌벌 떨었고, 주식시장도 마찬가지였습니다. 사람들은 밖에 나가지 못했고, 소비를 할 수도 없었으며, 기업들의 실적은 엉망이 되고 말았습니다. 그러자 한국은행을 비롯한 전 세계 중앙은행들은 급격히 금리를 낮추기 시작했습니다. 미국은 금리가 0%인 제로금리를 선언했고 무제한으로 돈을 풀었습니다. 각국의 정부도 가만있지 않았습니다. 미국은 네 번, 한국은 두 번에 걸쳐 재난지원금을 국민들에게 주었습니다. 그러자 금융시장은 활기를 조금씩 되찾기 시작했고, 재난지원금 등 각종 지원금을 받은 국민들은 그 돈으로 소비를 시작했습니다. 소비가 살아나자 기업들도 조금씩 숨통이 트이기 시작했습니다.

주식시장도 하락세를 마무리하고 강세장으로 빠르게 전환되었습니다. 한때 1,439p까지 하락했던 코스피는 불과 3개월 만에 2,000p를 회복하는 빠른 복원력을 보여주었습니다. 물론 여전히 경기는 좋지 않았고, 기업 실적도 대부분 좋지 않았습니다. 하지만 절대적으로 낮은 금리, 정부의 적극적인 자금 지원, 조금씩 살아나는 소비는 경기 회복과 기업 실적 증가를 알리는 신호탄이 되었습니다.

기업 실적도 좋지 않고 경기가 좋지 않은 상황에서 중앙은행이 경기 부양을 위해 통화정책을 완화적(금리 인하)으로 변경하는 구간을 '금융장세'라고 하는데, 주식의 4계절 중에서 봄에 해당하는 구간입니다. 2020년이 그 구간에 해당됩니다. 기업들의 실적은 좋지 않지만 주가는 계속 오르는, 다소 이해하기 어려운 상승장이 바로 금융장세입니다. 실적은 안 좋은데 주가만 상승하니 이익 대비 주가가 매우 비싸게 느껴지는 시기입니다. 하지만 유동성이 매우 강력하기 때문에 주가가 상승하는 속도와 폭이 매우 강한 것이 특징입니다. 2020년 코스피가 최저점 1,439p에서 2,800p까지 무려 2배나 상승한 것이 바로 그 증거입니다.

우라가미 구니오는 금융장세를 '불경기하의 주가 상승'이라고 표현했습니다. 이는 다른 말로 주가의 선행성을 나타내는 표현입니다. 주가가 현재의 경제 상황을 반영한다면 금융장세에 주가가 상승하는 것은 있을 수 없는 일입니다. 하지만 주가는 미래를 앞당겨 반영합니다. 저금리가 지속되고 수요가 증가하면 결국 여름이라는 뜨거운 계절이 올 것을 알기 때문에 주식시장은 미래의 경기 회복을 먼저 반영해서 상승합니다. 그리고 기준금리가 매우 낮았기 때문에 예금이자와 대출이자도 낮았습니다. 금리가 극도로 낮은 상태에 머물자 예금 계좌에 잠들어 있던 자금들이 자산시장으로 이동하는 '머니무브' 현상이 발생했습니다. 20조 원대에 머물던 주식 고객예탁금이 한때 70조 원을 상회했을 정도로 주식시장으로의 자금 유입은 매우 빠른 속도로 진행되었습니다. 대출에 대한 부담도 크지 않았습니다. 금리가 낮으니 대출이자도 하락했고, 이에 많은 사람들이 대출을 받아 집을 사고 주식을 샀습니다. 실물자산에 대한 수요가 급증하면서 자산시장은 코로나 팬데믹이라는 악재 속에서도 강력한 상승세를 보였던 것입니다.

금융장세는 특정 업종 몇 개만이 상승을 주도하는 쏠림 현상이 심한 특징을 가지고 있습니다. 이 시기는 경기 침체로 기업들의 실적이 좋지 않았기 때문에 경기 침체에도 고성장을 보여준 기업들이 주목받았습니다. 당시 BBIG가 유행했는데요, 'BBIG'란 'Battery, Bio, Internet, Game'의 약자로 2차전지, 바이오, 인터넷, 게임 업종을 의미합니다. 전기차 확산, 코로나 치료제 수요 증가, 언택트 환경 확대 등으로 BBIG는 강남 아파트처럼 투자자들의 관심을 독차지하며 승승장구했습니다.

BBIG에 속한 기업들의 주가 상승률도 매우 높았습니다. 쏠림 현상이

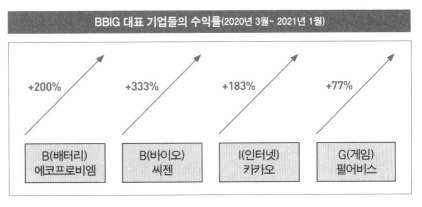

BBIG 대표 기업들의 수익률(2020년 3월~ 2021년 1월)

+200%   +333%   +183%   +77%

| B(배터리) 에코프로비엠 | B(바이오) 씨젠 | I(인터넷) 카카오 | G(게임) 펄어비스 |

출처: ??

심했기 때문에 상승폭도 클 수밖에 없었습니다. 1년도 안 되는 짧은 기간 동안 BBIG에 속한 기업들은 많게는 10배까지도 상승세를 보이는 등 엄청난 인기를 누렸습니다. 이처럼 금융장세는 경기는 차갑지만 주가는 뜨거운, 다소 이율배반적인 장세이지만 기업 선정만 잘하면 큰 수익을 낼 수 있는 고수익 장세이기도 합니다.

 염블리의 꿀팁

주식의 4계절 중에서 봄은 금융장세입니다. 기업실적도 좋지 않고 경기가 좋지 않은 상황에서 중앙은행이 경기 부양을 위해 통화정책을 완화적으로 변경하는 구간을 의미합니다. 2020년 3월부터 2021년 1월까지가 그 구간에 해당됩니다. 기업들의 실적은 좋지 않지만 주가는 계속 오르는 것이 특징입니다. 실적은 안 좋은데 주가만 상승하니 주가가 비싸 보이는 시기이기도 합니다. 그럼에도 유동성이 매우 강하기 때문에 주가 상승의 속도와 폭이 매우 강한 것이 특징입니다. 2020년을 대표하는 BBIG(2차전지, 바이오, 인터넷, 게임)에 속한 기업들의 주가 폭등이 금융장세의 가장 대표적인 사례입니다.

질문
TOP
17

2021년 주식시장의 여름은
어떻게 찾아왔나요?

봄이 왔으니 다음은 뜨거운 여름이 찾아올 차례입니다. 주식시장에도 뜨거운 여름이 찾아오게 되는데요, 바로 '실적장세'입니다. 실적장세는 저금리로 인해 풍부해진 유동성이 주식시장만이 아니라 실물경제에도 투입되어 기업들의 실적이 좋아지고 투자가 늘어나면서 경제도 비교적 크게 성장하는 시기를 의미합니다. 여기에 주식, 부동산 등 자산가격이 상승해서 소비가 늘어나는 '부의 효과'까지 작용하며 기업들의 실적은 더욱 좋아지게 됩니다.

금융장세는 주가는 오르지만 기업실적이나 경제지표를 보면 아직은 못 미더운 약간의 불안을 안고 상승하는 시기입니다. 하지만 실적장세는 주가도 상승하지만 모든 지표들이 우상향하는 아름다운 그림을 보여주기에 투자자들의 자신감이 하늘을 찌르는 시기이기도 합니다.

2021년 한국의 주식시장은 전형적인 실적장세의 모습을 보여주었습니다. 2020년 -0.4%의 경제성장률로 뒷걸음질을 쳤던 한국은 2021년에는 +4.1% 성장세를 보이며 대반전을 보여주었습니다. 이는 11년 만의 최고 성장률입니다. 국내 기업들의 실적도 크게 개선되었습니다. 2021년 전체 매출액은 2,299조 원으로 전년 대비 +19% 증가했고, 영업이익은 184조 원으로 +74% 급증했습니다. 역대 최고 실적을 기록한 것입니다.

금융장세는 실적이 좋거나 경기가 좋아서 상승하는 것이 아니라 유동성의 힘으로 상승하는 장세이기 때문에 모든 기업이 골고루 상승하지 못하고 소수의 기업들이 상승을 독식하는 특징이 있습니다. 2020년에는 속칭 'BBIG'로 불리는 배터리, 바이오, 인터넷, 게임 등의 고성장 기업들 중심으로만 상승하는 쏠림 현상이 매우 심했는데, 2021년은 달랐습니다. BBIG도 여전히 강했지만 경제가 성장하고 있었기에 경기에 민감한 경기민감주와 소비주들이 강세를 주도하는 등 많은 업종이 고르게 상승하는 모습을 보여주었습니다.

경기민감주의 대표주자인 조선 업종의 현대미포조선은 2020년 11월 47,500원에서 2021년 5월 84,600원까지 +78% 상승했고, 소비재 기업의 대표주자인 의류 업종의 F&F는 실적장세가 한창이던 2021년 하반기에만 주가가 2배 가까이 상승했습니다. 경기에 민감한 업종 중에는 석유화학 업종도 빼놓을 수 없는데, 스판덱스 세계 1위 기업 효성티앤씨는 2020년 12월 21만 원에서 2021년 7월 96만 원까지 거의 5배나 주가가 상승했습니다. 실적장세이기에 경기에 민감한 기업들의 주가가 상승했지만 실적도 놀라울 정도로 개선되었습니다. 효성티앤씨는 2020년 연간으로 2,666억 원의 영업이익을 기록했는데, 2021년에는 영업이익이 무려 1조 4,237억 원을 기록했습니다. 실적장세라는 이름처럼 그에 걸맞은 실적을 보여주었고, 주가도 화답을 한 것입니다. 경기민감주의 대표 기업인 POSCO홀딩스는 2020년 2조 4,000억 원의 영업이익을 기록했는데, 2021년에는 1년 전보다 무려 4배나 증가한 9조 2,000억 원의 영업이익을 기록했습니다. 이처럼 실적장세는 주가와 실적이 동행하는 시기라고 볼 수 있습니다.

실적장세의 또 다른 특징은 장기금리의 상승입니다. 금융장세에서는 기준금리가 매우 낮은 상태를 유지하고 있기 때문에 시중금리가 낮은 상태로 유지되지만 실적장세는 경기 회복을 반영하기 때문에 경기에 영향을 받는 장기금리는 상승하는 경향이 있습니다. 미국 10년만기 국채금리는 2020년 0.8%대를 유지했지만 2021년 9월에는 1.5%까지 상승했습니다. 보통 금리가 상승하면 주식시장은 하락한다고 생각하지만, 금리 상승 이상으로 경제가 성장하고 기업의 이익이 증가하게 되면 금리 상승은 큰 부담이 되지 않습니다.

실적장세는 주식시장에 긍정적이지만 금융장세와 달리 주가 상승 속도와 폭은 다소 완만한 편입니다. 2020년 저점 대비 +100% 이상 상승했던 코스피는 2021년 2,800p에서 최고점 3,300p까지 +18% 상승했었습니다. +18% 상승폭도 과거와 비교하면 매우 높은 편에 속하지만 2020년 금융장세의 +100% 상승과 비교하면 다소 초라해 보이는 것은 어쩔 수 없는 것 같습니다. 실적장세의 상승폭은 금융장세보다 낮지만 상승장이 오래 지속된다는 장점이 있습니다. 금융장세는 짧은 시간 동안 화끈한 상승세를 보여주지만 실적장세는 오랜 시간 동안 완만한 상승세를 보여줍니다.

실적장세는 별다른 의심이 없는 장세입니다. 많은 투자자가 낙관론에 편승하는 시기이기도 합니다. 때문에 기업들의 주가가 싸지 않습니다. 비관론이 많아야 싸게 거래되는데, 그걸 허용하지 않는 거죠. 실적장세의 착각에 빠지는 경우도 많습니다. 지금의 좋은 실적이 영원할 것이라고 생각하게 되는 것입니다. 주식투자는 항상 위험을 고려해야 하는데, 이 시기엔 기업의 실적과 경제 상황이 좋기 때문에 위험을 간과하는 경향이 자주 발생합니다. 뜨거운 여름도 결국 한때인데, 이 무더운 여름이 영원히 지속될 것 같은 착각을 하게 됩니다. 그러나 세상에 영원한 건 없습니다. 무더운 여름도 결국 지나가고 쌀쌀한 날씨가 불쑥 찾아오게 됩니다.

 엄블리의 꿀팁

주식의 4계절 중에서 여름은 실적장세입니다. 실적장세는 저금리로 인해 풍부해진 유동성이 주식시장만이 아니라 실물경제에도 투입되어 기업들의 실적이 좋아지고 투자가 늘어나면서 경제도 비교적 크게 성장하는 시기를 의미합니다. 여기에 주식, 부동산 등 자산가격이 상승해서 소비가 늘어나는 '부의 효과'까지 작용하며 기업들의 실적은 더욱 좋아지는 선순환 구조가 형성되는 시기이기도 합니다. 경제가 성장하면서 장기금리도 동반해서 오르는 시기입니다. 시장에 낙관론이 팽배해 위험을 간과하는 경향이 있습니다.

2022년 주식시장의 가을은
어떻게 찾아왔나요?

경제는 일정한 사이클을 타고 움직입니다. 상승이 있으면 하락이 있고, 하락이 있으면 상승이 뒤따라오는 것은 자연스러운 현상입니다. 뜨거운 여름과 추운 겨울이 번갈아가며 계절이 순환하는 것처럼 말이지요. 2021년 여름, 3,300p까지 상승했던 코스피는 기업들의 호실적과 사상 최대의 수출, 여전히 낮은 금리 수준에도 불구하고 서서히 상승세가 둔화되기 시작합니다. 2021년 9월, 3,200p를 기록하던 코스피는 같은 해 11월, 2,800p까지 하락했습니다. 기업의 실적과 수출 등의 경제지표는 주가 하락에도 불구하고 계속 상승하고 있었기 때문에 많은 투자자들은 이 상황을 받아들이기 어려웠습니다. 기업들의 실적은 상승하고 있는데 주가는 왜 하락했을까요? 그것은 주식시장에 가을이 찾아왔기 때문입니다.

2021년 8월, 한국은행은 미국의 기준금리 동결에도 불구하고 기준금리를 0.25%p 인상하는 긴축 버튼을 눌렀습니다. 중앙은행은 금리변동을 통해 경기와 물가를 조절하는데요, 이제 경제는 살아났으니 물가를 신경 쓸 차례가 되었던 것이죠. 너무 낮은 물가도 문제지만 물가가 너무 오르면 경제 활동의 각종 비용이 증가해 문제가 발생하게 되고 소비가 위축되어 경제에 악영향을 끼치게 됩니다. 물가를 적절하게 유지하는 것은 중앙은행의 중요한 책무입니다.

2019년 0.4%, 2020년 0.5% 상승에 불과했던 한국의 소비자물가 상승률은 2021년 4월부터 2.5%로 급등하더니 2021년 11월에는 3.8%까지 상승했습니다. 3%대 물가상승률은 2004년 이후 가장 높은 수치였습니다. 당시 물가 급등은 재화 수요는 크게 증가했는데 공급이 부족했기 때문에 발생했습니다. 여기에 임대료, 임금 같은 서비스 물가가 본격적인 상승세를 나타내기 시작했고 유럽의 기후변화, 탈탄소 정책 등에 의한 천연가스 수요 급증으로 에너지 가격마저 급등하며 소비자물가는 더욱 가파른 상승세를 보였습니다. 세계 각국의 중앙은행은 경기 과열을 차단하고 과도한 물가 상승을 막기 위해 돈을 푸는 통화완화 정책을 끝내고 돈을 거두어들이는 금리 인상 정책을 시행했습니다. '역금융장세'가 시작된 것입니다.

다른 국가들보다 늦었지만 미국에서도 역금융장세는 시작되었습니다. 2021년 내내 물가 상승은 일시적이라고 말하며 저금리 정책을 유지했던 파월 연준의장은 같은 해 11월 30일 의회 청문회에 참석해 "이제 '일시적'이라는 단어에서 빠져나와 우리가 의미하는 바를 더 명확하게 설명하기 위해 노력해야 할 때"라고 말했습니다. 미국 중앙은행도 고물가 앞에 항복을 선언하며 공식적으로 역금융장세가 시작되었음을 알린 것입니다.

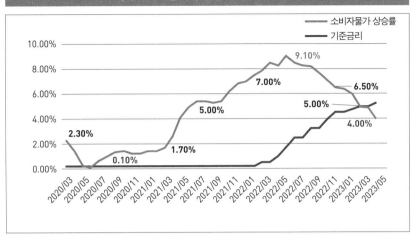

미국 소비자물가 상승률과 기준금리 추이

미국마저 긴축 정책으로 선회하자 주식시장은 큰 충격을 받고 맙니다. 글로벌 주식시장은 2022년 1월부터 큰 폭의 하락세를 보이기 시작했습니다. 코스피는 1월 한 달간 -10% 급락했고, 미국 나스닥 지수는 -8% 하락했습니다. 엎친 데 덮친 격으로 2022년 2월에는 러시아가 우크라이나를 침공했고 이로 인해 곡물가격, 유가 등 각종 상품가격이 급등하면서 물가는 미친 듯이 오르게 됩니다. 미국 중앙은행이 목표로 하는 소비자물가 상승률은 2.5%입니다. 그런데 전쟁이 발생했던 2022년 2월 미국의 소비자물가 상승률은 무려 7.9%를 기록했습니다.

설상가상으로 2022년 3월 27일, 중국 정부는 코로나 변종 바이러스인 오미크론 확진자가 급증함께 따라 중국 내 코로나 확진자 수가 갑자기 늘었습니다. 그러자 인구 2,600만 명이 사는 대도시 상해를 전면 봉쇄해버렸는데, 두 달간 이어진 봉쇄로 전 세계 경제는 큰 타격을 받게 됩니다. 물가 충격도 지속되었습니다. 글로벌 제조업 공급망 역할을 하던 중국 대도시가 봉쇄되니 공급 부족은 더욱 심화되었고, 미국의 소비자물가 상승률은 6월에 무려 9.1%를 기록하게 됩니다.

중앙은행은 고민에 빠졌습니다. 물가가 너무 높기 때문에 금리를 과격하게 올려야 했지만 전쟁과 중국의 제로 코로나 정책 등으로 경제도 위축되고 있어 물가만 신경 쓸 수 없었기 때문입니다. 하지만 우선순위는 걷잡을 수 없이 올라버린 물가를 잡는 것이었습니다. 물가가 9%를 넘는 상황이었기 때문에 경제 상황이 더 악화되는 것을 알면서도 금리를 급격하게 올릴 수밖에 없었습니다.

2022년 3월 0.25%p로 금리인상의 첫 발을 뗀 미국 연준은 2022년 5월에는 한 번에 0.5%p를 올렸고(보통 기준금리는 한 번에 0.25%p를 인상함), 2022년 6월부터는 한 번에 0.75%p씩 금리를 올리는 '자이언트스텝'을 단행했습니다. 총 네 번의 자이언트스텝을 거친 뒤 미국의 기준금리는 2022년 12월 4.5%까지 상승했습니다.

금리 인상은 주식시장에는 부정적으로 작용하는 경우가 많습니다. 고금리는 주식의 할인율*을 높여 주식가치를 하락시키곤 합니다. 2022년에는 특히 그 하락의 강도가 심했는데, 역대급으로 빨랐던 금리 상승은 주식가치를 크게 떨어뜨린 데다가 경제 환경까지 위축되면서 대표 기업들의 주가는 끝없이 하락했습니다.

삼성전자는 2022년 한때 -30%까지 하락했고, 카카오는 -60%나 하락했습니다. 미국의 반

주식의 할인율

금리와 물가 같은 매크로 지표의 변화, 기업의 실적과 성장 가능성, 경쟁 강도 등 다양한 요인들로 인해 주가가 할인을 받는 비율. 금리나 물가가 상승하고 기업의 성장이 둔화되고 경쟁 강도가 심화되면 주식의 할인율이 높아져 주가가 하락할 가능성이 높다.

도체 기업인 엔비디아도 -60% 하락했고, 한국 투자자들에게도 인기가 많았던 전기차 기업 테슬라도 -56% 하락세를 기록했습니다. 10년 불패 신화를 써 내려간 미국 대표 기업들도 고물가와 고금리 앞에서는 버틸 재간이 없었던 것입니다. 역대급 물가 상승과 함께 나타난 역대급 금리 인상으로 가을은 겨울처럼 매우 추웠고, 2022년 주식시장은 혹독했습니다.

염블리의 꿀팁

주식의 4계절 중에서 가을은 역금융장세입니다. 중앙은행이 경기 과열을 차단하고 과도한 물가 상승을 막기 위해 기준금리를 인상하기 시작하면 주식시장의 여름이 끝나고 가을이 시작됩니다. 가을이 오면 주식시장은 기업들의 호실적을 외면합니다. 금리 인상의 차가운 바람이 더 무섭기 때문입니다. 물가가 과거보다 높은 상태라면 금리 인상이라는 차가운 바람은 더욱 거세질 수밖에 없습니다. 주식시장의 가을은 투자를 조심해야 하는 시기입니다.

질문
TOP
19

2022년 주식시장의 겨울은
어떻게 찾아왔나요?

역금융장세가 절정에 달하면 겨울이 오게 되는데, 주식시장은 이때 '역실적
장세'로 넘어가게 됩니다. 긴축 정책이 지속되면 경제는 위축되고, 소비는
감소하게 됩니다. 이런 상황에서 호황기에 공격적인 투자를 통해 공급을 늘
린 기업들은 둔화되는 수요에도 공급을 줄이기가 어려워 결국 재고가 급증
하게 됩니다.

역실적장세는 다른 말로 '재고조정에 의한 기업실적 악화 장세'라고도
합니다. 늘어난 재고를 줄이기 위해서는 수요가 증가하면 되지만 고물가·고
금리로 인해 개인들의 소비 여력이 많지 않기 때문에 수요 증가는 기대하기
어렵습니다. 그렇기 때문에 기업들은 늘어난 재고를 줄이기 위해 대규모 할
인판매 같은 재고조정에 들어가게 되고, 나중에는 공장 가동을 줄이는 감산

마저도 시행하게 됩니다.

세계적인 패션 기업 '나이키'는 재고 때문에 몸살을 앓았는데요, 2022년 6~8월 재고 자산은 전년 대비 +44.2% 증가한 13.9조 원을 기록했습니다. 북미 재고는 무려 +65%나 증가한 수치를 기록했습니다. 재고를 발표한 다음 날 나이키 주가는 하루 동안 -12.81% 급락했습니다.

세계 2위 메모리 반도체 기업 SK하이닉스도 늘어난 재고로 힘겨운 나날을 보냈습니다. 2022년 3분기 SK하이닉스의 재고 자산은 14.6조 원이었고, 이는 2021년 3분기 6.6조 원에서 +121%나 급증한 수치였습니다. 늘어난 재고를 처리하기 위해 고객사들에 매우 낮은 가격에 반도체를 공급하는 것을 '스페셜 딜'이라고 하는데, 삼성전자가 스페셜 딜을 단행하자 SK하이닉스는 이보다 더 낮은 가격에 반도체를 공급했다는 후문도 있습니다. 그로

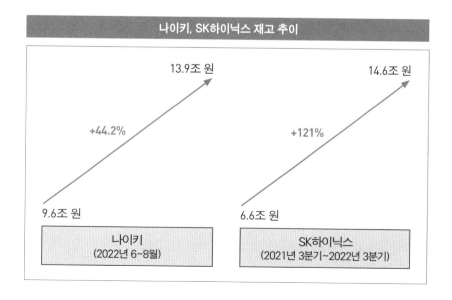

인해 SK하이닉스의 2022년 3분기 영업이익은 전년 대비 -61% 감소하고 말았습니다.

　반도체 재고가 늘어나자 메모리 반도체 기업들은 생존을 위해 결단을 내렸습니다. 반도체 공급 감소를 위해 생산량을 줄이는 감산을 결정한 것입니다. 세계 3위 메모리 반도체 기업 마이크론은 -50% 감산을 발표했고, SK하이닉스는 감산과 더불어 2023년 반도체 설비투자 규모를 -50% 축소하기로 결정했습니다. 극단적 조치에도 고물가·고금리로 인한 수요 위축은 지속되었고, 재고는 더욱 증가하고 말았습니다. 메모리 반도체 적정 재고 보유기간은 4~5주인데 당시 삼성전자, SK하이닉스의 반도체 재고 보유기간은 20주를 상회할 정도로 재고가 너무 많았습니다. 과도한 재고로 인해 결국 2023년 1분기에 삼성전자의 메모리 반도체 사업부는 -4.5조 원의 적자를 냈고, SK하이닉스 역시 -3.4조 원의 적자를 냈습니다.

　경기 둔화, 소비 감소, 그로 인한 재고 급증에 의한 재고조정 및 감산, 실적 감소는 역실적장세의 특징입니다. 특히 2022년 증시가 어려웠던 것은 역금융장세와 역실적장세가 겹쳐서 발생했기 때문입니다. 금리 상승이 멈추고 나서 역실적장세가 시작되는 것이 일반적인데, 2022년 하반기는 과거와는 달랐습니다. 금리 상승이 지속되는 가운데 재고 급증에 의한 역실적장세가 동시에 나타났던 것입니다. 그 이유는 고물가와 더불어 중국의 제로 코로나 정책으로 인한 경제 충격이 겹쳐서 나타났기 때문입니다. 2022년 코스피가 한때 고점 대비 -27% 하락하고 나스닥이 -35% 급락한 것도 바로 그러한 이유 때문입니다.

　역실적장세에서는 경기에 민감한 기업들의 실적과 주가가 큰 타격을 받게 됩니다. 2021년 여름장세에서 실적주로 각광받았던 효성티앤씨의 주가는 2021년 96만 원에서 2022년에는 26만 원까지 -70% 이상 하락하고 말 았습니다. 실적도 크게 악화되었는데요, 2021년 1조 4,000억 원의 영업이익을 냈던 효성티앤씨의 영업이익은 -91% 감소한 1,236억 원을 기록하고 말 았습니다. 가전제품 등에 쓰이는 컬러강판을 제조하는 포스코스틸리온은 2021년 경기 회복에 따른 실적 호조로 주가가 5배나 상승했지만 2022년에는 -41% 하락하고 말았습니다. 영업이익은 2021년 1,433억 원에서 2022년 382억 원으로 -73%나 감소했습니다. 역실적장세에서 경기에 민감한 기업들이 받는 충격은 생각보다 훨씬 크다는 것을 알 수 있습니다.

겨울이 지나면 봄이 옵니다. 혹독했던 2022년의 겨울은 과연 끝이 났을까요? 2023년이 되자 영원할 것 같았던 겨울이 끝나고 거짓말처럼 봄이 찾아왔습니다. 2022년 11월 30일, 파월 연준의장은 1년 전 "고물가는 일시적이지 않다"고 선언했던 것을 뒤집는 발언을 하면서 증시에 훈풍을 불어넣었습니다. "금리가 물가를 제약할 수준에 근접했다. 금리 인상 속도를 늦추는 것이 합리적이다. 공산품과 주거비 물가가 개선되고 있다"라고 말하며 곧 봄이 올 것을 선언했습니다. 파월의 발언으로 그 당시 나스닥은 하루 만에 +4% 급등했고, 원달러환율은 1,300원이 깨지며 급락했습니다. 금융장세를 알리는 신호탄이 발사된 것입니다. 2023년 1분기, 금융장세가 본격화된 것은 아니었지만 미국의 기준금리 인상이 곧 끝날 것이라는 기대감에 코스피는 +11% 상승했고, 코스닥은 +25% 상승했습니다. 주식시장의 겨울이 끝나가고 어느새 봄이 오고 있었던 것입니다.

2023년 1분기, 주식 시장에 봄이 찾아온 것은 맞습니다. 하지만 실제 통화 정책은 그렇지 않았습니다. 파월 의장은 봄이 올 것 같은 발언을 했었지만 미국의 기준금리 인상은 2023년 7월까지 이어졌습니다. 2023년 12월까지도 미국의 기준금리는 인하되지 않았고 5.5%의 고금리를 유지했습니다. 하지만 주식시장은 금리인상이 종료된 만큼 '금리 인하'라는 봄이 머지 않아 올 것이라고 확신했습니다. 2023년 미국 나스닥 지수는 봄이 찾아오지도 않았는데 +44%나 급등하는 모습을 보였습니다. 주식시장의 봄은 이렇듯 생각보다 빨리 찾아오기도 합니다.

 염블리의 꿀팁

주식의 4계절 중에서 겨울은 역실적장세입니다. '재고조정에 의한 기업실적 악화 구간'이라고도 합니다. 긴축 정책이 지속되면 경제는 위축되고 소비는 감소하게 되는데, 호황기에 공격적인 투자를 통해 공급을 늘린 기업들은 둔화되는 수요에도 공급을 줄이기가 어려워 많은 재고를 보유하게 됩니다. 기업들은 재고를 줄이기 위해 손해를 감수하고 재고조정을 단행합니다. 이로 인해 기업들의 실적은 크게 악화되고, 주가 역시 큰 충격을 받게 됩니다. 투자 측면에서는 주식투자를 준비해야 하는 시기입니다. 겨울이 지나면 마침내 봄이 오기 때문입니다.

질문
TOP
20

'주식시장의 4계절' 같은
사이클을 왜 공부해야 하나요?

마크 트웨인은 "역사는 그대로 반복되지 않지만 운율은 반복된다"고 말했습니다. 우리가 과거의 역사를 배우는 이유는 과거의 사례를 통해 미래에 일어날 수 있는 일들을 예측하고 미리 대비할 수 있기 때문입니다. 과거, 즉 사이클의 움직임을 잘 이해하고 있다면 미래에 대한 매뉴얼을 만들어 미리 행동을 취할 수 있습니다. 앞서 우리는 주식시장의 4계절을 배웠습니다. 주식시장에서도 하나의 계절이 영원히 지속되는 것이 아니라 시간이 지남에 따라 바뀐다는 것을 알았습니다. 우리가 주식시장의 4계절 같은 사이클을 배워야 하는 이유는 돈을 벌고 번 돈을 지키기 위해서입니다. 사이클을 잘 이해하고 있어야 남들과 다른 방향에 설 수 있고, 선제적 대응을 통해 돈을 벌고 번 돈을 지킬 수 있기 때문입니다.

지금부터는 2020년 3월 코로나 팬데믹 시기로 돌아가 주식투자의 4계절을 생각하면서 투자를 해보겠습니다. 2020년 3월 코로나 팬데믹이 본격적으로 시작되었고 주식시장에도 혹독한 겨울이 찾아왔습니다. 세상이 망할 것 같았고 비관론이 난무했습니다. 1,500p마저 이탈한 코스피는 1,100p까지 하락할 것이라는 예측이 대세였습니다. 많은 사람들이 주식을 파느라 정신이 없었습니다.

그런데 세상은 망하지 않았습니다. 전 세계 중앙은행은 금리를 일제히 낮추었고 돈을 풀었습니다. 혹독한 겨울이 왔지만 따뜻한 봄을 맞이할 준비를 하고 있었던 것입니다. 사이클을 이해하고 있었다면 언젠가 겨울이 끝나고 봄이 올 것을 알 것이기에 다가올 봄을 준비하고 있었을 것입니다. 당시 경쟁력이 뛰어난 일부 기업들이 헐값에 거래되고 있었지만, 봄이 오면 제 가치를 찾아갈 것이라는 것을 눈치챈 일부 투자자들은 다가올 봄을 대비해 주식을 매수하고 있었습니다. 돈을 잃을 확률보다 기회를 잃을 확률이 높은 구간이었던 것입니다.

그로부터 불과 3개월 만에 정말 봄은 찾아왔습니다. 금융장세는 시작되었고, 여름인 실적장세까지 강세장은 이어졌습니다. 삼성전자, POSCO홀딩스 등 대표 기업들의 이익은 급증했고 시장의 분위기는 뜨거웠습니다. 수출도 매월 사상 최대치를 경신하고 있었습니다. 하지만 여름도 영원할 수는 없었습니다. '고물가'라는 불청객은 이미 찾아왔고 주가는 싸지 않았습니다. 사이클을 이해하고 있던 일부 투자자들은 뜨거운 여름을 벗어나 가을과 겨울을 대비해 주식을 팔기 시작했습니다. 많은 투자자들이 기회를 잃을까봐 주식을 매수하고 있었지만, 사이클을 이해하고 있던 일부 투자자들은 돈을 잃을까봐 주식을 팔고 있었던 것입니다. 얼마 지나지 않아 가을은 또 찾아

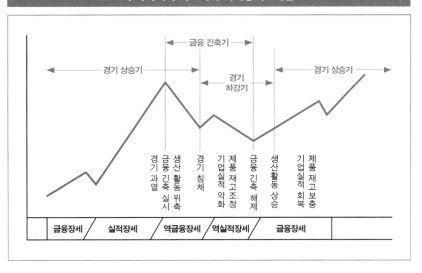

우라가미 구니오의 주식시장의 4계절

금융 긴축기

경기 상승기 ——— 경기 상승기

경기 하강기

경기 과열 / 금융 긴축 실시 / 생산 활동 위축 / 경기 침체 / 기업 실적 악화 / 제품 재고 조정 / 금융 긴축 해제 / 생산 활동 상승 / 기업 실적 회복 / 제품 재고 보충

| 금융장세 | 실적장세 | 역금융장세 | 역실적장세 | 금융장세 | |

왔고 전쟁, 중국 봉쇄, 미국 고금리 정책 등으로 겨울도 생각보다 빨리 오고 말았습니다.

2022년 하반기가 시작되자 주식시장은 겨울로 변해 있었습니다. 비관론이 개인투자자들의 지지를 받았고, 코스피 2,000p가 깨질 것이라는 이야기도 심심치 않게 들렸습니다. 그렇지만 미국의 물가는 정점을 찍고 내려가기 시작했고, 중국은 제로 코로나 정책을 폐기하곤 리오프닝 정책으로 방향을 바꾸기 시작했습니다. 미국 연준은 금리 인상 속도를 늦추었고, 2023년 봄에는 금리를 동결할 것이라는 전망도 나오기 시작했습니다. 봄, 즉 금융장세가 시작될 조짐을 보이고 있었던 것입니다. 비관론에 귀 기울이지 않고 다가올 봄을 대비하고 있던 일부 투자자들은 지난번의 봄을 생각하며 저렴하게 거래되고 있던 주식을 매수하기 시작했습니다.

2023년이 되자 진짜 봄은 왔습니다. 겨울은 간다는 말도 없이 갑자기 사라져버렸습니다. 물론 2023년 상반기에도 금리 인상은 지속되었습니다. 하지만 금리 인상 속도는 둔화되었고, 2023년 6월이 되자 미국 연준은 1년 3개월 만에 기준금리를 동결하며 봄이 왔음을 알려주었습니다.

주식시장의 봄은 이미 왔고, 여름은 또 언제 오게 될까요? 뜨거운 여름은 반드시 옵니다. 다만 그 시기를 정확히 알 수는 없습니다. 투자자들이 해야 할 일은 여름을 준비하는 것입니다. 다가올 실적장세를 대비해 경기민감주를 살펴보고 그 안에서 경쟁력 있는 기업들을 잘 선별해야 합니다. 금융장세를 주도했던 기업들도 고민이 필요합니다. 실적이 뒷받침되지 않는 기업들은 실적장세에서 주인공이 될 수 없기 때문입니다.

하워드 막스의 저서 『투자와 마켓 사이클의 법칙』은 사이클을 이해하는 것이 왜 중요한지를 강조한 책입니다. 하워드 막스는 자신이 운용하는 오크트리캐피털의 성공 이유를 '사이클에 대한 이해 덕분'이라고 언급했습니다. 대부분의 투자자들은 사이클에 대한 이해가 얕고, 사이클에 주의를 기울이지 않으며, 사이클이 보내는 암시를 무시한다고 합니다. 성공하기 위해서 반드시 모든 것을 다 맞출 필요는 없습니다. 다른 사람들보다 덜 틀리면 됩니다. 하워드 막스는 "사이클만 이해해도 남보다 덜 틀리게 되고 우위에 설 수 있다"고 말했습니다. 사이클에 대한 이해는 주식투자의 필수 전공 과목입니다. 현재가 어떤 사이클이고 다음 사이클은 무엇인지를 예측하고 미리 행동에 나선다면 여러분은 남들보다 높은 점수를 받게 될 것입니다.

주식투자를 1년도 안 되는 짧은 기간만 하고 그만두겠다는 투자자라면 사이클을 이해할 필요는 없습니다. 하지만 최소 10년 이상 주식투자를 하겠다면 사이클에 대한 이해는 필수입니다. 특히 매크로에 민감한 한국 주식시장에서 사이클에 대한 이해를 하지 않고 장기투자를 하는 것은 마치 추운 겨울 김이 서린 안경을 쓰고서 앞을 걷는 것과 같습니다. '주식시장의 4계절'에 대한 이해는 주식투자의 손실을 줄여주는 안전판 역할을 해주는 장치 중 하나임을 잊지 마시기 바랍니다.

염블리의 꿀팁

주식시장에는 반복되는 사이클이 존재합니다. 봄이 오면 하락장이 끝나고 유동성 증가에 의한 강세장이 시작되고, 여름이 오면 실적 증가에 의한 강세장이 지속됩니다. 가을이 오면 유동성이 줄어들며 하락장이 시작되고, 겨울이 오면 실적 악화에 의한 하락장이 지속됩니다. 주식투자에 가장 좋은 시점은 겨울에서 봄으로 넘어가는 구간입니다. 주식투자를 하기에 가장 위험한 구간은 여름에서 가을로 넘어가는 구간입니다.

주린이가 가장 궁금해하는
주식의 속성

주가는 매일 변합니다. 어떤 날은 +10% 급등하지만, 어떤 날은 -10% 급락할 때도 있습니다. 어떤 기업은 지난 10년간 10배 상승하며 시가총액이 커졌지만, 지난 10년간 주가가 하락해서 시가총액이 크게 감소한 기업도 있습니다. 기업마다 왜 이런 차이가 발생했을까요? 주가가 꾸준히 상승하면 모두가 행복할 것입니다. 하지만 그런 기업은 그리 많지 않습니다. 단기적인 주가 상승은 언제든 발생할 수 있지만 장기적인 주가 상승은 쉽지 않습니다.

4장에서는 기업의 주가가 어떤 요인에 의해서 상승하고 어떤 요인에 의해서 하락하는지를 알아볼 것입니다. 또한 주가가 상승할 수 있는 기업을 찾는 방법도 알려드리겠습니다. 장기간 주가가 상승할 수 있는 요인이 무엇이고, 이를 어떻게 확인할 수 있는지 파악할 수 있다면 뛰어난 투자자가 될 수 있을 것입니다.

질문 TOP 21

PER은 주가와
어떤 관계를 가지고 있나요?

저자 직강 동영상 강의로 이해 쑥쑥!
QR코드를 스캔하셔서 동영상 강의를 보시고
이 칼럼을 읽으시면 훨씬 이해가 잘 됩니다!

『주린이가 가장 알고 싶은 최다질문 TOP 77』 1편에서 우리는 '주가=EPS×PER'라는 공식을 배웠습니다. EPS는 주당순이익이고, PER은 멀티플입니다. 즉 이익과 멀티플에 의해 주가는 결정됩니다. 주가를 결정하는 요소 중에서 이익은 기본 중의 기본입니다. 이익은 증가하지 않는데 주가만 상승하는 경우도 있지만 이러한 경우는 오래가지 않습니다. 주가가 장기간 상승하기 위해서는 이익의 성장이 뒷받침되어야 합니다. 이익 성장 없는 주가 상승은 모래성일 뿐입니다. 한국 주식시장에서 좋은 성과를 내기 위해서는 PER도 잘 이해하고 있어야 합니다. PER은 기업의 주당순이익에 곱하는 배수를 의미합니다. 2배를 곱할 것인지, 10배를 곱할 것인지, 100배를 곱할 것인지에 따라 주가는 단기에 크게 오르기도 하고 크게 하락하기도 합니다.

PER을 몇 배 부여할지에 대한 정답은 없습니다. PER이 상승할 이유가 있는지, 하락할 이유가 있는지를 파악하는 것이 더 중요합니다. PER은 기업의 성장성이 돋보일 때, 정부 정책이나 산업 환경이 기업에 유리할 때, 금리가 크게 하락할 때, 증시에 유동성이 풍부할 때, 주주가치를 증가시키는 정책 등을 실행할 때 상승합니다. 반대의 경우에는 PER이 하락하게 되고, 주가 역시 하락하게 됩니다. PER은 사실 고무줄 같습니다. PER 5배를 부여하던 기업에 7.5배를 부여한다면 이익은 변하지 않더라도 주가는 50%나 상승할 수 있습니다. 때문에 주가를 크게 움직일 수 있는 PER의 변화 요인을 투자자들은 잘 이해하고 있어야 합니다.

2022년 8월 16일 미국에서 '인플레이션 감축법(IRA)*'이 발효되었습니다. 이는 급등한 물가를 완화시키기 위한 법안으로, 이 법안에는 전기차 구매 시 보조금을 지급하는 조항이 포함되어 있습니다. 보조금을 받기 위해서는 북미에서 전기차를 조립하거나, 배터리 제조 시 필요한 광물·소재·부품 등을 미국이나 미국과 FTA를 체결한 국가에서 일정 비중 이상 조달해야 합니다. 배터리 제조를 위한 광물·소재·부품 등은 중국이 글로벌 시장을 장악하고 있기 때문에 이 법은 사실상 전기차 공급망에서 중국 비중을 줄

인플레이션 감축법(IRA)

인플레이션 완화와 기후변화 대응 등을 목적으로 향후 10년간 7,370억 달러 규모의 예산을 투입하는 법안. 친환경 에너지 산업 육성, 전기차 보급확대, 약가 인하, 법인세 인상 등의 정책이 포함되어 있음

이겠다는 의도가 담긴 법안이라고 볼 수 있습니다. 미국에서 전기차를 팔고 싶으면 중국산을 사용하지 말라는 의미로도 해석할 수 있습니다. 이는 중국과 글로벌 배터리 시장에서 치열하게 경쟁을 펼치고 있는 한국 2차전지 제조사에 큰 호재로 작용했습니다. 특히 세계 1위 2차전지 기업인 중국의 CATL과 경쟁하던 2위 기업 LG에너지솔루션의 PER을 상승시키는 촉매제로 작용했습니다.

CATL은 미국 진출을 위해 멕시코에 배터리 공장 건설계획을 갖고 있었는데, 인플레이션 감축법이 통과되자 이를 보류했습니다. 인플레이션 감축법이 아니었다면 한국과 중국 기업은 미국 시장을 두고 치열한 배터리 전쟁을 펼쳤을 것입니다. 하지만 인플레이션 감축법 통과로 중국 기업들은 미국에 들어갈 수 없었고, 미국 시장은 한국 배터리 기업들의 독무대가 될 것임은 자명해 보였습니다. 때문에 시장은 즉각적으로 LG에너지솔루션의 PER을 올려주었습니다. 2022년 8월 16일 46만 원에 머물러 있던 LG에너지솔루션의 주가는 2022년 11월 11일 629,000원까지 크게 상승했는데, 당시 PER은 124배에서 170배까지 급등했습니다. 물론 이익이 증가한 것도 있겠지만 실적 발표는 10월에 이루어졌기 때문에 실적보다는 PER에 의한 주가 상승이라고 보는 것이 타당합니다.

LG에너지솔루션의 PER이 상승한 이유는 미국 정부의 정책이 LG에너지솔루션의 미국 시장 점유율을 크게 증가시켜줄 것이라고 시장이 기대했기 때문입니다. LG에너지솔루션의 주가 상승은 정부 정책이나 산업 환경이 기업에 유리할 때 멀티플이 얼마나 상승할 수 있는지를 보여주는 대표적인 사례입니다.

2023년 1분기에는 폐배터리 관련주인 성일하이텍의 주가 상승이 돋보였습니다. 미국과 유럽 모두 전기차 배터리를 생산할 때 리사이클링을 강조하는 정책을 발표했습니다. 미국이나 유럽 현지에 폐배터리 재활용 시설을 짓고 리튬, 니켈 등의 배터리 광물을 폐배터리에서 추출해 전기차 배터리의 소재로 재활용하면 혜택을 주겠다는 정책입니다. 폐배터리 시장이 커질 수밖에 없는 정책인데요, 리튬 같은 2차전지 핵심소재의 공급이 장기적으로 부족할 것이라는 의견이 지배적인 상황에서 각국 정부의 폐배터리 활성화 정책은 폐배터리 관련주의 PER을 급격히 상승시켰습니다.

성일하이텍의 2022년 12월 기준 PER은 26.5배였는데, 2023년 3월에는 PER이 40배까지 급등했습니다. 3개월 만에 PER이 +51%나 상승했던 것입니다. PER 상승으로 주가도 급등했습니다. 2022년 12월 말 10만 원에 머물러 있던 주가는 2023년 3월 187,500원까지 상승세를 보였습니다. LG에너지솔루션, 성일하이텍의 사례처럼 정부 정책은 멀티플을 상승시키는 가장 중요한 촉매 중 하나입니다.

 엄블리의 꿀팁

주가는 'EPS×PER'입니다. 기업의 이익이 증가하거나 PER(멀티플)이 상승할 때 주가는 상승합니다. PER은 다양한 요인에 의해 결정됩니다. 기업의 성장성이 돋보일 때, 정부 정책이나 산업 환경이 기업에 유리할 때, 금리가 크게 하락할 때, 증시에 유동성이 풍부할 때, 주주가치를 증가시키는 정책 등을 실행할 때 PER은 크게 상승합니다. 특히 미국의 인플레이션 감축 법안 같은 정책은 배터리 기업들의 PER을 상승시키는 중요한 촉매제로 작용했습니다. PER을 상승시키는 강력한 동력 중 하나인 정부 정책에 투자자들은 항상 관심을 기울이고 있어야 합니다.

질문
TOP
22

PER 상승이 주가 상승의 촉매제 역할을 하는 이유가 뭔가요?

PER 상승으로 인한 주가 상승의 또 다른 사례를 공부해보겠습니다. 나스미디어는 온라인 미디어랩인데요, 온라인 미디어랩이란 인터넷 포털, 유튜브, IPTV, 페이스북 등의 광고상품을 기업이나 광고대행사에 판매하는 중간 다리 역할의 미디어 기업을 의미합니다. 한국에서 광고를 판매하기 위해서는 반드시 미디어랩을 거쳐야 합니다. 2022년 8월 넷플릭스는 2022년 11월에 광고형 상품을 출시한다고 밝혔는데, 미국 시장에서 넷플릭스 가입자가 줄고 가격 부담을 느낀 구독자들의 이탈이 늘자 광고를 넣는 대신 요금을 할인해주는 저가형 구독 상품을 출시해 구독자 감소를 막겠다는 것이 목적이었습니다. 1시간짜리 영상에 4분 정도의 광고가 들어간다고 하는데, 광고를 판매하기 위해서는 미디어랩과의 제휴가 반드시 필요합니다. 넷플릭스가 광고형 상품 출시계획을 밝히자 디즈니+, 애플TV+ 등 경쟁 OTT에서도 광고형 상품 출시를 고려 중이라는 뉴스가 나오기 시작했습니다. OTT 광고는 기존에는 없던 시장입니다. 즉 새로운 시장이 열린다는 의미지요. 미디어렙 입장에서는 신규 시장 창출로 이익 성장이 가능할 것이라는 기대감이 형성되었고, 실제로 주가도 강세를 보였습니다. 나스미디어는 당시 가장 유력한 넷플릭스 파트너로 거론되고 있었습니다. 동영상 광고를 많이 취급하고 있었고, 넷플릭스와 관계가 괜찮았던 KT의 계열사였기 때문입니다. 그런데 그 소문은 사실이었습니다. 넷플릭스는 나스미디어를 OTT 광고대행사로 선정했습니다.

나스미디어의 주가 흐름은 그 전까지 좋지 않았습니다. 2022년 1월 29,000원에서 2022년 7월 19,500원까지 -33%나 급락하고 말았습니다. 이익은 꾸준히 증가했지만 광고시장 위축, 성장 정체 우려 등으로 PER이 14배에서 9배까지 하락한 것이 주가 하락의 원인이었습니다. 하지만 넷플릭스 광고요금제가 출시된다고 하자 PER은 다시 반등하기 시작했습니다. 9배에 머물던 PER은 2022년 10월 24일 13배까지 급등했습니다. 19,000원대에 머물던 나스미디어의 주가는 32,000원까지 +83% 상승했습니다. 주당순이익(EPS)은 변하지 않았지만 넷플릭스의 정책변화에 따른 성장 기대감이 주가를 크게 상승시켰던 것입니다.

그런데 2023년 5월 나스미디어의 주가는 21,000원대로 다시 하락세를 보입니다. 넷플릭스 광고형 요금제의 반응이 기대 이하였기 때문입니다. 신규 시장 진출 기대감에 의해 나스미디어의 멀티플은 상승했고 주가도 그에 따라 급등했지만 현실은 냉혹했습니다. 이처럼 기대가 실망으로 바뀌면 주가는 다시 제자리로 돌아가게 된다는 점을 잊어서는 안 되겠습니다.

신규 시장 진출로 주가가 급등했던 또 다른 사례로 국내 방산 기업들의 PER 상승을 들 수 있습니다. 2022년 7월 27일 폴란드 국방부는 K2 전차 980대, K9 자주포 670문, FA-50 48대 등 대한민국 무기를 17조 원에 구입하기로 결정하고 대한민국과 무기 구입 계약을 체결했습니다. 대한민국 역사상 최대 규모의 무기 수출 계약이 체결된 것입니다. 2022년 6월 국내의 대표적 방산 기업인 한화에어로스페이스의 PER은 10.8배였습니다. 무기 수출 계약을 맺은 후 PER이 급등하는 모습을 보였는데, 2022년 8월 한화에어로스페이스의 PER은 18.9배까지 상승했습니다. K2 전차를 수출하는 현대로템의 2022년 6월 PER은 17.2배였는데, 2022년 8월 PER은 21.5배까지 상승했습니다. 한국의 방산 기업들은 대표적인 내수 업종으로 무기 수출이 중동 국가 등으로 매우 한정적이었습니다. 그런데 러시아의 우크라이나 침공 이후 분위기가 달라졌고, 러시아의 위협을 느낀 폴란드는 가격 대비 성능이 우수한 한국의 무기를 구매한 것입니다. 저성장 내수 업종이라는 인식이 깨지자 PER은 상승했고 주가는 급등했습니다.

다음은 주주가치 증가로 주가가 급등한 사례를 알아보겠습니다. 가장 대표적인 사례는 메리츠금융지주의 자회사 합병입니다. 메리츠금융지주는 2022년 11월 21일 자회사인 메리츠화재와 메리츠증권을 100% 완전 자회사로 편입하고 3년간 당기순이익의 50%를 배당금과 자사주 매입, 소각에 사용하겠다는 정책을 발표했습니다. 상장되어 있는 자회사를 합병해 하나의 기업만 상장하게 되면 이중 상장 이슈가 해소되어 주주가치가 올라가게 됩니다. 대주주인 조정호 회장의 지분율은 합병 시 75%에서 47%로 낮아져 대주주 입장에서는 합병이라는 선택을 하기가 어려웠습니다. 그런데 주주가치 제고를 위해 과감하게 합병을 선택한 것입니다. 2022년 11월 21

일 26,000원에 머물던 주가는 이틀 만에 45,000원까지 +73% 급등세를 보였습니다. PER은 3.25배에서 5.63배로 크게 상승했습니다. 그 당시는 실적 발표 시즌이 아니었기 때문에 주가 상승은 PER에 의한 것임을 알 수 있습니다. 자회사 합병, 대규모 주주환원 정책 발표가 PER을 자극시켰고, 이는 주가 상승으로 연결되었습니다.

주가는 현재의 이익에 의해서만 결정되지 않습니다. 3개월, 6개월, 또는 1년 후의 이익 성장은 장기적인 주가 상승을 담보하는 기본 중의 기본입니다. 여기에 주가 상승의 촉매제 역할을 할 멀티플, 즉 PER 상승이 더해진다면 주가 상승의 속도는 빨라질 것입니다. 이를 달리기로 비유한다면 더 명확할 것입니다. 이익 성장은 마라톤(장기적 주가 상승), 그리고 PER 상승은 마라톤에서 역전하기 위해 단시간에 최대한의 속도를 내는 스퍼트(주가 상승의 촉매제)와 같습니다.

 염블리의 꿀팁

새로운 시장으로 기업이 진출하는 것은 기업의 확장을 의미합니다. 확장은 곧 성장입니다. 기업의 성장은 PER 상승을 일으키는 중요한 요소입니다. 신규 시장 진입 성과가 기대에 미치지 못하더라도 진입 자체만으로 주가가 단기에 크게 상승하는 경우가 많습니다. 주주가치를 올려주는 주주환원 정책은 기업의 성장과는 무관합니다. 하지만 주주환원 정책 강화는 PER을 올려 주가를 상승시키는 마법을 지니고 있습니다. 미래의 이익 성장이 담보되어 있고 PER 상승을 일으킬 촉매까지 보유하고 있다면 그 기업은 시장의 주인공이 될 것입니다.

PER이 상승할 기업은
어떻게 찾나요?
- 단기적 요인 ①

PER이 상승할 기업을 찾기 위해서는 PER 상승의 원인을 알고 그에 맞는 맞춤 전략을 세우는 것이 좋습니다. PER 상승 원인은 단기적 요인과 구조적 요인으로 나눌 수 있는데, 먼저 단기적 요인부터 알아보겠습니다. PER 상승의 단기적 요인은 주로 우호적인 수급 환경에 의해 나타나는 경우가 많습니다. 코로나 팬데믹 시기가 가장 대표적인데, 2020년 3월 코로나 팬데믹으로 증시는 급락했지만 중앙은행이 무제한으로 돈을 풀면서 유동성은 넘쳐났고 풀려버린 돈들은 주식, 부동산 등으로 흘러 들어가 PER을 상승시켰습니다. 코스피는 코로나 팬데믹 당시 PER이 12.09배(2020년 3월 19일 한국거래소 기준)였습니다. 금리 인하 등으로 풍부한 유동성이 주입되자 코스피 지수는 큰 폭의 상승세를 보이며 불과 5개월 만에 1,000p나 상승했습니다. 상승률은 +73%였습니다. 그런데 코로나로 인해 기업들의 실적은 감소할 수밖에 없었습니다. 기업의 이익은 감소하는데 주가는 급등한 것입니다. 결국 주가를 상승시킨 요인은 PER이었습니다. 2020년 8월 13일 코스피 지수 2,437p에서 PER은 무려 28.23배(한국거래소 기준)를 기록했습니다. 이익으로 상승한 것이 아니라 멀티플로 상승한 것이 확실히 증명된 사례입니다.

유동성 증가는 단기적으로 막강한 힘을 발휘하곤 합니다. 개별 기업의 주가 역시 마찬가지입니다. 어떤 기업이 MSCI 지수*, 코스피200 지수, 코스닥150 지수에 편입될 때 외국인, 기관 자금이 급격히 유입되며 주가가 크게 상승하는 경우가 그러한 예입니다.

MSCI 지수

미국의 투자 은행인 모건스탠리의 자회사 '모건스탠리 캐피털 인터내셔널'이 발표한 세계 주가 지수를 의미. 전 세계를 대상으로 투자하는 1,000개 이상의 투자회사들의 주요 투자 기준이 되는 지표

업종에서는 반도체 업종이 유동성 흐름에 가장 민감하게 반응하는데, 글로벌 유동성(미국, 중국, 한국 등 글로벌 주요국들의 통화량)이 증가할 때 이익 전망이 좋지 않더라도 주가가 오르는 경우가 있습니다. 글로벌 유동성이 증가한다는 것은 대출이 증가한다는 의미입니다. 그리고 대출 증가는 기업들의 투자로 이어져 고용을 증가시키며, 이는 개인들의 소득을 증가시키는 요인으로 작용합니다. 소득 증가는 소비의 증가로 이어져 결국 경기는 회복되고, 반도체 기업들의 실적도 좋아지는 그림이 그려지게 되는 것입니다. 글로벌 유동성이 증가할 때 반도체 업종 주가는 이러한 흐름을 빠르게 반영하며 상승하게 됩니다. 단기적인 PER 상승 요인이 되는 것이죠. 그러므로 반도체 업종에 투자할 때는 반드시 글로벌 유동성 증감률을 잘 파악할 필요가 있습니다.

단기적인 PER 상승의 또 다른 요인은 '사건(이벤트) 효과'입니다. 어떤

출처: 블룸버그, 이베스트투자증권

현상이 발생해서 단기간에 큰 수혜를 받는 것이 명확한 현상을 의미합니다. 가장 대표적인 예로 코로나 치료제 관련 기업, 마스크 제조사, 재택근무 관련 기업들입니다. 재택근무를 도와주는 원격지원 솔루션을 공급하는 알서포트는 2020년 3월부터 2020년 8월까지 단기간에 주가가 무려 10배나 상승했습니다. 코로나 치료제로 각광받던 신풍제약 역시 같은 기간 주가가 10배나 상승했고, 마스크를 제조하는 레몬은 주가가 3배 상승했습니다. 이 기업들은 코로나 팬데믹이라는 사건이 발생함에 따라 성장이 가능할 것으로 시장이 판단해 단기적으로 멀티플을 상승시킨 사례입니다.

드라마 〈오징어 게임〉도 사건 효과의 대표적인 사례입니다. 〈오징어 게임〉은 2021년 혜성처럼 등장해 넷플릭스 전 세계 1위를 기록했던 너무나 유명한 드라마입니다. 당시 국내 드라마 제작사들의 주가는 매우 부진했습니다. 뚜렷한 모멘텀이 없던 상황에서 한국 드라마가 넷플릭스 1위를 차지하자 한국 드라마에 대한 관심이 집중되면서 주가 역시 스포트라이트를 받으며 질주했습니다. 드라마 제작사 에이스토리는 〈오징어 게임〉 공개 전 31,000원대에 머물러 있었지만 〈오징어 게임〉 흥행 이후 한 달 만에 5만 원까지 +60%나 상승했습니다. 또 다른 드라마 제작사 NEW는 1만 원에 머물던 주가가 2만 원까지 +100% 상승세를 보였습니다. 한국 드라마가 넷플릭스 1위에 등극했다는 사건이 잠자던 한국 드라마 제작사 주가를 깨웠고, PER이 상승하며 주가가 급등한 것입니다.

사건 효과는 예상하지 못했던 사건에 따른 멀티플 변화를 의미합니다. 사건 효과는 미리 알 수 있는 방법이 없습니다. 어떤 사건이 발생했을 때 어떤 기업이 수혜를 받을 수 있을지 빠른 시간 안에 파악할 수 있는 능력이 있어야 합니다. 그러려면 평소에 다양한 업종, 다양한 기업의 정보를 꾸준히 쌓아나가는 훈련을 해야 합니다. 이러한 훈련이 꼭 사건 효과에만 해당되는 것은 아닙니다. 업종과 기업에 대한 끊임없는 공부는 단기적 PER 상승만이 아닌 구조적 PER 상승 기업을 찾는 데 큰 도움이 될 수 있기 때문입니다.

 엄불리의 꿀팁

PER이 상승하면 주가는 상승합니다. PER을 상승시키는 것은 크게 단기적 요인과 구조적 요인으로 나눌 수 있습니다. PER을 상승시키는 단기적 요인에는 우호적인 수급 환경이 있습니다. 증시에 유입되는 자금이 늘어나게 되면 기업 이익이 부진해도 PER을 상승시켜 주가가 상승하는 경우가 많이 발생합니다. '사건(이벤트) 효과'도 PER을 상승시킵니다. 코로나 팬데믹 당시의 마스크 제조사, 드라마 <오징어 게임> 흥행 당시의 드라마 제작사들은 단기적인 PER 상승 효과를 누렸던 업종들입니다.

질문
TOP
24

PER이 상승할 기업은
어떻게 찾나요?
- 단기적 요인 ②

이번에는 PER을 단기적으로 상승시키는 '스케줄 효과'를 알아보겠습니다. 앞서 설명한 '사건 효과'는 투자자가 미리 알 수 있는 방법이 없습니다. 예상치 못했던 어떤 사건이 발생해서 PER을 상승시키므로 주가가 단기에 급등하지만 이를 미리 알고 투자하기는 매우 어렵기 때문입니다. 그에 비해 스케줄 효과는 어떤 사건이 발생할 것이라는 것을 미리 예측하고 투자할 수 있기 때문에 사건 효과보다 기업 선택이 수월합니다.

스케줄 효과는 기업이나 산업에 영향을 줄 수 있는 정책이나 신제품 등의 일정이 발표되면 멀티플이 상승하는 것을 의미합니다. 가장 대표적인 예로 신작게임 출시, 영화나 드라마 출시, 신차 및 스마트폰 출시 등을 들 수 있습니다. 새로운 제품의 출시는 기대감을 올려줄 가장 좋은 재료인데, 신작게임 기대로 멀티플이 증가한 네오위즈가 대표적인 사례입니다. 'P의 거짓'이라는 신작게임이 2023년 하반기 공개를 앞두고 있었는데 각종 게임 전시회에서 좋은 평가를 받으며 큰 기대를 받고 있었습니다. 2022년 5월 네오위즈의 PER은 13배였습니다. 신작게임 출시가 임박했던 2023년 5월의 PER은 25배에 달했습니다. 네오위즈의 주가는 2022년 5월 23,250원에서 2023년 5월 4일 46,450원까지 100% 상승했습니다. 물론 신작게임이 흥행에 성공할지, 참패할지를 미리 알기는 어렵습니다. 때문에 신작게임 흥행 여부는 불확실한 미래입니다. 반면 신작게임이 출시되는 것은 확실한 미래입니다. 신작게임 출시 일정이 미루어진다고 해도 신작은 언젠가는 출시됩니다. 장기적인 주가 상승이 담보되려면 신작게임이 반드시 흥행에 성공해야 합니다. 하지만 단기적인 PER 상승은 흥행과 상관이 없습니다. 스케줄 효과는 신작게임 출시 전까지만 발휘되기 때문입니다. 예정된 날짜가 지나면 스케줄 효과는 소멸되고, PER 상승도 마무리됩니다.

스케줄 효과로 주가가 크게 상승한 또 다른 기업으로는 인텔리안테크를 들 수 있습니다. 2023년 1월, 스페이스X의 위성통신 서비스인 '스타링크'가 2023년 2분기 한국에 출시된다는 언론보도가 있었습니다. 실제 스페이스X는 2023년 1월 13일 한국 통신사업자 신청을 했고, 과기부(과학기술정보통신부)는 승인을 검토 중에 있었습니다. 행정절차가 연기되어 2024년으로 출시가 미루어졌지만 스케줄 효과가 사라진 것은 아닙니다. 인텔리안테크는 저궤도 위성통신에 필요한 안테나를 제조하는 기업인데, 스페이스X의 스타링크와 직접적 연관성은 없지만 경쟁사인 영국의 원웹에 안테나를 납품하고 있어서 저궤도 위성통신 관련주로 부각되었습니다. 그 결과 PER이 2023년 1월 36배에서 2023년 3월 44배까지 상승했고, 주가도 같은 기간

+47% 급등했습니다. 그 후 유상증자를 발표하며 주가가 제자리로 돌아왔지만 스케줄 효과가 사라진 것은 아닙니다. 스타링크 한국 출시 일정은 여전히 유효하기 때문입니다.

　스케줄 효과는 일정을 알고 투자하는 것이 핵심이기 때문에 일정 확인이 무엇보다 중요합니다. 내일이나 일주일 후에 나오는 일정이 아니라 적어도 2개월에서 1년 후의 일정까지 생각하고 투자전략을 세우는 것이 합리적입니다. 아래의 표는 2024년 중요 일정들입니다.

2024년 중요 일정들

일정	주제	내용	관련 기업
2024년 1월	삼성전자 갤럭시 언팩	AI 기능을 탑재한 스마트폰 출시	삼성전자 제주반도체
2024년 1분기	OLED 아이패드 출시	• OLED 탑재 수요 다변화 • OLED 소재 사용량 증가	피엔에이치테크 켐트로닉스
2024년 상반기	신작게임 출시	크래프톤 '다크앤다커 모바일'	크래프톤
	스타링크 출시	한국, 저궤도 위성통신 서비스 시작	인텔리안테크 한화시스템
2024년 7월	EU, 신차 ADAS 탑재 의무화	• 자동차용 카메라 수요 증가 • 자동차 전장부품 수요 증가	퓨런티어 넥스트칩

　이렇게 주요 일정을 메모해놓고 관련 일정 중 핵심 투자 포인트가 무엇인지 확인해 수혜 기업을 선별하고 투자하는 것이 스케줄 효과를 활용한 투자 방법입니다. 이런 일정들은 주로 신문이나 증권사 보고서에서 확인할 수 있습니다. 위의 투자 아이디어가 무조건 성공한다는 것은 아닙니다. 주가가 상승하지 않을 수도 있지만 중요한 이벤트를 앞둔 핵심 기업들의 주가는 상

'삼성 구원투수' 새 폴더블폰, 7월 서울서 첫선

전작보다 2주 당겨 26일 언팩
3분기 실적 개선 효과 노려

아이폰보다 먼저 공개되는 삼성 '갤럭시Z폴드5'의 예상도.

삼성전자가 오는 7월 26일 새 폴더블폰을 서울에서 선보인다. 폴더블폰 공개 행사를 7월에 여는 것도, 국내에서 갖는 것도 모두 처음이다. '폴더블폰 대중화'에 본격 나선 삼성전자는 공개 시기와 장소 모두 변화를 줄 것이다. 중국 업체들의 공세에 이어 구글까지 경쟁에 참전한 상황에서 '세계 폴더블폰 1위'를 확고히 지키기 위한 전략으로 해석된다.

15일 테크 업계에 따르면, 삼성전자는 7월 마지막 주 서울에서 갤럭시Z 폴드·플립5를 선보이는 언팩 행사를 가질 계획이다. 삼성이 작년 8월 10일, 2021년 8월 11일에 각각 폴더블폰 공개 행사를 가졌던 것을 감안하면 일정을 2주 앞당긴 것이다. 새 폴더블폰은 7월 26일 공개 행사를 거쳐 8월 11일 공식 출시될 것으로 알려진다. 삼성 사정을 잘 아는 재계 관계자는 "메모리 반도체 업황 부진으로 회사 실적 부양을 위해서는 스마트폰 부문의 선전이 어느 때보다 필요한 상황"이라며 "폴더블폰 공개와 출시를 2주 앞당겨 3분기 실적 개선 효과를 기대할 수 있을 것"이라고 말했다. 전작(올해)은 8월 말에 출시돼 3분기(7~9월) 실적에 한 달 정도 반영됐지만, 이번엔 출시 일정을 앞당겨 두 달 가까이 '폴더블 효과'를 볼 수 있게 됐다.

삼성은 상·하반기용 플래그십 모델을 매년 3월(갤럭시)과 8월(폴더블)에 선보여 왔다지만, 최근 이를 앞당기고 있다. 매년 9월 아이폰 신작을 선보이는 애플에 앞서 폴더블폰을 팔고, 아이폰 신작 효과가 떨어지는 이듬해에 갤럭시S 시리즈를 일찍 내놓는 전략이다. 삼성은 기존 1인치대(1.9인치)였던 Z플립의 외부 화면을 3.4인치로 키우며 디자인과 사용성에 상당한 변화를 줄 전망이다.

폴더블폰 공개 행사를 서울에서 여는 것도 변화다. 그간 삼성은 폴더블폰 공개 행사를 뉴욕, 샌프란시스코 등 미국에서만 열어왔다. 이번 사안을 잘 아는 관계자는 "갤럭시Z폴드·플립5는 트렌드를 선도하는 제품인 만큼 글로벌 문화 도시에서 번갈아 열자는 논의가 있었다"며 "작년 뉴욕에 이어 올해는 서울에서 열고 향후 프랑스 파리, 일본 도쿄 등 세계 주요 도시를 돌며 개최하는 방안을 검토 중"이라고 했다. 이에 대해 삼성전자는 "차기 폴더블폰 출시 시기와 행사 장소는 아직 정해지지 않았다"고 밝혔다. 박순찬 기자

출처: 2023년 5월 16일 <조선일보> 기사

승 확률이 높았던 만큼 충분히 활용할 가치가 있다고 생각합니다. 이런 일정들을 알기 위해서는 당연히 부지런해야 합니다. 특히 신문을 많이 읽고 메모하는 습관을 들이는 것이 좋습니다. 머리로 암기하지 말고 그때그때 메모하는 습관을 들이는 것이 필요합니다.

단, 스케줄 투자를 할 때 주의할 점도 있습니다. 첫째, 일정이 임박했을 때 투자해서는 안 됩니다. 스케줄 투자는 선점 효과를 누리는 전략입니다. 일정이 임박해서 투자하는 것은 주가가 이미 상승해 있을 가능성이 높아 선점 효과를 전혀 누릴 수가 없습니다. 오히려 일정이 끝나면 주가가 급락할 가능성도 존재하기 때문에 위험이 커질 수 있습니다. 뒷북치는 투자는 안 됩니다. 스케줄 투자는 최소 2개월 전부터 미리 전략을 세워서 시행해야 합니다. 둘째, 일정이 임박하거나 경과했을 경우에는 일단 매도해야 합니다. 스케줄 투자는 장기투자가 아닙니다. 단기적인 멀티플 상승을 예상해 미리 선점을 해놓고, 멀티플이 상승했을 때 적절하게 수익을 확보하는 전략입니다. 이벤트가 소멸되었는데도 보유하는 것은 합리적인 투자가 아닙니다.

셋째, 언제든 일정은 변경될 수 있습니다. 예를 들어보죠. 2024년 1분기에 출시 예정된 OLED가 탑재된 아이패드 출시가 2024년 하반기로 밀릴 수도 있습니다. 이처럼 일정이 밀렸을 경우에 선택지는 2가지입니다. 시기가 6개월 이상 늦추어졌으니 일단 매도를 하고 바뀐 일정에 맞추어 투자 시기를 조율하는 방법이 있습니다. 또 다른 방법은 연기된 일정을 신경 쓰지 않고 계속 보유하는 것입니다. 정답은 없지만 둘 중 하나는 선택해야 합니다. 마지막으로 일정이 완전히 취소된 경우입니다. OLED 아이패드가 출시되지 않거나 스타링크 서비스가 출시되지 않는다면 그 스케줄을 기대하고 투자했던 이유가 사라지게 되는 것입니다. 일정이 취소된다는 것은 PER을 상승시키는 재료가 사라졌다는 의미입니다. 이런 상황에서는 너무 깊이 고민할 필요가 없습니다. 즉시 매도를 해야 합니다. 실패를 인정하고 다른 스케줄 투자로 방향을 선회하는 것이 필요합니다.

 염블리의 꿀팁

스케줄 효과는 기업이나 산업에 영향을 줄 수 있는 정책이나 신제품 등의 일정이 발표되면 멀티플이 상승하는 것을 의미합니다. 가장 대표적인 예로 신작게임 출시, 영화나 드라마 출시, 신차 및 스마트폰 출시 등이 있습니다. 스케줄 효과는 장기투자가 아닙니다. 스케줄이 임박했거나, 스케줄이 지나갔거나, 스케줄이 취소되었을 경우에는 매도를 해야 합니다. 단, 스케줄이 연기되었을 때는 매도를 할지, 보유를 할지 고민이 필요합니다.

PER이 상승할 기업은
어떻게 찾나요?
- 구조적 요인

지금까지 PER이 상승할 단기적 요인들을 살펴보았고 어떻게 투자전략을 세울지 알아보았는데, 지금부터는 단기적 요인이 아닌 구조적, 즉 장기적 PER 상승 요인을 살펴보고 그런 기업들을 찾는 방법을 알아보겠습니다.

매출액에서 비용을 제하면 무슨 값이 나올까요? 바로 이익입니다. 치킨을 1만 원에 10개 팔면 매출액은 '10개×1만 원=10만 원'입니다. 그리고 치킨을 제조하고 판매하는 데 들어간 인건비, 광고비 등 비용이 5만 원이라면 이익은 '10만 원-5만 원=5만 원'이 됩니다. 즉 이익은 'P(판매단가)×Q(판매수량)-C(비용)*'로 계산할 수 있습니다. 그런데 이익을

P×Q-C

P는 Price의 약자로 판매 가격을 의미. Q는 Quantity의 약자로 판매 수량을 의미. C는 Cost의 약자로 비용을 의미. 'P×Q'는 매출액을 의미하며, 여기서 C를 빼면 이익이 된다.

결정하는 요소 중 가장 중요한 것은 무엇일까요? 가격을 올려서 이익을 증가시킬 수도 있고, 비용을 줄여서 이익을 증가시킬 수도 있지만 가장 중요한 것은 Q입니다. 가격을 올려도, 비용을 줄여도 제품이 안 팔리면 아무 소용이 없습니다. 치킨 판매가격을 1만 원에서 3만 원으로 올렸는데 한 개도 팔리지 않는다면 매출액은 0이 됩니다. 비용을 0으로 만들 수는 없기에 적자가 날 것입니다. 이번엔 반대로 판매가격을 낮추어보겠습니다. 치킨 판매가격을 1만 원에서 8,000원으로 낮추었는데 20개가 팔렸다면 이익은 어떻게 될까요? '8,000원×20개-5만 원=11만 원'이 됩니다. 가격을 낮추었는데도 판매량이 증가하니 이익은 2배로 증가합니다. 이처럼 기업의 구조적 성장은 Q에 있습니다. 판매가격 인상, 비용 절감도 중요하지만 핵심은 Q, 즉 판매수량 증가입니다.

2023년 1분기 시장을 주도했던 업종은 2차전지입니다. 2차전지 업종이 국내 증시에서 차지하는 비중은 2020년 5% 수준이었지만 2023년 1분기에는 15% 수준까지 크게 증가했습니다. 반면 코로나 시기 성장주를 대표하던 네이버와 카카오의 시가총액 비중은 2021년 6%에서 2023년 상반기 3%까지 하락했습니다. 왜 이들의 차이가 이렇게 벌어진 것일까요? 그것은 Q 성장에 대한 확신과 의심 때문입니다. 2차전지는 전기차의 핵심입니다. 1년에 판매되는 전 세계 신차는 8,500만 대 수준입니다. 2022년 판매된 전 세계 전기차는 780만 대로, 전체 신차의 9.2% 수준입니다. 많은 조사 기관에 따르면 2025년이 되면 신차 판매의 15~20%가 전기차가 될 것으로 예상하고 있습니다. 2030년에는 전체 신차의 50%가 전기차가 될 것이라고 합니다. Q의 성장이 너무나도 명확한 산업입니다. 그렇다 보니 주식시장은 2차전지 기업들에 후한 평가를 내렸고, 2차전지 관련 기업들의 가치는 Q의 성장과 맞물

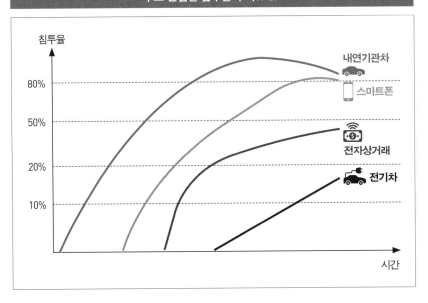

주요 산업별 침투율 추이(추정)

침투율

80% ········· 내연기관차

□ 스마트폰

50% ·········

📶 전자상거래

20% ·········

🚙 전기차

10% ·········

시간

려 크게 증가했던 것입니다. 2020년부터 시작된 2차전지 관련 기업들의 주가 상승이 2023년까지도 계속 이어진 이유입니다.

반면 네이버와 카카오의 시가총액은 2년 만에 50%가 감소했습니다. 이익은 정체되었지만 매출 성장은 지속되고 있습니다. 그런데 왜 주가가 급락했을까요? 그것도 2년 내내 말이죠. 이유는 간단합니다. 2차전지와 상황이 정반대이기 때문입니다. 네이버의 주력 사업은 검색과 전자상거래입니다. 검색시장은 이미 네이버가 1위이고 앞으로도 1위를 유지하겠지만 대한민국의 인구를 더 늘릴 수는 없습니다. 오히려 감소하고 있죠. 검색 수요가 급증하기 어렵다는 의미입니다. 전자상거래 시장도 성장이 정체되고 있는데, 2021년 1월 온라인 유통시장 성장률은 22.6%였습니다. 2021년 연간 온라인 유통시장 성장률은 15.7%를 기록했습니다. 2022년 1월 온라인 유통시장 성장률은 9.1%였고, 2022년 연간 온라인 유통시장 성장률은 9.5%였습니다. 2023년 온라인 유통시장 성장률은 6.1%를 기록하고 있습니다. 전자상거래 시장 성장이 급격히 둔화되고 있음을 우리는 데이터를 통해 명확히 알 수 있습니다. 성장이 둔화하고 있는 환경에서도 경쟁자인 쿠팡은 매출 성장과 더불어 흑자 전환하며 이익을 내기 시작했고, 점유율도 꾸준히 상승하고 있습니다. 경쟁자의 성장은 네이버 주가에 부담이 될 수밖에 없습니다.

카카오 역시 네이버처럼 Q 성장에 어려움을 겪고 있습니다. 카카오의 주력은 카카오톡 광고인데, 네이버의 검색과 비슷한 상황입니다. 이미 대한민국 사람 거의 모두가 카카오톡을 쓰고 있어서 Q를 늘리는 데 한계가 있고, 경기가 좋지 않아 광고시장도 위축되고 있습니다. 카카오의 주요 성장산업 중 하나인 웹툰 등 콘텐츠 사업은 순항하고 있지만 아직 비중이 크지 않습니다. 카카오의 핵심은 카카오톡이고, 카카오톡 이익의 핵심은 광고 매출입니다. 따라서 광고 매출 둔화는 카카오 주가에 부정적으로 작용할 수밖에 없습니다.

핵심 사업의 Q성장이 막혀버린 네이버와 카카오가 돌파구를 찾기 위해 선택한 것은 해외 사업입니다. 두 기업 다 해외에서 전자상거래, 콘텐츠 사업 등을 열심히 하고 있지만 시장이 기대하는 만큼의 성과가 날 때까지 시간이 걸릴 수밖에 없습니다. 구조적이고 장기적인 PER 상승은 결국 Q의 성장과 그 성장이 지속될 것이라는 시장의 확신이 있어야 가능합니다. 글로벌 시장으로 무한 확장 중인 한국의 K-POP을 이끌고 있는 엔터 산업, 중국 임플란트 시장 성장과 더불어 가성비를 무기로 점유율을 증가시키고 있는 임플란트 산업, 러시아의 우크라이나 침공과 더불어 2022년 폴란드에서 20조 원가량의 대규모 수주를 따낸 방위 산업 등은 Q의 성장이 명확한 산업이고, 그래서 시가총액 역시 크게 상승했습니다.

주도주, 즉 장기적이고 구조적인 주가 상승이 지속되기 위해서는 그 어떤 요인보다 Q의 성장이 명확해야 합니다. 그런 산업을 찾기 위해서는 통찰력을 키워서 트렌드를 읽어낼 줄 알아야 합니다. 신문, 책, 증권사 보고서를 매일 꾸준히 읽으면서 흐름을 놓치지 않아야 하고, MZ세대들이 많이 방문하는 '올리브영' 매장에서 왜 다른 브랜드 화장품숍은 매출이 감소하는데 올리브영의 매출은 급증하는지도 고민해야 합니다. 편의점에 '카스' '테라' 같은 맥주가 아닌 왜 수제 맥주와 위스키가 대량으로 진열되었는지도 고민해야 합니다. '관심'은 주식투자의 수익률을 결정짓는 가장 중요한 요소 중 하나입니다. 트렌드 파악, 그리고 Q의 성장을 읽어낼 줄 아는 통찰력이 있어야 구조적 성장주에 올라탈 수 있습니다. 개인적으로 자주 방문하는 네이버 블로거(자이노)가 이런 글을 썼습니다. "집에서도 Q가 가장 힘이 세다. 엄마(Queen)말이 법이다. 투자에서도 Q가 가장 중요하다. 왜냐하면 성장에 상한선이 없기 때문이다." 우리 모두 Q를 사랑합시다.

 엄블리의 꿀팁

PER을 상승시키는 구조적 요인은 Q(수요)의 성장입니다. 판매가격을 올리건, 내리건 제품이 팔리지 않으면 아무 소용이 없습니다. 비용을 줄여도 제품이 팔리지 않으면 아무 소용이 없습니다. Q가 성장하고 이 성장이 장기간 지속될 것이라는 확신이 있어야 장기적인 주가 상승이 가능합니다. 2차전지 관련 기업들의 주가가 3년간 꾸준히 상승했던 것은 Q 성장에 대한 확신이 있었기 때문입니다.

주가는 어떤 요인들에 의해
하락하게 되는 건가요?

주가의 하락 요인도 상승 요인만큼 다양합니다. 한 가지 요인에 의해 하락하는 경우도 있지만 여러 가지 요소들이 복합적으로 작용해 주가가 하락하는 경우도 많이 있습니다. 다양한 사례를 통해 주가가 어떤 요인에 의해 하락하는지 알아보겠습니다.

2022년 주가가 하락한 대표적인 기업 중 하나는 카카오입니다. 카카오의 실적은 큰 문제가 없었습니다. 카카오의 영업이익은 2020년 4,559억 원이었고, 2021년에는 5,949억 원이었습니다. 2022년에는 소폭 역성장한 5,803억 원을 기록했습니다. 실적만 보면 주가가 한 해 동안 -53% 하락한 것이 다소 이해가 안 갈 수도 있습니다. 카카오의 주가 하락은 실적 외에 다른 여러 가지 요소들이 복합적으로 작용해 이루어졌습니다.

$$\text{주식가치}_t = \sum_{n=0}^{\infty} \frac{(\text{주주 현금흐름})_{t+n}}{(1+\text{할인율})^n}$$

*할인율(Discount factor) = 무위험이자율(Rf) + 주식위험프리미엄(ERP)

첫 번째 원인은 금리 급등입니다. 미국의 기준금리는 2022년 한 해 동안 무려 4.5%나 상승했습니다.

기업의 적정가치는 위의 공식처럼 주주 현금흐름을 적정 할인율로 나누면 계산할 수 있는데요, 분자인 주주 현금흐름은 배당이나 자사주 매입·소각 등 주주환원을 얼마나 하느냐를 의미합니다. 배당이나 자사주 매입·소각을 많이 하면 당연히 적정가치는 상승합니다. 분모에 해당하는 할인율에는 금리가 들어갑니다. 금리가 상승하면 할인율이 상승하기 때문에 기업의 적정가치는 하락하게 됩니다. 참고로 주식위험 프리미엄(ERP)은 주식 같은 위험 자산에 대한 선호도로 주식투자에 적극적으로 참여하려는 의지가 클수록 값은 하락하고, 안전자산을 선택하려는 의지가 강할수록 값은 상승합니다. 분모인 ERP가 하락하면 주식가치는 상승하게 됩니다.

미국의 10년만기 국채금리는 2022년 초 1.5%였는데 2022년 10월에는 4.3%까지 급등했습니다. 국채금리가 거의 3배나 상승한 것입니다. 할인율이 3배나 증가했다는 것은, 다른 가치가 동일하다면 기업의 적정가치가 기존 대비 1/3 수준으로 떨어졌다는 의미입니다. 카카오나 네이버, 미국의 메타

금리
급등

정부
규제

엔데믹

주주가치
훼손

kakao

주가 급락

(舊 페이스북) 같은 성장주가 크게 하락한 이유이기도 합니다.

두 번째 원인은 정부의 플랫폼 규제입니다. 2021년 여름, 정부는 카카오의 골목상권 침해 등 무분별한 확장에 제동을 걸었습니다. 2021년 6월 173,000원까지 상승했던 카카오의 주가는 규제 이슈가 불거진 이후 급락세로 전환되었고, 2021년 10월에는 11만 원까지 떨어져 -35%나 하락하고 말았습니다. 이처럼 정부의 규제는 기업 성장에 치명타가 될 수 있습니다. 이는 한국에만 해당되지 않습니다. 중국의 대표적인 전자상거래 업체인 알리바바는 중국 정부의 플랫폼 규제 영향으로 고점 대비 무려 -70%나 하락했습니다.

세 번째 원인은 코로나 팬데믹에서 엔데믹으로의 전환입니다. 2020년 코로나가 발생한 이후 언택트 비즈니스가 호황을 구가하며 카카오 같은 온라인 플랫폼 기업들이 고성장을 기록했는데, 2022년 들어 코로나 영향력이 점차 감소되었고 정부가 외출 제한, 식당 영업 시간 제한 등을 완전히 해제하면서 엔데믹이 시작되었습니다. 온라인에서 오프라인으로의 전환은 기존 플랫폼 기업들의 고성장을 저해할 수 있는 요소입니다. 카카오의 PER은 한때 100배까지 상승했지만 엔데믹 이후에 주가가 급락하며 30배까지 하락했습니다.

스톡옵션

기업이 임직원에게 자기회사의 주식을 일정한 가격으로 매수할 수 있는 권리를 부여한 제도

네 번째 원인은 주주가치 훼손입니다. 자회사 카카오페이의 경영진이 상장한 지 한 달 만에 대규모 스톡옵션*을 행사했습니다. 법을 위반한 것은 아니었습니다. 하지만 신규 상장기업의 경영진이 주식을 대량으로 팔았다는 뉴스에 주주들의 분노와 실망감은 극에 달했고, 주가는 곤두박질쳤습니다. 카카오페이의 도덕성 문제가 불거지자 대주주인 카카오도 동반 급락하고 말았습니다. 계열사의 신뢰성 악화는 지배회사의 신뢰성 악화로 연결될 수밖에 없습니다.

여기에 계속되는 자회사 상장 이슈도 카카오 주가에 악영향을 주었습니다. 카카오는 계열사가 많습니다. 2021년에는 카카오뱅크, 카카오페이가 상장했습니다. 카카오엔터테인먼트, 카카오모빌리티 같은 알짜 비상장 자회사도 상장을 준비하는 것으로 알려져 있습니다. 앞서 살펴본 메리츠금융지주의 자회사 합병과 반대로 핵심 자회사들이 상장하게 되면 카카오 주주들은 피해를 볼 가능성이 높습니다. 자회사 중복 상장으로 지배회사인 카카오의 주주가치*가 하락할 수 있기 때문입니다. 이러한 이중 상장은 PER을 크게 훼

손시키고 경영진에 대한 신뢰도를 떨어뜨리기 때문에 이러한 요소가 해소될 때까지 장기간 주가가 부진한 경우가 많이 있습니다. 기업의 이익이나 성장, 정부 정책, 금리도 중요하지만 주주를 위하는 기업인지, 주주가치를 훼손하는 기업인지에 따라 장기적인 주가의 방향도 결정될 수 있다는 점을 주의할 필요가 있습니다.

주주가치

기업의 주식을 소유한 주주들이 가지는 가치를 의미. 주가, 배당금, 자사주 매입, 지배구조 등에 의해 주주가치가 결정된다.

염불리의 꿀팁

주가 급락의 원인들은 다양합니다. 실적이 좋지 않아서 주가가 급락하는 경우가 가장 많지만 카카오의 사례처럼 다양한 원인들이 복합적으로 작용하는 경우도 있습니다. 금리 급등, 정부의 강력한 규제, 엔데믹, 주주가치 훼손 등 여러 원인들이 동시다발적으로 발생한다면 주가는 버틸 수가 없습니다. 투자한 기업들의 실적만이 아니라 기업가치가 훼손될 만한 이슈들이 있는지 항상 확인하는 습관이 필요합니다.

이익이 감소하면 주가는
무조건 하락하게 되는 건가요?

주가는 이익이 구조적으로 감소하거나 PER이 하락할 요인이 발생했을 때 하락하게 되는데, 이익이 지속적으로 감소하거나 적자가 나는 기업의 주가가 장기적으로 하락하는 것은 당연합니다. 돈을 못 버는데 기업가치가 증가하기는 어렵겠죠.

대표적인 기업으로 롯데하이마트가 있습니다. 롯데하이마트는 2017년 2,075억 원의 영업이익을 기록했는데 2018년에는 1,865억 원, 2019년에는 1,099억 원을 기록하며 이익이 계속 감소했습니다. 2020년에는 코로나로 인한 일시적 가전 수요 증가로 영업이익이 1,611억 원으로 반등하는 모습을 보였지만 2021년 1,068억 원으로 다시 감소했고, 2022년에는 -520억 원의 적자를 기록했습니다. 가전제품 시장의 성장 둔화, 삼성전자·LG전자 대리

롯데하이마트 주가 추이

최고 91,400 (-89.90%)

90,351
80,312
70,273
60,234
50,195
40,156
30,117
20,078

최저 8,840 (4.41%) ▲

9,230

6.98m

거래량 1,210,339

2013 2014 2015 2016 2017 2018 2019 2020 2021 2022 2023

점과의 오프라인 경쟁 심화, 쿠팡·네이버와의 온라인 경쟁 심화, 5,697억 원 (2023년 3분기 기준)이 넘는 순부채로 인한 과도한 이자비용(분기당 60억 원 이상의 이자비용 지출) 등으로 롯데하이마트의 실적 악화는 장기간 지속될 수밖에 없었습니다. 주가도 장기간 하락세를 이어갔는데, 2017년 7만 원대에 있던 주가는 2022년 12,000원까지 하락했습니다. 구조적인 이익 감소가 주가에 얼마나 큰 영향을 주는지를 명확하게 보여준 사례입니다.

구조적 이익 감소로 주가가 하락한 또 다른 기업으로는 LG디스플레이가 있습니다. 한때 LCD 패널 세계 1위였지만 지금은 중국 BOE에 밀려 기업가치가 크게 훼손된 상태입니다. TV 시장은 성장하는 시장이 아닙니다. 연간 2억 원대에서 수요가 정체된 상태입니다. 스마트폰, 노트북도 마찬가

지입니다. 기업가치가 구조적으로 상승하기 위해서는 Q(판매수량)가 증가해
야 합니다. LG디스플레이의 전방산업은 대부분 Q 성장이 정체되었거나 오
히려 역성장을 하고 있는 상황입니다. 자동차에 탑재되는 디스플레이 시장
은 커지고 있지만 아직은 비중이 크지 않습니다. 여기에 중국 BOE 등 강력
한 경쟁자들도 존재하고 있어 부담입니다. 업황이 회복되더라도 중국 업체
들의 공격적인 증설로 인한 공급과잉이 언제든 발생할 수 있기 때문에 이익
안정성을 담보하기가 어렵습니다.

10년 전만 해도 LG디스플레이의 실적은 안정적이었습니다. 2012년 영
업이익 9,124억 원을 시작으로 2013년 1.1조 원, 2014년 1.3조 원, 2015년 1.6
조 원, 2016년 1.3조 원, 2017년 2.4조 원으로 조 단위 이익을 냈습니다. 그러
다가 2018년부터 갑자기 이익이 급격히 감소하기 시작했는데, 2018년 영업

이익 929억 원, 2019년 -1.3조 원, 2020년 -365억 원, 2021년 +2.2조 원, 2022년 -2.1조 원 등 2021년을 제외하고는 모두 부진한 실적을 기록했습니다. 이익 창출 능력이 현격히 떨어져 2023년에도 적자가 지속되었습니다. 2017년 39,000원이었던 주가는 2023년 1분기 기준 16,000원까지 떨어졌는데, 주가 하락률은 -59%에 달합니다. 전방산업의 부진, 경쟁사들의 진입으로 인한 경쟁 심화, LCD에서 OLED로의 주력 디스플레이 산업 변화 등은 LG디스플레이의 이익과 멀티플을 훼손시켰고 그 결과 주가는 크게 하락했습니다.

다른 사례를 하나 더 들어보겠습니다. 2023년 애플이 AR기기를 출시한다는 소식이 2022년 증권가에서 화제가 되었는데, 애플이 출시한다고 하니 애플 AR기기 수혜주로 거론되던 기업들의 주가가 크게 상승했었습니다. 가장 대표적인 기업이 뉴프렉스입니다. 이 회사는 메타 플랫폼의 자회사 오큘러스의 VR기기 'Quest Pro'에 들어가는 FPCB*를 납품하는 기업입니다. 애플이 AR기기를 출시하면 시장이 크게 성장하면서 큰 수혜를 받지 않을까 하는 기대감으로 4,000원에 머물던 주가는 한때 9,700원까지 2배나 상승했었습니다. 그런데 2022년 12월 초 8,000원대에 머물던 주가가 12월 5일 하루에만 무려 -20% 폭락했습니다. 애플에서 출시할 예정인 AR기기가 상반기가 아닌 하반기에 출시될 것이고, 출하량 규모도 120만 대에서 50만 대까지 하향될 것이라는 소식이 전해졌기 때문입니다.

FPCB

Flexible Printed Circuit Board의 약자로, 연성 인쇄 회로기판을 의미. 기존 기판과 달리 휘어지는 특성을 가지고 있어서 스마트폰, 카메라, 자동차 등 다양한 분야에서 사용이 가능

AR/VR

AR은 증강현실을 의미하는 단어로, 실제 환경에 가상 정보를 추가해 띄우는 기술을 일컫는다. VR은 가상현실을 의미하는 단어로, 실제가 아닌 가상 세계를 디스플레이를 통해 보고 체험하는 기술을 일컫는다.

그러자 AR/VR* 기기 관련주에 대한 투자심리가 싸늘하게 식어버리면서 주가는 크게 하락하고 말았습니다. 아직 AR/VR 시장은 대중화되지 않았기에 이 사업으로 큰 이익을 내는 기업은 없는 상황입니다. 결국 주가가 상승하고 하락한 이유는 기대감, 즉 PER 상승과 하락 때문이었습니다. 'AR/VR 기기를 애플이 출시하면 잘 팔릴 것이고 관련 산업이 성장하면서 부품사들의 매출과 이익이 크게 증가할 것이다'라는 기대감이 PER 상승을 자극시켜서 주가가 2배나 상승했던 것입니다. 하지만 애플이 출시 시기를 연기한 데다가 출하량 규모도 기대 이하라는 소식이 나오자 기대감은 실망감으로 바뀌었고, 이것이 뉴프렉스의 PER을 떨어뜨리는 요소로 작용한 것입니다.

사실 뉴프렉스는 애플 납품 가능성이 높지 않은 기업입니다. 애플의 공급사가 아니기에 애플 AR기기 출시 연기 소식은 뉴프렉스와는 무관한 뉴스라고 볼 수 있습니다. 하지만 뉴프렉스의 2022년 주가 상승은 실적보다 멀티플(PER) 상승 때문이었습니다. 애플의 신제품 출시로 AR/VR 시장이 크게 성장할 것이라는 기대감이 주가를 들어올렸기 때문에 애플 출시 연기설은 관련 기업의 주가를 크게 떨어뜨린 악재가 된 것입니다.

이렇듯 주가의 상승 요인과 하락 요인은 정말 다양합니다. 매출이 증가하고 이익이 늘어난다고 해서 주가가 무조건 상승하는 것도 아니고, 매출이 감소하고 이익이 줄어든다고 해서 주가가 무조건 하락하는 것도 아닙니다. 마법 같은 단어인 PER, 즉 멀티플의 높고 낮음에 따라 실적과 무관하게 주가는 급등하기도 하고 급락하기도 합니다.

주가가 '1+1=2'처럼 단순하게 결정된다면 투자자들이 많은 시간을 들여 고민할 필요도 없을 것입니다. 하지만 주가는 한 가지 요인으로만 결정되지 않습니다. 기업의 구조적인 이익 증가와 이익 감소, 멀티플의 상승과 하락 등 다양한 요인에 의해 결정되는 것이 주가입니다. 우리가 기업의 변화를 확인하고 앞으로 어떻게 될지 꾸준히 고민해야 하는 이유이기도 합니다.

 염블리의 꿀팁

주가는 이익이 구조적으로 감소하거나 PER이 하락할 요인이 발생했을 때 하락을 합니다. 롯데하이마트와 LG디스플레이는 구조적인 이익 감소로 주가가 장기간 하락한 대표적인 기업들입니다. 뉴프렉스는 아직 대중화 초기인 AR/VR 기대감으로 주가가 급등했다가 애플 AR/VR 기기 출시 연기 소식에 주가가 급락했습니다. 실적이 아닌 PER, 즉 기대감으로 상승했다가 기대감이 약화되자 주가가 하락한 것입니다. 주가는 여러 요인에 의해 결정됩니다. 이익과 PER(멀티플)에 대한 공부는 그래서 더 중요합니다.

한 기업의 주가는
어떤 경로로 움직이나요?

이번에는 한 기업의 주가가 어떻게 움직이는지 그 경로를 알아보겠습니다. 기업의 주가 변동은 스토리에서 시작하는데, 구체적으로 '이야기 → 검증 (다큐멘터리 또는 공상과학 소설) → 추가 이야기 → 검증'의 단계를 거치며 큰 변화를 겪게 됩니다. 기업의 미래를 변화시킬 이야기가 있다면 주가는 바로 반응합니다. 긍정적인 변화를 투자자들이 알아차린다면 주가는 크게 상승하게 됩니다. 상승한 후에는 검증을 하게 됩니다. 진짜 현실성이 있는 이야기인지, 다소 과장된 현실성이 없는 이야기인지를 검증합니다. 다큐멘터리인지 공상과학 소설인지를 파악하는 것이죠. 공상과학 소설이면 주가는 제자리로 회귀하거나 오히려 그 전보다 더 급락하기도 합니다. 다큐멘터리로 판명되면 주가는 유지되고 다음 이야기를 찾게 됩니다. 다음 이야기가 긍정적이라면 주가는 또 상승하고 검증을 하게 됩니다. 그런데 희망을 주던 이야기가 비관적으로 바뀌게 되면 주가는 크게 하락하게 됩니다.

주식투자에 무슨 소설이냐고 할 수 있지만 실제 한 기업의 주가는 그렇게 움직이는 경우가 매우 많습니다. 실제 사례를 들어 이 부분을 설명해보겠습니다. 이 사례를 잘 이해한다면 주가의 속성을 좀 더 명확하게 이해할 수 있을 것입니다.

2022년 시장을 이끌었던 기업 중에 한화솔루션이라는 기업이 있는데요, 이 기업의 전신은 한화케미칼입니다. PVC* 등의 석유화학 제품을 제조하는 것이 주력이었던 기업인데, 한화큐셀이라는 태양광 모듈을 만드는 기업을 계열사로 편입하면서 이제는 태양광 사업이 주력인

PVC

Polyvinyl chloride의 약자로, 세계에서 세 번째로 많이 생산되는 합성 고분자 소재. 파이프, 창문, 플라스틱 병, 포장재 등을 만드는 원재료로 사용된다.

기업이 되었습니다. 한화솔루션의 태양광 사업은 미국 주택시장에서 1위를 달릴 정도로 경쟁력이 뛰어난 사업이지만 실적은 정반대로 좋지 않았습니다. 2021년 태양광 사업부는 적자를 기록하고 있었고, 2022년 1분기에도 적자가 이어지며 한화솔루션 주가에도 악영향을 주었습니다. 바이든 대통령 당선 이후 미국 태양광 시장 성장 기대로 58,000원까지 상승했던 주가는 태양광 실적 부진으로 2022년 5월 3만 원까지 -48% 하락하는 모습을 보였습니다. 실적도 좋지 않았지만 주가 상승을 자극시킬 PER 상승 요인마저 없었던 것입니다.

그런데 갑자기 반전이 일어나게 됩니다. 2022년 2월 러시아의 우크라이나 침공 이후 러시아 에너지 의존도를 줄이기 위한 방안을 마련하던 EU는 5월 18일 'REPowerEU'*라는 정책을 발표했습니다. 러시아 천연가스 의존도

러시아 화석연료 의존도를 줄
이기 위해 EU에서 발표한 계획
으로 재생에너지 확대, 원자력
발전 확대, 에너지 효율 개선
등의 내용을 담고 있다.

를 2027년까지 '0'으로 만들겠다는 계획을 발표
한 것입니다. 그렇다면 부족한 에너지는 어떻게
보충하겠다는 것일까요?

　　EU는 먼저 천연가스 대신 미국, 중동 등의
지역에서 LNG 수입을 늘리기로 했습니다. 2022
년 조선기자재, LNG 인프라 관련 기업들의 주
가가 상승했던 이유이기도 합니다. 러시아산이 아닌 다른 지역에서 LNG 수
입을 늘려 이를 만회하겠다는 것입니다. 또한 신재생에너지로 부족분을 보
충하겠다는 계획도 발표했습니다. 가장 친환경적인 태양광, 풍력의 비중을
늘리겠다는 것입니다. 2025년까지 228GW, 2030년까지 512GW의 태양광을
설치하는 것이 원래 계획인데, 이를 2025년 320GW, 2030년 600GW로 상향

REPowerEU

REPOWEREU WILL SPEED UP THE GREEN TRANSITION

AND INVEST MASSIVELY IN
RENEWABLE ENERGY

스토리

러시아의 에너지 무기화에
대응하는 REPowerEU

조정하겠다고 발표했습니다. 연평균 설치량이 +43% 정도 상향 조정된 것입니다.

이 뉴스가 보도되자 한국의 태양광 기업들의 주가도 무거운 침묵을 깨고 본격적인 상승세를 타기 시작했습니다. 사실 한화솔루션은 유럽보다는 미국 매출 비중이 높은 기업이지만 글로벌 태양광 시장 성장 기대로 시장이 태양광 기업들에 PER을 높게 부여하기 시작하자 주가가 급등하기 시작했습니다. 발표 이후 31,000원에 머물던 주가는 한 달 후인 6월에는 41,200원까지 +30% 급등하게 됩니다. 그 후 다시 주가는 7월에 31,000원까지 제자리로 돌아오게 됩니다. 유럽의 태양광 설치량 확대는 PER을 올려주는 요인이 되지만 아직은 시간이 필요하고, 미국이 아닌 유럽이라는 점에서 한화솔루션에 미치는 영향이 크지 않으며, 여전히 태양광 사업부 실적은 부진할 것이라는 전망이 우세했기 때문입니다. 다시 현실을 자각한 것이죠.

그런데 7월 28일 깜짝 놀랄 뉴스가 나옵니다. 한화솔루션이 2분기 실적 발표를 했는데 태양광 사업부가 예상과 달리 흑자를 냈다는 것입니다. 중국 태양광 모듈 가격 하락으로 부진한 실적을 우려했는데 미국·유럽 태양광 모듈 가격이 상승하며 깜짝 실적을 기록한 것입니다. 주가는 실적 상승과 더불어 태양광 사업에서도 다시 돈을 벌기 시작했다는 기대감에 PER이 상승하며 급등하기 시작했는데, 7월 28일 +20% 상승한 데 이어 9월 15일에는 55,900원까지 +80% 상승했습니다. 8월 7일에는 미국 상원에서 인플레이션 감축 법안이 통과되었는데, 여기에는 미국에서 태양광 생산 시 보조금을 지급하는 내용이 담겨 있었습니다. 한화솔루션 PER 상승에 또 하나의 날개를 달아준 것입니다. 주가는 'EPS×PER'인데, EPS와 PER의 상승이 조합되니 강력한 상승이 나오게 된 것입니다.

10월 27일 3분기 실적을 발표했는데 3분기 실적도 매우 놀라웠습니다. 태양광 사업부가 역대 최고인 1,972억 원의 흑자를 기록하면서 2분기에 이어 3분기에도 깜짝 실적을 기록한 것입니다. 그렇지만 주가는 뜨겁지 않았습니다. 2분기 실적 발표 때와 달리 주가 반응은 미지근했고, 45,000~54,000원 사이에서 지루한 움직임이 이어졌습니다.

놀라운 실적이 나왔는데도 왜 주가는 부진했을까요? 이는 주가의 선반영성 때문입니다. 주가가 그동안 상승하면서 PER이 크게 올랐는데(PER 9배 → 16배) 이미 실적이 좋아질 것까지 선반영을 한 상태였습니다. 주주들 입장에서는 호실적에도 주가가 더 상승을 하지 못한 점은 아쉬웠지만 실적이 좋았기 때문에 그나마 주가는 고평가 구간에서도 크게 밀리지 않고 버틸 수 있었던 것입니다. 만일 실적이 기대를 충족하지 못했다면 PER이 하락하면서 주가는 크게 하락했을 가능성이 높습니다.

그 후 11월 마지막 주에 접어들면서 주가는 하락세를 타기 시작했는데, 특히 12월에 나온 부정적 뉴스로 인해 주가 하락 폭이 확대되었습니다.

NEM 3.0* 시행소식 때문이었는데요, NEM 3.0은 12월 15일 시행하기로 결정되었는데, 기존 정책보다 주택용 태양광 발전 설치 수요가 감소할 가능성이 높아 미국 주택용 태양광 시장 1위 기업 한화솔루션에 부담이 될 수밖에 없는 내용이었습니다. 기대감은 우려감으로 바뀌었고, PER은 떨어지기 시작했습니다. 주가가 +80% 상승했기 때문에 시장은 PER이 유지될 수 있는지 꾸준히 검증합니다. 기대대로 태

NEM 3.0

캘리포니아 주에서 시행되는 Net Energy Metering 3.0의 약자로, 주택용 태양광 발전으로 생산된 전력을 발전회사가 구매하는 제도. 기존 NEM 2.0에 비해 전력 판매 요금이 크게 낮아져 주택용 태양광 발전 설치 수요가 감소할 가능성이 있음

양광 정책이 시행되는지, 실적은 증가하는지 등을 확인하는 과정을 겪게 됩니다. 그 과정에서 PER을 추가로 상승시킬 모멘텀이 없으면 주가는 횡보하게 됩니다. 추세 없이 일정한 박스권을 그리며 움직이게 되는데, 한화솔루션도 2022년 9~11월에 그런 과정을 겪게 됩니다. 이러한 구간에서는 투자를 해도 큰 수익을 내기는 어렵습니다. 이미 주가는 상승해서 고평가 상태인 데다가 시장은 이러한 PER 상승이 지속될지 계속 검증하기 때문에 조그마한 악재에도 주가는 큰 변동성을 보일 수 있습니다. 투자자들은 대부분 급등 후 이렇게 쉬어가는 구간에서 투자를 많이 하는 편인데, 작은 수익은 가능해도 큰 수익은 기대하기 어려운 이유는 이미 PER 상승을 통해 긍정적인 부분들이 선반영되었기 때문입니다. 한화솔루션 사례처럼 급등 후 호재로 인식했던 정책이 일부 악재로 변화하게 되면 주가는 도리어 크게 하락하게 됩니다. 작은 수익도 내지 못하고 오히려 큰 손실을 볼 수도 있습니다. 결국 한화솔루션은 11월 고점 54,000원에서 12월 29일 43,000원까지 한 달 만에 주가가 -20%나 하락하고 말았습니다.

정리를 하면 한화솔루션은 유럽의 REPowerEU 정책 발표로 인해 주가 상승 이야기가 시작되었습니다. 하지만 당장은 현실성이 없다고 시장이 검증하자 주가는 다시 제자리로 떨어졌습니다. 그런데 다시 '이익 증가'라는 이야기가 시작되면서 주가는 상승하기 시작했습니다. 태양광 사업부가 흑자를 냈고, 주가는 크게 상승했습니다. 그 후 미국의 인플레이션 감축법이 시행되면서 PER 상승으로 주가는 지속적으로 상승했습니다. 그리고 긍정적인 이야기가 계속 덧붙여졌습니다. 검증을 해보니 공상과학 소설이 아니었습니다. 크게 상승했던 주가는 상승세를 유지하며 견조했습니다. 3분기 실적도 좋았습니다. 하지만 주가는 이를 선반영했기에 큰 변화는 없었고,

NEM 3.0 시행이라는 악재가 나오면서 주가는 크게 하락했습니다. 이야기가 갑자기 비관적으로 바뀌니 주가 흐름도 바뀌고 만 것입니다.

주가가 어떻게 움직일지 아는 것은 매우 중요합니다. 밸류에이션과 더불어 주가를 움직이는 속성을 명확하게 이해하고 있어야 합니다. 기업의 실적 때문인지 아니면 PER 상승 때문인지도 파악해야 하고, 주가 상승을 통해 이러한 요인들이 반영되었는지도 확인해야 합니다. 또한 기대감이 실망감으로 바뀔 뉴스가 나왔다면 회사에 직접 전화도 해가면서 반드시 사실 확인을 해야 합니다. 사실이면 PER이 크게 하락하면서 주가가 급락할 수 있기 때문입니다. 매수만 해놓고 상승하길 기다리는 것은 투자가 아닙니다. 기업이나 주가는 살아있는 생명체처럼 매일 변합니다. 투자자들은 그러한 변화를 계속 확인하고 검증해야 합니다.

 염블리의 꿀팁

기업의 주가는 '이야기 → 검증(다큐멘터리 또는 공상과학 소설) → 추가 이야기 → 검증'의 단계를 거치며 큰 변화를 겪게 됩니다. 기업의 미래를 변화시킬 이야기가 형성되면 주가는 반응합니다. 긍정적인 변화라면 주가는 급등할 수 있습니다. 물론 이 상승이 타당한지 시장은 검증 작업에 들어갑니다. 공상과학 소설이 아니라면 주가는 유지되고 다음 이야기를 또 찾게 됩니다. 다음 이야기가 긍정적이라면 주가는 또 상승하고 또 검증을 하게 됩니다. 하지만 희망을 주던 이야기가 비관적으로 바뀌면 주가는 크게 하락하게 됩니다. 시장의 끊임없는 검증 과정도 주가를 결정하는 하나의 요소입니다.

'주가가 피크아웃했다'는 표현이 있던데 무슨 뜻인가요?

'피크아웃(peak out)'이란 '정점을 찍고 하락할 기미가 보인다'라는 뜻의 영어 표현인데, 기업 실적이나 경기가 고점을 찍고 본격적인 하락 국면에 접어들었다는 의미로 사용됩니다. 즉 상승세가 꺾이고 하락세가 시작되었다는 뜻입니다. 세계 최고의 축구 선수로 불리는 포르투갈의 '호날두'도 2022년의 경기력을 보면 확실히 피크아웃했다는 것을 알 수 있습니다. 반면 프랑스의 축구 선수 '음바페'는 절정기가 지속되고 있기 때문에 피크아웃이라는 단어는 전혀 어울리지 않습니다.

피크아웃, 즉 '이제 내려갈 일만 남았다'라는 말은 주식투자자가 가장 무서워하는 단어입니다. 이 단어의 마법에 걸리면 아무리 잘나가는 기업이라고 할지라도 주가가 추풍낙엽처럼 하락하게 됩니다. 삼성전자는 2020년

삼성전자 피크아웃(주가 고점 2021년 1월, 실적 고점 2021년 10월)

주가 고점

▼최고 96,800 (-25.72%)

실적 고점 당시 주가

93,024
87,552
82,080
76,608
◀71,900
65,664
60,192
54,720

최저 51,800 (38.80%) ▲

거래량 65,628,066

235m
176m
117m
58.7m

3월 5월 7월 9월 11월 2022 3월 5월 7월 9월

36조 원의 영업이익을 기록한 데 이어 2021년에는 51조 원의 영업이익을 기록하며 역대 두 번째로 높은 이익을 달성했습니다. 그런데 2020년 81,000원까지 상승했던 주가는 이익 급증에도 불구하고 2021년 말 78,000원까지 하락했습니다. 2022년에는 55,300원까지 하락하며 2년간 –31% 하락세를 보였는데, 이렇게 된 이유는 피크아웃 때문입니다. 2021년 이익 급증에도 '2021년 3분기를 고점으로 실적이 감소할 것'이라는 전망이 나왔고, 주가는 이에 반응하며 하락하기 시작했습니다. 실적 하락세가 시작될 것이라는 피크아웃 전망이 시장에 확산되면 어느 기업이건 주가 하락을 피하기는 쉽지 않습니다. 실제 삼성전자 영업이익은 2021년 3분기 15.8조 원을 고점으로 2022

POSCO홀딩스 피크아웃(주가 고점 2021년 5월, 실적 고점 2021년 10월)

최고 413,500 (0.97%)
주가 고점

417,500
388,122
360,399
332,676
304,953
277,230
249,507
221,784
194,061

실적 고점 당시 주가

▲ 최저 192,500 (116.88%)

거래량 5,422,752

6.79m

2021   5월   9월   2022   5월   9월

년 2분기 14조 원, 2022년 3분기 11조 원까지 감소했습니다. 이익이 앞으로 감소할 것이라는 것을 주가는 미리 알고 있었던 것입니다. 주가는 미래를 선반영합니다. 지금 좋은 실적을 내도 더 이상 실적이 좋아지지 않고 감소할 일만 남았다면, 투자자들의 시선은 차가워지면서 매수 버튼에서 손을 떼고 매도 버튼을 누르게 됩니다.

세계적인 철강 기업 POSCO홀딩스도 피크아웃의 늪에 빠졌던 대표적인 기업입니다. 2018년 연간 5.5조 원의 영업이익을 기록한 이후 2020년에는 코로나로 인해 2.4조 원의 영업이익에 그치며 부진한 실적을 냈었는데, 2021년에는 반전이 일어났습니다. 철강 가격 급등으로 무려 9.2조 원이라는 사상 최대 이익을 기록한 것입니다. 분기별로는 2021년 3분기 실적이 가장 좋았습니다. 3.1조 원으로 역대 최대 분기 실적을 기록했습니다. 그런데 실적과 달리 주가는 2021년 2분기인 5월에 고점을 형성했습니다. 413,500원이 당시 최고가였습니다. 3분기 실적 발표일은 2021년 10월 25일이었는데, 역대 최대 실적에도 불구하고 당시 POSCO홀딩스의 주가는 313,000원에 불과했습니다. 뭔가 이상하지 않나요? 이렇게 좋은 실적에도 왜 주가는 고점 대비 -24%나 하락했을까요? 역시 마법의 단어 '피크아웃' 때문이었습니다.

철강은 경기에 민감한 경기순환형 업종이기에 이렇게 좋은 실적이 계속 이어지기는 어렵다는 의견이 지배적이었습니다. 그런데 실제로 그 의견이 정확히 맞았습니다. POSCO홀딩스의 영업이익이 그 후로 계속 내리막을 보였기 때문이죠. 2021년 4분기 2.3조 원, 2022년 2분기 2.1조 원의 이익을 냈고, 2022년 3분기에는 0.9조 원의 이익을 기록하며 2021년 3분기를 고점으로 이익은 크게 감소하고 말았습니다. 당시에는 '피크아웃이 맞나?' 하는 의심도 있었습니다. 이렇게 실적이 좋은데 이익이 크게 감소하지는 않을 것이라는 의견도 일부 있었습니다. 하지만 주가는 이를 미리 알고 있었던 것입니다. 실제로 이익은 감소했고, 주가는 이를 선반영하면서 2022년 9월에는 211,000원까지 급락했습니다.

어떤 기업의 실적이 피크아웃인지, 성장이 지속될지 누구도 정확히 알기는 어렵습니다. 하지만 주가는 미래를 반영합니다. 현재를 반영한다면 실적이 가장 좋을 때 주가도 가장 좋아야 합니다. 그렇지만 주식시장은 예측한 미래가 틀리더라도 그 미래를 먼저 반영합니다. 우리가 주식투자를 할 때 가장 경계해야 하는 것 중 하나는 '이 좋은 실적이 영원할 것'이라고 생각하는 것입니다. 좋은 실적은 결코 영원히 지속되지 않습니다.

LG생활건강은 무려 17년 연속 이익이 증가한 기록을 보유하고 있습니다. 주가도 그에 걸맞게 상승했는데, 2004년 3만 원대에 머물던 주가는 2021년 170만 원까지 무려 60배나 상승했었습니다. 하지만 영원한 성장은 없습니다. 불과 1년 만에 영업이익은 1.29조 원에서 0.74조 원으로 급감했고, 주가는 170만 원에서 50만 원까지 추락하고 말았습니다. 실적이 너무 좋을 때 흥분하기보다는 그 좋은 실적이 앞으로도 유지될지, 피크아웃할지 명확하게 판단을 내려야 합니다. 이 세상에 영원한 것은 없으니까요.

 엄블리의 꿀팁

주식시장에서 피크아웃은 실적이나 경기가 고점을 찍고 본격적인 하락 국면에 접어들었다는 것을 의미하는 단어입니다. 지금이 가장 좋기 때문에 앞으로는 지금보다 상황이 나빠질 것을 내포하고 있습니다. 때문에 피크아웃은 주가에 부정적으로 작용하는 경우가 많습니다. 2021년 삼성전자, POSCO홀딩스는 피크아웃 우려 때문에 대규모 이익을 냈음에도 불구하고 주가가 급락했습니다. 주가는 미래를 선반영합니다. 현재의 실적보다 미래에 실적이 지금보다 더 증가할지가 주가에 더 큰 영향을 미칩니다.

스타트업 및 성장기업은
어떻게 자본배치해야
주가가 오르나요?

저자 직강 동영상 강의로 이해 쑥쑥!
QR코드를 스캔하셔서 동영상 강의를 보시고
이 칼럼을 읽으시면 훨씬 이해가 잘 됩니다!

여러분은 한 기업의 CEO가 하는 역할이 무엇이라고 생각하나요? 기업을 성장시키는 것, 기업을 잘 운영하는 것, 주가를 상승시키는 것, 직원들의 사기를 진작하는 것, 인재를 잘 고용하고 적재적소에 잘 배치하는 것 등 다양한 의견들이 있을 것입니다. 물론 모두 다 필요한 능력이지만 CEO의 역할 중 가장 중요한 것은 자본배치 능력입니다. 자본배치란 인재를 적재적소에 배치하는 것처럼 기업이 보유한 자본을 어디에 투입할지를 결정하는 것을 의미합니다.

여러분이 치킨집을 운영한다고 가정해보겠습니다. 자본금 1억 원을 가지고 사업을 시작했는데 장사가 잘 되어서 3천만 원을 벌었다면, 여러분은 이 3천만 원을 어떻게 사용할 생각인가요? 이 부분에서 CEO의 경영능력을 평가할 수 있습니다. 일단 3천만 원을 은행에 넣어서 이자도 받고 만일의 불황에 대비할 수도 있는데, 성장보다는 안정을 선택한 것입니다. 3천만 원을 본인에게 배당할 수도 있는데, 자신의 돈을 투입해 돈을 벌었으니 그 이익을 본인이 가져가는 경우입니다. 이 치킨집에 투자한 주주라면 배당금을 많이 받을 수 있으니 기분이 좋을 것입니다.

한편 3천만 원을 사업 확장에 사용할 수도 있는데, 주변에 치킨집이 많이 있고 경쟁도 치열한 상황에서 가만히 있으면 도태될 수 있기에 최신형 치킨 튀김 기계도 도입하고 인테리어도 변경하는 등 성장을 위해 투자하는 경우입니다. 이 3가지 선택지 중에서 어느 것이 정답인지 알 수는 없습니다. 사업을 위해 번 돈을 재투자하는 경우가 가장 좋은 선택이 될 수도 있지만 경쟁이 너무 치열해서 투자한 만큼의 성과가 나오지 않을 수도 있기에 성공 여부를 당시에는 알 수 없습니다.

CEO는 의사결정을 하는 사람입니다. 그래서 높은 연봉을 받는 것입니다. 기업의 운명을 좌우할 의사결정 과정에서 CEO는 확실한 결정을 내려야 합니다. 자본배치 역시 마찬가지입니다. 성장을 위해 투자를 할지, 주주가치를 위해 배당을 할지, 때를 기다리며 은행에 돈을 넣어둘지를 CEO는 결정해야 합니다. 주식시장은 CEO의 자본배치 능력을 매우 중요하게 생각하는데, 이는 자본배치가 장기적인 기업가치를 결정하는 중요한 요소이기 때문입니다.

스타트업*을 예로 들어보겠습니다. 미국의 대표적인 전기차 스타트업인 리비안은 아직 이익을 내지 못하고 있습니다. 자동차 제조업은

> **스타트업**
>
> 창업 초기 단계의 기업을 일컫는 용어. 기존과 다른 혁신적인 제품이나 서비스를 창조해 성장 기업으로 도약하는 경우도 있지만 자금과 인력 등의 문제로 경영에 어려움을 겪는 경우도 많다.

돈이 막대하게 드는 장치 산업입니다. 신생기업 입장에서는 당장의 이익보다 전기차를 제대로 양산하는 것이 더 중요합니다. 때문에 리비안의 CEO가 해야 할 일은 자금조달입니다. 자금이 제대로 조달되어야 공장을 증설하고 전기차를 대량으로 생산할 수 있기 때문입니다. 주식시장에 상장하는 이유도 자금조달이 목적입니다. 스타트업 CEO의 자본배치는 적절한 '자금조달 및 사업 성장을 위한 투자'가 핵심입니다.

스타트업 단계를 지나 성장궤도에 안착하게 되면 기업들은 이익이 발생하기 시작하면서 자본이 쌓이게 되는데, 이렇게 쌓여가는 자본금에 맞게 적절한 자본배치를 해야 합니다. LG에너지솔루션은 중국을 제외한 지역에서 글로벌 1위를 기록하고 있는 전기차용 배터리 제조사입니다. 2025년까지 미국에서 250GW 용량의 배터리를 제조할 계획인데, 이는 전기차 250만 대에 들어가는 물량입니다. 투자금은 15조 원 이상으로 추산되고 있습니다. 이런 막대한 비용을 계속 투입해야 하는 상황이기에 CEO는 자본배치에 대해 고민할 이유가 없습니다. 성장을 위해 배터리 제조에 대부분의 자금을 투입해야 합니다. 은행에 넣어두거나 주주들에게 배당을 줄 여유는 없습니다. 오히려 그런 결정을 내렸다면 투자자들은 'LG에너지솔루션이 성장을 포기했구나' 하고 생각해 매도 버튼을 누를 가능성이 높습니다. 따라서 2차전지, 신재생에너지, 로봇, 헬스케어, AI, 자율주행, 콘텐츠 등 성장 단계에 있는 기업들의 자본배치는 공격적일 수밖에 없습니다. 주주환원도 해주고 보수적으로 자본을 제어하면 안정성은 높아지겠지만 그에 비례해 성장의 잠재력은 감소하게 될 것입니다.

걸음마를 뗀 아이는 성인이 되기 전까지 건강하게 잘 크는 것이 중요합니다. 인간은 부모님이 보살펴주기 때문에 생존하게 되고, 대부분 건강한 상

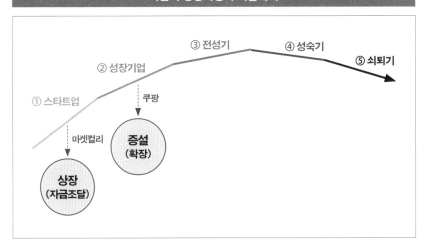

기업의 성장과정과 자본배치

태로 성인이 됩니다. 스타트업 역시 자금을 끊임없이 공급받을 부모님 같은 존재가 필요합니다. 돈을 벌 수 있는 단계가 아니기 때문에 자금을 적절히 확보하는 것이 무엇보다 중요합니다. 자금조달을 잘해서 생존에 성공하면 그다음은 성장입니다. 성장 단계에서도 자금조달은 중요하지만 그보다 더 중요한 것은 사업을 통해 현금흐름을 창출하는 것입니다. 현금흐름을 창출하지 못하는 기업 역시 생존할 수 없기 때문입니다. 현금흐름을 창출할 수 있는 사업이라는 것이 입증되면 확장을 해나가야 합니다. 지금보다 더 많은 현금흐름을 창출하기 위해서는 현실에 안주해서는 안 됩니다. 벌어들이는 돈의 대부분을 재투자해서 사업을 계속 확장해야 합니다. 자금조달과 투자를 위한 지출, 이 2가지는 스타트업 및 성장 단계에 속해 있는 기업들로서는 가장 중요한 의사결정입니다.

일론 머스크가 설립한 우주항공 기업 '스페이스X'와 일론 머스크가 인수한 이후 세계 1위의 전기차 회사가 된 '테슬라'도 한때 자금이 없어서 파산 직전까지 갔던 적이 있었습니다. 현금흐름 창출이 쉽지 않은 스타트업 기업들 입장에서 자금조달은 생존의 문제입니다. 생존을 해야만 그 다음 단계로 도약할 수 있습니다. 스페이스X와 테슬라도 자금조달을 하지 못했다면 지금의 영광은 없었을 것입니다.

 염불리의 꿀팁

자본배치란 인재를 적재적소에 배치하는 것처럼 기업이 보유한 자본을 어디에 투입할지를 결정하는 것을 의미합니다. 스타트업 CEO가 가장 중요하게 생각해야 하는 자본배치는 적절한 '자금조달 및 사업 성장을 위한 투자'입니다. 스타트업은 무엇보다 생존이 우선입니다. 스타트업을 지나 성장궤도에 진입한 기업의 CEO가 가장 중요하게 생각해야 하는 자본배치는 사업확장을 위한 재투자입니다. 기업이 현재에 안주하는 순간, 쇠퇴기는 순식간에 찾아올 수 있습니다.

성숙산업 및 쇠퇴산업은
어떻게 자본배치해야
주가가 오르나요?

사람은 누구나 나이를 먹습니다. 30, 40대를 지나 50, 60대가 되고 70, 80대가 됩니다. 나이가 들면 은퇴를 하게 됩니다. 성장이 정체되는 순간이죠. 기업도 마찬가지입니다. 기업의 성장은 지속될 수 없습니다. 어느 시점에서 기업은 성장 정체기를 겪게 되는데, 대표적으로 한국의 삼성전자, 현대차, 미국의 애플 등이 있습니다. 성장을 안 하는 것은 아니지만 LG에너지솔루션처럼 고성장이 아닌 완만한 성장을 하는 기업들입니다. 때론 경기가 좋지 않아 역성장을 하기도 합니다.

이런 유형의 기업들을 '성숙기형' 기업이라고 표현하기도 합니다. 성숙기형에 속해 있는 기업의 CEO들은 자본배치의 고민이 매우 큽니다. 이익은 꾸준히 잘 내고 있기 때문에 쌓여 있는 자본은 많은 편인데, 이를 잘 활용하지 못한다면 자본의 가치를 제대로 인정받을 수 없기 때문입니다. 정체된 성장을 만회하기 위해 성장에 올인할지, 아니면 성장에 일부 투자하고 주주들에게 일부를 돌려줄지, 아니면 번 돈의 대부분을 주주들에게 돌려줄지 결정해야 합니다.

성장을 위해 자본의 일부를 투자하고 남은 돈을 주주들에게도 돌려주는 선택을 하는 경우가 많지만 한쪽에 치우치는 결정을 하는 경우도 있습니다. 사람처럼 기업도 젊어지고 싶은 본능이 있습니다. 대개 성숙기에 접어든 기업들이 다시 젊어지기 위해 신사업에 투자하거나 대규모 M&A를 하는 경우가 그런 이유이기도 합니다. 대표적인 사례로 이마트와 GS리테일을 들 수 있습니다.

이마트는 2021년 6월 무려 3.4조 원의 돈을 들여 이베이코리아를 인수했습니다. 쿠팡과 네이버가 선두를 달리고 있는 온라인 상거래시장에서 이마트는 3위 기업 이베이코리아를 인수하는 승부수를 던진 것입니다. 이마트의 온라인 상거래 플랫폼 'SSG.COM'과의 시너지 효과를 기대하며 큰돈을 투자한 것인데, 2023년 주가만 보면 자본배치에 실패한 것이 아닌가 판단됩니다. 2021년 인수 당시 주가는 16만 원대였는데 2023년에는 7만 원대까지 −50% 이상 급락했습니다. 이마트가 인수한 이베이코리아는 쿠팡의 점유율을 가져오지 못했고, 인수에 따른 차입금 이자는 연간 400억 원에 달할 정도로 부담이 되고 있습니다. 3.4조 원에 달하는 인수자금을 주주환원에 사용했더라면 어땠을까 하는 아쉬움이 남는 결과입니다. 2023년 3분기 기준 이마트의 PBR은 0.17배입니다. 1억 원이 들어 있는 통장을 시장에서는 1,700만 원짜리 통장으로만 인정하는 셈입니다. 이마트에 대해 시장이 얼마나 인색한 평가를 내리고 있는지를 알 수 있습니다.

GS리테일도 자본배치의 아쉬움이 남는 기업입니다. GS리테일은 2021년 4월 '메쉬코리아'에 508억 원의 지분투자 한 것을 시작으로 '요기요' '팀프레시' 등 2021년 한 해 동안 무려 5,500억 원의 투자를 단행했습니다. 성장이 둔화된 편의점 사업과 홈쇼핑 사업 대신 온라인 사업 투자를 통해 미래 성장동력을 확보하겠다는 계획의 일환이었습니다. 하지만 이 투자의 결과는 좋지 않았습니다. 경쟁사인 BGF리테일이 본업인 편의점 사업에만 집중한 결과 시가총액은 2022년 2.5조 원에서 3.6조 원까지 +50% 증가했습니다. 반면 GS리테일의 2022년 시가총액은 3.1조 원에서 2.9조 원으로 뒷걸음질 치고 말았습니다. 금리 상승, 온라인 시장 경쟁 심화, 코로나 특수 소멸 등으로 인수한 기업들의 가치가 크게 훼손되었고, 이는 GS리테일 실적에도 큰 부담으로 작용했습니다. 결국 GS리테일은 온라인 사업의 고전으로 2022년 하반기부터는 온라인 사업을 축소하기 시작했습니다. 자본배치를 잘못했음을 인정한 것입니다.

자본배치는 CEO의 가장 중요한 능력입니다. 기업의 가치에도 영향을 주지만 기업의 존폐에도 영향을 줄 수 있기 때문입니다. 과거 금호그룹은 대우건설을 무리하게 인수하다가 유동성 위기에 빠졌고, 그룹 전체가 큰 위험에 노출되기도 했었습니다. 흔히 '승자의 저주'라고 불리는 대규모 M&A는 성숙기에 접어든 기업들이 젊어지고 싶어 단행하는 대표적인 자본배치 방법입니다.

구글의 유튜브 인수, SKC의 KCFT(전기차용 동박 제조사) 인수 등은 성숙기형 기업들의 M&A 성공 사례로 꼽습니다. SKC는 이미 성숙기에 접어든 저성장 화학사업에서 벗어나 신성장동력으로 전기차용 소재 사업을 점 찍었고, 배터리용 동박을 제조하는 KCFT를 2019년 인수했습니다. 이 인수의

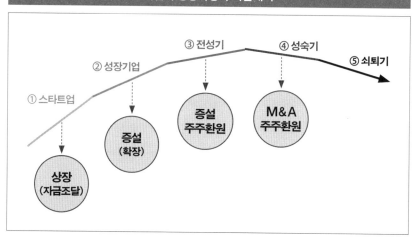

효과는 놀라웠습니다. 인수 이후 전기차 배터리 시장의 고성장에 힘입어 기업가치가 M&A 전보다 6배나 커졌습니다.

주주들에게 돈을 돌려주는 주주환원을 통한 자본배치로 기업가치를 끌어올린 기업도 있는데, 바로 메리츠금융지주입니다. 메리츠금융지주는 2021년, 2022년 대규모 자사주 매입과 소각 등의 주주환원을 통한 자본배치로 2021년 1조 원에 머물던 시가총액을 5조 원까지 끌어올렸습니다. 성장에 투자하지 않았지만 번 돈을 주주들에게 돌려주는 것만으로도 시장은 환호했던 것입니다.

투자자들은 기업이 자본배치를 어떻게 하는지 잘 살펴보아야 합니다. 자본배치 성공 여하에 따라 기업가치가 크게 달라지고, 주가도 큰 영향을 받을 수밖에 없습니다. 투자한 기업의 자본배치가 어떤 방향이고, 적절한 것인지 아니면 무리한 것인지를 판단하는 것은 주식투자 성공을 위한 중요한 열쇠 중 하나입니다.

　기업의 CEO가 자본배치를 잘해서 많은 이익이 창출된다면 그 이익의 일부는 주주들에게 돌아오게 될 것이고, 주가 역시 상승하게 될 것입니다. 반대로 CEO가 자본배치를 잘 못해서 이익이 감소하고 주가가 하락하게 된다면 주주들에게 돌아오는 몫은 줄어들 것이고, 주가 하락에 따른 손실도 불가피해질 것입니다. 기업의 의사 결정 중 하나인 자본배치는 이렇듯 주주가치에 큰 영향을 주기 때문에 투자자들은 자신이 투자한 기업의 CEO가 어떤 자본배치를 하고 있는지 면밀히 확인하고, 그 결정이 타당한지 고민할 필요가 있습니다.

 염불리의 꿀팁

성숙기에 진입한 기업들은 정체된 성장을 만회하기 위해 성장에 집중할지, 아니면 성장에 일부 투자하고 또 일부를 주주들에게 돌려줄지, 아니면 번 돈의 대부분을 주주들에게 돌려줄지 결정해야 합니다. 사람처럼 기업도 젊고 싶은 본능이 있기 때문입니다. 성숙기에 접어든 기업들이 다시 젊어지기 위해 신사업에 투자하거나 대규모 M&A를 하는 이유이기도 합니다. 투자자들은 기업의 자본배치를 잘 살펴보아야 합니다. 투자한 기업의 자본배치가 어떤 방향이고, 적절한 것인지 아니면 무리한 것인지를 판단하는 것은 주식투자 성공을 위한 중요한 열쇠입니다.

質문
TOP
32

주식시장은 도대체 왜 이렇게 변덕이 심한가요?

2022년 주식시장은 투자자들에게 매우 큰 고통을 안겨준 해입니다. 1월 첫 날부터 오스템임플란트 직원의 대규모 횡령사고가 터졌고, 시가총액이 100조 원에 달하는 LG에너지솔루션이 상장하며 주식 공급이 크게 늘어났습니다. 2월에는 러시아가 우크라이나를 침공했고, 3월에는 중국 상해시가 코로나 충격으로 봉쇄되기도 했습니다. 천연가스, 원유 등 원자재 가격은 급등했고 그로 인해 유럽과 미국의 물가는 서킷을 질주하는 경주용 차처럼 급등했습니다. 그로 인해 미국은 기준금리를 급격히 올렸고, 금리 충격에 놀란 코스피는 2022년 한 해 동안 무려 -25%나 하락하고 말았습니다. 코스피 지수보다 많이 하락한 국가는 러시아밖에 없었을 정도로 2022년 한국 주식시장은 최악이었습니다.

그런데 2023년이 되자 상황이 달라졌습니다. 2023년 1월 코스피가 한 달간 +8%나 상승한 것입니다. 지수가 크게 상승했던 것은 미국 연준이 금리인상을 드디어 멈출 것이라고 시장이 기대했기 때문입니다. 2022년 미국 소비자물가지수가 한때 +9.1%(2022년 6월)까지 상승하자 연준은 네 번의 자이언트스텝을 단행했습니다. 2022년 0%에서 시작한 미국의 기준금리는 거듭된 인상으로 2022년 12월에는 +4.5%까지 크게 상승했습니다. 그런데 2023년 1월에는 상황이 달라졌습니다. 물가도 잡혀가고 있었고, '과도한 금리 인상으로 미국 경기가 침체를 보일 것'이라는 전망이 주를 이루면서 더 이상 금리를 올리지 못할 것이라는 기대감이 형성되고 있었습니다. 미국 기준금리가 이제 종착지에 도달했다고 판단하자 주식시장은 즉각적으로 이를 반영했습니다. 코스피가 +8% 상승한 것을 비롯해 나스닥도 +11%나 급등했습니다.

그런데 2023년 2월이 되자 분위기가 다시 바뀌고 말았습니다. 금리 인상 종료 기대감은 사라지고 긴축 이슈가 다시 고개를 들기 시작했습니다. 2월에 발표된 미국의 1월 고용지표가 너무 잘 나온 것이 문제였습니다. 계절성을 감안해도 수치가 너무 잘 나온 것입니다. 미국의 1월 비농업 부문 예상 고용자 수는 18만 7,000명이었는데 실제 발표치는 51만 7,000명이었습니다. 2022년 12월의 26만 명과 비교해도 2배에 달하는 수치였습니다. 그러자 '미국 경제는 여전히 견고하고 물가도 쉽게 꺾이지 않을 것'이라는 전망이 다시 시장을 지배했습니다. '2023년 3월 FOMC에서 금리가 0.5% 인상될 것이고, 2023년 7월까지 기준금리가 인상되어 미국의 최종 기준금리는 6%가 될 것'이라는 전망까지 나왔습니다. 그런데 2023년 3월이 되자 '기준금리 인상이 종료되고 최종금리가 5%가 될 것'이라는 예상은 순식간에 사라지고

"주식시장은 감정변화가 심한
조울증에 걸린 사람이다.
미스터 마켓의 기분이 침울할 때 투자하라.
그가 침울하면 낮은 가격에
주식을 살 수 있다."

말았습니다.

주식시장은 대체 왜 이렇게 변덕이 심할까요? 이런 변덕 때문에 워런 버핏은 주식시장을 '미스터 마켓'이라고 부르기도 했습니다. 워런 버핏의 말처럼 시장의 변덕은 정말 심합니다. 금리 인상 종료를 예상하던 미스터 마켓은 고용지표가 너무 좋게 나오자 지난 일은 싹 잊어버리고 마음을 바꾸었습니다. 긴축이 지속될 것이라는 우려에 상승세를 보이던 코스피는 2월 들어 약세를 보이기 시작했고, 나스닥은 -3% 하락했습니다. 경제지표의 경로가 예상과 달라졌기 때문에 통화정책의 경로 역시 언제든 수정될 수 있습니다. 시장의 변덕이 심하다고 생각할 수 있지만 미스터 마켓은 원래 심성이 고약합니다. 투자자들은 시장의 이러한 변덕을 자연스럽게 받아들여야 합니다. 사실 이런 변덕 때문에 주가의 변동성이 생기게 되고, 이러한 변동성은 투자자들에게 주식을 싸게 살 수 있는 기회를 제공합니다.

미국의 소비자물가지수 상승률은 2022년 6월 +9.1%를 고점으로 매달 상승률이 둔화되고 있습니다. 2023년 6월 미국의 소비자물가지수 상승률은

+3.0%를 기록했습니다. 1년 만에 물가는 크게 둔화되었습니다. 사실 속도의 문제지, '물가 상승 둔화'라는 큰 방향은 변한 게 없었던 것입니다. 2023년 2월 미스터 마켓은 '미국 연준이 금리를 6%까지 올릴 것'이라 예측했고, '2023년 3월 FOMC에서 0.5% 금리 인상을 할 것'이라고 생각했지만 3월 FOMC에서 연준은 금리를 0.25%만 올렸습니다. 5월에도 0.25% 인상에 그쳤고, 6월에는 금리를 동결했습니다. 7월에 한 번 더 기준금리를 0.25% 인상했지만 이게 끝이었습니다. 2022년부터 이어진 가파른 금리 인상이 드디어 막을 내렸던 것입니다.

실제 현실과 미스터 마켓의 생각은 이렇듯 늘 다릅니다. 때문에 투자 기회가 생기기 마련입니다. 미스터 마켓의 변덕으로 인해 발생한 2023년 2월의 약세장은 투자자들에게는 기회였고, 그 기회를 활용한 투자자들은 3월과 4월의 강세장에서 수익을 냈습니다. 이처럼 미스터 마켓의 변덕은 일상입니다. 우리는 그 일상을 잘 활용하면 됩니다.

 염블리의 꿀팁

워런 버핏은 주식시장을 '미스터 마켓'이라고 불렀습니다. 시장의 변덕이 너무 심한 것을 빗대서 한 말입니다. 사람의 감정은 하루에도 여러 번 변합니다. 즐거운 마음으로 일을 하다가 갑자기 비가 와서 기분이 우울해지기도 합니다. 그러다 맛있는 저녁을 먹고 다시 기분이 풀리기도 합니다. 주식시장도 변덕이 심합니다. 기분이 좋아 주식시장이 오르기도 하지만 다음 날 갑자기 울상이 되어 주식시장이 하락하는 경우도 많이 있습니다. 미스터 마켓의 변덕은 일상입니다. 일상을 받아들이고 주식시장의 변덕을 잘 활용한다면 주식을 싸게 매수할 수 있습니다.

5장

주린이가 가장 궁금해하는 밸류에이션 방법

미국의 전설적인 투자자 벤저민 그레이엄은 주식시장에 대해 "단기적으로는 투표 기계이지만, 장기적으로는 저울이다"라고 말했습니다. 주식시장은 단기적으로는 기업의 가치보다 사람들의 관심이 집중되는 인기 주식에 열광하고, 열기가 식으면 다른 인기 주식으로 열기가 이동하는 변덕스러움을 보이지만 장기적으로는 기업의 가치에 수렴한다는 의미입니다.

첫눈에 반해 외모만 보고 연애를 할 수도 있지만 결혼은 다릅니다. 평생을 동행해야 하는 상대방을 외모만 보고 선택하는 경우는 거의 없습니다. 물론 외모를 중요하게 보는 사람도 있겠지만 재력, 성격, 기질, 말투, 직업 등 다양한 요소들을 신중하게 살핀 후 결혼이라는 중대한 결정을 하게 됩니다. 주식시장 역시 마찬가지입니다. 단기적으로는 연애 같다고 할 수 있지만 장기적으로는 결혼과 같습니다. 기업의 실적, 경쟁력, 산업 성장성, CEO, 주주환원, 시가총액 등의 수많은 요인들을 살펴보고 무게를 재어 기업가치를 측정합니다. 기업가치 대비 현재 시가총액이 싸면 주가는 저울의 무게를 따라 상승하게 되고, 기업가치 대비 현재 시가총액이 비싸면 주가는 비싸진 만큼의 무게를 덜어내기 위해 하락하게 됩니다.

저울로 잰 기업의 무게를 우리는 '밸류에이션'이라고 부릅니다. 다른 말로 '기업가치'라고도 합니다. 기업의 주가는 장기적으로 그 기업의 밸류에이션에 수렴하게 됩니다. 기업의 밸류에이션을 알 수 있다면 그 기업의 주식을 사야 할지, 팔아야 할지 보다 명확하게 판단할 수 있습니다. 투자는 '싸게 사서 비싸게 파는 것'입니다. 이번 5장에서는 주식의 밸류에이션이 무엇인지 알아보고, 비교적 단순하고 간단하게 밸류에이션을 계산할 수 있는 방법을 알려드리겠습니다.

주식의 밸류에이션이란 건
어떤 개념인 거죠?

'밸류에이션(Valuation)'은 기업의 가치를 의미합니다. 기업의 가치를 알기 위해서는 밸류에이션을 계산하는 방법을 알고 있어야 합니다. 증권사 애널리스트들은 자기가 담당하는 기업에 대해 보고서를 작성하고 목표주가(적정주가)를 산출하는데, 기업의 적정주가가 어떻게 산출되었는지 보고서에 그 과정을 적어놓습니다. 예를 들어 삼성전자의 현재 주가가 6만 원인데 한 증권사의 애널리스트가 목표주가를 8만 원으로 제시했다면 밸류에이션은 8만 원이 되는 것입니다. 그런데 다른 애널리스트가 7만 원을 제시했다면 밸류에이션은 7만 원이 됩니다. 이처럼 같은 기업을 두고 애널리스트마다 적정가치를 계산할 때 사용하는 수치가 다를 수 있기 때문에 밸류에이션은 고정된 것이 아닙니다.

삼성전자의 주력 사업은 반도체입니다. 반도체의 미래가 앞으로 불투명하다면 애널리스트가 밸류에이션을 계산할 때 적용하는 반도체 부문의 실적 수치는 낮아질 것이고, 밸류에이션도 낮아지게 될 것입니다. A애널리스트는 삼성전자의 파운드리 반도체*사업부가 경쟁사인 TSMC를 능가할 수 있을 것이라고 평가했고, B애널리스트는 TSMC를 아직 따라잡는 것은 어렵다고 평가했다면 삼성전자의 밸류에이션은 어떻게 될까요? 당연히 두 애널리스트가 계산한 밸류에이션은 다를 것입니다. A애널리스트의 밸류에이션이 B애널리스트의 밸류에이션보다 높을 것이 분명하겠죠. 이처럼 미래를 어떻게 평가하는지에 따라 밸류에이션은 고무줄처럼 늘어나기도 하고, 줄어들기도 합니다. 즉 영원히 고정된 밸류에이션은 없습니다. 때문에 밸류에이션을 정확히 계산하는 것은 불가능합니다. 밸류에이션도 사람이 평가하기 때문에 미래에 대한 투자자들의 예측에 따라 바뀔 수밖에 없습니다.

그럼 밸류에이션은 애널리스트들만 계산할 수 있는 건가요? 당연히 아닙니다. 누구나 밸류에이션 계산을 할 수 있고, 주식투자자라면 반드시 밸류에이션을 계산할 수 있어야 합니다. 누구도 100% 정확한 밸류에이션 계산은 할 수 없기 때문에 '틀리면 어떡하지' 하는 두려움을 가질 필요는 없습니다. 밸류에이션 계산 공식에 따라 계산을 하되, 자신만의 생각을 한 움큼 넣어서 밸류에이션을 측정하는 것이 중요합니다. 마치 라면을 끓이는 것과 비슷합니다. 물을 끓이고 라면을 넣고 스프를 넣고 3분간 끓이는 것이 기본적인 라면 레시피라면, 여기에 새우와 오징어 등을 넣으면 해산물 라면이 될

파운드리 반도체
미리 생산하지 않고 고객사의 요청에 따라 주문을 받은 후에 생산하는 반도체로, 반도체 위탁 생산이라고도 한다.

것이고 이 라면의 맛과 가치는 달라지게 될 것입니다. 밸류에이션도 이와 비슷합니다. 자신에게 맞는 요리 레시피가 정답인 것처럼 자신이 요리할 수 있는 밸류에이션을 파악하고 적용하는 것이 중요합니다.

밸류에이션을 계산하는 공식은 한두 가지가 아닙니다. 우리가 흔히 들어본 PER, PBR도 있고, 조금 생소하지만 워런 버핏이 강조한 DCF*(현금흐름할인법)도 있고, EV/EBITDA*로 계산하는 방법도 있습니다. 사실 가장 수월한 건 경쟁기업과의 비교입니다. 예를 들어보겠습니다. '서울치킨'과 '부산치킨'이라는 이름의 치킨집이 같은 날 매장을 열었다고 가정해보겠습니다. 메뉴도 똑같고, 가격도 똑같고, 이익도 거의 같고, 시장 점유율도 같고, 마지막으로 배당금도 같은 금액을 지급한다면 두 기업의 밸류에이션은 같아야 하겠죠? 즉 서울치킨 시가총액이 5,000억 원이면 부산치킨 시가총액도 5,000억 원이 되어야 하겠죠. 그

현금흐름할인법

Discounted Cash Flow의 약자로, 기업이 앞으로 창출할 수 있는 미래의 현금흐름을 현재 가치로 할인해 계산한 기업가치 평가 방법

EV/EBITDA

기업의 시장가치를 세전영업이익으로 나눈 값으로, 기업의 적정주가를 판단하는 지표로 활용한다. EV는 Enterprise Value의 약자로 기업의 시장가치를 나타내며, 시가총액과 순차입금을 더해서 계산한다. EBITDA는 이자, 세금, 감가상각비를 빼기 전 이익으로 영업이익에 감가상각비를 더해서 계산한다. EV/EBITDA가 3배이면, 이 기업을 인수 후 3년이면 원금을 회수할 수 있다는 의미이다.

서울치킨
- 순이익 500억 원
- 인구 1,000만 명
- 시가총액 5,000억 원

부산치킨
- 순이익 500억 원
- 인구 330만 명
- 시가총액 1,650억 원

런데 서울치킨은 인구 1,000만 명이 거주하는 서울에만 매장이 있고, 부산치킨은 인구 330만 명이 거주하는 부산에만 매장이 있습니다. 주식시장에서는 이러한 차이를 반영해 밸류에이션을 계산합니다. 부산 인구는 서울 인구의 33%이기 때문에 서울치킨 밸류에이션의 67% 할인율을 적용하면 부산치킨의 시가총액은 1,650억 원이 됩니다. 이때 부산치킨은 억울할 수 있습니다. 조건은 다 똑같은데 인구 수 차이 때문에 이렇게 밸류에이션 차이가 커졌으니까요. 물론 이건 하나의 가정일 뿐입니다. 당연히 정답은 아닙니다. 하지만 경쟁기업과의 비교를 통한 밸류에이션 계산은 주식시장에서 자주 사용하는 계산 방식입니다.

'정답이 없는 밸류에이션 계산을 우리가 왜 해야 하나'라고 생각할 수 있지만 주가가 싼지, 비싼지를 알아야 주식투자를 할 수 있습니다. 잃지 않는 투자를 하기 위한 가장 기본적인 수단이 바로 밸류에이션입니다. 이제부터 적용하기 쉽고 활용범위도 넓은 밸류에이션 방법을 몇 가지 소개해드릴 테니, 자신에게 맞는 옷을 잘 찾아보기 바랍니다.

 엽쓸리의 꿀팁

밸류에이션은 기업의 가치를 의미합니다. 밸류에이션을 평가하는 방법은 다양합니다. 정해진 정답은 절대 없습니다. 물을 끓이고 라면을 넣고 스프를 넣고 3분간 끓이는 것이 기본적인 라면 레시피라고 할 때, 여기에 새우와 오징어 등을 넣으면 해산물 라면이 될 것이고 이 라면의 맛과 가치는 달라지게 될 것입니다. 밸류에이션도 마찬가지입니다. 기본적인 법칙은 존재하지만 자신만의 생각을 한 움큼 넣어서 밸류에이션을 측정하는 것이 더 중요합니다.

가장 쉬운
밸류에이션 방법이 무엇인가요?
- PER ①

저자 직강 동영상 강의로 이해 쑥쑥!
QR코드를 스캔하셔서 동영상 강의를 보시고
이 칼럼을 읽으시면 훨씬 이해가 잘 됩니다!

가장 많이 활용하는 밸류에이션 방법은 PER을 활용하는 것입니다. PER은 '주가 수익 배율'이라고 하는데, 1년에 벌어들이는 이익 대비 시가총액이 몇 배에 거래되고 있는지를 나타내는 수치입니다. 삼성전자는 2021년 39.2조 원의 당기순이익을 냈고, 당시 시가총액은 531조 원을 기록했습니다. 시가총액 531조 원을 당기순이익 39.2조 원으로 나누면 13.5가 되는데, 이 수치가 바로 PER입니다.

그렇다면 2022년 12월 16일 기준 삼성전자의 PER은 어떻게 계산할까요? 아직 2022년이 지나지 않았고 2022년 4분기 실적도 발표되지 않았다고 가정해도 PER을 계산할 수 있을까요? 물론 할 수 있습니다. 1년은 1, 2, 3, 4분기를 합친 것인데 아직 4분기 실적을 알 수 없다면 그 전 분기까지 4개 분기를 더하면 됩니다. 즉 2021년 4분기, 2022년 1분기, 2022년 2분기, 2022년 3분기의 당기순이익을 각각 더해주면 가장 최근의 당기순이익을 계산할 수 있습니다. 계산을 해보니 41.6조 원의 당기순이익이 나왔습니다. 삼성전자의 시가총액은 우선주를 합쳐서(시가총액을 계산할 때는 본주와 우선주를 합쳐서 계산해야 합니다) 399조 원입니다. 이 경우 PER은 9.59배가 됩니다. 그런데 PER을 알았다고 해서 밸류에이션까지 알 수 있을까요? 예, 알 수 있습니다. 적정 PER이라는 것이 있기 때문입니다. 적정 PER도 종류가 다양합니다.

먼저 '시장 PER'부터 설명하겠습니다. 삼성전자는 코스피 지수에 포함되어 있는 기업입니다. 코스피도 PER을 계산할 수 있습니다. 물론 여러분이 계산할 필요는 없습니다. 한국거래소 홈페이지에서 '정보데이터시스템' 메뉴를 클릭하면 코스피 PER을 확인할 수 있습니다. 2022년 12월 16일 기준 코스피 PER은 11.39배입니다. 삼성전자의 PER은 9.59배이고, 코스피의 PER은 11.39배입니다. 삼성전자의 밸류에이션이 더 낮은 것을 알 수 있습니다.

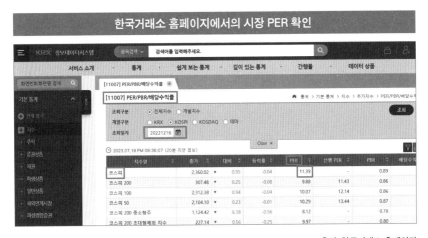

출처: 한국거래소 홈페이지

만일 삼성전자의 밸류에이션이 코스피와 같아야 한다고 생각한다면 삼성전자의 PER은 11.39배가 되어야 합니다. 그럼 PER의 계산식을 다시 꺼내보겠습니다. 다소 복잡하더라도 천천히 따라오기 바랍니다. 계산식은 'PER=시가총액÷당기순이익'입니다. 여기서 시가총액을 알고 싶다면 분모의 당기순이익을 PER 옆으로 보내면 됩니다(중학교 때 배웠던 산수를 떠올리기 바랍니다. '시가총액=PER×당기순이익'). 그럼 삼성전자의 적정 시가총액은 얼마가 될까요? '적정 시가총액=11.39배×41.6조 원=473조 원'입니다. 현재 시가총액 399조 원 대비 18.7% 상승 여력이 있음을 알 수 있습니다. 삼성전자의 당시 밸류에이션(399조 원)은 적정 밸류에이션(473조 원) 대비 저평가되어 있음을 알 수 있습니다.

이번에는 '업종 PER'로 계산해보겠습니다. 역시 한국거래소 홈페이지에 접속해서 삼성전자가 속해 있는 전기전자 업종의 PER을 확인하기 바랍니다. 전기전자 업종의 PER은 12.09배(2022년 12월 16일 기준)로 되어 있네요.

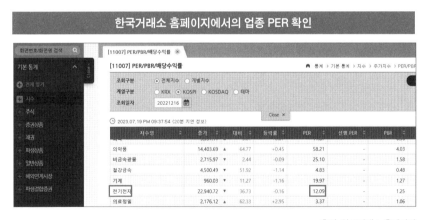

출처: 한국거래소 홈페이지

그렇다면 삼성전자의 적정 밸류에이션은 얼마가 될까요? '적정 시가총액=12.09배×41.6조 원=502조 원'이 나왔습니다. +25.8%의 상승 여력이 있음을 알 수 있습니다.

이번엔 라면 대표기업 농심의 밸류에이션을 확인해보겠습니다. 업종 PER을 적용해보겠습니다. 2023년 5월 4일 기준 음식료 업종의 PER은 12.44배입니다. 농심의 2023년 5월 4일 기준 PER은 20.24배입니다. 삼성전자와 달리 업종 PER에 비해 농심의 PER은 굉장히 높다고 볼 수 있습니다. 2023년 5월 4일 기준 농심 주가는 406,500원입니다. 단순하게 업종 PER 12.44배를 그대로 적용하면 농심의 적정 주가는 248,800원이 됩니다. 농심의 주가가 잘못된 것일까요? 아닙니다. 업종 평균 PER은 평균 수치일 뿐입니다. 농심이 업종 내에서 프리미엄, 즉 '비싼 대접을 받고 있구나' 하고 생각하면 됩니다.

왜 비싼 대접을 받고 있는지 그 원인을 알아보고 투자 판단을 내려야지, 단순히 업종 평균보다 높으니까 고평가라고 생각해서 매도해서는 안 됩니다. 농심이 프리미엄을 받는 이유는 해외에서 라면 판매가 호조를 보이며 해외 매출이 성장하고 있기 때문입니다. 음식료 업종에서 내수의존도가 높은 기업들은 내수 시장 침체로 평균보다 낮은 밸류에이션을 적용받고 있지만 농심은 해외 성장을 인정받아 업종 평균보다 높은 밸류에이션을 적용받고 있는 것입니다. 때문에 업종 평균보다 높은 농심의 PER은 정당하다고 할 수 있습니다. 물론 농심의 해외 성장이 둔화되거나 정체된다면 시장에서는 더 이상 높은 PER을 주지 않을 것입니다.

업종 평균 PER과 개별 기업의 PER 비교는 투자하기 전에 꼭 해볼 필요가 있습니다. 삼성전자는 왜 싸게 거래가 되고 있는지, 저평가를 해소하기위한 조건은 무엇인지를 안다면 삼성전자의 투자 포인트를 알아내는 데 도움이 될 것입니다. 반대로 농심은 왜 비싸게 거래되고 있는지, 고평가는 합리적인 것인지, 고평가가 지속될 수 있는 조건은 무엇인지 등을 고민하면 정답을 찾아낼 수 있을 것입니다.

 염블리의 꿀팁

기업의 적정가치를 알아내기 위해 가장 많이 사용하는 지표는 PER입니다. PER은 1년에 벌어들이는 이익 대비 시가총액이 몇 배에 거래되고 있는지를 나타내는 수치입니다. 적정 PER을 알 수 있다면 기업의 적정 주가를 계산할 수 있습니다. 적정 PER은 코스피 지수의 PER을 나타내는 시장 PER, 기업이 속한 업종의 PER을 나타내는 업종 PER을 이용해 확인할 수 있습니다.

가장 쉬운
밸류에이션 방법이 무엇인가요?
- PER ②

이번에는 PER을 이용해 밸류에이션을 계산하는 두 번째 방법을 소개하겠습니다. 앞서 이야기한 '서울치킨 vs. 부산치킨'처럼 경쟁기업과의 비교를 통해 밸류에이션을 계산하는 방법입니다.

농심을 계속 예로 들어보겠습니다. 농심은 라면 기업입니다. 한국의 대표 라면 기업은 또 어느 기업이 있을까요? 바로 삼양식품이 있습니다. 농심의 PER은 앞서 확인한 대로 20.24배입니다. 삼양식품의 2023년 5월 4일 기준 PER은 11.3배입니다. 삼양식품은 같은 라면 기업인데도 농심의 거의 절반밖에 안 되는 수준의 PER을 기록하고 있습니다. 삼양식품 역시 농심처럼 해외 라면매출이 증가하면서 주가도 꾸준히 상승하고 있는 기업인데, 농심에 비해 상대적으로 훨씬 저평가되어 있음을 알 수 있습니다. 심지어 음식

음식료 업종
→ PER 12.44배

삼양식품
→ PER 11.3배

농심
→ PER 20.24배

료 업종 평균 PER 12.44배보다도 저평가되어 있습니다. 물론 저평가된 기업들은 저마다 저평가 이유가 있습니다. 하지만 삼양식품의 저평가는 해소될 가능성이 높습니다. 주력제품인 '불닭볶음면'의 해외 판매가 꾸준히 증가하고 있기 때문입니다. 삼양식품의 2023년 5월 4일 주가는 120,500원입니다. 업종 PER 12.44배를 적용하면 132,700원이 됩니다. 해외 수출도 잘되고 있고 실적도 꾸준히 증가할 것이라고 생각한다면 최소 +10.1% 정도의 상승 여력은 있다고 계산할 수 있습니다. 이는 충분히 합리적인 밸류에이션 계산 방법입니다. 농심을 보다가 삼양식품을 찾았고, 삼양식품은 상대적으로 저평가되어 있음을 우리는 알아냈습니다.

여기서 한 단계 더 나아가보겠습니다. 거듭 강조하지만 밸류에이션 계산에 절대 정답은 없습니다. 자신이 계산할 수 있어야 하고, 투자자 스스로 납득할 수 있어야 하며, 상식적으로 해야 한다는 것입니다. 이런 상상은 곤란합니다. 삼양식품 '불닭볶음면'이 햄버거처럼 전 세계인 누구나 즐겨 먹는 기호식품이 될 것이라 생각하고 적정 PER을 30배 이상 주는 것입니다. 하지만 이런 예측은 합리적이지 않습니다. 물론 한국인으로서 그렇게 된다면 환영할 일이지만 누구나 공감할 수 있게 합리적으로 예측해야 합니다. 과도한 낙관이 투영되는 것은 경계해야 합니다.

계속 진도를 나가보겠습니다. 음식료 업종 PER은 12.44배입니다. 농심 PER은 20배가 넘습니다. 음식료 기업 중에서 해외 사업에서 성과를 내고 있는 기업은 또 뭐가 있을까요? '초코파이'로 유명한 오리온을 빼면 서운하겠죠. 오리온의 PER은 14.6배입니다. '비비고'만으로 연간 매출 1조 원을 달성한 CJ제일제당도 빼놓을 수 없습니다. CJ제일제당 PER은 8.32배입니다. 해외 사업에 강점을 보이고 있다는 공통점이 있는 이 3개 기업의 평균 PER을 계산해보겠습니다. 14.39배가 나오네요. 삼양식품에 PER 14.39배를 적용해보겠습니다. 153,450원이 나왔네요. 2023년 5월 4일 주가 대비 +27.3% 상승 여력이 있습니다(그런데 삼양식품 주가는 2023년 11월 21만원까지 상승했고, PER은 20배를 넘었습니다. 농심과 비슷한 PER까지 실제 상승했습니다). 어떠세요? 어렵지 않죠? 업종, 경쟁기업과의 비교는 합리적인 밸류에이션 계산 방법 중의 하나입니다.

세계적인 펀드매니저 피터 린치가 활용한 방식도 알려드리겠습니다. 피터 린치는 "어떤 기업이 연평균 10% 성장한다면 PER 10배를 적용할 수 있다"고 했습니다. 연평균 성장률은 어떻게 구할 수 있을까요? 보통 EPS(주당순이익=당기순이익÷주식수) 성장률을 사용하는데, 당기순이익은 일회성 비용과 일회성 이익이 포함되는 경우가 많아 기업의 실제 경쟁력을 판단하는 데 한계가 있기에 영업이익 증가율을 사용하는 것이 합리적입니다. 그런데 한 가지 주의할 점이 있습니다. 영업이익 증가율이 매년 들쭉날쭉한 기업은 적용하기가 어렵다는 것입니다. 농심의 영업이익 증가율은 2018년 -8%, 2019년 -11%, 2020년 +103%, 2021년 -34%, 2022년 +6%였습니다. 편차가 너무 크다는 것을 알 수 있습니다. 이러한 경우에 피터 린치 방식은 어울리지 않습니다. 반면에 제일기획을 살펴보면 2018년 +16%, 2019년 +14%, 2020년 -0.4%, 2021년 +21%, 2022년 +25%의 영업이익 증가율을 기록했는데, 2020년은 코로나 팬데믹이 한창일 시기라 예외로 한다면 일정한 수치를 유지하는 것을 알 수 있습니다. 5년간의 영업이익 증가율 평균은 +15%(보수적으로 2020년 -0.4%도 포함)가 나옵니다. 제일기획의 2023년 12월 11일 PER은 10.48배입니다. 같은 날 주가는 20,050원입니다. PER 15배를 적용하면 28,700원의 밸류에이션이 나옵니다. 상승 여력이 +43%나 되네요.

그런데 여러분이 생각하기에 이 밸류에이션이 합리적으로 보이나요? 계속 강조하지만 밸류에이션은 정답이 없습니다. 가장 합리적인 방법을 찾아내는 과정이 밸류에이션의 과정입니다. 모든 투자자들이 납득할 수 있는 합리적인 방법을 이제부터 고민해봅시다. 제일기획은 광고 기획사입니다. 2022년 국내 경제성장률은 +2.6%였습니다. 2023년은 +1.3%의 경제성장률을 예상하고 있습니다. 침체 가능성이 높다는 의미입니다.

광고 기획사는 경기에 민감합니다. 주요 광고주들은 기업들입니다. 경기가 좋지 않으면 소비자들은 지출을 줄입니다. 지출을 줄이는 상황에서 광고를 많이 한다고 해서 소비자들이 지갑을 쉽게 열지는 않습니다. 때문에 경기가 좋지 않으면 광고주들은 마케팅비를 줄이게 되고, 광고시장엔 찬바람이 불게 됩니다. 제일기획 같은 광고 기획사들의 광고수주 역시 줄어들 수밖에 없습니다. 주가도 그러한 요인 때문에 좋지 않았는데, 2022년 말 제일기획의 주가는 23,050원이었습니다. 2023년 12월 11일 주가는 20,050원입니다. 코스피 지수가 +13% 상승했는데 제일기획은 -17%나 하락했습니다. '경기침체가 올 텐데 제일기획 실적이 좋을 리는 없을 것이다. 그래서 밸류에이션을 할인해야 한다'고 시장은 주장하고 있는 것입니다. 2023년은 2022년과 달리 제일기획의 영업이익이 정체되거나 부진할 것이라고 시장은 예상하고 있고, 주가도 이를 선반영하고 있는 것입니다. 2022년 말에는 12배의 PER을 받았지만 2023년 12월에는 PER이 10배까지 떨어졌습니다. 물론 시장도 틀릴 수 있습니다. 하지만 시장이 그렇게 믿는다면 어쩔 수 없습니다. 일단 순응해야 합니다. 단순한 것 같은데도 생각할 게 많은 밸류에이션이네요. 세상에 쉬운 건 결코 없는 것 같습니다.

염블리의 꿀팁

PER을 이용한 밸류에이션 계산 방법에는 경쟁기업과의 비교도 있습니다. 같은 업종이나 비슷한 사업모델을 영위하고 있는 경쟁기업들의 PER을 알고 있다면 해당 기업의 밸류에이션이 저평가인지 고평가인지 판단할 수 있습니다. 조건이 같은데 경쟁기업들보다 PER이 낮다면 저평가를 해소하기 위해 주가가 상승할 가능성이 높습니다. 삼양식품은 해외 수출을 많이 하는 음식료 업체입니다. 농심, 오리온, CJ제일제당도 해외 수출을 많이 합니다. 이 기업들의 PER 평균값보다 삼양식품의 PER이 낮다면 삼양식품은 밸류에이션이 저평가되어 있다고 할 수 있습니다.

가장 쉬운
밸류에이션 방법이 무엇인가요?
- PER ③

가장 쉬운 걸 알려준다고 해놓고 어렵다고 하니 배신감이 느껴질 수도 있겠네요. 그래도 이 방법이 가장 쉬운 밸류에이션 방법이니 어렵다고 좌절하지 말고 계속 따라와주기 바랍니다.

　　앞서 제일기획이 경기침체 우려로 PER이 많이 떨어졌다고 했습니다. 그럼 지금의 밸류에이션은 적정한 것일까요? 이를 알아보기 위해 피터 린치 PER 계산법으로 다시 돌아가보겠습니다. 최근 5년간의 평균 영업이익 증가율은 +15%였습니다. 그럼 2023년 영업이익 증가율은 얼마일까요? 제일기획을 담당하는 주요 애널리스트들은 2023년 영업이익을 3,160억 원(2023년 12월 11일 기준)으로 전망했습니다. 2022년 영업이익은 3,114억 원입니다. 2023년 영업이익 증가율은 +1%에 불과하네요. 거의 성장을 못 한다고 시장은 예상을 하고 있습니다. 이제 밸류에이션 계산을 해보겠습니다. 2018~2022년에다가 2023년을 추가해보겠습니다. 주가는 미래를 반영합니다. 2022년은 과거이고, 2023년은 미래입니다. 2023년 영업이익은 2023년 4분기 실적이 발표될 2024년 2월까지는 정확히 알 수 없습니다. 그래서 애널리스트들의 예측치를 활용하는 것입니다. 틀려도 시장이 그렇게 보고 있으니 일단 순응해야 합니다.

6년간의 평균 영업이익 증가율은 +12.9%입니다. PER 12.9배를 부여할 수 있다는 의미입니다. +30% 상승 여력이 있네요. 이 방법은 합리적이라고 생각하나요? 필자는 충분히 합리적이라고 생각합니다. 피터 린치 PER 적용 밸류에이션은 이익증가율이 일정하면서 안정적인 수익을 내는 기업에 어울리는 방식입니다. 물론 경기침체 영향으로 광고 산업의 전망이 어둡지만 제일기획은 삼성그룹의 광고를 기반으로 매년 안정적인 수익을 내고 있는 기업 중의 하나입니다. 실적 안정성이 담보된 기업이라는 의미입니다. 때문에 이러한 밸류에이션 계산 방법은 보수적이면서도 합리적인 방법이라고 생각합니다. 실제 제일기획은 2018년 1,297억 원, 2019년 1,381억 원, 2020년 1,574억 원, 2021년 1,655억 원, 2022년 1,937억 원의 당기순이익을 기록했습니다. 제일기획이 안정적인 이익 창출 능력을 보유한 기업임은 이미 입증이 된 상태입니다.

이렇게 계산을 했다면 여러분은 제일기획을 이 가격에 투자하겠습니까? 예상되는 배당수익률은 +5.7%입니다. 은행 예금이자의 2배 이상이고 상승 여력도 +23%정도 된다면 충분히 투자할 만한 가치가 있지 않을까요? (오해하면 안 됩니다. 절대 종목 추천은 아닙니다. 이렇게 합리적인 방식으로 밸류에이션을 계산해서 싼지 비싼지를 확인하고 투자하라는 의미이니까요. 차트에 선을 긋

제일기획 밸류에이션 분석

17년 연속 세계판매 1위
Neo QLED 8K
samsung.com

제일기획

- 5년간 연평균 영업이익 증가율 +15%
- 2023년 영업이익 증가율 +1%
- 2023년 포함 6년간 연평균 영업이익 증가율 +12.9%
- 2023년 12월 11일 PER 10.48배 적용 → PER 12.9배 적용 → 상승 여력 +23%

사진 출처: 제일기획 홈페이지

고 기술적분석을 통해 적정 주가를 계산하는 방식보다는 상식적이라고 생각합니다.)

지금까지 PER을 이용한 밸류에이션 계산 방법을 알아보았습니다. 이중에 어떤 방법이 정답일까요? 정답은 없습니다. 시장 PER이 맞는 기업도 있을 것이고, 경쟁기업과의 비교 분석이 맞을 수도 있고, 피터 린치의 PER 밸류에이션이 더 적합한 기업도 있을 것입니다. 우리가 밸류에이션을 측정하는 것은 적정 주가를 맞추기 위해서가 아닙니다. 현재 시가총액이 기업가치에 비해 저평가인지 아니면 고평가인지 확인하기 위해서입니다. 이걸 알아야 싸게 살 수 있고, 싸게 사야 투자에 성공할 확률이 그만큼 높아지기 때문입니다.

꼭 당부드리겠습니다. 자기가 잘 아는 기업에만 투자해야 합니다. 그리고 그 기업의 핵심사업이 무엇인지 반드시 파악해야 합니다. 삼양식품은 라면이 핵심이고, 불닭볶음면이 핵심입니다. 그리고 내수보다는 해외가 핵심입니다. 해외에서 성과를 내는 기업들과 PER 비교를 해서 밸류에이션을 계산하면 합리적일 수 있다는 의미입니다. 제일기획은 광고 기획사입니다. 매년 꾸준히 이익을 창출하는 기업입니다. 피터 린치 PER 방식이 어울린다는 의미입니다. 그런데 2023년 경기침체가 온다고 합니다. 2023년 경기침체가 반영된 이익 증가율까지 넣어서 밸류에이션을 계산하면 합리적이라는 의미입니다. 이처럼 항상 밸류에이션 계산은 보수적으로 하는 것이 좋습니다. 안 좋은 것까지 미리 반영한다면 투자의 리스크를 줄일 수 있습니다. 과도한 낙관론으로 밸류에이션을 계산하면 그 낙관이 틀렸을 때 자칫 큰 손실을 볼 수 있습니다.

주식투자를 흔히 예술이라고 합니다. 같은 숫자를 보면서 투자자마다 어떻게 그림을 그리는지에 따라 결과가 달라지기 때문입니다. 여러분은 PER 밸류에이션을 활용한 그림 그리기에서 어떤 붓을 활용해 그릴 생각이신가요? 붓을 드는 것은 여러분의 몫입니다. 잘 맞는 붓을 찾는 것은 한 번에 되는 것이 아닙니다. 그림을 수십, 수백 번 그려보아야 알 수 있습니다. 여러분이 잘 아는 기업을 하나 찾아서 지금 바로 그림을 그려보세요. 보는 눈이 달라질 것입니다.

주식투자를 흔히 예술이라고 합니다. 같은 숫자를 보면서 투자자마다 어떻게 그림을 그리는지에 따라 결과가 달라지기 때문입니다. 여러분은 PER 밸류에이션을 활용한 그림 그리기에서 어떤 붓을 활용해 밸류에이션이라는 그림을 그릴 생각이신가요? 시장과의 비교를 통한 밸류에이션 그림을 그릴 것인지, 업종과의 비교를 통한 밸류에이션 그림을 그릴 것인지, 경쟁기업과의 비교를 통한 밸류에이션 그림을 그릴 것인지, 이익 성장률을 적용해 밸류에이션 그림을 그릴 것인지 선택을 해야 합니다. 붓을 드는 것은 여러분의 몫입니다. 잘 맞는 붓을 찾는 것은 한 번에 되는 일이 아닙니다. 그림을 수십, 수백 번 그려보아야 알 수 있습니다. 여러분이 잘 아는 기업을 하나 찾아서 지금 바로 그림을 그려보시기 바랍니다. 밸류에이션을 보는 눈이 앞으로는 달라질 것입니다.

 염불리의 꿀팁

피터 린치는 "어떤 기업이 연평균 +10% 성장한다면 PER 10배를 적용할 수 있다"고 했습니다. 영업이익 증가율이 연평균(5년간) +10%라면 PER 10배를 적용할 수 있습니다. 단, 조건이 있습니다. 매년 꾸준한 이익을 낼 수 있는 사업구조를 가지고 있어야 합니다. 이익증가율이 어떤 해는 +50%, 어떤 해는 -30%라면 이익 변동성이 크기 때문에 피터 린치 방식은 적용하기 어렵습니다. 제일기획처럼 사업구조가 안정적이면서 영업이익 증가율도 일정하다면 피터 린치 방식으로 PER을 계산해 밸류에이션을 측정할 수 있습니다.

가장 쉬운
밸류에이션 방법이 무엇인가요?
- PBR ①

밸류에이션 계산 방법 중에서 먼저 PER을 알아보았습니다. PER을 적용하면 모든 밸류에이션 계산이 가능할 줄 알았는데 불가능한 기업들도 있어서 머리가 다시 아파옵니다. SK하이닉스가 대표적입니다. SK하이닉스 실적이 안정적이라면 PER을 통해 밸류에이션을 계산하면 되는데 2023년의 SK하이닉스는 그렇게 할 수가 없습니다. 사실 측정이 불가능합니다. 사상 최악의 반도체 불황이 왔기 때문입니다.

2023년 1분기 SK하이닉스는 -3.4조 원의 영업적자를 기록했습니다. 2022년 4분기 -1.9조 원의 영업적자에 이어 실적악화가 이어지고 있습니다. PER은 이익을 기반으로 측정하는 밸류에이션입니다. 이렇게 대규모 적자가 나는 기업은 PER 계산 자체가 불가능하기 때문에 PER로 계산을 할 수가 없습니다. 난처한 상황이죠. 그렇다고 이미 지나간 과거 이익을 가지고 밸류에이션을 계산할 수는 없습니다. 통신주나 은행주처럼 매년 일정한 이익을 내는 기업이라면 모르지만 반도체 기업들은 다릅니다. SK하이닉스는 2018년 15조 원의 당기순이익을 기록했지만 2019년에는 2조 원의 당기순이익을 기록했습니다. 2021년 9.6조 원의 이익을 내며 부활했지만 2023년에는 -8.3조 원의 당기순적자를 기록할 것으로 예상하고 있습니다. 이렇게 대규모 흑자, 대규모 적자를 반복하는 기업은 PER로 밸류에이션을 계산하는 것이 사실상 불가능합니다. PER은 이익을 기준으로 계산하기 때문에 적자인 기업들은 계산 자체가 불가능합니다. 그럼 어떻게 해야 할까요? 너무 걱정할 필요는 없

SK하이닉스 순이익 추이

SK하이닉스 당기순이익

2018년	2019년	2020년	2021년	2022년	2023년
15조 원	2조 원	4.7조 원	9.6조 원	2.2조 원	-8.3조 원 적자 예상

※ PER 계산 불가능

사진 출처: SK하이닉스 홈페이지

습니다. 이런 경우를 대비한 밸류에이션 방법이 또 있기 때문입니다.

한국 주식시장에 상장된 기업들은 제조업체가 많습니다. 특히 경기에 민감한 제조업체가 많은데, 경제가 호황이고 제품의 수요가 많으면 공장 가동률이 올라가고 큰 이익을 내지만 반대로 경기가 불황에 빠지고 제품의 수요가 감소하면 공장 가동률은 급격히 하락하고 적자를 볼 수도 있습니다. SK하이닉스는 2022년 3분기까지 누적으로 5.8조 원의 순이익을 냈는데, 2022년 4분기에는 -3.7조 원 적자를 기록했습니다. 2023년에는 무려 -8.3조 원의 적자가 예상됩니다. 꾸준히 흑자를 기록하던 기업이라면 PER로 밸류에이션을 평가할 수 있겠지만 SK하이닉스처럼 한국의 많은 기업들은 경기 상황에 따라 기업 이익이 큰 변동성을 보이곤 합니다. 이익 변동성이 큰 기업들의 밸류에이션을 계산하는 데는 PBR을 이용하는 것이 좋습니다.

PER은 기업의 이익(Earning) 대비 시가총액을 나타낸 지표인데, PBR은 기업의 순자산(Book-value) 대비 시가총액이 얼마인지를 나타내는 지표입니다. 필자가 통장에 필자의 돈 1억 원을 가지고 있고, 은행에서 빌린 돈 1억 원을 가지고 있다고 가정해보겠습니다. 통장에 있는 필자의 총자산은 2억 원이고, 자본(내 돈)은 1억 원, 부채(빌린 돈)는 1억 원이 됩니다. 여기서 순자산은 얼마일까요? 순자산을 알아야 PBR을 구할 수 있기 때문입니다. 순자산은 총자산에서 남의 돈인 부채를 뺀 것을 의미합니다. 그러므로 필자의 순자산은 '2억 원(총자산)-1억 원(부채)=1억 원'이 됩니다.

PBR은 순자산 대비 시가총액을 의미하는데, 만약 누군가가 필자의 계좌를 보고 '당신 계좌는 3억 원의 가치가 있어'라고 이야기한다면 PBR은 얼마가 될까요? 'PBR=3억 원÷1억 원=3배'가 됩니다. 필자의 계좌 가치가 3억 원으로 인정받았다면 PBR은 순자산의 3배가 되는 것이라고 할 수 있습니다. 1억 원의 계좌가 3억 원 가치로 평가받고 있다니 얼핏 이해가 안 갈 수 있지만 주식시장에서는 이런 일들이 비일비재합니다. 에코프로비엠의 PBR은 2023년 12월 11일 기준 22.85배에 달합니다. PER이 아닌 PBR이 무려 22배를 상회하고 있습니다. 1억 원이 들어 있는 계좌를 22억 원이라고 시장에서는 평가해주니 계좌의 주인은 기분이 좋을 수밖에 없을 것입니다.

반대로 누군가가 '당신 계좌는 5,000만 원 정도밖에 안 돼!'라고 한다면 어떻게 될까요? PBR은 '5,000만 원÷1억 원=0.5배'가 될 것입니다. 아니, 1억 원의 현금을 보유하고 있는데 시장에서는 내 계좌를 5,000만 원짜리 계좌로 생각하고 있다니 계좌의 주인은 황당할 수밖에 없습니다. 그런데 실제로 이런 일들이 발생하는 곳이 주식시장입니다. 한국 대표 금융지주회사인 KB금융은 PBR이 0.42배입니다. 1억 원의 계좌를 4,200만 원짜리로 평가하고 있네요. 철강기업 현대제철은 더 심합니다. PBR이 0.24배입니다.

기업마다 편차가 너무 큰 PBR인데 이걸로 밸류에이션을 확인할 수 있을까요? PBR 밸류에이션도 모든 기업에 적용하는 것은 불가능합니다. SK하이닉스처럼 PBR 밸류에이션이 잘 맞는 기업은 따로 있기 때문입니다.

염블리의 꿀팁

SK하이닉스처럼 매년 이익 편차가 큰 기업은 이익 대신 순자산가치로 계산하는 PBR 방식이 유용합니다. PBR은 기업의 순자산(Book-value) 대비 시가총액이 얼마인지를 나타내는 지표입니다. 이익이 아닌 순자산가치로 계산하므로 경기에 큰 영향을 받는 한국의 경기민감주 밸류에이션 계산에 적절히 활용할 수 있습니다.

가장 쉬운
밸류에이션 방법이 무엇인가요?
- PBR ②

저자 직강 동영상 강의로 이해 쑥쑥!
QR코드를 스캔하셔서 동영상 강의를 보시고
이 칼럼을 읽으시면 훨씬 이해가 잘 됩니다!

지금부터는 PBR로 밸류에이션을 계산해보겠습니다. 2023년 7월 21일 기준 SK하이닉스의 시가총액은 83조 원입니다. 2023년 1분기 기준(당시 가장 최근에 발표된 재무제표의 자본총계를 적용하는 것이 합리적) 자본총계는 61조 원입니다. 자본총계는 순자산과 같은 의미입니다. 그렇다면 SK하이닉스의 PBR은 몇 배가 될까요? 'PBR=시가총액÷순자산=83조 원÷61조 원=1.36 배'입니다. 1억 원의 계좌를 1.36억 원의 가치가 있다고 평가하는 것과 같은 수치입니다. PBR을 계산할 때 주가를 이용하는 방법도 있는데, 시가총액을 주식수로 나누고, 순자산을 주식수로 나누면 됩니다. 시가총액을 주식수로 나누면 주가가 계산됩니다. 2023년 7월 21일 기준 SK하이닉스 주가는 115,100원입니다. 순자산을 주식수로 나누면 주당순자산이 됩니다. 영어로 BPS라고 부릅니다(참고로 순이익을 주식수로 나누면 주당순이익, 즉 EPS가 됩니다). 'PBR=주가÷BPS'로 계산할 수도 있습니다. SK하이닉스의 BPS는 83,469원(2023년 2분기 기준)입니다.

2023년 7월 21일 기준 SK하이닉스의 PBR은 1.38배입니다. 그럼 이 1.38배는 저평가일까요, 고평가일까요? 역시 PBR도 여러 방면에서 비교분석을 할 필요가 있습니다. 먼저 코스피 평균 PBR과의 비교입니다. 코스피 PBR은 0.96배(2023년 7월 21일 기준. 증권거래소에서 확인 가능)입니다. SK하이닉스는 1.38배이기 때문에 시장 평균보다는 다소 고평가 상태임을 알 수 있습니다. SK하이닉스는 반도체 기업이기에 반도체 업종과의 비교도 해보겠습니다. KRX 반도체 지수의 PBR은 1.42배(증권거래소에서 확인 가능)입니다. SK하이닉스의 PBR은 1.38배이기 때문에 업종 평균보다 3% 저평가되어 있습니다.

경쟁사와의 비교도 해보겠습니다. SK하이닉스와 가장 유사한 기업은 미국의 마이크론테크놀로지입니다. SK하이닉스는 세계 2위 메모리 반도체 제조사이고, 마이크론은 세계 3위 기업입니다. 마이크론의 PBR은 1.58배('야후파이낸스'에서 확인 가능)입니다. SK하이닉스는 경쟁사와 비교 시 14% 저평가되어 있다고 볼 수 있습니다. 마이크론이 3위 업체인데 2위 기업인 SK하이닉스가 훨씬 낮은 밸류에이션을 적용받고 있는 상황이 이해가 안 갈 수도 있습니다. 그런데 미국 시장과 한국 시장의 밸류에이션 차이가 워낙 크기 때문에 시장의 밸류에이션 차이가 이러한 결과를 만들었다고 생각하면 이해가 될 것입니다. 미국 S&P500 지수의 PBR은 3배이고, 코스피 지수의 PBR은 0.96배입니다. 시장의 차이가 SK하이닉스와 마이크론의 밸류에이션 차이를 만들었다고 해도 과언이 아니겠네요. 그만큼 SK하이닉스가 저평가되어 있다고 볼 수 있습니다.

평균 PBR 밴드를 활용하는 방법도 있는데, PBR 밴드는 에프앤가이드 상장기업 분석 사이트(comp.fnguide.com)에서 확인이 가능합니다. 다음과 같이 3단계 과정을 거치면 됩니다.

① 컴퍼니가이드를 검색해서 접속한다.

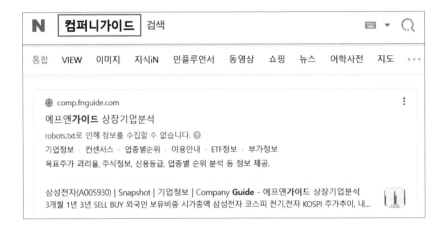

② 컴퍼니가이드 접속 후, 오른쪽 가장 상단에서 종목명을 검색하고 클릭한다.

③ 화면을 계속 내려서 가다 보면 Band Chart가 나온다. 오른쪽에 있는 PBR Band를 확인한다. 5개의 선은 SK하이닉스의 PBR 궤적을 나타낸 밴드다. 위, 아래로 움직이는 갈색 선은 주가 움직임을 나타낸다. SK하이닉스는 PBR 1.26배와 1.47배 사이에 놓여 있음을 확인할 수 있다.

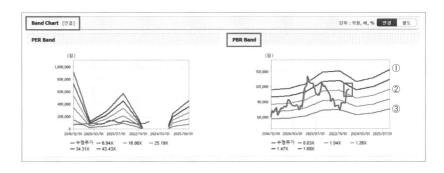

오른쪽 그래프를 보면 중앙의 ②번 선이 평균 PBR입니다. 1.26배임을 알 수 있습니다. 가장 위에 있는 ①번 선은 과거에 가장 높았던 PBR로 1.68배를 나타내고 있습니다. 가장 낮은 곳에 있는 ③번 선은 가장 낮게 거래된 PBR을 의미합니다. 0.83배임을 알 수 있습니다. SK하이닉스의 PBR은 2023년 7월 21일 기준 1.38배인데, PBR 밴드에서 두 번째와 세 번째의 중간에 위치하고 있음을 알 수 있습니다. SK하이닉스는 역사적 평균 PBR보다 다소 높은 곳에 위치해 있습니다. 평균 PBR 1.26배보다 높은 1.38배의 PBR을 기록하고 있기 때문에 2023년 7월 21일 기준 SK하이닉스 주가는 다소 고평가되어 있다고 할 수 있습니다.

PBR 밴드로 확인하니 어떤가요? PER로 계산하는 방법은 이익 추정이 가능하고 영업 환경 변동성이 다소 적은 기업들에 어울리는 방법입니다. 적자와 흑자를 일정한 주기에 따라 오가는 기업들의 밸류에이션을 PER로 계산하는 것은 다소 무리가 있습니다. 2년간 흑자를 냈다가 2년간 적자를 내고, 다시 2년간 흑자를 내는 기업의 밸류에이션을 PER을 사용해 계산하면, 적자를 내는 2년간은 PER 계산을 할 수가 없기 때문입니다. SK하이닉스 같이 사이클이 계속 반복되는 반도체 기업들은 PER로 밸류에이션을 적용하면 큰 오류가 발생할 수 있기 때문에 반드시 PBR로 밸류에이션을 계산하는 것이 필요합니다. 반도체 사이클이 완화되어 SK하이닉스가 매년 꾸준한 이익을 창출하고, 이러한 이익이 향후 몇 년간 유지된다면 PER 적용이 가능하지만 반도체는 사이클이 엄연히 존재하기 때문에 PBR로 계산하는 것이 합리적입니다. 이처럼 PBR 밴드를 이용해 고평가, 저평가 상태를 판단하는 것은 반도체 애널리스트들이 주로 계산하는 밸류에이션 방법으로, 전통적인 방식이면서 검증된 방식입니다.

 엄블리의 꿀팁

'PBR=시가총액÷순자산'입니다. 순자산(총자산-부채)은 자본총계와 같습니다. 즉 시가총액을 자본총계로 나누면 PBR이 됩니다. PBR로 고평가, 저평가를 판단하는 방법은 다양합니다. 코스피 PBR과 비교를 해도 되고, 경쟁기업과 비교를 해도 됩니다. 가장 널리 활용되는 방법은 PBR 밴드를 활용하는 것입니다. 과거 PBR이 어떤 궤적을 그리며 움직였는지를 5개의 밴드로 나타낸 후 현재 PBR이 5개의 밴드 중 어느 위치에 있는지를 알 수 있다면 과거와 비교해 현재 주가가 고평가인지 저평가인지를 합리적으로 판단할 수 있습니다.

질문
TOP
39

가장 쉬운
밸류에이션 방법이 무엇인가요?
- PBR ③

증시 격언 중에 '무릎에 사서 어깨에 팔아라'라는 누구나 아는 유명한 격언이 있는데, 이때 무릎은 어디이고, 어깨는 어디일까요? 격언대로 하고는 싶은데 무릎이나 어깨는 사실 지나야 알 수 있다 보니 격언대로 실천하기는 쉽지 않습니다. 그런데 무릎과 어깨를 알 수 있는 방법이 여기 있습니다. PBR 밴드를 이용하면 무릎에 사서 어깨에 팔 수 있습니다. 앞서 우리는 PBR 밴드를 활용하는 방법을 배웠습니다. SK하이닉스의 PBR 밴드는 0.83배, 1.04배, 1.26배, 1.47배, 1.68배 형성되어 있습니다. 무릎은 어디일까요? 1.04배입니다. 0.83배는 가장 낮은 위치이기 때문에 이를 발바닥이라고 부르겠습니다. 그렇다면 1.04배는 무릎이 되겠죠. 1.26배는 어디일까요? 허리입니다. 1.47배는 어깨가 될 것이고 1.68배는 머리(꼭지)가 될 것입니다.

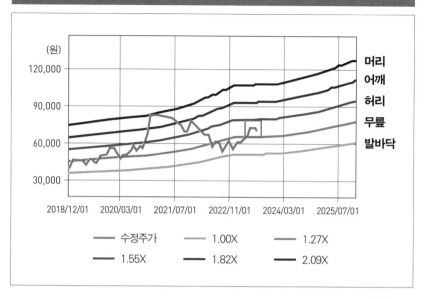

삼성전자 PBR 밴드 차트

(원)

120,000 ────────────────────── **머리**
                                    어깨

90,000 ────────────────────── **허리**

                                    무릎
60,000 ──────────────────────
                                    발바닥

30,000 ──────────────────────

2018/12/01   2020/03/01   2021/07/01   2022/11/01   2024/03/01   2025/07/01

── 수정주가   ── 1.00X   ── 1.27X

── 1.55X   ── 1.82X   ── 2.09X

출처: 컴퍼니가이드

실제 사례를 들어보겠습니다. 삼성전자의 무릎은 어디일까요? 1.27배입니다. 어깨는 어디일까요? 1.82배입니다. 그렇다면 PBR 1.27배 이하에서는 분할로 매수를 하고, PBR 1.82배 이상에서는 분할로 매도를 하면 됩니다. 삼성전자의 2018년 말 주가는 38,700원이었습니다. 2018년 BPS(주당순자산가치)는 35,342원입니다. PBR 1.27배는 44,884원(35,342원×1.27배)이었고, PBR 1배인 발바닥은 35,342원이었습니다. 삼성전자의 주가가 발바닥과 무릎 사이에 있었으니, 매수가 충분히 가능했을 것입니다.

2019년 말 삼성전자 주가는 55,800원이었습니다. 2019년 BPS는 37,528원입니다. PBR 1.27배는 47,660원이었고, 허리인 PBR 1.55배는 58,168원이었습니다. 삼성전자 주가는 허리 근처에 있네요. 저평가는 아닙니다. 그래도 허리 이하이기 때문에 팔 이유는 없습니다. 싸지 않다는 것이지, 비싼 것도 아니라는 의미입니다. 2020년 말 삼성전자 주가는 81,000원을 기록했습니다. 2020년 BPS는 39,406원입니다. PBR 1.27배인 무릎은 50,045원입니다. 어깨인 PBR 1.82배는 71,718원입니다. 당시 주가는 81,000원이었으니 어깨보다 훨씬 위에 있었습니다. PBR로는 2배가 넘었네요. 머리가 2.09배이니까 거의 꼭지까지 간 상황이었습니다. 그런데 그 후로 주가는 계속 상승해 96,000원까지 상승했습니다. PBR이 2.4배까지 상승한 것입니다. PBR 밴드로 살펴보면 엄청난 과열임에도 당시 개인투자자들의 삼성전자에 대한 열기는 뜨거웠습니다.

하지만 불황이 왔고 삼성전자의 주가는 급락세를 보이기 시작했는데, 2021년 말 삼성전자의 주가는 78,300원이었습니다. BPS는 43,611원입니다. PBR 1.79배였습니다. 삼성전자의 어깨는 PBR 1.82배입니다. 1.79배는 어깨 부근이기에 다소 고평가라고 할 수 있습니다. 2022년 말 주가는 55,300원이었습니다. BPS는 50,817원입니다. PBR이 1.08배까지 떨어지고 말았네요. PBR 1.27배가 무릎이고 PBR 1배가 발바닥이니 굉장히 싸게 거래되고 있음을 알 수 있습니다. 무릎보다 훨씬 낮은 가격에 위치해 있었던 것입니다.

2023년 7월 21일 기준 삼성전자 PBR은 1.37배(2023년 2분기 BPS 51,385원)입니다. 무릎인 1.27배와 허리인 1.55배 사이에 위치하고 있지만 무릎에 다소 가까운 구간입니다. '무릎에 사서 어깨에 팔아라'는 격언을 실천한다면 지금은 삼성전자에 투자하는 것이 맞을까요? 물론 무릎 이하는 아니지만 무릎과 가까운 곳에 있고 반도체 업황이 상승으로 돌아서고 있는 초입이기에 투자를 하는 것이 적절하다고 생각합니다.

그렇다면 어깨는 얼마일까요? 2023년 2분기 BPS 기준으로 어깨인 PBR 1.82배는 93,520원입니다. '무릎에 사서 어깨에 팔아'라는 격언을 실천한다면 적어도 9만 원까지는 보유하는 것이 맞을 것입니다. 정답은 모릅니다. 하지만 이렇듯 PBR 밴드를 활용한 밸류에이션 계산 방법은 검증된 방식이고, 특히 반도체 대표기업인 삼성전자와 SK하이닉스 투자는 이 방식이 가장 잘 맞았습니다.

PBR 밴드를 활용한 밸류에이션 방식은 간단하면서 활용하기도 좋아 개인투자자들에게 꼭 추천하고 싶은 방식입니다. 특히 한국 주식시장에 잘 맞습니다. PER은 이익이 중심이지만 PBR은 자본총계(순자산)가 중심입니다. 한국의 주요 제조업체들은 경기가 좋을 때는 대규모 흑자를 내지만 경기가 불황에 빠질 때는 대규모 적자를 내는 경우가 많습니다. PER 밸류에이션을 적용하기에 어려움이 많다는 의미입니다. 한국의 경기민감주에 투자한다면 PBR 밸류에이션에 대한 이해는 전공 필수 과목입니다.

염불리의 꿀팁

PBR 밴드를 활용하면 무릎에 사서 어깨에 팔 수 있습니다. 삼성전자는 과거부터 PBR 1배~PBR 2.09배 사이에서 주가가 움직였습니다. 삼성전자는 2022년 말 PBR 1.08배까지 주가가 하락했습니다. PBR 1.27배는 네 번째 밴드인 어깨입니다. 당시 주가는 어깨보다 훨씬 밑에 있었으니, 매수를 해야 하는 시기였습니다. 2023년 7월 21일 기준 삼성전자 PBR은 1.36배입니다. 어깨는 두 번째 밴드인 PBR 1.82배입니다. 1.82배는 93,782원입니다. 삼성전자가 어깨까지 상승한다면 '9만전자 시대'는 다시 올 것입니다.

가장 쉬운
밸류에이션 방법이 무엇인가요?
- PBR ④

그런데 삼성전자만 확인하니 뭔가 좀 아쉽습니다. 삼성전자 외에 다른 경기민감주에도 PBR 밴드를 적용해서 투자가 가능한지 살펴보도록 하겠습니다. 석유화학 기업 중의 하나인 국도화학을 살펴보겠습니다.

국도화학은 페인트를 제조하는 데 필요한 원료인 에폭시 수지를 만드는 기업입니다. 에폭시 수지 글로벌 1위 기업으로 페인트 업황이 좋으면 에폭시 수지 매출이 증가해서 이익이 늘어나지만 반대의 경우에는 이익이 크게 감소하기도 합니다. 페인트는 자동차, 선박, 건설 등 다양한 산업에 쓰이는 제품입니다. 즉 경기의 영향을 크게 받을 수밖에 없는 산업입니다. 이러한 페인트 산업의 원료를 국도화학이 제조하고 있기 때문에 국도화학 역시 경기민감주라고 할 수 있습니다. 따라서 국도화학 역시 PBR로 밸류에이션을 하는 것이 합리적입니다.

국도화학은 2018년 450억 원, 2019년 351억 원, 2020년 294억 원, 2021년 1,571억 원, 2022년 735억 원의 당기순이익을 기록했습니다. 꾸준히 흑자를 내고 있지만 이익의 편차가 꽤 큽니다. 많이 벌 때는 1,500억 원, 적게 벌 때는 300억 원입니다. 거의 1,200억 원이나 차이가 나네요. 때문에 PER로 계산하는 것은 합리적이지 않습니다.

아래 차트는 국도화학의 PBR 밴드 차트입니다. 발바닥은 0.34배, 무릎은 0.5배, 허리는 0.67배, 어깨는 0.83배, 머리는 0.99배입니다. 2018년 말 국도화학의 주가는 36,300원이었습니다. BPS는 69,366원입니다. PBR은 0.52

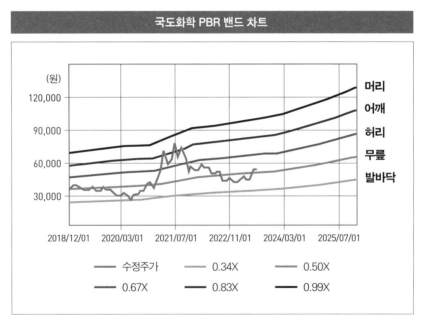

출처: 컴퍼니가이드

배였습니다. 거의 무릎에 위치했네요. '무릎에 사라'는 격언대로면 매수를 하는 구간이었습니다. 2019년 말 주가는 36,450원이었습니다. BPS는 74,110원입니다. PBR은 0.49배였습니다. 여전히 무릎에 있었습니다. 2019년 1년간 주가는 거의 제자리걸음을 한 셈입니다. 여전히 무릎 이하이기에 매수 구간입니다. 2020년 말 주가는 41,800원이었습니다. BPS는 76,981원입니다. PBR은 0.54배가 되었습니다. 주가와 PBR 모두 상승했지만 여전히 무릎 부근입니다. 2020년 말까지도 국도화학은 비중확대 구간이었습니다. 이제 2021년으로 가보겠습니다. 2021년 말 주가는 56,500원이었습니다. BPS는 91,062원입니다. PBR은 0.62배입니다. 주가가 크게 상승했지만 BPS도 크게 상승해서 아직도 허리라인에 못 미치고 있습니다. 그런데 2021년에는 매도를 할 시점이 한 번 있었습니다. 2021년 7월 89,000원, 2021년 9월 9만 원까지 주가가 상승했습니다. PBR 기준으로는 0.97배까지 상승을 했었습니다. 0.97배는 머리 구간입니다. PBR 0.83배가 어깨인데 75,000원입니다. 그러므로 75,000원 이상부터는 분할로 매도를 하는 것이 합리적입니다.

　　PBR 밸류에이션은 경기민감주에 적합합니다. 무릎에 오면 분할매수로 천천히 비중을 늘려가고, 어깨에 근접하면 분할매도로 비중을 줄여나가는 것이 좋습니다. 그런데 이렇게 투자하면 너무 쉬운 것 같다는 생각이 들지 않나요? 이대로만 하면 어느 기업을 투자하든 수익이 날 것 같다는 생각이 들 것입니다. 하지만 주식투자에 100%는 없습니다. PBR 밸류에이션을 적용해서 투자할 때 주의할 것이 있습니다. 앞으로 경기가 돌아설 것이라는 확신이 있어야 한다는 것입니다. 현재 주가가 무릎 이하로 왔는데 경기가 계속 악화되고 업황이 장기간 불황에 빠진다면 3년 동안 주가가 무릎 이하에 머물 수도 있습니다. 또한 기업의 경쟁력도 잘 살펴야 합니다. 어떤 불황이 와도 버틸 수 있는 기본적인 체력을 갖춘 기업이어야 합니다. 불황이 왔는데 경쟁이 너무 심해 생존할 수 없다면 PBR 밸류에이션을 통해 발바닥 구간에서 매수를 했어도 큰 손실을 볼 수밖에 없습니다.

가장 대표적인 사례로 카프로를 들 수 있습니다. 카프로는 나일론의 원료인 카프로락탐을 제조하는 기업입니다. 국내에서 유일하게 카프로락탐을 제조하고 있는, 업력이 무려 60년 가까이 된 기업입니다. 수요 부진과 더불어 중국 기업들의 저가 공세에 밀려 한때 1조 원을 넘던 카프로의 시가총액은 2023년 7월 21일 기준 274억 원까지 감소하고 말았습니다. 최근 5년간 가장 많은 이익을 냈던 것은 2018년의 100억 원입니다. 2022년에는 -1,862억 원의 대규모 적자를 기록했습니다. 총자산은 2,683억 원인데, 부채가 2,568억 원이고 자본총계는 115억 원에 불과합니다. 대규모 흑자를 내거나 대규모 자금조달을 하지 않으면 생존하기 어려운 상황입니다. PBR 밸류에이션은 경기민감주에 적합하지만 모든 기업에 적용할 수는 없습니다. 카프로 같은 기업에 적용했다면 발바닥에서 투자했어도 끝없는 주가 하락을 경험할 수밖에 없었을 것입니다. 이러한 점은 PBR 밴드를 활용해 투자할 때 꼭 유의해야 할 원칙입니다.

경기민감주는 투자하기 너무 어렵다는 말들을 많이 합니다. 그 이유는 가장 많은 이익이 나고 PBR이 비싼 호황기에 투자를 하기 때문입니다. 역설적으로 PBR이 높을 때는 PER이 낮습니다. 왜냐하면 호황기에 막대한 이익을 내기 때문에 이익을 계산하는 PER은 낮을 수밖에 없습니다. 2021년 9월 국도화학의 PBR은 머리에 있어서 비쌌습니다. 그런데 당시 PER은 겨우 4.76배에 불과했습니다. 국도화학이 속한 산업의 특징을 이해하지 못한 채 단지 PER만 보고 싸다고 매수했다면 주가 하락으로 큰 손실을 보았을 것입니다. 이익변동성이 큰 경기민감주를 PER 밸류에이션으로 계산하는 것이 위험한 이유입니다.

'무릎에 사서 어깨에 팔아라'라는 격언은 훌륭한 격언입니다. 하지만 이 격언을 실천하기 위해서는 기준이 있어야 합니다. 그 기준은 바로 PBR입니다. 경기민감주가 많은 한국 증시에서 PBR 밸류에이션은 투자자들이 반드시 장착해야 할 필수 아이템입니다.

 염블리의 꿀팁

이익변동성이 큰 경기민감주에 PER 밸류에이션을 적용하는 것은 한계가 있습니다. 가장 호황기, 즉 주식을 팔아야 할 때 PER은 반대로 낮게 나오는 착시 현상이 생기기 때문입니다. 경기민감주는 업황이 좋지 않지만 시간이 지나 다시 호황이 오는 것을 가정하고 최악일 때 투자하는 것이 가장 적합한 투자 방법입니다. 업황이 최악일 때 경기민감주의 PBR은 무릎 이하에 위치하게 됩니다. 사이클이 다시 상승할 것이라는 전제하에 PBR 밴드 무릎 이하에서 경기민감주에 투자한 후 기다린다면 성공 확률은 높아질 것입니다.

6장

주린이가 가장
궁금해하는
한국 주식시장의 특징

주가가 상승하고 하락하는 요인은 다양합니다. 수많은 변수들이 섞여 주가는 변동성을 띠게 됩니다. 실적이 증가해서 주가가 상승하는 경우도 있고, 정부 정책이 기업에 유리하게 작용해 주가가 상승하는 경우도 있습니다. 미국의 인플레이션 감축법이 통과된 이후 미국에서 중국의 2차전지 기업들은 영업을 하기 어려워졌고, 경쟁 관계에 있는 한국 기업들에는 큰 호재로 작용했습니다. 일부 2차전지 기업들은 미국 인플레이션 감축법 이후 주가가 10배나 상승했습니다. 이와 반대로 실적이 감소해서 주가가 하락하는 경우도 있고, 정부 정책이 기업에 불리하게 작용해 주가가 하락하는 경우도 있습니다. 2017년 문재인 대통령이 19대 대통령으로 취임했는데, 당시 문대통령은 '탈원전'을 주요 정책으로 채택했습니다. 원전 관련주에는 청천 벽력 같은 소식이었습니다. 가장 대표적인 원전주인 두산에너빌리티는 2017년 2만 원대에서 2020년 3월 2,100원까지 주가가 무려 90%나 하락하고 말았습니다. 그런데 2022년 3월 윤석열 대통령이 20대 대통령으로 취임하자 상황이 달라졌습니다. 윤대통령은 '친원전' 정책을 채택했습니다. 두산에너빌리티의 2023년 7월 21일 기준 주가는 17,370원입니다. 정부 정책을 무시할 수 없는 이유입니다.

주가를 움직이는 요소는 정부 정책만이 아닙니다. 국가별 증시 환경도 주가를 움직이는 중요한 요소 중의 하나입니다. 한국 증시는 미국 증시, 중국 증시를 따라간다는 속성이 있지만 2023년 한국 증시의 흐름은 꼭 그렇지는 않았습니다. 2023년 7월 21일 기준, 중국 상해종합지수는 연초 대비 +2.5% 상승에 그쳤습니다. 한국의 코스피 지수는 +16% 상승했습니다. 코스닥 지수는 +37%나 상승했고, 미국의 S&P500 지수는 +18% 상승했습니다. 국가마다, 시장마다 특징이 있기 때문에 주가 변동이 동일할 수는 없습니다. 이번 6장에서는 한국 증시만의 고유한 특징을 알아보겠습니다. 한국 증시와 한국 기업들만의 특징을 잘 이해하고 투자한다면 투자 성공 확률은 더 높아질 것입니다.

질문
TOP
41

한국 주식시장의
특징은 무엇인가요?
- 높은 개인투자자 비중

한국 주식시장의 첫 번째 특징은 개인투자자 비중이 높다는 점입니다. 주식
투자를 하는 주체는 크게 3가지로 나눌 수 있는데, 여러분과 같은 개인투자
자, 외국 국적을 보유한 외국인투자자, 자산운용사나 연기금 같은 기관투자
자로 나눌 수 있습니다. 미국 증시는 개인투자자 비중이 15~20%정도 되고,
대부분의 거래는 기관투자자 중심으로 이루어진다고 합니다. 한마디로 간
접투자 비중이 높다는 것이죠. 금융시장이 발달한 일본도 개인투자자 비중
이 16.6%에 불과합니다. 일본 인구는 1억 명이 넘는데 개인투자자는 1,400
만 명(2021년 기준) 수준입니다. 반면 한국 증시는 개인투자자 비중이 압도
적으로 높습니다. 인구는 5,000만 명인데, 개인투자자 수는 1,374만 명(2021
년 기준)입니다. 개인투자자 비중이 50%에 달합니다. 증시가 활황세를 보이

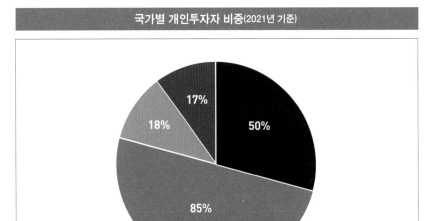

국가별 개인투자자 비중(2021년 기준)

- ■ 코스피 50%
- ■ 코스닥 85%
- ■ 미국 18%
- ■ 일본 17%

던 2020년에는 개인투자자 비중이 한때 75%까지 도달했던 적도 있을 정도로 개인투자자 비중이 높습니다. 외국인투자자는 27%, 기관투자자는 23% 정도의 비중으로 적진 않지만 개인투자자에 비할 바는 아닙니다. 코스피 시장에 비해 코스닥 시장은 개인투자자 비중이 압도적으로 높습니다. 개인투자자 거래 비중이 무려 85%를 상회하고 있습니다. 코스닥은 개인투자자들이 주도하고 있다고 보는 것이 맞습니다.

한국 주식시장은 개인투자자들의 비중이 높기 때문에 특정 업종이나 기업에 개인투자자들의 매수가 쏠리면 급격한 주가 변동싱이 나타나곤 합니다. 가장 대표적인 사건이 2021년 1월 11일 발생한 삼성전자 주가 변동성 확대입니다. 그날 개인투자자는 하루 동안 국내주식을 무려 4조 원 순매수했는데, 이는 하루 기준으로 역대 최대 순매수였습니다. 4조 원의 개인 순매수 중에서 삼성전자만 무려 1.75조 원을 순매수했습니다. 당시 삼성전자는 9만 원에 시작해 장중 96,800원까지 시가 기준 +7.5% 상승했습니다. 그런데 그날 오후 외국인의 매도가 쏟아지면서 고점 대비 -6% 하락 마감했습니다. 하루 변동성이 14%에 달할 정도로 극심했습니다. 시가총액 500조 원 기업이 하루에 14% 변동성을 보인 것은 매우 이례적인 일입니다. 개인투자자들의 쏠림 현상이 발생하면 큰 변동성이 발생할 수 있다는 것을 너무나 잘 보여준 사건이었습니다.

2021년 1월 11일 전까지 개인투자자들의 수익률은 상당히 좋았습니다. 주가가 본격적으로 상승한 2020년 12월부터 2021년 1월 8일까지 개인투자자들은 삼성전자를 4.3조 원이나 매수했고, 주가는 66,700원에서 88,800원까지 +33% 급등했습니다. 개인투자자가 많이 매수하면 주가가 크게 하락하는 것이 과거 한국 주식시장의 특징이었습니다. 그런데 그 공식은 2020년 '동학개미운동'과 함께 깨졌습니다. 비록 2021년 1월 11일을 기점으로 개인투자자들이 매수하면 주가가 하락한다는 공식이 다시 재현되었지만 그 전까지 나타난 삼성전자의 주가 흐름은 기존의 고정관념을 완전히 부수어버리는 것이었습니다.

그로부터 2년이 지난 2023년에도 이러한 현상이 다시 재현되었는데, 그 주인공은 에코프로였습니다. 2023년 1월부터 3월까지 3개월간 개인투자자들은 에코프로를 1조 원이나 순매수했습니다. 반면 외국인은 에코프로를 3,800억 원을 순매도했고, 기관투자자들은 6,120억 원을 순매도했습니다. 같은 기간 개인투자자들은 삼성전자를 무려 -3.6조 원이나 대량 순매도했고, 외국인은 반대로 삼성전자를 4.7조 원 순매수했습니다. 2년 전 삼성전자에 무한 사랑을 보내던 개인투자자들이 이제 에코프로에 무한 사랑을 보낸 것입니다. 그 결과 에코프로 주가는 2023년 1월 103,000원에서 같은 해 3월 498,500원까지 무려 +382% 급등세를 보였습니다. 외국인과 기관의 매도 공세를 이겨내고 개인투자자들만의 힘으로 주가가 5배나 상승한, 대한민국 주식 역사에 길이 남을 사건이었습니다.

물론 너무 쏠리면 주의가 필요하다는 교훈을 우리는 2년 전 삼성전자 사건에서 배웠는데, 에코프로도 마찬가지였습니다. 2023년 4월 10일 개인투자자들은 하루에만 에코프로를 1.1조 원 순매수했고, 당시 주가는 하루에만 +25% 급등하는 기염을 토했습니다. 그날 주가는 722,000원까지 상승했습니다. 다음 날도 개인투자자들은 역대급 순매수를 이어가며 1.5조 원을 순매수했고, 주가는 769,000원까지 상승했습니다. 하지만 2023년 4월 11일을 고점으로 주가는 흘러내리기 시작했고, 2023년 5월 14일에는 고점 대비 -33%나 하락한 544,000원까지 밀리기도 했습니다.

그런데 2023년 7월 21일 기준 에코프로 주가는 1,143,000원입니다. 개인투자자들의 쏠림 현상에도 주가는 다시 급등했고, 시가총액은 30조 원을 상회했습니다. 개인투자자들이 몰리면 주가가 급락한다는 공식은 이제 폐기하는 것이 맞는 것 같습니다.

한국 주식 시장은 다른 어느 나라보다 개인의 참여가 활발한 시장입니다. 특히 코스닥 시장은 개인투자자들이 없으면 존재하기 어려울 정도로 개인 비중이 압도적인 시장입니다. 미국 증시나 일본 증시는 개인투자자들보다 기판두사사들의 영향력이 막대하지만 한국 증시는 다릅니다. 코스피에서 개인이 차지하는 비중도 50%가 넘고, 코스닥은 80%를 상회하고 있습니다. 때문에 개인투자자들의 심리가 국내 주식시장에 미치는 영향력도 클 수밖에 없습니다. 개인투자자들의 투자 심리가 개선되어 꾸준한 순매수가 이어지면 주식시장도 활기를 찾게 되고, 기업들의 주가 역시 활기를 띠게 되는 경우가 많습니다. 하지만 개인투자자들의 열기가 식으면 시장의 온기는 온데간데없이 사라지고 냉기만 남게 될 수도 있습니다. 개인투자자들이 지금 주식투자에 적극적인지, 소극적인지 파악하는 것은 한국 주식시장의 흐름을 읽어내는 데 있어 가장 중요한 1순위 근거가 됩니다.

 염블리의 꿀팁

한국 주식시장의 첫 번째 특징은 개인투자자들의 거래 비중이 높다는 점입니다. 코스피 시장 기준으로 개인투자자 비중은 50%에 달합니다. 대부분의 선진국들은 개인투자자 비중이 20%가 되지 않습니다. 높은 개인투자자 비중은 쏠림 현상을 일으켜 주가의 변동성을 키우기도 합니다. 2021년 삼성전자, 2023년 에코프로가 그렇습니다. 한국 증시에 투자하는 개인투자자들은 과거에는 들러리 역할을 하는 경우가 많았습니다. 하지만 이제는 주인공이 되었습니다. 개인투자자들이 어떤 생각을 하고 있는지 이해하고 투자하는 것이 중요한 이유입니다.

질문
TOP
42

한국 주식시장의
특징은 무엇인가요?
- 한국은 거대한 경기민감주

저자 직강 동영상 강의로 이해 쑥쑥!
QR코드를 스캔하셔서 동영상 강의를 보시고
이 칼럼을 읽으시면 훨씬 이해가 잘 됩니다!

한국 주식시장의 두 번째 특징은 경기에 민감한 기업들이 많이 상장되어 있다는 것입니다. 한국은 제조업 강국입니다. 서비스업보다는 제조업이 시가총액에서 차지하는 비중이 매우 큽니다. 2023년 12월 12일 기준 코스피 시가총액은 2,026조 원인데, 제조업의 시가총액은 1,432조 원이며 71%의 비중을 차지하고 있습니다. 한국 증시에 상장된 많은 제조업체들은 대부분 중간재를 만드는 기업들인데, 반도체, IT부품, 석유화학, 정유, 철강, 기계 등은 완제품을 만들기 위해 필요한 재료나 장비로 사용됩니다. 반도체, IT 등 전기전자 업종에 속한 제조업체들만 해도 코스피 시가총액에서 차지하는 비중이 무려 37%에 달합니다. 중간재 기업들은 경기에 굉장히 민감한 편입니다. 경제가 호황일 때는 막대한 돈을 벌지만 불황일 때는 적자를 보기도 합니다. 경기민감주가 많이 상장되어 있기 때문에 코스피 지수를 '거대한 경기민감주'라고 부르기도 합니다.

　경기민감주는 일정한 주기를 형성하기 때문에 투자 시점이 매우 중요합니다. 호황의 정점일 때 투자를 하면 기업별로는 -50% 이상의 손실을 볼 수도 있습니다. 반대로 불황의 정점일 때 투자를 하면 +100% 정도의 큰 이익도 낼 수 있습니다. 한국 증시에 투자할 때는 경기 방향성을 잘 이해하고 투자해야 합니다. 코스피 지수는 2021년 7월부터 본격적인 약세장에 진입했는데, 당시 한국 수출은 사상 최대치를 경신하고 있었고, 기업들의 이익도 최대치를 기록할 정도로 호황이었습니다. 그럼에도 주가는 경기 정점임을 인지하고 하락하기 시작했습니다. 그런데 주가가 맞았습니다. 호황을 보이던 경기는 2022년 들어서면서 전쟁, 중국 제로 코로나 정책, 고물가·고금리 충격에 급격히 악화되었습니다. 2021년 3,300p에 있던 코스피 지수는 2022년 9월 2,134p까지 무려 -35%나 하락했습니다. 경기가 호황일 때 주가가 오히려 먼저 하락했고, 주가 하락폭도 30%가 넘을 정도로 엄청난 변동성을 보였습니다. 그런데 2022년 9월 이후 코스피는 삼성전자, SK하이닉스 등 대표 기업들의 실적 악화에도 오히려 주가가 상승했습니다. 2022년 9월 2,134p에 머물던 코스피 지수는 2022년 12월 초 2,500p까지 상승했습니다. 경기침체, 반도체 기업 적자 충격, 부동산 가격 하락에 따른 신용 리스크 등의 악재에도 아랑곳 않고 주식시장은 상승했습니다. '경기 불황 후에 호황이 온다'는 경기 순환의 법칙이 작용한 것입니다. 주가는 현재를 반영하지 않고, 6~9개월 후의 미래를 선반영합니다. 한국 주식시장은 다가올 경기 회복 및 호황을 미리 반영하며 상승했던 것입니다.

　한국 주식시장은 경기민감주가 많기 때문에 경기민감주들의 주가 흐름

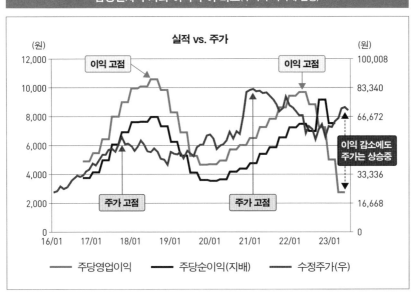

삼성전자 주가와 이익 추이 비교(주가가 이익에 선행)

실적 vs. 주가

(원)

이익 고점

이익 고점

주가 고점

주가 고점

이익 감소에도
주가는 상승중

16/01 17/01 18/01 19/01 20/01 21/01 22/01 23/01

━━ 주당영업이익   ━━ 주당순이익(지배)   ━━ 수정주가(우)

출처: 버틀러

을 잘 이해하고 있어야 합니다. 실적이 너무 좋고 호황일 때는 오히려 다가올 불황을 대비해야 합니다. 반대로 실적이 너무 좋지 않고 불황일 때는 다가올 호황을 대비해야 합니다. 물론 기업마다 경쟁력이 다르고 경기 영향을 받지 않는 기업들도 있지만 한국의 중간재 제조업체들은 이러한 영향을 피하기 어렵습니다. 삼성전자의 주가 흐름을 보면 2017년 11월에 고점을 형성하는데, 이익 고점은 2018년 3분기였습니다. 2019년 1월에는 주가가 바닥을 형성하고 반등을 하기 시작했는데, 이익의 저점은 2020년 1분기였습니다. 2021년 1월에는 역사적 고점인 96,800원까지 수가가 상승했는데, 이익의 고점은 2021년 3분기였습니다. 2021년 1월 고점을 형성한 삼성전자 주가는 2022년 9월 51,800원까지 하락하며 저점을 형성했습니다. 그 후 삼성전자 주가는 2023년 2분기에 73,000원까지 상승했습니다. 주가의 저점은 2022년 3분기 말~4분기 초였는데, 영업이익의 저점은 2023년 2분기였습니다. 삼성전자의 2023년 2분기 영업이익은 6,000억 원이었습니다. 분기당 많게는 10조 원의 이익을 내던 삼성전자가 겨우 6,000억 원의 이익을 냈는데도 주가는 상승했습니다.

경기민감주는 최악의 이익을 먼저 반영하고, 막상 최악의 실적이 발표되면 이제 더 나쁠 게 없다는 기대감이 작용하며 주가가 상승하는 경우가 많습니다. 반대로 최상의 실적이 발표되면 피크아웃* 우려로 하락하는 경우가 많습니다. 경기민감주가 많은 한국 주식시장의 특징을 잘 이해해야 하는 이유입니다.

> **피크아웃**
> 현재의 실적이 가장 좋기 때문에 앞으로는 지금보다 실적이 둔화될 가능성이 높다는 의미. 좋은 실적에도 주가가 하락하는 경우가 많이 있다.

 엄블리의 꿀팁

한국 주식시장의 두 번째 특징은 경기에 민감한 기업들이 많이 상장되어 있다는 것입니다. 한국은 제조업 강국입니다. 제조업이 전체 시가총액에서 차지하는 비중은 71%에 달합니다. 한국의 제조업체들은 완제품을 제조하는 데 필요한 반도체, 석유화학, 철강 제품 같은 중간재를 생산하는 기업들이 많습니다. 중간재 산업은 경기에 굉장히 민감한 편입니다. 경제가 호황일 때는 막대한 돈을 벌지만 불황일 때는 막대한 적자를 보기도 합니다. 때문에 주가가 기업 실적에 선행하는 경우가 많습니다. 한국의 중간재 기업에 투자할 때는 실적을 확인하고 투자하기보다 사이클을 이해하고 투자하는 것이 필요합니다.

한국 주식시장의
특징은 무엇인가요?
- 수출과 코스피 지수의 관계

한국 주식시장은 앞서 살펴본 대로 글로벌 경기에 매우 민감한 '거대한 경기민감주'입니다. 한국은 수출 비중이 매우 높은 국가이기 때문인데, 한국의 수출 비중은 GDP 대비 40%입니다. 중국이 15%, 미국이 12%, 일본은 16% 정도입니다. 이들 국가와 비교하면 한국 경제에서 수출은 너무나 중요합니다. 그렇기에 코스피 지수 역시 수출에 영향을 많이 받을 수밖에 없습니다. 수출이 호조를 보일 때 한국 증시는 추세적으로 상승했고, 수출이 감소할 때 한국 증시의 성과는 부진했습니다.

그렇다면 수출이 증가하는 국면에서 투자 비중을 더 늘리는 것이 정답이고, 반대로 수출이 감소할 때와 수출승가율이 최악일 때 주식투자 비중을 계속 줄이고 현금을 늘리는 게 정답이 되겠네요. 그런데 그렇게 투자하면

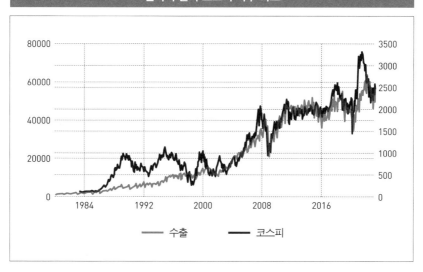

한국 수출과 코스피 지수 비교

출처: 옐로우차트

안 됩니다. 한국 주식시장은 경기민감주의 특징을 갖고 있습니다. 한국 주식시장에서는 반대로 생각하고 투자하는 것이 필요합니다. 경기가 너무 좋을 때 오히려 조심해야 하고, 경기가 최악일 때 투자를 고민해야 합니다.

수출도 마찬가지입니다. 수출이 너무 좋을 때와 수출증가율이 최고일 때 현금 비중을 늘려야 하고, 수출이 너무 안 좋을 때와 수출증가율이 최악일 때 주식 비중을 늘려야 합니다. 실제 데이터가 이를 증명하고 있습니다. 다음 페이지의 표들은 수출증가율이 가장 높았을 때를 기준으로 수출증가율이 가장 낮았을 때까지의 주가상승률과 수출증가율이 가장 낮았을 때를 기준으로 수출증가율이 가장 높았을 때까지의 주가상승률을 시기별로 나타낸 표들입니다.

기간 1	수출증가율	코스피상승률
2008년 7월	+36%	
2008년 8월 ~ 2009년 1월		-43%

2008년 7월 금융위기 직전 한국의 수출증가율은 +36%였습니다. 금융위기가 오기 전인데도 한국의 수출은 호황이었습니다. 하지만 2008년 7월에 금융위기가 왔고, 결국 2008년 8월부터 2009년 1월까지 주가는 -43%나 하락했습니다.

기간 2	수출증가율	코스피상승률
2009년 1월	-34%	
2009년 2월 ~ 2010년 5월		+40%

2009년 1월 금융위기가 닥친 이후 글로벌 경기가 크게 위축되며 한국의 수출증가율은 -34%를 기록했습니다. 하지만 그 후 주가는 급등했습니다. 한국의 수출증가율이 고점을 찍은 2010년 5월까지 코스피 지수는 +40%나 상승했습니다.

기간 3	수출증가율	코스피상승률
2010년 5월	+42%	
2010년 6월 ~ 2015년 8월		+19%

금융위기 이후 경기를 회복시키기 위해 많은 유동성이 풀렸고, 2010년 글로벌 경기는 크게 개선되었습니다. 한국의 수출증가율은 2010년 5월 +42%였습니다. 그런데 이 시기는 독특했습니다. 무려 5년간 한국의 수출증

가율이 +권을 유지했기 때문입니다. 2015년 8월에 가서야 한국의 수출증가율이 -를 기록했습니다.

수출증가율 고점과 저점까지의 기간이 5년이 넘었기 때문에 한국 증시에 미치는 영향이 크지 않았고, 오히려 주가는 그 전의 흐름과 반대로 +19% 상승했습니다. 예외적인 시기였습니다.

기간 4	수출증가율	코스피상승률
2015년 8월	-15%	
2015년 9월 ~ 2017년 9월		+24%

2015년 8월, 중국의 경기 위축으로 한국의 수출은 -15% 감소했습니다. 하지만 중국의 경기 부양이 시작되었고 글로벌 경기도 개선되면서 2017년 9월까지 수출은 성장세를 보였습니다. 이 기간 동안 코스피 지수는 +24% 상승했습니다.

2017년 9월 수출증가율이 고점을 형성한 시기에 미국은 본격적으로 금리를 인상하고 있었는데, 긴축에 따른 경기 부담과 코로나19까지 발생하며 코스피 지수는 -28% 하락했습니다.

기간 5	수출증가율	코스피상승률
2017년 9월	+35%	
2017년 10월 ~ 2020년 4월		-28%

코로나19 팬데믹이 한창이던 시기, 한국의 수출은 -25% 감소했습니다. 하지만 전 세계적인 돈풀기에 힘입어 경기는 회복되었고, 코스피는 1년간 +61%나 상승했습니다.

기간 6	수출증가율	코스피상승률
2020년 4월	-25%	
2020년 5월~2021년 5월		+61%

　2021년 한국 수출은 매달 사상 최고치를 경신하고 있었습니다. 수출증가율은 2021년 5월에 최고치를 기록했습니다. 수출증가율이 고점을 찍고 내려오자 코스피 지수는 2021년 6월 3,300p를 고점으로 계속 하락했고, 2023년 1월 수출증가율이 -17%를 기록하며 저점을 찍었을 때까지 -28% 하락했습니다.

기간 7	수출증가율	코스피상승률
2021년 5월	+46%	
2021년 6월~2023년 1월		-28%

　위의 표에서 알 수 있듯이 수출증가율이 최고일 때(수출증가율이 30%를 상회할 때) 주가 지수는 고점을 형성했고 하락했습니다. 반면 수출증가율이 최악일 때(수출증가율이 -15% 이하일 때) 주가 지수는 저점을 형성하고 상승했습니다. 최고일 때 계속 좋을 것이라 생각하고 투자하면 큰 손실을 보게 되고, 최악일 때 계속 나쁠 것이라고 생각해 현금 비중을 늘리면 큰 기회를 잃게 되는 것을 우리는 알 수 있습니다. 물론 세 번째 사이클인 2010년 5월 ~2015년 8월처럼 데이터가 맞지 않는 경우도 있지만 주식시장에 100%는 없습니다. 하지만 수출증가율이 매우 높았을 때 팔고 수출증가율이 매우 낮았을 때 투자했다면 확률적으로 높은 성과를 낼 수 있었습니다.

　한국 증시에서 절대적인 수출 금액보다 중요한 것은 수출증가율의 방향입니다. 수출증가율이 역성장을 하더라도 저점이 상승한다면 지수는 상승하고, 수출증가율이 고성장을 하더라도 고점이 낮아지면 지수는 하락하게 됩니다. 2023년 1월 한국 수출증가율은 -17%로 저점을 형성했습니다. 그렇다면 이번 사이클은 언제까지 이어질까요? 언제 수출증가율이 고점을 형성할지는 모르겠지만 수출증가율이 30%를 상회한다면 사이클이 끝날 가능성이 높습니다. 수출증가율의 방향과 주가 지수의 흐름이 이번에도 일치할지 눈여겨보기 바랍니다.

염불리의 꿀팁

한국 주식시장의 세 번째 특징은 수출이 호황일 때 조심하고, 수출이 불황일 때 기회를 엿보아야 한다는 것입니다. 수출증가율이 최고일 때(수출증가율이 30%를 상회할 때) 주가 지수는 고점을 형성했고 하락했습니다. 반면 수출증가율이 최악일 때(수출증가율이 -15% 이하일 때) 주가 지수는 저점을 형성하고 상승했습니다. 최고일 때 계속 좋을 것이라 생각하고 투자하면 큰 손실을 보게 되고, 최악일 때 계속 나쁠 것이라고 생각해 현금 비중을 늘리면 큰 기회를 잃게 됩니다. 한국 주식시장에서 성공하고 싶다면 수출증가율의 방향성을 반드시 확인해야 합니다.

질문
TOP
44

한국 주식시장의
특징은 무엇인가요?
- 달러와 반대로 가는 증시

한국 주식시장의 네 번째 특징은 코스피 지수가 달러 가치와 반대로 움직인다는 것입니다. 달러가 상승하면 무조건 주가가 하락하고, 달러가 하락하면 주가가 무조건 상승한다는 것은 아닙니다. 하지만 한국 주식시장이 유독 달러 움직임에 민감하다는 것은 사실입니다. 코스피 지수와 달러 가치의 상관계수는 -0.8입니다. 달러 가치가 하락하면 80%의 확률로 코스피는 상승한다는 의미입니다. 달러 방향을 예측할 수 있다면 한국 증시의 방향성도 어느 정도 예측할 수 있습니다.

달러 가치는 여러 가지 요인에 의해 결정되는데, 그중에서도 미국 경제의 상대적 우위와 미국의 통화정책이 가장 큰 영향을 끼칩니다. '달러 스마일 곡선'이라는 이론이 있습니다. 미국 경제가 다른 나라에 비해 튼튼할

달러를 웃게 만드는 2가지
1) 미국 경기의 상대적 우위
2) 미국의 금리 인상

달러 가치 상승
(코스피 하락)

1) 미국 경기 〉 글로벌 경기
(글로벌 경기 위축)

2) 미국 통화정책 긴축
(금리 인상 지속)

달러 가치 하락
(코스피 상승)

글로벌 경기 〉 미국 경기
미국 통화정책 완화(금리 인하)

때, 미국의 통화정책이 긴축(금리 인상) 기조일 때 달러 가치는 올라가는데, 마치 사람이 웃을 때 입꼬리가 올라가는 모습과 같다고 해서 붙여진 이름입니다. 글로벌 경기가 미국보다 우위에 있고 미국의 통화정책이 완화(금리 인하) 기조로 바뀌면 반대로 입꼬리는 내려가고 달러화는 하락하게 됩니다. 2022년에 달러화는 +8.19% 상승했는데 유로화는 -6% 하락했고, 엔화는 -19.7% 하락했습니다. 파운드화 역시 -11% 하락했습니다. 달러만 강세를 보였습니다. 달러화가 크게 상승하자 코스피는 힘을 쓰지 못하고 크게 하락했습니다.

그런데 2023년이 되자 상황이 180도 달라졌습니다. 중국이 제로 코로나를 풀고 리오프닝을 시작하자 중국 매출 비중이 높은 유럽 명품 기업들의 주가가 급등하기 시작했고, 독일 등 유럽 주요국의 경기선행지수가 상승세로 전환되었습니다. 날씨도 도와주었습니다. 러시아의 가스관 봉쇄로 겨울철 난방용 천연가스 수급에 비상이 걸렸던 유럽은 겨울철 날씨가 20도를 웃돌면서 천연가스 재고가 크게 늘어났고, 천연가스는 고점에서 -80%나 급락했습니다. 유럽의 2023년 경제는 시작부터 훈풍이 불었던 것입니다. 유럽 경제가 살아나자 2022년 9월 1유로당 0.95달러에 있던 유로/달러는 2023년 4월 1유로당 1.1달러까지 +15% 상승했습니다. 유럽 경제가 살아나자 유로화는 상승했고, 달러는 하락한 것입니다. 중국과 유럽은 글로벌 경제에서 미국 다음으로 비중이 큰 지역입니다. 이 지역의 경제가 살아나자 달러는 상대적으로 약해지게 된 것입니다. 달러가 하락하자 글로벌 증시는 강세전환 했는데, 2023년 1~4월까지 유럽 증시는 +4.7% 상승했고 코스피는 +10% 상승했습니다. '달러 하락=코스피 상승'이라는 공식이 맞아떨어진 것입니다.

달러 가치에 영향을 주는 또 다른 요소는 미국의 통화정책입니다. 달러는 미국 돈입니다. 돈의 가치는 금리와 연동됩니다. 금리가 오르면 돈의 가치는 상승하게 됩니다. 달러가 상승한다는 것은 결국 미국 돈의 가치, 금리가 상승한다는 의미와 같습니다. 2022년 미국은 기준금리를 0%에서 무려 4.5%까지 인상했는데요, 기준금리가 +4.5%나 상승하자 미국의 시중금리도 4%를 넘어서면서 큰 폭의 상승세를 기록했습니다. 금리가 오르자 달러는 당연한 듯이 강한 상승세를 보였고 유로화, 엔화, 파운드화의 약세까지 겹치며 2022년 한때 +15%나 상승하는 흐름을 보였습니다. 2023년에는 분위기가 달라졌는데요, 미국의 금리 인상 기조가 올해는 끝날 것이라는 전망이 우세했습니다. 물가는 꺾이기 시작했고, 미국의 통화정책이 과도한 긴축에서 긴축 완화로 분위기가 전환되자 2022년 113까지 상승했던 달러지수는 2023년 4월 100까지 크게 하락했습니다. 유로화 가치가 상승하고, 미국의 과도한 긴축 정책이 종료되며 중국의 경기가 회복되자 달러화는 떨어졌고, 한국 증시는 강세장으로 전환했습니다.

이처럼 외국인투자자들은 달러의 방향성을 보고 투자하는 경향이 매우 강합니다. 달러가 강해질 것이 분명하면 한국주식을 매도하고 미국에 예금을 하거나 미국의 안전자산으로 포트폴리오를 변경합니다. 반대로 달러가 약해지면 미국의 안전자산에서 돈을 빼서 한국주식을 순매수합니다. 달러 가치가 상승하던 2022년 1월부터 2022년 9월까지 -16조 원을 순매도했던 외국인투자자들은 달러 가치가 하락한 2022년 10월부터 2023년 4월까지 +13조 원을 순매수했습니다. 달러 가치는 외국인들이 투자전략을 세우는 데 있어서 가장 중요한 요소 중의 하나입니다. 달러를 결정하는 스마일 곡선을 꼭 이해해야 하는 이유이기도 합니다. 한국 주식시장은 달러 가치와 반대로 움직인다는 사실을 잊지 마시기 바랍니다.

 엄블리의 꿀팁

한국 주식시장의 네 번째 특징은 코스피 지수가 달러 가치의 방향과 반대로 움직인다는 것입니다. 달러 가치가 하락하면 80%의 확률로 코스피는 상승하고, 달러가 상승하면 반대로 코스피는 하락하는 경우가 많습니다. 달러를 결정하는 요소 중 가장 큰 영향을 끼치는 것은 미국 경제의 상대적 우위와 미국의 통화정책입니다. 유럽이나 중국, 일본의 경제가 좋아져서 유로화나 위안화, 엔화가 강해지면 달러 가치는 하락하게 됩니다. 미국이 기준금리를 올리는 긴축 정책을 시행할 때도 달러 가치는 상승하게 됩니다.

한국 주식시장의
특징은 무엇인가요?
- 미국 기업 주가와의 동조성

한국은 수출 비중이 높은 국가입니다. 특히 한국 경제는 중국 경제에 대한 의존도가 높은 편인데, 한때 중국에 대한 수출 의존도는 25%에 달했습니다. 하지만 중국의 기술 자립, 부진한 제조업 경기 등의 영향으로 2023년 4월 기준으로 한국의 대중국 수출 의존도는 19%까지 떨어졌습니다. 반면 한국의 대미국 수출 비중은 18%까지 상승하며 이제 미국이 한국의 주요한 수출국으로 전환될 조짐을 보이고 있습니다.

과거에는 한국의 수출 기업들이 중국에 중간재*를 수출했고, 이를 수입한 중국 기업들은 완제품을 만들어 미국에 수출하는 경제 구조를

중간재

완제품을 만들기 위해 중간에 들어가는 부품이나 재료를 의미. 스마트폰을 만들기 위해서는 반도체, 기판, 카메라 등이 필요한데 이 부품들을 중간재라고 한다.

가지고 있었습니다. 그런데 중국은 이제 한국에서 중간재를 수입하기보다 자신들이 직접 중간재를 제조하고 완제품을 만들어 수출하고 있습니다. 중국에 대한 수출 감소가 일시적이지 않고 구조적일 수밖에 없는 이유입니다. 이제 중국을 거쳐 가던 한국 수출은 줄어들었고, 미국에 대한 수출 비중은 더욱 늘어나고 있습니다. 한국 기업들의 미국 의존도는 앞으로도 계속 커질 수밖에 없는 상황이 된 것입니다.

기업 실적에서도 이러한 점이 명백히 드러나는데, 한국 수출의 30%는 반도체입니다. 반도체 수출의 50%는 중국 향입니다. 중국 수출이 급감하자 반도체 기업들의 이익은 처참했습니다. 2022년 1분기 14조 원의 이익을 냈던 삼성전자는 2023년 1분기 6,200억 원의 영업이익을 기록했습니다. 2022년 1분기 2.8조 원의 영업이익을 냈던 SK하이닉스는 2023년 1분기 −3.4조 원의 적자를 기록했습니다. 반면 중국 점유율 1%대로 중국 비중이 극히 낮았던 현대차는 2023년 1분기 코스피 상장사 중 영업이익 1위를 기록했습니다. 현대차의 2022년 1분기 영업이익은 1.9조 원이었지만 2023년 1분기에는 3.6조 원의 영업이익을 냈습니다. 미국 판매 비중이 높았던 현대차의 승리였습니다.

경제 구조의 변화와 기업의 실적 변화에서도 잘 알 수 있듯이 한국 경제에 미치는 미국 경제의 영향력은 앞으로도 더욱 커질 것입니다. 때문에 주식투자자라면 미국 주요 기업들의 사업현황과 전망, 실적 및 주가 추이에 대해서는 꾸준히 업데이트를 하는 것이 반드시 필요합니다. 미국 기업들의 흐름이 과거보다 훨씬 높은 강도로 한국 증시에 반영될 가능성이 높기 때문입니다.

미국 주요 기업과 영향을 받는 한국 기업 목록

업종	미국 기업	한국 기업
반도체	엔비디아, TSMC, 마이크론	삼성전자, SK하이닉스 등
반도체 장비	AMAT, ASML, 램리서치	한미반도체, HPSP, 이오테크닉스 등
IT	애플, 아마존, 알파벳, MS	LG이노텍, NAVER, 카카오 등
미디어	넷플릭스, 월트디즈니	스튜디오드래곤, SBS 등
자동차	GM, 포드	현대차, 기아, 현대모비스 등
2차전지	테슬라(전기차), 알버말(리튬)	LG에너지솔루션, POSCO홀딩스, 엘앤에프 등
태양광	퍼스트솔라, 선파워	한화솔루션 등
건설기계	캐터필라	두산밥캣, HD현대인프라코어 등
에너지	엑슨모빌, 셰브론	S-Oil, GS 등
의류	갭, 룰루레몬, 나이키	한세실업, 영원무역 등
피부 미용	인모드	클래시스, 제이시스메디칼, 원텍, 비올 등

위의 표는 투자자들이 알아야 할 주요 미국 기업 목록입니다. 해당 미국 기업들의 실적과 주가가 추세적으로 상승하면 관련 업종에 속해 있는 한국 기업들의 주가가 상승하는 경우가 많았습니다. 세계 3위 메모리 반도체 기업인 마이크론이 하루에 +3% 이상 급등하면 SK하이닉스 역시 같은 방향으로 움직이는 경우가 많았습니다. 애플이 아이폰 효과로 매출이 호조를 보이고 주가도 좋다면 LG이노텍 역시 그 방향을 따라가는 경우가 많았습니다. LG이노텍은 애플 아이폰에 카메라 모듈을 만들어 공급하는 기업인데, 애플 아이폰 매출이 늘어나게 되면 LG이노텍의 카메라 모듈 매출은 증가하고 실

적도 증가하게 됩니다. 이와 반대로 아이폰 매출이 감소하면 LG이노텍의 실적과 주가에도 부정적인 영향이 불가피합니다.

    미국 기업들이 한국 기업들에 미치는 영향력은 2023년 들어 더욱 커졌는데, 2023년 1월 공개된 챗GPT가 가장 대표적입니다. MS(마이크로소프트)의 챗GPT는 인간처럼 대화할 수 있는 생성형 언어모델*을 탑재한 AI 소프트웨어입니다. 질문을 하면 답을 찾아 인간처럼 답변을 해줍니다. 대중화 여부는 아직 알 수 없지만 국내 주식시장에 미치는 영향력은 대단했습니다. 챗GPT를 운영하기 위해서는 슈퍼컴퓨터가 필요한데, 여기에 필요한 최첨단 GPU는 엔비디아가 제조합니다. 구글도 '바드'라는 챗GPT와 유사한 서비스를 내놓으면서 AI 경쟁은 불을 뿜었고, 엔비디아의 GPU 수요는 급증했습니다. 엔비디아의 주가는 GPU 수요 급증 덕에 연초 이후 6월까지 +159% 상승했습니다.

    그런데 엔비디아의 GPU는 혼자서 연산을 할 수 없습니다. GPU를 보조해주는 HBM*이라는 메모리 반도체가 반드시 필요합니다. 이 HBM을 공급하는 기업이 바로 SK하이닉스입니다. HBM 수요 급증 덕에 SK하이닉스는 연초 이후 주가가 +45% 상승했습니다. 한국의 반도체 장비 기업들도 주가가 급등했는데, HBM을 제조하는 데 필요한 후공정 장비를 생산하는 한미반도체는 +290% 상승했고, 레이저 후공정 장비 기업 이오테크닉스는 +95% 상승했습니다.

미국 기업이 던진 생성형 AI 모델이 한국 반도체 기업들의 주가를 요동치게 만들었던 것입니다.

2023년 12월 한국 수출 데이터는 이러한 미국 기업들에 대한 업데이트가 앞으로 더 중요해질 수밖에 없다는 것을 명확히 알려주고 있습니다. 2023년 12월 한국의 수출금액은 576억 6,000만 달러를 기록했습니다. 그런데 중국으로의 수출 금액은 108억 6,800만 달러였고, 미국으로의 수출 금액은 112억 9,200만 달러였습니다. 뭔가 어색하지 않으신가요? 지난 20년간 한국의 수출 1위 국가는 중국이었고 거의 독보적 1위 자리를 유지하고 있었습니다. 하지만 이제 미국이 그 자리를 넘겨 받았습니다. 20년 만의 변화가 시작된 것입니다. 중국의 비중 감소, 미국의 비중 증가는 일회성이 아닌 당분간 지속될 구조적 이슈입니다. 그렇기에 투자자들은 미국 기업에 대한 업데이트를 절대 소홀히 해서는 안 됩니다. 미국 주식에 투자하지 않고 한국 주식에만 투자를 하고 있더라도 미국 기업에 대한 공부는 이제 선택이 아니라 필수인 시대가 되었습니다.

염블리의 꿀팁

한국 주식시장의 다섯 번째 특징은 미국 주요 기업들의 실적, 모멘텀, 주가 움직임 등에 의해 한국 대표 기업들의 주가도 비슷한 움직임을 보인다는 것입니다. 세계 3위 메모리 반도체 기업 마이크론 주가가 크게 요동치면 SK하이닉스 주가 역시 큰 변동성을 보이는 경우가 많습니다. 2023년 출시된 챗GPT는 엔비디아의 주가를 상승시켰고 SK하이닉스, 한미반도체, 이오테크닉스 같은 한국 반도체 기업들의 주가 역시 동반 상승시켰습니다. 한국 대표 기업들의 풍향계 역할을 해줄 미국 기업들에 대한 꾸준한 업데이트는 투자자라면 반드시 해야 할 일입니다.

한국 주식시장의
특징은 무엇인가요?
- 이전 사이클의 주도주는 회피

저자 직강 동영상 강의로 이해 쑥쑥!
QR코드를 스캔하셔서 동영상 강의를 보시고
이 칼럼을 읽으시면 훨씬 이해가 잘 됩니다!

2007년 조선주, 2010년 차화정(자동차, 화학, 정유), 2014~2015년 화장품과 인테리어, 2017년 반도체, 2019년 통신장비, 2020~2021년 인터넷과 게임. 이렇게 나열한 키워드들을 보면 어떤 것이 떠오르나요? 이 키워드들은 시기별로 우리나라 주식시장을 화려하게 장식했던 주도 업종들입니다. 2005년부터 시작된 조선주 열풍은 2007년까지 이어졌는데, 대표 조선주였던 현대미포조선의 주가는 무려 10배나 상승했었습니다. 자동차 기업인 기아의 주가는 2009년부터 2011년까지 15배 상승했고, 인테리어 기업인 한샘의 주가는 2013년부터 2015년까지 무려 20배나 상승했었습니다. 가장 최근 주도주 예시로는 카카오를 들 수 있는데, 2020년부터 2021년까지 주가가 6배나 상승했었습니다.

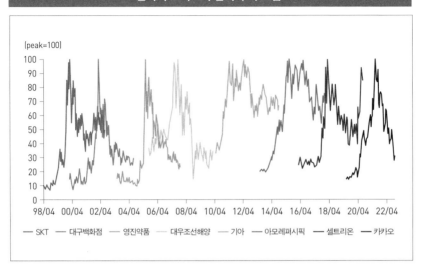

(peak=100)

98/04 00/04 02/04 04/04 06/04 08/04 10/04 12/04 14/04 16/04 18/04 20/04 22/04

— SKT — 대구백화점 — 영진약품 — 대우조선해양 — 기아 — 아모레퍼시픽 — 셀트리온 — 카카오

출처: 이베스트투자증권

이렇게 큰 상승세를 보였던 당시의 주도주들은 지금 어떻게 되었을까요? 2007년 20만 원까지 상승했던 현대미포조선은 2020년 2만 원까지 하락했고, 2023년에는 8만 원대를 기록했습니다. 기아는 2011년 85,000원까지 상승한 후 2020년 25,000원까지 하락했고, 2023년에는 8만 원대를 기록했습니다. 한샘은 2015년 34만 원까지 상승했고, 2023년에는 4만 원대를 기록했습니다. 2020년 17만 원까지 상승했던 카카오는 2023년 5만 원대를 기록했습니다. 통신장비 기업인 케이엠더블유는 주가가 10배나 상승하면서 2020년 89,500원을 기록했지만 2023년에는 주가가 1만 원대까지 엄청나게 하락하고 말았습니다.

한국 기업들은 주도주가 되면 엄청난 상승세를 보이지만 그 상승이 멈추고 하락세가 시작되면 상상할 수 없을 정도로 크게 하락하는 모습을 보이는 특징이 있습니다. 예를 들어 한샘은 2014년 정부의 부동산 규제 완화로 주택 거래가 활성화되면서 15,000원에 머물던 주가가 34만 원까지 상승했었습니다. 지금도 인테리어 1위라는 타이틀을 계속 유지하고 있지만 주가는 2023년 7월 21일 기준으로 48,350원에 불과합니다. 고점 대비 무려 -70%나 하락한 것입니다.

　'주식은 사두고 장기투자하면 오른다'는 말은 적어도 한국 주식시장에서는 잘 맞지 않습니다. 아무리 우량한 기업이라도 고점에서 잘못 투자한다면 큰 손실을 볼 수밖에 없고, 어쩌면 영원히 그 고점에 도달하지 못할 수도 있습니다. 삼성전자를 20년 전에 투자하고 지금도 계속 보유하고 있다면 평가이익은 최소 10배가 넘을 것입니다. 하지만 OCI*를 2011년에 투자했다면 -80%의 손실률을 기록하고 있을 것이고, LG디스플레이를 2007년에 투자하고 지금까지 보유하고 있다

OCI

2023년 5월 30일자로 OCI홀딩스와 OCI로 분할되어 상장된 상태. 그 전에는 OCI만 존재했었고 태양광 사업을 주로 영위했음

면 손실률은 -70%에 달할 것입니다. OCI는 태양광 기업이고, LG디스플레이는 디스플레이 기업입니다. 한때 세계 1위를 기록하던 기업들인데 주가는 왜 이럴까요? 태양광 산업과 디스플레이 산업은 오히려 그때보다 더 성장을 했는데도 주가는 너무 처참할 정도로 하락했습니다.

　이렇게 주가가 하락하게 된 이유는 중국 기업들 때문입니다. 태양광 전지의 원료는 폴리실리콘입니다. 태양광 설치량 증가로 인해 폴리실리콘 수요가 급증하자 중국 기업들이 시장에 대거 진출했고, 그로 인해 폴리실리콘 시장은 공급자가 증가하며 가격 경쟁이 펼쳐졌습니다. 이런 이유 때

문에 2011년 1조 원이 넘는 이익을 내던 OCI는 2013년에는 1,000억 원이 넘는 적자를 기록하고 말았습니다. LG디스플레이는 2008년 1.7조 원에 달하는 대규모 이익을 내던 디스플레이 1등 기업이었습니다. 그런데 OCI처럼 중국 기업들이 디스플레이 시장에 대거 뛰어들면서 위기에 빠지게 됩니다. 중국 기업들의 대규모 투자로 인한 공급과잉 여파로 디스플레이 가격은 급락했고, 기업의 경영상황은 악화되었습니다. LG디스플레이는 경영악화로 인해 2022년엔 주력 제품인 LCD TV 패널의 국내 생산까지 중단하게 되었습니다.

한국 기업들은 제조업이 많고 중국 수출 의존도가 높은 편입니다. 중국 시장이 매우 크기에 한국 기업들 입장에서 중국 수출은 매우 중요합니다. 그런데 중국은 제조업 자립을 외치면서 한국 기업들이 만드는 제품들을 직접 만들기 시작했습니다. 중국 기업들은 태양광, LCD 패널, 스마트폰, 자동차, 철강, 석유화학, 화장품 등 메모리 반도체를 제외한 대부분의 제품을 제조하고 있고, 한국 기업들과 치열하게 경쟁하고 있습니다. 중국 기업들의 약진은 한국 기업들에게 큰 부담으로 작용합니다. 피자 8조각을 국내 기업들이 대부분 먹고 있었는데 중국 기업들이 끼어들면서 이제 1조각 먹기도 벅찬 상황으로 바뀐 것입니다. 중국이 대체할 수 없는 반도체 같은 산업은 크게 문제되지 않지만 중국과 치열한 경쟁을 하는 산업의 미래는 밝지 않습니다. 예를 들어보죠. 한때 중국에서 한국 화장품은 선망의 대상이었습니다. 하지만 이제 한국 화장품은 중국인들의 선택에서 뒤로 밀려나고 있습니다. 중국 화장품의 경쟁력이 상승하면서 한국 화장품의 설 자리는 점차 좁아지고 있는 것이 현실입니다.

'이전 사이클의 주도주는 피하라'는 말은 정답일까요? 적어도 한국 주식시장에서는 정답입니다. 이전 사이클에서 주가가 10배 이상 상승한 주도주는 투자 대상에서 제외하는 것이 바람직합니다. 물론 10배 상승하고 더 상승하는 경우도 있습니다. 2023년 한국의 2차전지 일부 기업들은 장기간 주가가 10배나 상승했음에도 또 급등하는 모습을 보였습니다. 하지만 그러한 경우는 드뭅니다. 대부분의 주도주들은 10배 이상 상승한 후에 주가가 크게 하락하는 경우가 많았습니다. 2021년 들어 메타버스와 NFT 열풍에 힘입어 10배나 상승했던 게임주인 위메이드도 당시에는 '이번에는 다르다, 위메이드의 상승은 장기간 이어질 것이다'라는 의견이 많았지만 결국 결과는 좋지 않았습니다. 1년 만에 고점 대비 무려 -80%나 급락하고 말았습니다.

'달리는 말에 올라타라'는 말은 한국 시장에서는 주의해야 할 문장입니다. 주도주에서 낙마하면 더 이상 복구하기 어려운 큰 손실을 입을 수 있습니다. 한국 주식시장에서는 오히려 반대로 '최근 몇 년간 가장 많이 하락한 업종은 무엇인가?' '지난해 가장 부진했던 기업은 무엇인가?'에서 기업을 찾는 것이 더 나은 전략일 수도 있습니다. 물론 많이 빠졌다고 해서 무조건 주가가 오르는 것은 아닙니다. 기업의 부실 때문일 수도 있고, 경쟁사들의 진입으로 경쟁력이 떨어져서 주가가 하락했을 수도 있습니다. 하지만 그런 경우가 아니라면 언젠간 사이클은 돌아오게 되어 있고, 최악의 업종이 최고의 업종으로 재탄생할 수도 있습니다. 실제로 조선 업종은 2023년 최고의 업종으로 재탄생했습니다. 지난 10년간 실적도, 주가도 최악이었던 한화오션은 2023년 상반기에만 주가가 +110% 상승했습니다. 미운 오리 새끼가 백조가 된 것입니다.

1992년 이후 미국의 S&P500 지수는 +845% 상승했습니다. 한국의 코스피는 +291% 상승했습니다. 한국 시장의 수익률은 미국에 비하면 너무나 초라합니다. 미국 증시를 대표하는 애플, 엔비디아, 아마존, 구글, MS, 테슬라 등 주요 빅테크 기업들의 주가는 여전히 건재합니다. 하지만 한국 증시는 그렇지 못했습니다. 이전 사이클의 주도주가 주도주 지위를 유지하지 못하고 몰락하는 경우가 많았기 때문입니다. 한국 주식시장에서 성공확률을 높이기 위해서는 이미 큰 시세를 낸 이전 사이클의 주도주에 투자하는 것보다는 소외된 업종 중에서 앞으로 좋아질 업종이나 새로운 산업을 이끌 새로운 기업에 투자하는 것이 바람직합니다.

엄블리의 꿀팁

한국 주식시장의 여섯 번째 특징은 이전 사이클의 주도주가 계속 주도주가 되기는 어렵다는 것입니다. 미국의 빅테크 기업들은 실적도, 주가도 여전히 건재합니다. 하지만 한국의 기존 주도주들은 거대한 상승 사이클을 기록한 이후에는 몰락하는 경우가 많았습니다. 이전 사이클의 주도주가 한국 주식시장에서 계속 주도주 지위를 차지했던 경우는 극히 드뭅니다. 이전 사이클의 주도주가 아니라 새로운 주도주 발굴에 집중해야 합니다.

질문
TOP
47

한국 주식시장의
특징은 무엇인가요?
- PBR 0.9배 이하에선 투자

코스피는 거대한 경기민감주입니다. 주가가 경기에 선행하기 때문에 경기가 좋아지는 걸 확인한 후 매수하고서 경기가 악화된 걸 확인한 후 매도하면 큰 손실을 볼 수도 있습니다. 불확실하더라도 한국 주식시장에서는 반보 앞선 선제적 투자가 필요합니다. 5장에서 우리는 PBR을 이용해 '무릎에 사서 어깨에 파는 법'을 배웠는데, 코스피 지수에도 이 방법은 당연히 적용 가능합니다. 사실 PBR 지표를 이용한 코스피 투자전략은 상당히 확률이 높은 투자 방법 중의 하나입니다.

　　PBR이 낮다는 것은 그만큼 주가가 자산가치에 비해 저평가되어 있다는 것으로, 경기나 기업의 실적이 좋지 않아 주가가 많이 하락했다는 의미입니다. 반대로 PBR이 높다는 것은 경기나 기업의 실적이 매우 좋아서 주가

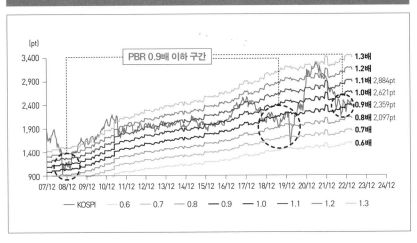

한국 코스피 PBR 밸류에이션 밴드와 주가 추이

(pt)

PBR 0.9배 이하 구간

1.3배
1.2배
1.1배 2,884pt
1.0배 2,621pt
0.9배 2,359pt
0.8배 2,097pt
0.7배
0.6배

3,400
2,900
2,400
1,900
1,400
900

07/12 08/12 09/12 10/12 11/12 12/12 13/12 14/12 15/12 16/12 17/12 18/12 19/12 20/12 21/12 22/12 23/12 24/12

— KOSPI — 0.6 — 0.7 — 0.8 — 0.9 — 1.0 — 1.1 — 1.2 — 1.3

출처: 이베스트투자증권

가 많이 상승했다는 의미입니다. 경기, 기업실적 그리고 주가는 일직선이 아닙니다. 곡선처럼 일정한 주기를 두고 사이클을 형성하게 됩니다. 때문에 안 좋을 때 좋아질 것을 고민해야 하고, 좋을 때 안 좋아질 것을 고민해야 합니다. 다만 우리는 정확한 저점이나 고점을 알 수 없기 때문에 기준점을 잡고 분할로 대응하는 것이 필요합니다.

코스피는 PBR 기준으로 0.8배에서 1.2배 사이에서 움직입니다. 물론 이 구간을 벗어나는 경우도 간혹 발생합니다. 코로나19가 한창이던 2020년 3월에 코스피 PBR은 0.63배까지 하락했었습니다. 코스피 지수가 3,300p까지 상승했던 2021년 6월에 코스피 PBR은 1.3배까지 상승했었습니다. 하지만 이러한 상황들은 발생하기 어려운 이례적인 상황들입니다. 과거 코스피 지수가 크게 충격을 받았을 때의 PBR 저점(2008년 10월 24일

0.81배, 2011년 9월 23일 1.04배, 2016년 2월 12일 0.93배, 2019년 8월 16일 PBR 0.81배, 2020년 3월 20일 PBR 0.63배, 2022년 9월 28일 0.84배) 평균은 0.84배입니다. 따라서 PBR 0.9배 이하에서 분할로 주식 비중을 늘려가는 것은 사이클의 저점에서 투자할 수 있는 기준점이 될 수 있습니다.

실제 코스피 지수 기준으로 PBR 0.9배 이하 구간에서의 주식투자는 성공적이었습니다. 2008년 금융위기, 2019년 미·중 무역갈등, 2020년 코로나 위기, 2022년 전쟁으로 인한 고물가 등으로 PBR이 0.9배 이하까지 하락한 구간에서 한국 증시에 투자했다면 상당히 높은 성과를 거두었을 것입니다. 가장 최근에 PBR이 0.9배 이하로 하락한 시점은 2022년 9월 23일이었습니다. 당시 PBR은 0.89배였습니다. 그 후 0.84배까지 하락했다가 2023년 4월 14일 0.97배까지 상승했는데요, 2022년 9월 23일 코스피 지수는 2,290이었고 2023년 4월 14일 코스피 지수는 2,571p였습니다. +12.3%의 수익률이 나옵니다. 때문에 PBR 0.9배 이하에서의 주식투자는 충분히 합리적입니다.

한국은 수출제조업 국가입니다. 코스피의 밸류에이션을 의미하는 PBR은 수출증가율에 따라 등락을 거듭해왔습니다. 수출이 증가한다는 것은 기업들의 매출이 늘어난다는 의미이고, 수출이 감소한다는 것은 기업들의 매출이 감소한다는 의미입니다. 수출증가율이 +면 코스피 PBR은 통상 1배를 넘어가고, 수출증가율이 +20%를 넘고 +30~+40%까지 상승하게 되면 PBR은 1.2배까지 상승하게 됩니다. 반대로 수출증가율이 -면 코스피 PBR은 1배를 하회하게 되고, 수출증가율이 -10%를 넘어 -20% 이하로 내려가게 되면 PBR은 0.9배 이하까지 떨어지게 됩니다. 최악의 경우에는 저점 평균 PBR인 0.84배까지도 하락할 수 있습니다.

경기 사이클을 이용한 PBR 투자법은 한국 증시에서는 꽤나 유용한 투자 방법입니다. 경기가 최악일 때 투자하고, 경기가 최고일 때 물러서는 투자 방법은 한국 증시에 매우 잘 어울리는 옷입니다. 몸에 맞는 옷을 입는다면 기분이 좋아지는 것처럼 투자의 성과도 좋아질 것입니다.

마지막으로, 코스피 PBR을 확인하는 방법을 알려드리겠습니다. 한국거래소 홈페이지에 들어가서 화면 맨 위에 있는 메뉴 중 '정보데이터시스템'을 클릭하시기 바랍니다. 왼쪽 메뉴의 '지수-주가지수' 항목에서 'PER/PBR/배당수익률' 메뉴를 클릭하시기 바랍니다. '개별지수'를 클릭한 후 '코스피'를 선택하고 원하는 날짜를 선택하면 됩니다. 매일 코스피 지수에 대한 PBR이 업데이트되기 때문에 하루에 한 번, 딱 1분만 시간을 내면 됩니다. '무릎(PBR 0.9배)에 사서 어깨(PBR 1.2배)에 팔아라'라는 격언을 지금 바로 실행하세요!

 염불리의 꿀팁

한국 주식시장의 일곱 번째 특징은 코스피 PBR 0.9배 이하에서의 주식투자는 100% 성공했다는 것입니다. 한국 증시는 거대한 경기민감주입니다. 주가가 경기에 선행하기 때문에 경기가 좋아지는 것을 뒤늦게 확인한 후 매수하게 되면 고점에 투자하게 되고, 경기가 악화된 것을 뒤늦게 확인한 후 매도하게 되면 큰 손실을 볼 수 있습니다. 때문에 코스피 지수에 투자할 때는 PBR을 이용할 필요가 있습니다. 코스피 무릎 PBR인 0.9배 이하에서 투자하고, 어깨 PBR인 1.2배 이상에서 비중을 줄이는 투자 방법은 한국에서 매우 합리적인 투자 방법입니다.

주린이가 가장 궁금해하는 기업분석 방법

- 사업구조 분석

주식투자로 수익을 내기 위해서는 주가가 상승할 기업에 투자해야 합니다. 주가가 상승하기 위해서는 기업가치가 증가해야 합니다. 기업의 가치가 증가해 기업의 미래 현금흐름이 증가한다면 그 기업에 투자한 주주들은 그 과실을 나누어 가지게 될 것입니다. 반대로 기업의 이익이 감소하거나 빚이 많아 이익의 대부분을 빚을 갚는 데 사용한다면 기업가치는 감소하게 될 것이고, 기업의 주가 역시 하락하게 될 것입니다. 주식투자는 기업에 대한 투자입니다. 기업의 가치가 앞으로 증가할지 하락할지 정확한 예측은 불가능하지만 기업분석을 제대로 한다면 기업의 미래를 합리적으로 예측할 수 있고, 실패를 줄일 수 있습니다.

7장에서는 개인투자자들이 가장 힘들어하지만 투자를 하기 위해서는 반드시 정복해야 하는 기업분석 방법을 알려드리겠습니다. 어렵지 않으니 미리 겁먹을 필요는 없습니다. 여기에 소개한 기업분석 방법만 숙지해도 훌륭한 투자자가 될 수 있습니다.

가장 중요한 것은 투자자 스스로 기업분석을 해봐야 한다는 것입니다. 기업에 대한 정보를 다양하게 습득하는 것도 중요하지만 결국 투자자 본인이 기록하고 요약해서 자기 것으로 만들어야 합니다. 그리고 초등학생도 이해할 수 있을 정도로 간단하게 기업을 설명할 수 있어야 합니다. 투자자 스스로가 이해하지 못하는 사업이라면 투자할 이유가 없습니다. 7장을 통해 기업분석 방법을 숙지하고 매월 한 개의 기업이라도 꾸준히 분석하면서 자기 것으로 만든다면 주식투자의 새로운 눈이 트일 것입니다.

질문 TOP 48

기업의 사업구조를 알아야 하는 이유가 무엇인가요?

저자 직강 동영상 강의로 이해 쑥쑥!
QR코드를 스캔하셔서 동영상 강의를 보시고
이 칼럼을 읽으시면 훨씬 이해가 잘 됩니다!

대한민국에서 가장 유명한 연예인을 꼽으라면 저는 주저 없이 '아이유'를 꼽겠습니다. 여러분도 아이유를 대부분 알고 있으리라 생각합니다. 기업분석에 앞서 아이유를 한번 분석해볼까요? 정확한 수치는 알 수 없지만 기업분석이나 아이유 분석은 비슷하다고 생각합니다.

먼저 아이유는 무엇을 하는 사람일까요? 가수? 배우? 모델? 아이유는 가수로 데뷔를 했지만 지금은 이 3가지를 다 하고 있는 연예인입니다. 신곡이 나오면 음원 차트 1위는 기본이고, 출연하는 드라마도 대부분 흥행을 합니다. 광고 모델로의 가치도 높아서 다양한 광고에서 종횡무진 활약을 펼치고 있습니다. 대한민국에서 가장 유명한 연예인이라고 할 수 있습니다.

이런 아이유를 분석할 때 무엇부터 분석하는 것이 좋을까요? 우리가 먼

가수 활동 50%

드라마 출연 30%

광고 출연 10%

기타 수입 10%

사진 출처: EDAM엔터테인먼트

저 분석해야 할 것은 아이유가 매분기, 매년 벌어들이는 현금흐름의 원천입니다. 아이유의 연간 수입(매출)이 100억 원(어디까지나 추정일 뿐입니다)이라고 가정해보겠습니다. 이 중 가수로서의 활동을 통한 앨범판매, 콘서트, 음원 수입 등이 50억 원이고, 드라마 출연을 통한 출연료가 30억 원, 광고활동을 통한 광고 수입이 10억 원, 기타 수입(소속사에서 지급하는 기본급 등)이 10억 원이라고 가정해보겠습니다. 이 중에서 가장 중요한 수입원은 무엇일까요? 그것은 바로 가수활동을 통한 수입입니다. 전체 매출의 50%를 차지하고 있기 때문입니다. 물론 드라마나 광고 수입도 지금의 인기를 감안하면 꾸준할 것이기 때문에 드라마·광고 수입도 중요한 수입원이라고 판단할 수 있습니다. 아이유는 K-POP을 대표하는 솔로 가수이면서 K-드라마의 중요한 배우로 성장했습니다. K-POP, K-드라마는 해외에서 매우 인기가 많습니다. 아이유가 속한 산업은 성장이 담보된 산업이라고 할 수 있습니다. 안정적인 수입과 더불어 아이유가 속한 산업도 성장성이 매우 높기 때문에 아이유는 훌륭한 사업구조를 가지고 있다고 판단할 수 있습니다.

이렇게 현금흐름의 원천이 무엇인지 분석하고 현금흐름을 발생시키는 사업이 속해 있는 산업의 성장성까지 분석하는 것을 사업구조 분석이라고 합니다. 삼성전자의 사업구조를 분석해보도록 하겠습니다. 삼성전자는 반도체, 스마트폰(가전), 디스플레이, 자동차 전장 부품 등의 사업으로 나눌 수 있습니다. 매출 비중으로는 스마트폰(가전) 사업부의 비중이 56%로 가장 높고, 반도체 사업부가 30%의 비중을 차지하고 있습니다. 디스플레이는 10%, 자동차 전장 부품 4% 수준입니다. 매출 비중은 스마트폰(가전) 사업부가 가장 높지만 삼성전자의 주가를 결정하는 사업부는 반도체입니다. 반도체 사업부가 이익에서 차지하는 비중이 매우 높기 때문입니다. 2022년 3분기에 삼성전자는 10.9조 원의 영업이익을 냈는데 반도체가 5.1조 원, 스마트폰(가전)은 3.5조 원의 이익을 냈습니다. 반도체가 거의 50% 정도의 이익을 담당한 것입니다.

그런데 2023년 1분기 삼성전자의 실적은 사뭇 달랐습니다. 6,400억 원의 영업이익을 기록했는데 사업부별로 보면 디스플레이가 7,800억, 스마트폰 3.9조 원, 가전/전장 사업부가 3,200억 원의 이익을 냈습니다. 이 3개 사업부의 이익만 합쳐도 5조 원의 이익인데, 전체 영업이익은 6,400억 원에 불과했습니다. 반도체가 문제를 일으켰기 때문입니다. 2023년 1분기 삼성전자 반도체 사업부의 영업이익은 -4.6조 원이었습니다. 가장 핵심인 사업부의 이익이 망가져버린 것입니다. 스마트폰은 매분기에 그래도 꾸준히 이익을 내고 있지만 스마트폰 사업부는 삼성전자의 기업가치를 결정하는 1순위 요소가 아닙니다. 삼성전자의 기업가치를 결정하는 최우선 순위는 반도체 사업부입니다. 반도체의 흥망성쇠에 따라 삼성전자의 전체 실적과 기업가치가 결정됩니다.

이번에는 네이버의 사업구조를 한번 분석해볼까요? 아래 표는 네이버의 2022년 1분기와 2023년 1분기 매출액을 비교한 표입니다. 전체 매출액과 각 사업부별 매출액이 기록되어 있습니다.

구분	2022년 1분기	2023년 1분기	증가율
전체 매출액	1.85조 원	2.28조 원	+23%
서치플랫폼(검색광고)	8,499억 원	8,518억 원	+0.2%
전자상거래	4,165억 원	6,059억 원	+45%
핀테크	2,748억 원	3,182억 원	+16%
콘텐츠	2,120억 원	4,113억 원	+94%
클라우드	921억 원	932억 원	+1%

2022년 1분기와 비교해서 전체 매출액은 +23%로 준수한 성장을 기록했습니다. 매출 성장과 더불어 영업이익도 +10% 정도 늘어났지만 주가는 처참했습니다. 2022년 1분기 35만 원대에 있던 네이버 주가는 2023년 1분기 19만 원대까지 -46% 하락했습니다. 주가가 하락한 원인은 다양하지만 네이버의 핵심사업부(가장 많은 매출을 차지하고 있는)인 서치플랫폼의 부진이 가장 큰 원인이었습니다. 성장률이 1년 전보다 +0.2%에 불과했고, 전체 매출 성장률 +23%와 비교하면 더욱 초라한 수치입니다. 서치플랫폼은 검색광고를 의미합니다. 한국의 수출과 내수 경기가 악화되고 기업들의 이익이 줄어들자 기업들은 광고비 지출을 줄이기 시작했습니다. 네이버의 검색광고 매

출 역시 기업들의 보수적인 광고비 집행으로 성장세가 크게 둔화될 수밖에 없었습니다. 웹툰 등의 콘텐츠 사업은 무려 +94%나 성장했지만 주식시장은 여전히 네이버의 검색광고를 더 중요하게 여겼고, 검색광고의 부진을 네이버의 기업가치에 그대로 반영시켰습니다.

이처럼 기업이 벌어들이는 현금흐름의 원천, 즉 가장 큰 비중을 차지하는 핵심사업(주가를 결정짓는)이 무엇이고 그 사업이 속한 산업이 꾸준히 성장할 수 있는지를 분석하는 것이 사업구조 분석입니다. 영화 〈친구〉에서 나온 유명한 대사인 '느그 아부지 뭐하시노?'처럼 '뭐하는 회사이고?'에 대한 답이 바로 사업구조 분석입니다. 주식투자는 그 기업의 주주이자 동업자가 되는 것입니다. 동업자가 자기가 투자한 회사가 뭐하는 회사인지 정확히 모르고 있다면 그 사람이 투자한 돈은 눈먼 돈이 될 것입니다. 어떤 사업을 하고 있고 그 사업이 잘되고 있는지, 앞으로도 계속 잘될지를 파악하는 것은 기본 중의 기본입니다. 또한 이렇게 사업구조 분석을 통해 기업을 파악하는 것을 정성적 분석이라고 부릅니다.

 엄블리의 꿀팁

기업이 벌어들이는 현금흐름의 원천, 즉 가장 큰 비중을 차지하는 핵심사업(주가를 결정짓는)이 무엇이고 그 사업이 속한 산업이 꾸준히 성장할 수 있는지를 분석하는 것이 사업구조 분석입니다. 주식투자는 기업에 대한 투자입니다. 그 기업의 동업자가 되는 것입니다. 삼성전자의 핵심사업은 반도체이고, 네이버의 핵심사업은 서치플랫폼입니다. 주식투자는 기업들의 핵심사업이 무엇인지 아는 것에서부터 시작됩니다.

사업구조를
직접 확인할 수 있나요?
- 제이브이엠

사업구조는 어떤 기업이 현금흐름을 창출하는 주요 사업 부문이 무엇인지를 나타내는 단어입니다. 영어로는 비즈니스 모델, BM이라고도 부릅니다. 증권 용어로 BM을 많이 사용하므로 지금부터는 사업구조를 BM으로 표기하겠습니다.

BM을 파악하는 가장 좋은 방법은 전자공시의 사업보고서나 분기·반기 보고서의 '사업의 내용'을 읽는 것입니다. 어떤 사업을 하고 있고 각 사업부의 매출 비중은 어떻게 되어 있는지 자세히 나와 있기 때문에 BM 분석을 하기 위해서는 반드시 읽어야 하는 자료입니다. 기업에서 발간하는 IR보고서나 증권사 리포트도 괜찮지만 기업분석은 전자공시를 통해 시작하시기 바랍니다.

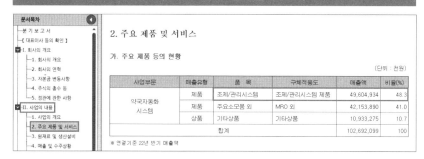

제이브이엠의 2022년 3분기 분기보고서

2. 주요 제품 및 서비스

가. 주요 제품 등의 현황

(단위 : 천원)

사업부문	매출유형	품 목	구체적용도	매출액	비율(%)
약국자동화 시스템	제품	조제/관리시스템	조제/관리시스템 제품	49,604,934	48.3
	제품	주요소모품 외	MRO 외	42,153,890	41.0
	상품	기타상품	기타상품	10,933,275	10.7
합계				102,692,099	100

※ 연결기준 22년 반기 매출액

출처: 전자공시

그럼 지금부터 실제 사례를 통해 BM 분석을 해보도록 하겠습니다. 먼저 2022년 3분기 분기보고서를 통해 '제이브이엠'이라는 기업을 분석해보겠습니다.

제이브이엠은 코스닥 상장기업입니다. 이 기업은 1977년 협신의료기 상사로 출발한 의료기기 회사로 2000년 제이브이메디로 사명을 전환하면서 병원/약국 자동화 관련 장비 사업을 시작했습니다. 2004년에는 제이브이엠으로 사명을 변경했고, 2016년에는 한미사이언스에 인수되면서 한미약품그룹의 자회사가 되었습니다. 분기보고서에 있는 '사업의 개요'에는 제이브이엠의 BM이 적혀 있는데요, '당사 주력 시스템들은 대형 병원약국, 중소병원약국 또는 조제약국 그리고 요양병원에서 사용되며 약국에서 조제되어야 하는 약들을 의사 또는 약사가 환자의 처방전 정보를 컴퓨터에 입력만 하면 장비가 네트워크로 연결되어 약을 관리, 분류, 분배, 포장하며 약봉지마다 투약정보인쇄, 유통기관관리, 누계, 합산, 재고수량관리를 가능하게 하는 최첨단 약국 자동화 시스템입니다'라고 쓰여 있습니다. 해석을 하면 약국에서 약을 조제할 때 수동으로 하지 않고 장비에 데이터만 입력하면 자동으로 약을 조제하고 포장까지 해주는 자동화 장비를 생산하는 기업이라는 의미입니다. 보다 안정적이고 효율적인 조제업무 및 약무관리를 진행할 수 있기 때문에 경제성, 효율성, 활용성이 매우 높은 자동화 장비입니다.

'주요 제품 및 서비스' 항목을 보면 매출 비중을 알 수 있는데요, 사업부문은 약국 자동화 시스템과 관련된 매출이 100%입니다. 세부 내용으로는 약을 자동으로 조제하고 관리하는 시스템이 48.3%, 자동화 장비에 필요한 소모품이 41%, 기타상품이 10.7%입니다. 여기까지 확인했다면 이제 우리는 제이브이엠의 BM을 파악할 수 있습니다.

자동으로 약을 조제하고 포장하는 약국 자동화 시스템을 제조 및 판매하며, 주요 매출처는 약국이라는 것을 알 수 있습니다. 제이브이엠이 개발해서 판매하는 장비는 4가지 정도로 나눌 수 있는데 ATDPS, VIZEN, WIZER, INTIPharm입니다. ATDPS는 전자동 정제 분류 및 포장 시스템으로 처방전을 입력하면 약을 자동으로 분류·포장해주고 재고관리도 해주는 시스템으로, 정확한 조제 및 조제시간 단축으로 처방능력을 극대화해주는 제품입니다. 이 시스템을 한 대 구입 시 최소 1.2~4명 이상의 인건비를 절감할 수 있다고 합니다. VIZEN은 전자동 정제 포장 검수시스템으로 조제 완료된 약이 제대로 포장되었는지 검사하는 장비입니다. WIZER은 전자동 조제 커팅 및 와인딩 시스템으로, 조제 및 검수가 완료된 조제물을 환자별로 원하는 기간별로 자르고 감아주는 장비입니다. INTIPharm은 전자동 약품관리 시스템으로 처방에 따른 의약품을 자동으로 관리하는 장비로, 약품을 추적하는 데 필수장비로 부각되고 있다고 합니다. 이 4가지 장비는 약을 제조하고 포장하고 관리하는 데 들어가는 시간과 인건비를 단축시켜주는 자동화 장비이

2] 제품 및 기술

① **ATDPS**(**A**utomatic **T**ablet **D**ispensing & **P**ackaging **S**ystem: 전자동 정제 분류 및 포장 시스템)

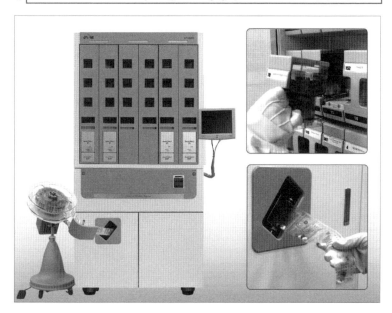

- 기존 Bottle(Vial) 방식 혹은 Blister(Bingo Card) 방식 대비 편의성 및 경제성 탁월
- 네트워크를 통한 처방전 입력 시 약의 분류, 포장, 투약정보인쇄, 유통기간관리, 재고수량관리에 이르는 전 과정을 자동 처리하는 최첨단 자동화 시스템
- 정확한 조제 및 조제시간 단축으로 처방능력 극대화를 통한 선진화된 약국 자동 전산 시스템 구축
- 약사 조제 및 포장 업무를 최소화 → 약사의 본업에 충실 가능(상담 및 투약지도)
- 제품의 업그레이드와 고객의 요구에 맞게 연동 및 변형이 자유로움
- 1회 다량 약품 조제, 장기 조제, 처방 건수가 많을수록 간이포장기보다 조제 업무속도 빨라짐
- 시스템 한 대 구입 시 최소 1.2~4명 이상의 인건비 절감 효과
- 약사는 안전하고 정확하게 검수 및 환자 복약상담에 전념 가능

출처· 전자공시

고, 제이브이엠의 주력 제품들입니다.

수출 중심 기업인지 내수 중심의 기업인지 파악하는 것도 중요한데요, '매출 및 수주 상황'을 보면 제이브이엠의 주력 시장을 파악할 수 있습니다. 2022년 3분기 기준으로 매출액 1,026억 원을 기록했는데 내수는 554억 원, 수출은 472억 원을 기록했습니다. 내수가 54%, 수출이 46%라는 것을 알 수 있습니다. 내수와 수출의 차이가 크지 않기 때문에 어느 것이 더 중요하다고 단정 짓기는 어렵습니다. 이럴 때는 과거의 추이를 보는 것도 중요한데요, 내수 비중만 살펴보면 2019년 56%, 2020년 52%, 2021년 56%로 2022년과 큰 차이가 없습니다. 제이브이엠은 내수와 수출이 적절히 균형을 이루고 있는 기업이라고 판단할 수 있습니다.

이렇게 제이브이엠의 BM을 한번 분석해보았습니다. 사실 제이브이엠의 BM은 어렵지 않고 단순합니다. 초보 투자자들에게는 이렇게 BM이 단순하고 직관적인 기업들을 먼저 투자 대상으로 삼는 것이 바람직합니다. 너무 복잡한 BM을 보유한 기업은 분석도 어렵고, 예측도 어렵기 때문입니다.

 염불리의 꿀팁

사업구조(BM)은 어떤 기업이 현금흐름을 창출하는 주요 사업 부문이 무엇인지를 나타내는 단어입니다. BM을 파악하는 가장 좋은 방법은 전자공시의 사업보고서나 분기·반기 보고서의 '사업의 내용'을 읽는 것입니다. 어떤 사업을 하고 있고, 각 사업부의 매출 비중은 어떻게 되는지 자세히 나와 있기 때문에 BM 분석을 하기 위해서는 꼭 읽어야 하는 자료입니다. BM은 단순할수록 좋습니다. 곁가지가 많으면 투자 결론을 내기 어렵습니다. 제이브이엠처럼 단순한 BM을 보유한 기업들의 사업보고서를 읽어보면서 BM을 분석하는 훈련을 계속해나가길 바랍니다.

사업구조를
직접 확인할 수 있나요?
- 롯데하이마트

이번엔 유통 기업으로 유명한 '롯데하이마트'의 BM을 알아보겠습니다. 제이브이엠처럼 2022년 3분기 분기보고서를 통해 BM을 분석해보겠습니다. '사업의 개요'부터 살펴보겠습니다.

롯데하이마트는 1987년에 설립된 기업으로, 단기간에 전국적인 점포망을 갖춘 전자제품 전문점으로서 입지를 다졌습니다. TV, 냉장고, 세탁기 등 대형 가전제품 중심에서 2001년부터는 PC 판매를 시작하면서 IT 관련 제품도 본격적으로 판매하기 시작했습니다. 더 나아가 2007년에는 휴대폰 판매를 시작했고 스마트폰, 태블릿 PC, 생활가전 등으로 품목을 계속 확대해왔습니다.

배송 및 설치 서비스 관련해 전국적으로 14개의 물류센터를 운영 중이며, CS 마스터 제도를 시행해 전문 설치팀을 육성 및 관리하고 있습니다. 총 14곳의 서비스센터를 운영하고 있으며, 전자제품 A/S도 시행하고 있습니다. 온라인 시장의 성장에 대응하기 위해 2000년에는 온라인 쇼핑몰도 출범했습니다. 온라인 사업 경쟁력 강화를 위해 온라인 전용 물류센터를 2017년에 구축했습니다. 온라인 상품 카테고리도 2020년 229만 개에서 2021년에는 351만 개까지 확대했고, 홈인테리어 품목을 중심으로 카테고리 확장을 진행 중에 있습니다.

롯데하이마트의 대략적인 연혁과 현재 사업 현황을 살펴보았는데요, 이제부터는 롯데하이마트의 구체적인 판매 상품에 대해 알아보겠습니다. 분기보고서 '주요 제품 및 서비스' 항목에 나온 내용을 토대로 분석해보겠습니다.

롯데하이마트는 백색 및 생활/주방가전, 영상 및 IT 가전 제품 판매가 주력 사업입니다. 백색 및 생활/주방가전 품목은 냉장고, 세탁기, 에어컨, 청소기, 주방가전 등의 제품을 의미합니다. 영상 및 IT 가전은 TV, PC와 모바일을 의미하며, 특히 TV는 65인치 이상의 대화면 TV가 잘 팔린다고 합니다. 스마트폰은 보급 확대 및 교체 수요 감소로 시장 전체의 성장성은 둔화되고 있다고 합니다.

매출 비중을 살펴보면 백색 및 생활/주방가전의 매출 비중은 67.1%이고, 영상 및 IT 가전은 32.9%를 차지하고 있습니다. 백색 및 생활/주방가전은 대형 가전이고 금액이 크기 때문에 매출 비중이 높을 수밖에 없습니다. 수출은 전혀 없고, 100% 내수로만 매출이 발생하는 것도 특징적입니다. 국내 가전 수요가 매출을 결정짓는다고 봐도 무방합니다.

지금까지 롯데하이마트의 BM에 대해 알아보았습니다. 결론을 내보겠습니다. 롯데하이마트는 거의 대부분의 가전, IT 제품을 취급하고 있고, 이러한 제품들을 대형 점포나 온라인 쇼핑몰을 통해 판매하는 가전 및 IT 전문 유통회사입니다. 롯데하이마트의 BM은 제이브이엠처럼 단순합니다. 기업 분석은 어렵게 할 이유가 없습니다. 단순하게 파악할 수 있는 것이 투자에 더 유리합니다. 롯데하이마트는 한마디로 '가전제품을 판매하는 유통사'라고 정의할 수 있습니다. 롯데하이마트의 현금흐름이 증가하고 기업가치가 증가하기 위해서는 주력 상품인 대형 백색 및 생활/주방가전의 매출이 증가해야 합니다.

실제 2020년 코로나19 팬데믹 시기에 가전제품이 잘 팔리자 롯데하이마트는 +60%의 이익 성장을 기록했고, 주가는 2020년 3월 저점에서 무려 4배나 상승했었습니다. 필자 역시 2020년 코로나 당시에 가전제품을 구매했던 기억이 납니다. 바깥에 외출은 할 수 없고 집에 있는 시간이 많아지다 보니 집에 있는 가구나 가전제품에 자꾸 눈이 갔었습니다. 굳이 바꾸지 않아도 되었지만 정부에서 두 번이나 현금을 주었고, 외출이나 여행에 지출할 돈이 감소하다 보니 가구나 가전제품 구매에 큰 부담이 없었습니다. 아마 그 당시에 필자처럼 생각하고 가전제품을 구매했던 사람들이 많았을 것입니다. 가전제품을 주력으로 판매하는 롯데하이마트의 기업가치 증가는 어찌 보면 당연할 수밖에 없었습니다. 가전제품을 제조하는 LG전자 역시 마찬가지였습니다.

하지만 코로나 팬데믹이 완화되고 가전제품 매출이 감소하자 롯데하이마트의 영업이익은 2020년 1,611억 원에서 2021년 1,068억 원으로 급감했고, 2022년에는 -520억 원의 적자를 기록하고 말았습니다. 주가 역시 좋지 못했습니다. 2021년에 45,000원까지 상승했던 주가가 2022년에는 12,000원

출처: 롯데하이마트 홈페이지

까지 무려 -73% 급락했습니다. 고물가·고금리로 인해 가전제품 같은 내구재 수요가 감소하고 있는 가운데 코로나19가 완화하면서 재택근무가 줄었고, 코로나 특수로 판매가 크게 증가했던 노트북과 PC의 판매까지 급감하면서 롯데하이마트의 실적은 급격히 위축되었습니다. 2023년 1분기 성적도 부진했습니다. 매출액은 -25% 감소했고, 영업이익은 -258억 원까지 적자가 크게 확대되었습니다. 가전제품에 대한 소비 감소, 그로 인한 매출 감소 및 고정비용 부담 등이 롯데하이마트의 기업가치를 계속 떨어뜨리고 있는 상황입니다.

롯데하이마트의 상황이 매우 좋지 않습니다. 롯데하이마트의 기업가치가 회복되기 위해서는 어떤 상황이 펼쳐져야 할까요? 롯데하이마트의 핵심 BM은 가전 및 IT 제품 판매입니다. 롯데하이마트는 신규사업도 진행하지 않고 있습니다. 결국 가전 및 IT 제품 판매가 증가해야 기업가치가 복원될 수 있습니다.

　PC나 노트북의 교체 주기는 4~5년입니다. 가전제품의 교체 주기는 5년 이상입니다. 코로나 팬데믹은 2020년 3월이었습니다. 코로나 팬데믹 4년 후는 2024년이고, 5년 후는 2025년입니다. 2023년까지 롯데하이마트의 판매 부진은 지속될 가능성이 높지만 2024년에는 IT 제품이, 그리고 2025년에는 가전제품 판매도 조금씩 기지개를 켤 가능성이 높습니다. 어디까지나 예측이지만 기업의 핵심 BM을 잘 파악하고 있다면 기업의 미래도 합리적으로 예측할 수 있습니다.

 염불리의 꿀팁

　롯데하이마트의 핵심 BM은 가전 및 IT 제품 판매입니다. 가전 및 IT 제품 판매가 증가하면 기업가치는 자동으로 상승하게 됩니다. 코로나 팬데믹이 끝나고 외부 활동이 시작되자 가전제품에 대한 소비가 크게 줄면서 롯데하이마트의 핵심 BM은 큰 타격을 받았습니다. 어떻게 하면 롯데하이마트의 핵심 BM이 회복할 수 있을까요? 어찌 보면 시간이 답이 아닐까 생각합니다. PC나 노트북의 교체 주기는 4~5년이고, 가전제품의 교체 주기는 5년 이상입니다. 코로나 팬데믹 발생 후 3년이 지났습니다. 교체할 시간이 조금씩 다가오고 있습니다.

라면 기업의 사업구조를
비교해볼 수 있을까요?
- 농심 VS. 삼양식품

이번엔 음식료 업종의 2개 기업을 비교 분석해보겠습니다. 같은 라면 기업이지만 무엇이 비슷하고 무엇이 다른지를 비교하는 것 역시 기업분석의 과정입니다.

먼저 삼양식품부터 살펴보겠습니다. 2023년 1분기 분기보고서를 참고했습니다. 삼양식품은 면류, 스낵류, 유가공, 소스, 조미소재, 냉동 등의 식품을 제조하고 판매하는 사업을 영위하고 있습니다. 삼양식품의 주력 사업은 면류입니다. 면류 사업은 라면의 원조 '삼양라면'과 화끈하게 매운 '불닭볶음면' 그리고 '간짬뽕' '짜짜로니' '맛있는 라면' 등의 다양한 라면 제품을 제조하고 판매하고 있습니다. 매출 비중은 면과 스낵이 합쳐진 '면 스낵' 사업부 매출 비중이 95.1%로 압도적으로 높습니다. 다른 사업부 매출은 다 합쳐도 5%가 안 되기에 기업가치에 영향을 주기 어렵습니다. 한마디로 삼양식품은 라면이 거의 전부인 기업입니다.

주요 제품 등의 가격 변동을 살펴보면 라면 판매가격의 변화도 알 수 있는데요, 삼양라면 +9.6%, 불닭볶음면 +8.8% 등 주요 라면 제품 가격을 인상한 걸 알 수 있습니다. 주력 제품은 라면이기에 라면 가격 인상은 당연히 기업가치에 긍정적으로 작용할 것입니다. 라면은 대표적인 서민 기호 식품이기에 가격 인상이 쉽지 않지만 인상된 라면 값은 다시 내려가는 일은 없기 때문에 가격 인상은 라면 제조사의 기업가치에 긍정적으로 작용할 수밖에 없습니다.

'매출 및 수주상황'을 살펴보면 2023년 1분기 누적 매출은 +21.4% 증가했다고 나와 있는데요, 이는 2022년의 판매가격 인상 효과 때문이라고 적혀있습니다. 라면 가격 인상이 매출 증가의 원인임을 알 수 있습니다.

내수와 수출 비중도 알아보겠습니다. 매출액은 2,439억 원을 기록했는데 수출은 1,579억 원, 내수는 859억 원을 기록했습니다. 수출이 65%, 내수가 35%의 비중을 차지하고 있습니다. 수출 비중은 2020년 57%, 2021년 60%, 2022년 66%를 기록했습니다. 해가 지날수록 수출 비중이 계속 증가하고 있다는 것을 알 수 있습니다. 이제 삼양식품은 내수보다 수출, 즉 해외매출이 더 중요하다는 것을 알 수 있습니다. 삼양식품은 라면이 대부분의 매출을 차지하고 있는 라면 전문기업이며, 수출 비중이 점차 커지고 있는 수출 기업임을 우리는 BM 분석을 통해 확인할 수 있습니다.

이제 경쟁사인 농심의 BM을 분석해보겠습니다. 2023년 1분기 분기보고서에 있는 자료를 참고했습니다. 농심은 1965년에 설립된 장수기업으로 1976년 주식시장에 상장했습니다. 라면, 스낵, 음료 등 다양한 식품을 제조

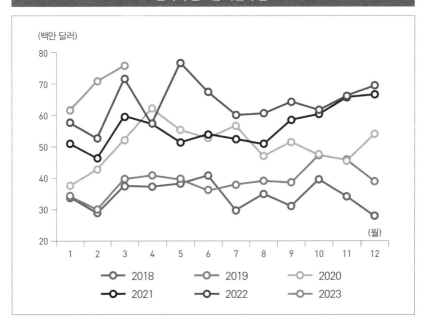

한국의 연도별 라면 수출

(백만 달러)

(월)

범례: 2018, 2019, 2020, 2021, 2022, 2023

출처: 이베스트투자증권

및 판매하고 있는데요, 라면 매출 비중이 79.3%, 스낵 비중은 13.9%, 음료 비중은 4.3%, 기타 13.6%의 비중입니다. 계열사는 41개이며, 그중 율촌화학이 주식시장에 상장되어 있습니다. 100여 개의 국가에 제품을 수출하고 있고, 13개의 해외법인을 가지고 있습니다. 특히 중국과 미국에는 현지 공장을 건설해 운영 중에 있습니다. 삼양식품은 주요 사업 중에서 라면이 절대적인 비중을 차지하고 있지만, 농심은 라면이 절대적이지는 않습니다. 물론 라면 매출 비중이 80%에 달하기 때문에 라면 사업이 가장 중요하지만 스낵과 음료도 무시할 수 없는 수준입니다.

주요 제품 가격 추이를 보면 삼양식품처럼 가격을 인상한 것을 알 수 있는데요, 2021년에만 라면 가격을 인상한 삼양식품과 달리 농심은 2021년과 2022년 연속해서 가격을 인상했습니다. 2021년 신라면 가격을 +7.6% 인상한 데 이어 2022년에는 +10.9%를 인상했습니다. 라면 1위 기업으로 가격을 더 적극적으로 인상했음을 알 수 있습니다.

내수와 수출 비중도 살펴보겠습니다. 내수 비중은 93%, 수출 비중은 7%입니다. 삼양식품과 달리 내수 비중이 압도적으로 높은 상황입니다. 그런데 농심은 13개의 해외법인을 보유하고 있습니다. 해외법인의 매출은 수출에서 제외되기 때문에 우리는 해외법인의 매출을 파악해서 조정을 해주어야 합니다. 내수 비중이 93%라는 숫자만 보면 농심은 내수만 하는 기업으로 착각할 수 있기 때문입니다.

연결재무제표 주석에서 '3.영업부문' '(1)부문별 영업손익'을 보면 한국, 중국, 미국 등 주요 지역의 매출을 확인할 수 있습니다. 한국 매출은 5,958억 원, 중국 580억 원, 미국 1,472억 원입니다. 중국, 미국, 캐나다, 일본 등 해외법인 매출을 다 합치면 2,645억 원이 됩니다. 총 8,603억 원의 매출 중 한국 비중은 69%, 해외법인 비중은 31%입니다. 그중 미국 매출이 17%, 중국 매출이 7%로 미국과 중국의 합산 매출 비중은 24%입니다. 농심의 매출액에서 한국, 미국, 중국의 매출액은 93%를 차지하고 있습니다. 특히 미국 매출 비중이 지속적으로 늘고 있는 것이 특징적입니다. 2022년 3분기에는 미국 매출 비중이 15%였는데, 2023년 1분기에는 17%까지 상승했습니다. 농심의 BM에서 가장 중요한 요소는 한국과 미국에서의 매출이라는 것을 우리는 확인할 수 있습니다.

국내 라면 기업의 대표주자인 삼양식품과 농심의 BM을 확인해봤습니

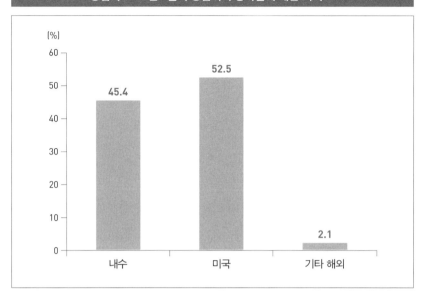

농심의 2023년 1분기 영업이익 증가분에 대한 기여도

(%)

- 내수: 45.4
- 미국: 52.5
- 기타 해외: 2.1

출처: 이베스트투자증권

다. 이를 간단히 정리해보겠습니다., 삼양식품은 라면 매출 비중이 절대적이며 한국의 원주와 밀양 공장에서 라면을 제조해 중국, 미국 등 여러 국가에 수출하고 있으며, 수출 비중은 60%를 넘어서고 있습니다. 라면 수출, 특히 '불닭볶음면' 수출이 기업가치에 가장 중요한 요소입니다. 농심은 라면이 현금흐름을 창출하는 주요 원천이지만 스낵과 음료 비중도 높은 편이며, 삼양식품과 달리 수출보다는 해외에 현지 공장을 건설해서 직접 생산하고 판매하는 구조를 가지고 있습니다. 농심의 해외 매출 비중은 31%로 여전히 내수 비중이 높지만 최근 미국 라면 판매가 호조를 보이면서 라면의 해외 매출이 급격히 증가하고 있기 때문에 방향성 면에서 농심 역시 해외 부문의 실적이 기업가치에 가장 중요하다고 판단할 수 있습니다.

라면 시장은 전형적인 내수 시장이기에 성장을 할 수 있는 공간이 부족합니다. 인구도 감소하고 있어서 사업환경은 녹록지 않은 상황입니다. 결국 해외 사업이 중요합니다. 삼양식품과 농심 모두 해외 사업이 순항하고 있고, 매출과 영업이익이 증가하고 있습니다. 다시 결론을 내보겠습니다. 두 기업의 핵심 BM은 '해외에서의 라면 판매'입니다.

 염블리의 꿀팁

삼양식품은 한국의 원주와 밀양 공장에서 라면을 제조해 중국, 미국 등 여러 국가에 수출하고 있으며, 라면 수출 비중은 60%에 달합니다. 특히 불닭볶음면 수출이 기업가치에 가장 중요합니다. 농심은 해외에 현지 공장을 건설해서 직접 생산하고 판매하는 구조를 가지고 있습니다. 해외 매출 비중은 30%이며, 그중 미국 비중이 가장 큽니다. 농심의 기업가치를 결정하는 것은 미국 매출입니다.

이익을 꾸준히 낼 사업인지
알 수 있는 방법이 있나요?
- 제이브이엠

제이브이엠, 롯데하이마트, 삼양식품 그리고 농심의 BM(사업구조) 분석을
통해 우리는 각 기업들의 주력 사업을 파악해보았습니다. 무슨 사업을 하는
지 알았으면 다음엔 어떤 것을 분석해야 할까요? '주력 사업이 실제 이익을
창출하고 있는지' '현재에도 미래에도 꾸준히 이익을 창출할 수 있는지'를
파악해야 합니다.

기업의 이익은 영원하지 않습니다. 호황기에 20조 원에 달하는 막대한
이익을 내던 SK하이닉스도 불황이 오자 적자를 냈습니다. 이렇듯 기업의 이
익은 영속적인 것이 아닙니다. 지금의 이익이 유지되고, 앞으로도 더 많은
이익을 낼 수 있어야 주가는 상승할 수 있습니다. 드라마 〈재벌집 막내아들〉
에서 진양철 회장이 말한 '그기 돈이 됩니까?'라는 대사처럼 기업들의 BM

드라마 〈재벌집 막내아들〉의 한 장면

그기 돈이 됩니까?

출처: JTBC

이 돈이 되는 BM인지 파악할 수 있는 방법을 알아보도록 하겠습니다.

기업마다 속해 있는 업종들은 매우 다양합니다. SK하이닉스는 반도체 업종에 속해 있고, 현대차는 자동차 업종에 속해 있습니다. 우리가 분석한 제이브이엠은 헬스케어* 업종에 속해 있고, 롯데하이마트는 유통 업종이고, 삼양식품과 농심은 음식료 업종입니다. 업종 내에서도 다양하게 분류할 수 있습니다. 제이브이엠은 헬스케어 산업 내에서 의료기기 업종으로 분류할 수 있고, 약국과 밀접한 관련이 있습니다. 롯데하이마트는 유통 산업 내에서 가전제품을 주력으로 판

헬스케어

넓은 의미로는 질병의 치료와 예방 등의 건강관리 과정을 의미하며, 좁은 의미로는 원격치료나 건강상담을 의미. 개인의 건강과 의료에 관한 정보, 기기, 시스템 등을 다루는 건강관련 서비스 산업을 모두 헬스케어라 할 수 있다.

매하는 IT 온·오프라인 대리점으로 분류할 수 있습니다. 삼양식품과 농심은 음식료 내에서 라면 비중이 높은 라면 관련주로 분류할 수 있습니다. BM만 제대로 분석했다면 어떤 업종에 속해 있는지 파악하는 것은 매우 쉽습니다.

기업의 이익이 앞으로도 꾸준히 증가할 것인지를 알아내는 가장 좋은 방법은 그 기업이 속한 업종의 성장성을 파악하는 것입니다. 제이브이엠은 약을 자동으로 조제하는 기계를 만들어서 판매합니다. 제이브이엠은 약의 수요가 늘어나고 약국에서 약사가 직접 약을 제조하는 것보다 자동화를 원하는 수요가 증가하면 이익이 증가할 가능성이 높습니다. 분기보고서에는 제이브이엠이 속한 산업의 특징이 잘 나와 있는데요, 먼저 이런 상상을 해 보겠습니다. 선진국과 한국 등 주요 국가는 점차 고령화되고 있습니다. 약에 대한 수요는 꾸준히 증가할 가능성이 높습니다. 여기에 고물가·고금리로 인해 인건비 등 각종 비용이 증가하고 있습니다. 약국을 운영하는 약사나 경영자 입장에서는 제이브이엠의 자동화 장비를 사용하는 것이 시간과 인건비를 절약할 수 있는 방법입니다. 이러한 2가지 요소만 생각해도 제이브이엠이 속한 전방산업의 미래는 밝다고 추론할 수 있습니다.

분기보고서를 살펴보면 산업의 성장성이 높다는 것을 확인할 수 있는데요, 국내 시장은 2000년 의약 분업 실시로 제품의 주된 수요처가 병원약국에서 일반약국으로 확대되었고, 80% 이상의 병원조제가 일반조제약으로 나오게 되면서 자동화 제조 장비의 수요가 크게 증가했습니다. 약학대 전문화(6년제), 최저임금제 실시, 주 52시간 근무제 도입, 인건비 상승 등으로 조제약국의 수요가 지속적으로 증가하고 있고, 1인약국까지 수요가 지속 증가할 것으로 예상하고 있습니다. 해외 시장에서 파우치형 포장 방식을 점점 더 선호하고 있다는 점 역시 높은 산업 성장성을 증명해줍니다. 북미는

Bottle(병) 방식, 유럽은 Blister(빙고카드) 방식 등을 사용하고 있는데 각종 비용 부담과 사용상의 불편함으로 파우치 방식으로 서서히 변화하고 있습니다. 유럽의 스웨덴, 네덜란드, 독일, 프랑스 등은 강하게 파우치형으로 약을 포장하기를 권고하고 있습니다. 제이브이엠은 파우치형으로 약을 포장하기 때문에 파우치형 수요 증가는 당연히 긍정적입니다. 또한 약국 자동화 시스템의 사용기간은 10년 이상이지만 실제로는 6~7년 주기로 교체되고 있고, 사용기간 동안 유지 보수와 관련된 서비스와 소모성 자재 매출이 추가로 발생되어 이익의 안정성이 유지되고 있습니다.

제이브이엠의 주력 시장인 조제약국 시장은 경기의 호황과 불황에 따른 수요의 증감폭이 타업종에 비해 상대적으로 적다고 할 수 있습니다. 경기와 무관하게 사람은 몸이 아프면 병원에 가야 하고, 약을 먹을 수밖에 없습니다. 경기가 안 좋으니 약을 덜 먹고 경기가 좋으니 약을 더 먹는 경우는 거의 없습니다. 건강에 따라 달라지기 때문에 경기 영향을 잘 받지 않는다고 할 수 있습니다. 다시 말하면 경기에 다소 둔감하고 방어적인 업종에 속해 있다고 할 수 있습니다. 꾸준히 수요가 증가하는 산업이면서도 경기에 둔감하기 때문에 이익의 성장성과 안정성을 동시에 갖추었다고 할 수 있습니다.

그런데 이렇게 성장성과 안정성을 두루 갖춘 산업에 경쟁자가 많다면 어떻게 될까요? 아무리 산업이 좋아도 너무 많은 경쟁자가 있다면 서로 이익을 나누어 가져야 하기 때문에 이익은 줄어들 가능성이 높고, 경쟁에서 밀리기라도 하면 존폐위기에 처할 수도 있을 것입니다. 제이브이엠의 주요 경쟁사는 3개입니다. 가장 시장이 큰 일본에 3개 회사가 있고, 한국에는 제이브이엠이 있습니다. 일본 3개, 제이브이엠 등 이렇게 4개 회사가 경쟁을 하고 있는 것입니다. 제이브이엠의 주력 제품인 전자동 정제 분류 및 포장 시스템(ATDPS)은 제품 설계와 소프트웨어 개발 능력이 요구되는 기술 집약적 산업이고, 진입장벽이 매우 높은 산업이기도 합니다.

이제 제이브이엠의 BM 분석과 관련한 결론을 내보겠습니다. 제이브이엠은 자동으로 약을 조제하고 포장하고 관리하는 자동화 시스템을 제조 및 판매하는 글로벌 4대 업체 중의 하나로 뛰어난 경쟁력을 보유하고 있습니다. 고령화 및 인건비 증가, 파우치형 포장 방식에 대한 수요 증가 등의 영향으로 전방산업의 성장성이 뛰어나고, 경기에 무관하게 수요가 증가하는 안정성도 보유하고 있습니다. 제이브이엠은 매력적인 BM을 가지고 있다고 평가할 수 있습니다. 워런 버핏은 "미래 현금흐름이 증가할 기업에 투자하라"고 했는데, 제이브이엠은 그 조건에 부합하는 기업이라고 할 수 있습니다.

엄블리의 꿀팁

기업의 이익이 앞으로도 꾸준히 증가할 것인지를 알아내는 가장 좋은 방법은 그 기업이 속한 업종의 성장성을 파악하는 것입니다. 제이브이엠은 의료기기 업종이며, 주요 시장은 제약 시장입니다. 고령화로 인해 약에 대한 수요는 꾸준히 증가하고 있습니다. 여기에 고물가·고금리로 인해 인건비 등 각종 비용이 증가하고 있는데, 제이브이엠의 전자동 정제 분류 및 포장 시스템은 약국의 인건비 부담을 줄여줄 수 있는 기기입니다. 고령화와 비용 절감이라는 트렌드는 제이브이엠이 속한 업종의 성장성을 높여주는 요소입니다.

이익을 꾸준히 낼 사업인지
어떻게 알 수 있나요?
- 롯데하이마트

비교적 좋은 BM을 보유하고 있는 제이브이이엠을 분석해보았습니다. 이번에는 롯데하이마트가 속해 있는 업종의 특징과 성장성, 시장 경쟁 강도 등을 분석해보겠습니다.

롯데하이마트는 전자제품 전문점 사업을 하는 유통업체입니다. '카테고리 킬러'라는 용어로 불리기도 하는데요, 1980년 초 미국에서 처음 등장한 것으로 완구, 스포츠 용품, 전자제품 등 특정 품목을 집중적으로 판매하는 소매형태를 의미합니다. 롯데하이마트는 전자제품 카테고리 킬러로 전자제품을 중점적으로 취급하기에 '규모의 경제'를 실현해 소비자에게 합리적인 가격으로 상품을 판매할 수 있습니다.

전자제품 판매업은 계절적인 요인에 크게 영향을 받는데요, 6~8월에는 에어컨, 제습기 같은 여름 가전이 주로 팔리고, 11~12월에는 김치냉장고 및 난방용품이 잘 팔립니다. 여름이 빨리 찾아오고 무더위가 기승을 부린다면 가전제품 판매는 예년보다 증가할 가능성이 높습니다. 가전제품은 계절적 요인이 중요하기 때문에 날씨라는 변수를 무시할 수는 없습니다. 하지만 날씨는 롯데하이마트가 통제할 수 없는 영역으로, 이러한 업종에 속해 있는 기업들은 높은 평가를 받기 어렵습니다. 기업이 사업환경을 통제할 수 있다면 이익의 지속성과 예측성이 높아져 기업가치를 측정하기가 쉽지만, 날씨와 계절적 요인에 큰 영향을 받는다면 이익의 지속성을 예측하기 어렵기 때문에 기업가치에 부정적으로 작용할 수밖에 없습니다.

날씨 외에 부동산 업황도 전자제품 수요에 큰 영향을 미치는데, 2022년 하반기처럼 부동산 가격이 떨어지고 거래가 감소하게 되면 이사 수요가 줄어 전자제품 판매가 줄어들 수 있습니다. 2021년 3분기 1조 원의 매출을 기록한 롯데하이마트는 2022년 3분기에는 8,700억 원의 매출을 기록하는 데 그쳤습니다. 여러 원인이 있었겠지만 부동산시장의 침체도 악영향을 주었다고 판단할 수 있습니다.

온라인 유통 채널의 성장도 롯데하이마트 입장에서는 부담입니다. 쿠팡, 네이버 같은 온라인 채널의 성장은 오프라인 판매 비중이 높은 롯데하이마트의 경쟁력을 떨어뜨리는 요소 중의 하나입니다. 롯데하이마트에 가지 않아도 클릭 몇 번이면 원하는 가전제품을 전자상거래 플랫폼을 통해 가장 싼 가격에 구매할 수 있기 때문입니다.

시장점유율 하락도 우려됩니다. 롯데하이마트는 2019년 38.7%의 점유율로 1위를 기록했지만 2021년에는 33.7%까지 점유율이 하락했습니다. 반면 삼성전자의 가전제품 대리점인 '삼성전자판매'는 2019년 26.6%에서

2021년 33%까지 점유율이 크게 증가했습니다. 롯데하이마트를 이용하던 사람들의 일부가 삼성전자판매로 옮겨갔다고 볼 수 있습니다. 온라인도 버겁지만 오프라인에서도 경쟁자의 점유율 증가로 시장을 잃고 있어 어려움이 가중되고 있습니다.

가전제품 산업의 구조적 저성장도 롯데하이마트에 불리하게 작용하고 있습니다. 롯데하이마트는 100% 내수 판매 기업이기에 국내 전자제품 시장의 성장성이 중요한데요, 이미 주요 IT 제품의 가구당 보급률은 포화상태에 이르렀습니다. 물론 스마트폰, 프리미엄 백색가전 및 생활가전 등의 신제품이 꾸준히 출시되고 있지만 교체 수요만 많을 뿐, 신규 수요 증가는 제한적입니다. 대규모 교체 수요를 발생시킨 2020년과 같은 코로나 특수는 이제 기대하기 어려운 상황입니다.

협상력이 열위에 있다는 점도 부담입니다. 롯데하이마트는 가전제품을 제조하는 기업이 아니라 가전제품을 유통하는 기업입니다. 즉 삼성전자, LG전자 등 다양한 가전회사로부터 가전제품을 공급받아 매장이나 온라인 쇼핑몰에서 판매하는 기업입니다. 소비자들이 롯데하이마트에서만 가전제품을 구매한다면 롯데하이마트의 협상력은 가전제품 제조사들보다 우위에 있었을 것이고, 그랬다면 낮은 단가에 가전제품을 구매해서 높은 이익률을 기록했을 것입니다. 하지만 가전제품 시장에서 삼성전자, LG전자는 막강한 힘을 가지고 있습니다. 시장을 대부분 장악했기 때문입니다. 또한 자체 유통망을 통해 판매도 병행하고 있기 때문에 롯데하이마트에 제품을 싸게 공급할 이유가 없습니다. 롯데하이마트의 협상력이 이들보다 우위에 있어야 높은 마진을 내서 기업가치를 올릴 수 있는데, 협상력이 열위에 있기 때문에 가전제품 구매가를 원하는 만큼 낮출 수 없다는 한계가 있습니다.

롯데하이마트 사업구조(BM)
- 가전제품 유통회사
- 협상력: 가전제품 제조사보다 열위
- 전방산업: 가전제품 시장
  - ㉠ 부동산 경기 악화 등 성장 정체
- 경쟁강도: 쿠팡, 삼성전자판매 등 경쟁심화
  - ㉠ 시장점유율 감소
- 매출추이
  - ㉠ 2018년 4.1조 원, 2022년 3.3조 원. 감소세

출처: 롯데하이마트 홈페이지

    이제 롯데하이마트에 대한 결론을 내보겠습니다. 가전 등 전자제품을 판매하는 카테고리 킬러 사업자로 전자제품 판매 국내 1위 기업입니다. 주요 판매제품은 가전제품입니다. 오프라인 매장을 많이 보유하고 있지만 전자상거래를 통한 온라인 판매도 병행하고 있습니다. 전방산업은 가전제품 산업으로 코로나 특수가 끝났고, 물가 상승에 의한 실질 소득 감소로 성장이 둔화되고 있어 부담입니다.

    여기에 삼성, 네이버, 쿠팡과의 경쟁도 어려움을 가중시키는 요소로 작용하고 있습니다. 가전제품 판매에 가장 큰 영향을 끼치는 부동산 경기 악화도 악재입니다. 입지가 좋은 점포를 다수 보유하고 있고 다양한 제품들을 저렴한 가격에 판매하고 있다는 점은 뛰어난 경쟁 우위 요소이지만 전방산업인 가전제품 시장의 불황, 이미 포화상태에 이른 가구당 가전제품 보급률, 코로나19 특수 소멸, 경쟁 격화 등 현금흐름을 지속적으로 창출할 수 있을지 확신할 수 없는 상황입니다. 협상력도 가전제품을 공급하는 기업보다 열위에 있습니다. 외부 변수에 의한 실적 변화가 심하고, 경쟁도 치열하다는 면에서 이익의 지속성 역시 담보하기 어렵습니다. 그러므로 제이브이엠에 비해 롯데하이마트는 BM의 경쟁력이 매우 떨어진다고 생각할 수밖에 없습니다.

지금까지 제이브이엠과 롯데하이마트를 분석하고 평가해보았는데요, 우리가 이렇게 기업의 사업구조를 분석하는 이유는 합리적으로 투자를 하고 실수를 줄이기 위해서입니다. 또한 투자 실수를 줄이기 위해서입니다. 2018년 롯데하이마트의 주가는 8만 원이었습니다. 2022년 12월에는 12,000원을 기록했습니다. 4년만에 주가가 무려 -85%나 하락한 것입니다. 바로 이것이 우리가 BM을 분석해야 하는 이유입니다.

 엄불리의 꿀팁

롯데하이마트는 주식투자 대상으로 삼기에는 여러 어려운 요소들을 가지고 있는 경쟁 열위 기업입니다. 가전제품을 판매하는 유통사로 가전제품 제조사들에 비해 구매 협상력이 열위에 있습니다. 가전제품 시장 자체도 교체 수요만 있을 뿐, 새로운 신규 수요 창출은 어려운 상황입니다. 코로나 특수가 끝나 가전제품 교체 수요마저 감소하고 있습니다. 쿠팡 등 온라인 쇼핑 채널의 성장도 위협이 될 수밖에 없습니다. 주식투자의 중요한 성공 요소 중의 하나는 경쟁 우위 기업에 투자하는 것입니다. 롯데하이마트는 경쟁 우위를 갖기 어려운 BM을 보유하고 있다고 평가할 수 있습니다.

투자자들이 고민해야 할
히든카드는 무엇일까요?
- 숨겨놓은 자산

지금까지 우리는 기업의 정성적 분석, 즉 BM 분석을 통해 그 기업이 현금흐름을 창출하는 원천이 무엇이고 현금흐름을 지속적으로 창출할 수 있을지에 대해 알아보았습니다. 제이브이엠은 약국 자동화 시스템이 잘 팔린다면 많은 현금흐름을 창출할 수 있고, 롯데하이마트는 많은 사람들이 매장에 와서 가전을 구매하면 많은 현금흐름을 창출할 수 있습니다. 그런데 이렇게 명확하게 현금흐름을 창출하는(우리 눈에 보이는) BM만 있는 건 아닙니다. 수면 아래에 잠복해 있어 눈에 보이지 않지만 수면 위로 떠올라 그 정체가 노출되면 큰 현금흐름을 창출해줄 수 있는 기업들만의 '히든카드'가 숨겨져 있습니다. 그 히든카드를 찾아내고 상상하고 합리적으로 분석하는 것도 주식투자 성공 방법 중의 하나입니다.

예를 들어보겠습니다. 스튜디오드래곤은 국내 최대 드라마 제작사입니다. 과거에는 방송국에서 연간 제작할 드라마 편수를 정해놓고 드라마 제작사에 외주를 주어 드라마를 제작하고 방송국에서 방영을 했습니다. 방송국도 많지 않았고 방송국의 영향력이 컸기에 드라마 제작사의 입지는 매우 좁았습니다. 그런데 tvN 같은 케이블 채널이 다수 생기고 흥행도 하면서 드라마를 방영할 공간이 크게 늘어나자 스튜디오드래곤 같은 드라마 제작사들은 조금씩 입지를 넓혀갈 수 있었습니다.

여기에 넷플릭스 같은 OTT가 등장하자 시장의 판도는 180도 달라졌습니다. OTT는 드라마를 중심으로 수많은 영상을 자체 플랫폼을 통해 소비자들에게 보여줍니다. 넷플릭스는 가입자만 전 세계적으로 2억 명이 넘습니다. 스튜디오드래곤은 넷플릭스라는 OTT에 연간 6편 정도의 드라마를 공급하고 있습니다. 방송국에만 의존하던 환경에서 OTT까지 고객사가 확대된 것입니다. 넷플릭스만이 아닙니다. 스튜디오드래곤은 디즈니+, 애플TV+, 아마존 프라임, 티빙 등 미국, 한국의 주요 OTT에도 자체 제작한 드라마를 공급하고 있습니다. 국내 방송국에 의존하던 것에서 벗어나 수억 명의 가입자가 있는 글로벌 OTT까지 공급을 확장하게 되면서 스튜디오드래곤의 입지는 더욱 넓어졌고, 주식시장에서도 높은 가치를 부여하고 있습니다.

그런데 지금까지의 내용은 주식시장에서 어느 정도 다 알려진 내용이라 새롭지는 않습니다. 다수의 드라마 제작을 통한 현금흐름 창출, 한국 K-드라마의 글로벌 인기로 인한 드라마 산업 고성장이라는 BM은 이제는 누구나 알고 있기 때문에 주가에는 큰 영향을 주지 못하고 있습니다. 그래서 히든카드가 중요합니다.

홍상수 감독의 '강변호텔'

출처: NAVER

스튜디오드래곤을 비롯한 국내 드라마 제작사들에게는 '중국 진출'이라는 히든카드가 숨겨져 있었습니다. 2013년 드라마 〈별에서 온 그대〉가 중국에서 엄청난 흥행을 기록한 이후 한국 드라마는 중국 시장에서 고성장을 기록했지만 2017년 사드 보복에 따른 '한한령'*이 시행되며 한국 드라마는 중국 방송국에서 자취를 감추게 되었고, 지난 몇 년간 드라마 제작사 BM에 중국은 히든카드로 숨겨져 있었습니다. 한한령 이전까지 국내 방송프로그램 완성품 기준으로 중국 수출 비중은 30%에 달했는데, 한한령 이후 그 비중은 5%까지 감소했습니다.

중국 수출 금액은 2016년 1,100억 원에서 2020년 250억 원까지 감소했습니다. 그런데 이 히든카드가 갑자기 열리기 시작했습니다. 2022년 11월 16일 한중 정상회담에서 시진핑 주석이 "한중 국민들 간 문화 교류에 개방적 자세를 갖고 있다"고 언급했는데 이 발언으로 '한한령이 해제될 수도 있겠구나'라고 주식시장은 기대감을 갖기 시작했습니다. 중국 진출이라는 히든카드가 다시 열리기 시작한 것입니다. 그리고 며칠 후인 2022년 11월 20일 중국의 OTT 중의 하나인 '텅쉰스핀'에서 홍상수 감독이 제작한 영화 〈강변호텔〉이 공개되었습니다. 한한령 이후 6년 만에 처음으로 한국 영화가 공개된 것입니다. 11월 22일에는 대통령실에서 직접 "정상회담 계기로 중국 OTT 시장에 한국 영화가 상영되기 시작했다"고 언급하면서 히든카드는 완전히 열렸고, 주가 역시 뜨겁게 반응하기 시작했습니다. 스튜디오드래곤 주가는 11월 23일 +11% 급등했고, 12월 9일 +10%, 12월 10일 +7% 등 한 달 만에 +35%나 상승했습니다.

중국에서 한국 드라마는 인기있는 콘텐츠 중의 하나입니다. 중국 시장에 다시 한국 드라마가 방영되기 시작하자 '새로운 현금흐름이 창출될 것'이라는 기대에 주가는 뜨겁게 반응을 한 것입니다. 중국으로 수출하는 드라마는 신작보다는 과거에 이미 제작한 구작이 대부분입니다. 때문에 수출만 된다면 추가적인 비용 부담 없이 이익을 늘릴 수 있습니다. 창고에 쌓아놓았던 옛날 제품들을 큰손이 와서 대량으로 구매한 것과 비슷한 상황이라고 볼 수 있습니다. 갑자기 찾아온 반가운 손님인 히든카드는 기업가치에 긍정적인 영향을 주기 때문에 주가도 상승하게 됩니다.

 염블리의 꿀팁

히든카드는 기업 안에 숨겨져 있는 폭발력이 매우 큰 자산입니다. 어떤 환경 변화로 히든카드가 열리게 되면 주가는 큰 폭의 상승세를 보이는 경우가 많습니다. 스튜디오드래곤은 국내 최대 드라마 제작사입니다. 한한령 이후 처음으로 중국에서 한국 콘텐츠가 상영되자 '중국 드라마 수출'이라는 히든카드가 열렸고, 주가는 급등했습니다. 기업의 숨겨진 자산인 히든카드를 발굴해 그 폭발력을 꼭 경험해 보시기 바랍니다.

투자자들이 고민해야 할
히든카드는 무엇일까요?
- 신사업

기업이 보유한 히든카드의 종류는 다양합니다. 창고에 숨겨두었던 물건만 히든카드가 되는 게 아닙니다. 기업이 새롭게 추진하는 신사업도 여기에 포함됩니다. 가장 대표적인 신사업 히든카드 사례로는 POSCO홀딩스가 있습니다.

POSCO홀딩스는 글로벌 최고 수준의 철강 회사입니다. 고로를 이용해 철광석을 쇳물에 녹이면 고품질의 철강 제품이 만들어집니다. 이 철강 제품을 제조하고 판매해 연간 2조 원에서 많게는 9조 원의 영업이익을 내는 경쟁력이 뛰어난 기업입니다. 그런데 POSCO홀딩스의 밸류에이션은 너무나 낮았습니다. PBR이 1배에 못 미치는 수준을 넘어서 2022년 2분기에는 0.3배 수준에 머물러 있었습니다.

이렇게 밸류에이션이 낮았던 이유는 2가지 때문입니다. 먼저 실적의 변동성 때문입니다. 9조 원의 이익을 기록할 때도 있지만 분기별로는 적자를 기록하는 경우도 간혹 있었습니다. 이익이 꾸준히 증가하지 않고 업황에 따라 실적 변동성이 크기 때문에 높은 밸류에이션을 부여하기가 현실적으로 어려웠던 것입니다.

또한 철강 업황이 중국 경기에 좌지우지된다는 점도 한몫 했습니다. POSCO홀딩스가 이익을 내기 위해서는 철강 업황이 좋아야 합니다. 그런데 철강 업황은 한국의 철강 산업이 결정하는 것이 아니라 중국 경기가 거의 모든 것을 결정합니다. 중국은 세계 최대 철강 생산 및 소비 국가입니다. 중국이 생산을 늘리면 공급과잉이 오고 중국이 철강 소비를 늘리면 철강 산업에 봄이 오는 경우가 많았습니다.

2022년 중국은 가을까지 지속적인 제로 코로나 정책을 고수했습니다. 경제보다 방역에 힘을 썼기 때문에 투자와 소비 등 중국 경제의 모든 것이 얼어붙고 말았습니다. 철강이 주로 사용되는 분야는 주택, 인프라 등 부동산입니다. 부동산 개발 및 투자가 늘어나면 철강 수요가 증가해 호황이 옵니다. 그런데 2022년의 중국은 부동산 등 투자가 매우 위축된 시기였습니다. 철강 업황은 당연히 좋지 않았고, 2022년 상반기 POSCO홀딩스는 4.5조 원의 영업이익을 냈지만 하반기 영업이익은 5,000억 원에 불과했습니다. 이처럼 중국이 부동산 부양을 하지 않으면 POSCO홀딩스가 좋은 품질의 철강 제품을 제조해도 이익을 증가시키기는 어렵습니다. 때문에 POSCO홀딩스에 밸류에이션을 높게 줄 수 없는 것입니다.

이러한 고질적인 저평가를 해소하기 위해 POSCO홀딩스는 10년 전부터 히든카드를 준비해왔습니다. 그것은 바로 리튬 사업입니다. 리튬은 전기

POSCO홀딩스가 투자한 아르헨티나 옴브레 리튬염호

출처: POSCO홀딩스

차에서 가장 중요한 2차전지의 핵심 원재료입니다. 전기차에 들어가는 2차전지는 리튬이온 배터리입니다. 양극에 있는 리튬이 음극으로 이동하면 배터리가 충전되고 음극에 있는 리튬이 양극으로 이동하면 배터리가 방전되어 모터를 작동시키고 자동차가 주행을 하게 되는 원리입니다. 리튬이 없으면 전기차도 없는 것입니다. 그런데 리튬은 칠레, 호주, 아르헨티나 등 특정 지역에만 존재하기 때문에 확보하기가 쉽지 않고, 또한 2차전지에 필요한 리튬은 탄산리튬, 수산화리튬 등으로 가공을 해야만 사용할 수 있기 때문에 진입장벽이 매우 높은 사업입니다.

POSCO홀딩스는 2010년부터 리튬 사업을 시작했는데, 2010년 염수(리튬이 있는 호수)리튬 생산기술 개발을 시작으로 2018년에는 아르헨티나의 '옴브레' 염호를 2억 8,000만 달러에 인수했고, 호주 리튬 광산기업 'Pilbara'

의 지분 2.76%도 인수했습니다. 2022년에는 수산화리튬 5만 톤을 생산할 수 있는 공장을 착공했습니다. 2023년 하반기에는 광양에 있는 리튬 공장에서 수산화리튬을 생산할 예정이며, 2024년에는 아르헨티나 옴브레 염호에서 추출한 리튬으로 수산화리튬을 현지에서 생산할 예정입니다. POSCO홀딩스는 2030년까지 리튬 사업에 6조 원을 투자하기로 했는데요, 수산화리튬 가격이 톤당 3만 달러이고 1년 생산량이 5만 톤이라고 가정하면 연간 9,170억 원의 영업이익을 낼 수 있습니다. 영업이익률이 무려 56%나 되는 고마진의 사업이 POSCO홀딩스 실적에 첨가되는 것입니다.

평균 5~6%의 영업이익률을 기록하는 철강 사업에 비해 리튬 사업의 이익률은 매우 높고 성장성도 뛰어나기에 주식시장은 이를 인정하기 시작했습니다. 2022년 9월 PBR 0.3배에 머물던 POSCO홀딩스의 밸류에이션은 2023년 2분기에 1배까지 상승했고, 주가는 9개월 만에 3배 가까이 상승했습니다. 장기적인 안목을 갖고 히든카드를 준비한 POSCO홀딩스에 시장은 열광했던 것입니다. 2023년 1~7월까지 개인투자자들은 POSCO홀딩스 주식을 무려 9조 원 가까이 순매수했습니다. 답답했던 철강 기업이 리튬 사업이라는 날개를 달고 하늘을 날자 개인투자자들은 열광했고 지갑을 열어 POSCO홀딩스 주식을 대량으로 순매수했습니다.

지금까지 스튜디오드래곤, POSCO홀딩스 등 기업이 보유한 히든카드를 공부해보았는데요, 기업마다 숨겨놓은 히든카드는 있습니다. 다만 주의할 것은 현실화 가능성입니다. 드라마 제작사들 입장에서 중국은 언젠가 열리면 큰 수익을 안겨줄 시장이었고 시기의 문제였기 때문에 현실이 될 가능성은 높았습니다. 그럼 제이브이엠, 롯데하이마트, 삼양식품, 농심의 히든카드는 무엇일까요? 제이브이엠은 다관절 로봇 팔이 적용된 'MENITH'라는 이름의 약국 자동화 시스템을 개발했습니다. 기존 제품보다 조제 속도가 2배 이상 빠르고, 분당 120포 조제가 가능하며, 자동 검수 기능까지 들어가 있어서 약국 내 조제 공정을 최소화할 수 있습니다. 제이브이엠의 신제품 MENITH가 히든카드가 될지, 찻잔 속의 태풍에 그칠지는 모르겠지만 신제품은 히든카드로 분류할 수 있습니다.

반면에 롯데하이마트의 히든카드는 당장은 떠오르지 않습니다. 분기보고서에도 신규 사업 등의 내용은 적혀 있지 않습니다. 그래도 롯데하이마트의 한 가지 히든카드는 있다고 생각합니다. 아직은 멀지만 2025년이 되면 마이크로소프트의 윈도우 10에 대한 지원이 종료됩니다. 윈도우 11로 강제 교체할 수밖에 없다는 것인데, 그렇게 되면 2025년 PC 수요가 늘어날 가능성이 있습니다. 지금 당장은 아니더라도 롯데하이마트 PC 매출이 증가할 수 있는 히든카드가 될 수 있습니다. 삼양식품과 농심의 히든카드는 역시 신제품입니다. 삼양식품은 불닭볶음면의 해외 판매가 크게 늘면서 성장을 했는데, 불닭볶음면이라는 히든카드가 이제는 BM의 중심이 되었습니다. 신제품 외에 신시장 개척도 히든카드가 될 수 있습니다. 중국에서 라면의 인기가 높은데 미국, 유럽 등의 서구 선진국이나 남미 등에서도 인기를 끈다면 히든카드가 될 가능성이 높습니다.

물론 상상과 현실은 구분해야 합니다. 히든카드가 현실화될 수 있는지 검증하는 것이 더욱 중요합니다. 수많은 기업들이 히든카드를 만들기 위해 지금도 노력하고 있습니다. 히든카드가 열리고 시장이 인정해준다면 기업은 젊어지고 밸류에이션은 크게 상승할 수 있기 때문입니다.

투자자들이 이제 해야 하는 일은 명확해졌습니다. 기업들이 감춰놓은 히든카드가 무엇인지 반드시 알아내야 합니다. 기업들이 스스로 알려주기도 하지만 전자공시에 숨겨놓는 경우도 있기 때문에 투자자 스스로 찾아내는 노력이 필요합니다. 물론 히든카드가 없거나 이미 카드를 써버린 기업들도 있기 때문에 히든카드가 제대로 된 카드인지, 소멸되고 있는 카드인지 등을 면밀히 파악하는 통찰력도 필요합니다. 그리고 히든카드가 진짜 성공할 수 있는 카드인지 증명될 때까지 기다리는 인내심 역시 필요합니다. 기업들의 히든카드가 무엇인지를 알아내는 부지런함, 히든카드의 성공여부를 알 수 있는 통찰력, 히든카드의 성공을 증명할 수 있는 기다림, 이 3가지만 있다면 히든카드는 여러분의 투자를 성공으로 이끌 것입니다.

엄블리의 꿀팁

히든카드는 숨겨진 보물입니다. 기업이 보유한 히든카드 중 신규 사업도 보물이 될 수 있습니다. POSCO홀딩스는 리튬 사업이라는 보물을 10년 전부터 준비했고, 2023년이 되자 그 보물 상자가 열렸습니다. 시장은 리튬 사업이라는 히든카드에 열광했고, 주가는 3배 상승했습니다. 이제 투자자들이 해야 할 일은 명확해졌습니다. 히든카드가 무엇인지를 알아내는 부지런함, 히든카드의 성공여부를 알 수 있는 통찰력, 히든카드의 성공을 증명할 수 있는 기다림. 이 3가지만 있다면 히든카드는 여러분의 주식투자를 성공으로 이끌 것입니다.

히든카드를 알 수 있는
방법이 있을까요?

기업의 히든카드가 중요하다는 것을 이제 우리는 충분히 이해했습니다. 그렇다면 히든카드는 어떻게 발굴할 수 있을까요? 히든카드의 중요성을 인지했어도 히든카드를 알아낼 방법이 없다면 주식투자에 적용할 수 없기 때문입니다. 그래서 이번에는 주식투자자들이 히든카드를 알아낼 수 있는 방법을 알려드리겠습니다. 『주린이가 가장 알고 싶은 최다질문 TOP 77』 1편에서 전자공시를 활용하는 법을 알려드렸는데요, 기업의 히든카드를 알아내기 위해서는 전자공시를 활용해야 합니다. 전자공시에서 검색을 활용하면 되는데, 이때 검색 키워드는 2가지입니다. '신규시설투자등' '장래사업·경영계획'입니다.

　'신규시설투자등'은 기업이 영위하고 있는 기존의 사업이나 신사업에 투자를 하겠다는 내용으로, 공장 증설 같은 내용들이 투자금액과 함께 공개됩니다. 기업들은 자선사업가가 아닙니다. 돈을 버는 것이 목적입니다. 돈을 더 벌기 위해서 투자를 하는데요, 큰돈을 들여서 어떤 사업에 투자한다는 것은 그만큼 확신이 있기 때문입니다. 불확실한 곳에 투자하는 리스크를 감당할 기업은 많지 않습니다. 기업의 핵심사업이나 새롭게 떠오르는 신사업에 신규시설투자 공시를 하는 기업이라면 '히든카드가 공개됐구나' 생각하고 관심을 기울일 필요가 있습니다.

율촌화학이라는 기업을 예로 들어보겠습니다. 율촌화학은 농심의 계열사인데, 농심이 만드는 라면과 과자를 담는 봉지(포장지)를 전문적으로 생산하는 기업입니다. 농심의 라면과 과자 매출은 꾸준하기 때문에 안정적인 사업이지만 성장성은 높지 않습니다. 이를 타개하기 위해 율촌화학은 파우치형 2차전지에 사용되는 '파우치 필름' 사업을 시작했습니다. 파우치 필름은 LG에너지솔루션, SK온에서 제조하는 파우치형 2차전지에 반드시 필요한 핵심부품 중 하나입니다. 원래는 일본 기업들이 독점하던 시장인데, 율촌화학이 국산화에 성공해 점유율을 높여가고 있습니다. 2022년 11월 1일 율촌화학은 공시를 하나 냈는데요, 'LIB용 알루미늄 파우치 제조설비' 투자 공시였습니다. 836억 원 규모로 자기자본의 24.15%에 해당하는 대규모 투자를 단행한 것입니다. 2차전지 시장의 성장과 맞물려 파우치 필름 수요가 크게 늘고 있었기 때문에 그에 맞는 수요를 충족시키기 위해 증설을 결정한 것입니다. 히든카드를 더 성장시키겠다는 의지를 보여준 것입니다. 이에 주가도 화답했습니다. 2022년 11월 1일 33,900원에 머물던 주가는 2023년 2월 10일 49,850원까지 +47% 상승했습니다. 투자자들 역시 율촌화학의 히든카드인 파우치 필름 사업의 성장 가능성을 높게 평가했던 것입니다.

율촌화학의 신규시설투자 공시

번호	공시대상회사	보고서명	제출인	접수일자	비고
1	유 율촌화학	신규시설투자등	율촌화학	2022.11.01	유

율촌화학의 신규시설투자 공시 상세 내용

1. 투자구분		시설증설
- 투자대상		LIB 제조용 Aluminum Pouch 제조설비
2. 투자내역	투자금액(원)	83,600,000,000
	자기자본(원)	346,066,225,009
	자기자본대비(%)	24.15
	대규모법인여부	미해당
3. 투자목적		LIB 제조용 Aluminum Pouch 생산을 위한 시설증설
4. 투자기간	시작일	2022-11-01
	종료일	2023-12-31
5. 이사회결의일(결정일)		2022-11-01
- 사외이사 참석여부	참석(명)	1
	불참(명)	0
- 감사(사외이사가 아닌 감사위원) 참석 여부		참석
6. 공시유보 관련내용	유보사유	-
	유보기한	-

이번엔 '장래사업·경영계획'에 대해 알아보겠습니다. 기업들은 신사업에 진출하거나 신사업의 구체적인 계획이 정해졌을 때 '장래사업·경영계획' 공시를 통해 그 사실을 투자자들에게 알리는데요, 그 대표적인 기업으로 앞서 소개했던 POSCO홀딩스가 있습니다. POSCO홀딩스는 2022년 7월

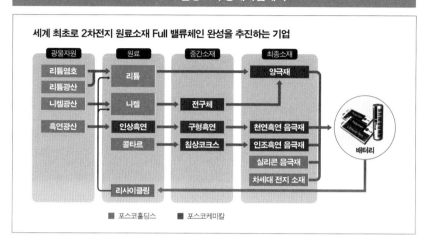

출처: POSCO홀딩스

5일 '장래사업·경영계획'이라는 공시를 하나 냈는데, 2차전지 소재 사업과 관련한 장래 계획을 밝히는 내용이었습니다. 2차전지 소재 등 신성장사업에 집중해 그룹 사업의 균형 있는 성장을 도모하겠다고 했고, 이를 위해 양극재, 음극재, 리튬, 니켈을 중심으로 2030년까지 총 25조 원을 투자하겠다는 포부를 밝혔습니다. 2차전지 소재 사업을 통해 2026년 20조 원, 2030년 41조 원의 추가 매출을 달성한다는 계획입니다. 연간 매출액 80조 원의 25~50%에 달하는 금액으로 2차전지 소재 사업을 적극적으로 육성하겠다는 의지의 표현입니다. 히든카드를 공식적으로 공개한 것이죠.

당시 주가 반응은 어땠을까요? 2022년 7월 5일 +3.7% 상승(당시 종가 238,000원)하며 시장은 환호했지만 주가 상승은 오래가지 못했습니다. 9월까지 부진을 면치 못하던 주가는 9월 발생한 태풍 힌남노로 인한 침수 피해까지 겹치며 211,000원인 연중 최저치로 추락하고 말았습니다. 하지만 그날을 저점으로 주가는 2023년 7월 28일 619,000원까지 상승했습니다. 주가가 1년 만에 +190% 가까이 상승한 것입니다. 그 이유는 명확합니다. 히든카드인 '리튬' 사업의 가치 때문이었습니다. 중국이 장악한 리튬 시장에서 POSCO홀딩스가 공식적으로 도전장을 내밀었고, 시장은 이를 인정한 것입니다. 그런데 재밌는 사실은 히든카드를 공개하고 나서 바로 주가가 상승한 것이 아니라 상당한 시간이 지난 후에 상승했다는 점입니다. 투자자들이 다소 망설였다고 생각할 수 있는 부분인데요, 전기차 시장 확대로 리튬 사업 가치가 커질 것은 자명하지만 과연 POSCO홀딩스가 이 사업을 제대로 해낼 수 있을까 하는 의문이 있었던 것도 사실입니다. 투자자들이 반신반의했기 때문에 히든카드 가치가 주가에 전혀 반영되질 못했던 것입니다. 하지만 아르헨티나 염호가 언론에 노출되면서 의심이 해소되기 시작했고, 2차전지 관련주가 시장을 주도하면서 POSCO홀딩스는 2023년 상반기 한국 주식시장의 스타가 되었습니다.

POSCO홀딩스의 히든카드가 공개되었을 때 누구보다 먼저 그 계획을 잘 파악하고 미래를 예측해 주가가 부진했을 때(저평가되어 있을 때) 투자했다면 가장 무겁기로 정평이 난 POSCO홀딩스에서 큰 수익을 낼 수 있었을 것입니다. 물론 장래사업계획을 공시했다고 모두 수익이 나는 것은 아닙니다. 장래사업계획 발표 전에 주가가 이미 급등한 기업들은 오히려 재료 노출로 주가가 급락할 수도 있는 만큼 주가의 위치를 잘 파악하는 것도 중요합니다.

주식투자에서 무조건 수익이 나는 신의 한수 같은 것은 이 세상에 존재하지 않습니다. 주식투자에 적용할 수 있는 대단한 기법은 존재하지 않습니다. 주가는 기업의 가치를 나타낸 체중계입니다. 기업의 가치가 증가하면 체중은 증가하게 될 것이고, 기업의 가치가 감소하면 체중은 감소하게 될 것입니다. 그 기업의 가치를 결정하는 것은 여러 요소들이 있습니다. 히든카드도 기업의 가치를 결정하는 중요한 요소 중 하나입니다. 투자자들은 기업의 히든카드를 공시를 통해 확인하고 분석해 투자하는 것만으로도 높은 성과를 낼 수 있습니다. 투자의 성공은 먼 곳에 있지 않습니다. 전자공시를 확인하고 합리적으로 예측하는 것만으로도 훌륭한 성과를 낼 수 있습니다.

 염블리의 꿀팁

기업이 보유한 히든카드가 열렸다는 것을 알아낼 수 있는 가장 좋은 방법은 전자공시입니다. 전자공시에서 검색을 활용하면 되는데, 이때 검색 키워드는 2가지입니다. '신규시설투자등' '장래사업·경영계획'입니다. '신규시설투자등' 공시는 기업이 영위하고 있는 기존의 사업이나 신사업에 투자를 하겠다는 내용으로, 히든카드가 무엇인지를 알아낼 수 있습니다. '장래사업·경영계획' 공시는 신사업에 진출하거나 신사업의 구체적인 계획이 정해졌을 때 이를 알려주는 공시입니다. 이를 통해 투자자들은 히든카드가 가져올 기업의 미래를 알 수 있습니다.

8장

주린이가 가장
궁금해하는
기업분석 방법
- 정량적 분석

지금까지는 기업을 분석하는 방법 중의 하나인 사업구조 분석, 즉 정성적 분석에 대해 알아 봤는데요, 이번에는 정량적 분석에 대해 알아보도록 하겠습니다. 정성적 분석은 BM(사업모 델)을 분석해 기업이 하는 일을 이해하는 것이 가장 중요합니다. 반면 정량적 분석은 숫자 분 석입니다. BM 분석을 토대로 숫자로 기업을 검증하는 작업입니다. 제이브이엠이 약국 자동화 시스템으로 매출을 발생시켜 얼마의 이익을 내고 있는지, 이익률은 어느 정도인지, 자산과 부 채는 얼마가 있는지, 이익 중의 얼마를 주주들에게 돌려주는지 등을 파악해서 기업가치를 숫 자로 파악하는 과정이 바로 정량적 분석입니다. 머리 속에서 상상하던 이야기를 글로 직접 적 는 것과 비슷합니다.

주식투자는 기업에 대한 투자입니다. BM이 좋아도 이익이 감소하고 있거나 부채가 많다면 기업가치가 증가하기 어렵고, 주가도 상승하기 어렵습니다. 매출, 이익, 비용, 자산, 부채, 자 본, 배당 등의 숫자 분석은 주식투자의 정확도를 높여줄 수 있는 소중한 데이터입니다. 정성적 분석을 잘 이해한다면 보다 정밀한 투자가 가능할 것입니다. 재무제표를 어느 정도 이해하고 있는 투자자라면 정성적 분석은 어렵지 않을 것입니다. 반면 재무제표를 잘 모르는 투자자라 도 관련 내용들을 천천히 이해하면서 따라온다면 충분히 이해할 수 있습니다.

기업마다 사업구조가 다르고 비용 구조가 다르기에 정량적 분석도 결코 쉬운 일은 아닙니다. 그렇지만 어렵다고 포기해서는 안 됩니다. 기업에 대한 정량적 분석은 여러분의 자산을 지켜 주는 든든한 방패이기 때문입니다.

영업이익이 중요하다고
이야기하는 이유는
무엇인가요?

저자 직강 동영상 강의로 이해 쏙쏙!
QR코드를 스캔하셔서 동영상 강의를 보시고
이 칼럼을 읽으시면 훨씬 이해가 잘 됩니다!

정성적 분석의 첫 출발은 영업이익입니다. 영업이익은 제품을 판매하거나 서비스를 제공하고 받은 매출에서 비용을 차감하고 남은 금액을 의미합니다. 여러분이 미용실을 운영한다고 가정해보겠습니다. 직원은 미용사 2명입니다. 커트는 2만 원, 펌은 5만 원입니다. 만일 하루에 20명의 고객이 방문했는데, 15명은 커트를 했고 5명은 펌을 했다면 매출은 어떻게 될까요? '매출=가격(P)×수량(Q)'으로 계산이 가능합니다. '커트 매출=2만 원×15명=30만 원'과 '펌 매출=5만 원×5명=25만 원'입니다. 총 매출은 55만 원이 됩니다. 미용실은 55만 원을 벌었지만 이 돈이 모두 이익은 아닙니다. 커트와 펌 서비스를 제공하기 위한 비용이 들어갔기 때문에 비용을 제거해야 합니다. 비용은 2가지 종류로 분류할 수 있는데 헤어 서비스를 제공하기 위해 들어간 각종 비용(인건비, 임대료, 전기료, 샴푸 등)과 헤어 서비스 제공과 관계없는 비용(이자, 세금 등)이 있습니다. 영업이익은 매출에서 본업인 헤어 서비스를 제공하기 위해 들어간 비용을 차감하고 남은 금액을 의미합니다. 인건비가 5만 원이고 임대료가 5만 원, 전기료 1만 원, 샴푸 등의 헤어 용품이 4만 원이라면 비용은 15만 원이 됩니다. 그래서 영업이익은 '55만 원-15만 원=40만 원'입니다. 영업이익에서 영업활동과 관계없는 비용인 이자, 세금 등 10만 원을 제외하고 남은 30만 원이 당기순이익이 됩니다. 이익 30만 원을 헤어 서비스 경쟁력 강화를 위해 헤어 드라이기 구입에 투자한다면 재투자가 되어 다시 기업의 자산으로 흘러 들어가게 되고, 반대로 미용실 경영자에게 배당 형태로 돌려준다면 이는 주주환원이 되는 것입니다.

기업의 경쟁력을 평가할 때 가장 중요한 것은 영업이익입니다. 영업이익은 기업이 판매하고 제공하는 제품이나 서비스를 통해 벌어들이는 이익을 나타냅니다. '삼성전자는 반도체 팔아서 얼마 벌었어?' 'NAVER는 검색광고로 얼마 벌었어?' '테슬라는 모델Y 팔아서 얼마 벌었어?'처럼 그 기업의 BM을 통해 벌어들인 이익을 의미하기 때문에 매우 중요합니다. 그럼 앞서 분석한 제이브이엠, 롯데하이마트의 영업이익을 분석해보겠습니다.

제이브이엠은 2017년부터 매년 1,000억 원의 매출을 꾸준히 기록했지만 매출이 정체되면서 영업이익도 2017년 최고치인 187억 원을 넘지 못하고 부진한 흐름을 보였습니다. 하지만 2022년에는 매출액이 1,400억 원을 상회하면서 영업이익도 220억 원으로 전년 대비 2배 가까이 증가했습니다. 지난 몇 년간의 정체에서 벗어나며 성장이 다시 시작되었음을 우리는 숫자로 확인할 수 있습니다.

제이브이엠의 연도별 매출액, 영업이익 추이

구분	2017년	2018년	2019년	2020년	2021년	2022년
매출액	1,062억 원	1,036억 원	1,101억 원	1,154억 원	1,158억 원	1,420억 원
영업이익	187억 원	133억 원	105억 원	157억 원	125억 원	220억 원

제이브이엠의 분기별 매출액, 영업이익 추이

구분	22년 1분기	22년 2분기	22년 3분기	22년 4분기	23년 1분기
매출액	315억 원	370억 원	342억 원	393억 원	377억 원
영업이익	44억 원	59억 원	57억 원	60억 원	75억 원

제이브이엠의 분기별 영업이익도 확인할 필요가 있습니다. 분기별로 제이브이엠은 적을 때는 30억 원대, 많을 때는 40억 원대의 영업이익을 기록했는데 2022년 2분기부터는 50억 원대를 넘어서기 시작하며 분기별로도 본격적인 성장세가 시작되었음을 확인할 수 있습니다. 2022년 2분기 59억 원, 3분기 57억 원, 4분기 60억 원의 영업이익을 기록했는데, 2022년 성장의 시작은 2022년 2분기부터였음을 확인할 수 있습니다. 1년이라는 시간은 꽤 길기 때문에 분기별로 영업이익의 추이를 확인하는 것도 꼭 필요합니다.

롯데하이마트는 2017년부터 매년 4조 원대의 매출을 기록했지만 2021년 3.8조 원, 2022년 3.3조 원을 기록하며 매출이 감소하기 시작했음을 알 수 있습니다. 영업이익은 2017년 2,075억 원을 고점으로 계속 감소하기 시작해 2022년에는 −520억 원 적자를 기록했습니다. 기업경영 환경이 크게 악화되었음을 우리는 숫자로 확인할 수 있습니다.

롯데하이마트의 연도별 매출액, 영업이익 추이

구분	2017년	2018년	2019년	2020년	2021년	2022년
매출액	4.1조 원	4.1조 원	4조 원	4조 원	3.9조 원	3.3조 원
영업이익	2,075억 원	1,865억 원	1,099억 원	1,611억 원	1,068억 원	-520억 원

삼양식품도 살펴보겠습니다. 매출액은 2017년 4,585억 원이었는데 2022년에는 9,142억 원으로 5년 만에 거의 2배 가까운 매출 성장을 기록했습니다. 영업이익도 크게 증가했는데요, 2017년 433억 원에서 2022년 904억 원으로 2배 이상 성장하는 모습을 보였습니다. 영업이익 증가의 1등공신은 역시 불닭볶음면이었습니다. 중국에서 불닭볶음면의 인기가 높아지면서 매출과 이익이 급증한 것입니다. 이익이 성장하면 주가도 당연히 상승하게 됩니다. 2017년 5만 원대에 머물던 주가는 2022년 12만 원까지 상승했습니다.

삼양식품의 연도별 매출액, 영업이익 추이

구분	2017년	2018년	2019년	2020년	2021년	2022년
매출액	4,585억 원	4,694억 원	5,436억 원	6,485억 원	6,420억 원	9,090억 원
영업이익	433억 원	552억 원	783억 원	953억 원	654억 원	904억 원

반면 영화관 대표 기업 CJ CGV는 영화관 사업의 경쟁력 약화와 코로나19 등의 악재로 인해 1.9조 원까지 상승했던 매출액이 2022년에는 1.3조 원까지 줄어들었고, 영업이익은 2019년 1,220억 원에서 2020년 -3,887억 원, 2021년 -2,414억 원, 2022년 -768억 원으로 적자가 지속되고 있는 상황입니다. 주가는 2017년 7만 원대에서 2022년 18,000원까지 75%나 하락했습니다.

CJ CGV의 연도별 매출액, 영업이익 추이

구분	2017년	2018년	2019년	2020년	2021년	2022년
매출액	1.7조 원	1.8조 원	1.9조 원	5,834억 원	7,363억 원	1.3조 원
영업이익	862억 원	777억 원	1,220억 원	-3,887억 원	-2,414억 원	-768억 원

　　영업이익은 기업의 존재 이유입니다. 미용실, 치킨집, 편의점 등 어떤 사업을 운영하든 간에 모든 사업은 다 돈을 벌기 위해서 하는 것입니다. 영업이익을 내지 못한다면 기업이 존재할 이유는 없습니다. 영업이익을 유지하거나 성장시키지 못하는 기업은 주식시장에서도 외면받을 수밖에 없습니다. 잊지 말아주세요! 투자하려는 기업의 영업이익이 어떤 상황인지 확인하고 또 확인하고 투자하시기 바랍니다.

 염불리의 꿀팁

영업이익은 제품을 판매하거나 서비스를 제공하고 받은 매출에서 비용을 차감하고 남은 금액을 의미합니다. 기업의 존재 이유는 이윤 창출입니다. 영업이익은 기업의 경쟁력을 나타내며, 기업이 존재하는 이유를 나타내는 가장 중요한 지표입니다. 영업이익이 정체되어 있는지, 꾸준히 증가하고 있는지를 파악하는 것에서 주식투자는 시작됩니다. 최근 3년간의 연간·분기별 영업이익은 꼭 확인하고 투자하시기 바랍니다.

영업이익률이 중요한 이유는
무엇인가요?

앞서 살펴본 영업이익과 더불어 반드시 확인해야 하는 정성적 지표는 영업이익률입니다. A, B, C기업 모두 100억 원의 영업이익을 냈다고 가정해보겠습니다. A기업의 매출액은 500억 원, B기업의 매출액은 1,000억 원, C기업의 매출액은 1조 원입니다. 각각의 영업이익률은 어떻게 될까요? A기업의 영업이익률은 '100억/500억=20%'입니다. B기업은 10%, C기업은 1%입니다. 세 기업 모두 똑같은 100억 원의 이익을 기록했지만 영업이익률의 차이는 꽤 큽니다. 그렇다면 시장에서는 어떤 기업을 더 높게 평가할까요? 당연히 A기업입니다.

영업이익률은 기업의 경쟁력을 나타냅니다. 영업이익률이 20%를 넘어서는 기업들을 시장에서는 '강력한 경쟁력을 보유한 기업'으로 평가하고 있

덴티움, 동원F&B의 영업이익률 비교

기업명	기간	매출액	영업이익	영업이익률	PBR
덴티움	2021년	2,915억 원	699억 원	+24%	2.49배
	2022년	3,559억 원	1,257억 원	+35%	2.82배
동원F&B	2021년	3.4조 원	1,304억 원	+3.7%	0.94배
	2022년	4조 원	1,287억 원	+3.2%	0.69배

습니다. 반대로 영업이익률이 5% 이하인 기업들에 대한 시장의 평가는 낮은 편입니다. 그 기업의 영업이익률이 낮다는 것은 그만큼 그 기업이 속한 업종의 경쟁이 치열하다는 뜻이기도 합니다. 2022년에 거의 비슷한 영업이익을 냈던 2개의 기업을 비교해보겠습니다.

덴티움은 2022년 1,257억 원의 영업이익을 기록했습니다. 영업이익률은 2021년 +24%였습니다. 2022년에는 +35%라는 놀라운 영업이익률을 기록했습니다. 매출액과 영업이익이 크게 증가한 가운데 영업이익률까지 성장하는 뛰어난 경쟁력을 보여주었습니다. PBR은 2.82배로 시장에서도 덴티움의 가치를 높게 평가하고 있습니다. 주가 역시 크게 상승했습니다. 2021년부터 2022년까지 +143% 상승했고, 2023년 1분기까지의 주가 상승률은 +239%에 달합니다.

동원F&B는 2022년 1,287억 원의 영업이익을 기록했습니다. 덴티움과의 영업이익 차이는 30억 원에 불과했지만 영업이익률은 큰 격차를 보였습니다. 2021년 +3.7%, 2022년 +3.2%의 영업이익률을 기록했는데, 4조 원에 가까운 대규모 매출을 내는 기업이지만 이익 규모는 3,000억 원대의 매출에 불과한 덴티움과 거의 비슷합니다. 그러니 시장의 평가도 인색합니다. PBR

은 0.69배까지 떨어졌습니다. 주가도 부진했습니다. 2021년부터 2022년까지 주가 상승률은 -12%로 오히려 뒷걸음질을 치고 말았습니다.

동원F&B의 2021년 매출액은 3.4조 원이었고, 2022년 매출액은 4조 원으로 +18% 증가했지만 영업이익은 오히려 감소했습니다. 동원F&B는 음식료 기업입니다. 음식료 업종의 경쟁이 그만큼 치열하다는 의미이고, 곡물가 상승으로 인한 원가 부담을 가격에 제대로 전가하지 못했다는 의미로도 해석할 수 있습니다.

덴티움은 임플란트 기업으로 특히 중국 지역에서 높은 점유율을 보유하고 있습니다. 중국의 임플란트 수요는 해마다 급증하고 있는데요, 덴티움처럼 가성비가 좋은 임플란트를 제공하는 기업은 많지 않습니다. 많은 수요가 있음에도 여전히 부족한 임플란트 공급은 덴티움의 협상력을 높여주는 요소입니다.

기업이 이익을 내는 것은 당연합니다. 그런데 더 중요한 것은 이익의 지속성입니다. 워런 버핏 역시 이익의 증가와 더불어 이익의 지속성을 기업 평가의 매우 중요한 요소라고 언급했습니다. 그리고 그것을 숫자로 확인할 수 있는 것이 바로 영업이익률이라고 말했습니다. 영업이익률이 최소 10%를 넘어야 하고, 20%를 넘는다면 경제적 해자*를 보유하고 있다는 의미입니다. 덴티움은 경제적 해자를 보유한 기업이지만 동원F&B는 그렇지 못하다고 할 수 있습니다. 물론 영업이익률이 낮다고 해서 무조건 투자할 가치가 없다고 볼 수는 없습니다.

경제적 해자

기업이 경쟁사들보다 높은 수익성을 유지할 수 있는 경쟁력을 의미. 기업이 보유한 고유의 기술, 브랜드 인지도, 고객 충성도, 규모의 경제 등 다양한 요인에 의해 형성된다. 다른 기업들이 넘볼 수 없는 경쟁력을 보유한 기업들은 대부분 높은 영업이익률을 기록한다.

현대차, 기아의 영업이익률 추이

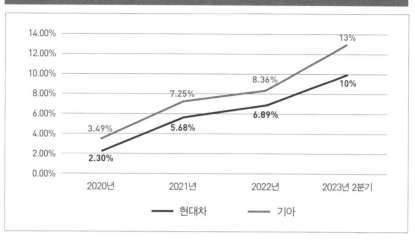

현대차와 기아 같은 자동차 제조사들의 영업이익률은 3~5%에 불과할 정도로 낮은 편인데요, 워런 버핏이 자동차 기업에 잘 투자하지 않는 이유이기도 합니다. 하지만 현대차와 기아는 브랜드 가치 증가, 낮은 재고, 낮은 인센티브(딜러들에게 제공하는 비용), SUV 등 고가 차량 판매 확대 등으로 영업이익률을 지속적으로 끌어올렸습니다. 현대차의 영업이익률은 2020년 2.3% → 2021년 5.68% → 2022년 6.89% → 2023년 2분기 10%를 기록했습니다. 기아의 영업이익률은 2020년 3.49% → 2021년 7.25% → 2022년 8.36% → 2023년 2분기 13%입니다. 현대차와 기아의 영업이익률은 20% 이하이기 때문에 여전히 높다고 할 수는 없습니다. 그렇지만 2~3%대에 불과했던 영업이익률을 3년 만에 10% 수준으로 끌어올렸다는 것은 기업의 경쟁력이 근본적으로 개선되었다는 것을 의미하기 때문에 투자자들은 이러한 변화를 놓쳐서는 안 됩니다.

주식시장도 이에 화답했습니다. 현대차의 시가총액은 코로나19 이전 19조 원대에 머물렀는데, 2023년 7월 기준 41조 원을 기록하고 있습니다. 기아의 시가총액은 코로나19 이전 11조 원대였는데, 2023년 5월 기준 33조 원 수준까지 3배 이상 증가했습니다. 2023년 1분기에 현대차와 기아의 합산 영업이익은 토요타를 능가했습니다. 토요타의 시가총액은 200조 원이 넘습니다. 현대차와 기아의 투자 매력이 과연 떨어진다고 할 수 있을까요? 절대적인 수치도 중요하지만 영업이익률의 방향성도 중요합니다.

영업이익률은 높을수록 좋지만 낮다고 무시해서는 안 됩니다. 동원F&B의 주가가 부진했던 것은 매출은 성장하는데 낮은 수준의 영업이익률이 지속되었기 때문입니다. 현대차와 기아의 주가가 비상했던 것은 매출 성장과 더불어 꾸준히 영업이익률을 증가시켰기 때문입니다. 영업이익률 10%, 20%라는 숫자도 중요하지만 투자자들에게 더 중요한 것은 영업이익률의 방향입니다. 영업이익률이 한 자리 수에 그치더라도 증가하는 추세라면 투자 매력은 높다고 할 수 있습니다.

워런 버핏을 비롯한 위대한 투자자들이 공통적으로 하는 이야기가 있습니다. "주식을 장기투자하라"입니다. 장기투자는 투자의 위험을 낮춰주는 동시에 성장하는 기업의 열매를 따먹을 수 있게 도와주는 좋은 친구임이 분명합니다. 하지만 모든 기업을 장기투자해서는 안 됩니다. 기업에 따라서는 오히려 장기투자가 위험을 높이고 열매가 아닌 상처를 입힐 수도 있기 때문입니다. 따라서 기준을 세워야 합니다. 장기투자를 해도 되는 기업인지, 아닌지 검증하는 절차가 필요합니다. 장기투자를 위한 검증 절차 중에서 가장 중요한 정성적 지표는 영업이익률입니다. 과거부터 현재까지의 영업이익률을 비교해보고 영업이익률을 20% 이상 꾸준히 유지해왔다면 경쟁력이 증명되었다는 의미로 장기투자를 고려해볼 수 있을 것입니다. 단, 매 분기마다 발표되는 실적을 확인해서 영업이익률이 유지되고 있는지 꾸준히 확인해야 합니다. 어떤 기업도 영원할 수 없습니다. 경쟁자의 진입, 기술의 변화 등이 발생해서 영업이익률이 크게 하락할 수도 있습니다. 미래를 예측하는 것도 중요하지만 미래의 숫자를 검증해서 공상과학 소설이 아닌 다큐멘터리인지를 확인하는 것은 더 중요합니다.

 염블리의 꿀팁

기업이 이익을 내는 것은 당연합니다. 그런데 더 중요한 것은 이익의 지속성입니다. 워런 버핏 역시 이익의 증가와 더불어 이익의 지속성을 기업 평가의 매우 중요한 요소라고 언급했습니다. 그리고 그것을 숫자로 확인할 수 있는 것이 영업이익률입니다. 영업이익률은 당연히 높을수록 좋지만 수치가 낮더라도 현대차, 기아처럼 꾸준히 영업이익률이 증가한다면 기업가치는 장기적으로 우상향할 가능성이 높습니다. 높은 영업이익률도 중요하지만 그보다 더 중요한 것은 영업이익률의 방향입니다.

영업활동현금흐름이 중요한 이유는
무엇인가요?

'흑자도산'이라는 이야기를 들어본 적이 있나요? 흑자를 냈는데 부도가 나다니, 다소 의아할 투자자들도 있을 겁니다. 그런데 흑자도산은 실제 존재합니다. 이익도 내고 있고 재무상으로도 문제가 없는 기업인데 현금이 없어서 부도가 나는 경우들이 간혹 있습니다. 제 통장에 현금 1억 원이 있고 제 연봉은 1억 원이라고 가정해보겠습니다. 그런데 은행에 갚아야 할 차입금이 2억 원이 있습니다. 이 차입금 만기는 바로 내일입니다. 내일은 급여일이기도 합니다. 1억 원의 연봉은 월 기준으로 세후 660만 원 정도입니다. 내일 제 통장에는 1억 660만 원이 입금되어 있겠네요. 그런데 2억 원을 갚아야 합니다. 주식계좌에는 삼성전자 2억 원어치가 있습니다. 당장 삼성전자를 1억 원어치만 팔면 2억 원은 갚을 수 있을 것입니다. 그런데 저는 다

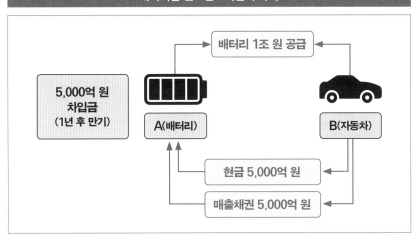

음날 돈을 갚지 못했습니다. 삼성전자를 오늘 팔아도 결제일은 이틀 후이기 때문에 1억 원은 이틀 후에 입금됩니다. 즉 제 자산은 3억 원이 넘지만 현금흐름의 시차가 맞지 않아 2억 원을 갚지 못하고 저는 연체자가 된 것입니다. 기업의 흑자도산이 바로 이런 경우입니다. 현금이 부족해서 발생하는 부도를 흑자도산이라고 부릅니다.

배터리를 만드는 A라는 기업이 있다고 가정하겠습니다. 신생 배터리 기업인 A의 고객사는 B라는 신생 자동차 회사입니다. B 자동차 회사는 전기차 10만대 생산체제를 갖추고 A기업에 배터리를 주문했습니다. 전기차 한 대당 배터리 가격은 1,000만 원 정도입니다. 10만 대면 배터리 구매 금액은 총 1조 원입니다. B는 1조 원의 배터리 구매 계약을 체결했고, A는 어음을 발행했습니다. 1조 원의 배터리를 공급하는 대신 B는 5,000억 원의 현금을 바로 지급하고 1년 후에 나머지 5,000억 원의 현금을 지급하는 어음입니다.

A는 매출액 1조 원이 발생했고 현금 5,000억 원, 매출채권 5,000억 원이 생겼습니다. 매출채권은 외상입니다. 제품공급은 했지만 아직 받지 못한 돈을 의미합니다. 매출액은 1조 원이지만 5,000억 원은 받을 돈인 것이죠.

그런데 배터리 회사 A는 1년 후에 5,000억 원의 차입금 만기가 도래합니다. B가 제 날짜에 돈을 입금한다면 A 배터리 기업에도 크게 문제될 것은 없습니다. B에게 5,000억 원을 받아서 차입금을 갚으면 되기 때문입니다. 그런데 1년 후 B가 3,000억 원만 지급하겠다고 합니다. 전기차가 예상보다 덜 팔려 나머지 2,000억 원은 차가 팔리는 대로 갚겠다고 이야기합니다. 이를 어쩌나요? A는 2,000억 원을 받아야만 합니다. 아니면 다른 자동차 회사를 고객사로 확보해서 2,000억 원의 현금을 만들어야 합니다. 차입금 5,000억 원은 제 날짜에 무조건 갚아야 합니다. A가 2,000억 원을 구하지 못했다면 어떻게 되었을까요? A는 부도가 났을 것입니다. 배터리를 공급해서 이익은 났지만 현금흐름에 말썽이 생겨서 흑자도산을 할 수밖에 없었을 것입니다.

매출이 증가하고 이익이 증가해도 현금이 유입되지 않는다면 기업은 망하게 됩니다. 따라서 기업의 현금흐름 파악을 통해 기업이 건강한지 부실한지 알아내야 합니다. 이를 확인하는 가장 좋은 지표는 '영업활동현금흐름'입니다. 재무제표는 재무상태표, 손익계산서, 현금흐름표로 구성되는데, 현금흐름표에서 영업활동현금흐름을 확인할 수 있습니다. 영업활동현금흐름이란 기업이 영업활동을 통해 벌어들인 현금을 기록한 수치입니다.

A기업이 배터리를 판매해 1,000억 원의 당기순이익을 냈다고 가정하겠습니다. 매출채권 300억 원, 재고자산 500억 원, 감가상각비 200억 원, 매입채무 200억 원이라면 '영업활동현금흐름=당기순이익 − (매출채권+재고자산)+감가상각비+매입채무'가 됩니다. 600억 원이 영업활동현금흐름이 됩

니다. 매출이 증가하고 이익이 증가하는데 영업활동현금흐름도 증가한다면 현금흐름이 정상적으로 작동하고 있다고 봐도 됩니다. 반면 매출이 증가하고 이익이 증가하는데 영업활동현금흐름이 감소하거나 적자가 난다면 위험 신호입니다. 이익은 나지만 기업에 현금이 들어오지 않는다는 의미입니다.

흑자도산의 대표적인 사례는 2008년 부도가 난 '우영'이라는 기업입니다. 우영은 코스닥 상장사로 LCD에 필요한 부품을 제조하던 기업이었습니다. 매년 3,000억 원에 가까운 이익을 냈었고 영업이익도 100억 원 이상을 기록하는 등 매출과 이익에서는 큰 문제가 없었던 기업입니다. 그런데 2008년 2월 우영은 18.5억 원을 갚지 못해 최종 부도처리가 되었습니다. 연간 3,000억 원의 매출과 100억 이상의 이익을 내는 기업이 부도가 나다니 이해하기 어려운데요, 그 원인은 바로 현금흐름에 있었습니다.

부도가 나기 전 발표한 2007년 3분기 분기보고서의 현금흐름표 항목을 보면, 당기순이익은 8억 원을 기록했는데 영업활동현금흐름은 무려 -194억 원의 적자를 기록했습니다. 2006년 3분기 분기보고서에서도 당기순이익은 21억 원 흑자인데 영업활동현금흐름은 -17억 원을 기록했습니다. 이익은 냈지만 현금이 제대로 유입되지 않았던 것입니다. 부채도 많았는데요, 2007년 3분기 기준으로 현금성 자산은 265억 원을 보유하고 있었는데 단기에 갚아야 하는 단기 차입금은 1,130억 원에 달했습니다. 현금이 증가하지 못하는 상황에서 갚아야 할 부채는 너무 많아 결국 부도가 난 것입니다.

반면 POSCO홀딩스는 부도가 날 것이라고 생각하기 어려운 매우 단단한 기업입니다. 실제 지표도 그런지 살펴보겠습니다. POSCO홀딩스는 당기순이익의 진폭은 있지만 매년 1.8조 원에서 많게는 7.1조 원까지(2018년 1.8조 원, 2019년 1.9조 원, 2020년 1.7조 원, 2021년 7.1조 원, 2022년 3.5조 원) 꾸준히 이익을 내고 있습니다. 실제 현금도 많이 유입되고 있을까요? POSCO홀딩스의 영업활동현금흐름은 2018년 5.8조 원, 2019년 6조 원, 2020년 8.6조 원, 2021년 6.2조 원, 2022년 6.25조 원이었습니다. 당기순이익보다 훨씬 많은 현금흐름을 사업을 통해 창출하고 있고, 현금이 차곡차곡 잘 쌓이고 있는 기업임을 확인할 수 있습니다. POSCO홀딩스처럼 영업활동현금흐름이 플러스이고 당기순이익보다 영업활동현금흐름이 많다면 재무상으로는 크게 염려할 필요가 없습니다. 하지만 영업활동현금흐름이 당기순이익보다 매우 작거나 마이너스인 경우에는 경계심을 가져야 합니다. 물론 일시적이라면 상관없지만 영업활동현금흐름이 당기순이익보다 작거나 마이너스인 경우가 지속된다면 장기투자 대상으로는 적합하지 않다는 것을 꼭 기억하기 바랍니다. 영업활동현금흐름을 확인하는 것은 여러분의 계좌를 지켜주는 방패가 될 것입니다.

 염불리의 꿀팁

흑자도산이란 기업이 보유한 현금이 부족해서 발생하는 부도를 의미합니다. 매출이 증가하고 이익이 증가해도 현금이 유입되지 않는다면 기업은 망하게 됩니다. 투자자들은 기업의 현금흐름 파악을 통해 기업이 건강한지 부실한지 알아내야 합니다. 이를 확인하는 가장 좋은 지표가 바로 영업활동현금흐름입니다. 매출이 증가하고 이익이 증가하는데 영업활동현금흐름도 같이 증가한다면 현금흐름이 정상적으로 작동하고 있다고 봐도 됩니다. 반면 매출이 증가하고 이익이 증가하는데 영업활동현금흐름이 감소하거나 적자가 난다면 위험 신호입니다. 이익은 나지만 기업에 현금이 들어오지 않는다는 의미이기 때문입니다.

매출채권회전율을
확인해야 하는 이유는
무엇인가요?

영업활동현금흐름에서 우리는 매출채권이 현금화되는 것이 중요하다는 것을 앞에서 배웠습니다. A 배터리 기업은 1조 원의 매출을 올리고도 매출채권 5,000억 원 중에서 2,000억 원을 돌려받지 못해 결국 부도가 나고 말았습니다. 너무나 황당한 일이지만 현금을 받지 못하면 기업은 생존할 수 없습니다. 그래서 매출채권이 잘 현금화되고 있는지를 파악하는 것이 무엇보다 중요합니다.

필자가 김치찌개 식당을 운영하고 있는데 식당 근처에 있는 C라는 기업과 계약을 맺고 점심식사 쿠폰을 발행했다고 가정해보겠습니다. C기업은 1년간 사용할 수 있는 쿠폰 5,000만 원어치를 구매했고, 1년에 한 번씩 자기 직원들이 사용한 쿠폰을 정산해주기로 했습니다. 단, 조건이 있었는데요, 이 식당은 오직 C기업 직원들만 이용 가능하다는 것입니다. 금액이 크기 때문에 흔쾌히 그러자고 했습니다. 이 식당의 1년 매출은 이제 5,000만 원으로 고정되고, 외상값(매출채권) 역시 5,000만 원이 됩니다. 그렇다면 5,000만 원의 외상값이 현금화되는 데 걸리는 속도는 얼마나 될까요? 매출액을 매출채권으로 나누면 간단히 계산됩니다. '5,000만 원(매출액)/5,000만 원(매출채권)=1'입니다. 이를 매출채권 회전율이라고 하는데요, 매출채권이 현금화되는 속도를 나타냅니다. 1년 후 5,000만 원을 받을 때까지 매출채권은 5,000만 원으로 남아 있기 때문에 매출채권 회전율은 1이 유지됩니다. 매출채권 회전율은 높을수록 좋습니다. 외상 값은 빨리 받는 게 당연히 좋습니다.

그런데 어느 날 C기업 사장님이 필자에게 이렇게 이야기합니다. 요즘 회사 사정이 좋아서 3개월에 한 번씩 김치찌개 쿠폰 대금을 1/4로 나눠서 갚겠다고 합니다. 그리고 회사를 확장하면서 채용도 늘렸다고 합니다. 그러면서 1년 동안 직원들이 사용할 수 있는 쿠폰 1억 원어치를 구매해갔습니다. 이제 외상 값이 현금화되는 속도는 어떻게 변했을까요? 매출액과 매출채권 모두 1억 원이 되었습니다. 그런데 이제 결제대금을 3개월에 한 번씩 입금하기로 했기 때문에 매출채권 회전율 역시 변하게 됩니다. 이제 3개월, 분기에 한 번씩 총 매출채권의 1/4인 2,500만 원이 현금화됩니다. 이 경우 매출채권 회전율은 첫 3개월이 되었을 때 '1억 원/7,500만 원=1.33'이 됩니다. 6개월이 지났을 때는 '1억 원/5,000만 원=2'가 됩니다. 9개월 후에는 '1억 원/2,5000만 원=4'가 됩니다. 1년 후 남은 2,500만 원을 받게 되면 매출채권은 소멸하게 됩니다. 1년에 한 번씩 매출채권을 갚으면 매출채권 회전율은 1로 유지되지만, 네 번에 나눠서 받게 되면 9개월 후부터는 매출채권 회전율이 4배로 상승하게 되는 것을 확인할 수 있습니다. 3개월에 한 번씩 결제를 해주니 외상 값이 현금화되는 속도가 매우 빨라졌고, 필자는 기분이 매우 좋아졌습니다.

하지만 좋은 시절이 영원할 리 없습니다. 그로부터 1년이 지난 어느 날 C기업 사장님이 다시 필자를 찾아왔습니다. 회사 사정이 좋지 않아서 김치찌개 쿠폰을 6개월에 한 번씩 갚으면 안 되겠냐고 하네요. 직원들도 많이 나가서 한 달간 사용할 수 있는 쿠폰을 이제는 3,000만 원어치만 구매하겠다고 합니다. 필자로서는 C기업 때문에 안정적인 매출을 올리고 있었고 현금도 창출하고 있었기 때문에 거절하기는 어려웠습니다. 기업의 어려움을 모른 채 할 수도 없어서 그렇게 하자고 했습니다. 이제 매출액은 1년에 3,000만 원으로 줄었고, 매출채권 역시 3,000만 원으로 줄었습니다. 그런데 매출채권을 현금으로 입금해주는 기간이 3개월에서 6개월로 늘어났기 때문에 매출채권 회전율은 떨어질 수밖에 없습니다. 6개월 후에 매출채권의 절반인 1,500만 원이 입금되었습니다. 매출채권 회전율은 '3,000만 원/1,500만 원=2'가 되었네요.

식당 운영에는 많은 비용이 들어갑니다. 재료비, 임대료, 인건비 등 매월 각종 비용들이 청구됩니다. 3개월에 한 번씩 매출채권을 현금화했을 때는 큰 문제가 없었지만 6개월에 한 번씩 매출채권이 현금화되니 식당의 현금흐름은 악화되고 말았습니다. 매월 나가는 고정비를 충당하기 위해 필자는 은행으로 달려가는 수밖에는 없었습니다. 김치찌개 식당의 유일한 고객인 C기업이 갚아야 하는 외상값의 주기가 길어지니 매출채권 회전율은 떨어지게 되었고, 김치찌개 식당의 현금흐름도 점차 악화될 수밖에 없었던 것이죠. 이런 상황에서 C기업이 경영악화로 파산을 한다면 어떻게 될까요? 매출채권은 사라져 휴지 조각이 될 것입니다. 외상값을 받지 못한 필자 역시 파산을 하게 될 것입니다. 그런 생각을 하니 정말 등골이 서늘할 정도로 식은 땀이 나네요.

이처럼 매출채권이 현금화되는 속도는 매우 중요합니다. 매출채권 회전율이 얼마면 좋고 얼마면 나쁘다는 절대적 기준은 없지만 보통 매출채권 회전율이 7이상이면 긍정적이라고 판단할 수 있습니다. 반면 매출채권 회전율이 2~3 정도에 불과한 기업들은 매출채권 회수 속도가 매우 느린 것으로 판단하고 주의를 기울일 필요가 있습니다.

물론 방향성도 중요합니다. 매출채권이 증가했는데 매출액이 증가하는 것은 회전율이 유지되는 것이기에 괜찮지만, 매출채권은 증가했는데 매출액이 감소했다면 이는 회전율이 감소한 것으로 좋은 신호는 아닙니다. 매출이 감소하고 매출채권이 증가해서 매출채권 회전율이 10회에서 7회로, 7회에서 4회로 계속 떨어지게 된다면 기업의 위험이 커지고 있다는 신호가 될 수 있습니다. 반면 매출채권이 증가했지만 매출액이 더 큰 폭으로 증가해서 매출채권 회전율이 2회에서 5회로 증가한다면 이는 매우 긍정적인 신호가 될 것입니다. 김치찌개 식당이나 삼성전자, 현대차 같은 기업들의 가장 중요한 목표는 매출을 증가시키고 현금흐름을 발생시키는 것입니다. 매출액이 아무리 증가해도 매출채권 회수를 못하거나 회수가 늦어진다면 기업 운용에 큰 어려움이 생길 수밖에 없습니다.

다음에 나오는 표는 3개 기업의 매출채권 회전율을 나타낸 표입니다. 삼성전자의 매출채권 회전율은 평균 8을 기록하고 있습니다. 고려아연의 매출채권은 적게는 15.1에서 많게는 33.4까지로 매출채권 회전율이 매우 높다는 것을 확인할 수 있습니다. 이는 채권 회수가 아주 잘 되고 있다는 의미입니다. 반면 전동차(열차)를 제조하는 다원시스의 매출채권 회전율은 2.2에서

3개 기업의 매출채권 회전율

기업	2015년	2016년	2017년	2018년	2019년	2020년	2021년	2022년
삼성전자	8.0	8.3	8.7	7.2	6.6	7.6	6.9	8.5
다원시스	2.2	1.2	0.6	1.2	1.0	1.8	1.3	1.0
고려아연	15.1	15.8	18.1	33.4	17.4	16.9	16.3	17.1

이제는 1로 떨어졌습니다. 매출채권 회전율 2 이하는 채권 회수가 너무 늦어진다는 의미로 회사의 현금흐름에 악영향을 끼칠 수도 있습니다. 다원시스는 2020년, 2021년 연속해서 적자를 기록했고, 영업활동현금흐름은 2022년 -1,495억 원입니다. 부채비율도 2022년 기준 227%에 달할 정도로 높은 상태입니다. 다원시스의 주가도 좋지 않았습니다. 2021년 37,000원까지 상승했던 주가는 2023년 5월, 14,000원까지 하락하고 말았습니다. 적자에다가 현금회수까지 잘 안 되고 있어 기업가치가 많이 훼손된 상태입니다. 반면 삼성전자, 고려아연은 수치만 봐도 알 수 있듯이 말로만 우량주가 아닙니다. 영업활동현금흐름은 매년 흑자이고 영업이익률도 10%가 넘는 데다가 매출채권 회전율도 높은 편입니다.

기업을 파악하는 정성적 분석에서 매출채권 회전율의 추이를 분석하는 것 역시 영업활동현금흐름 분석처럼 방패를 가지고 투자하는 것과 같습니다. 매출채권 회전율 분석에서 방패가 되는 기준점은 매출채권 회전율 5회 이상입니다. 물론 '5'라는 숫자가 절대 정답은 아닙니다. 오히려 숫자보다 추세가 더 중요합니다. 매출채권 회전율이 '10'이었는데 '8이' 되고 '5'로 급감했다면 이는 단단한 방패라고 할 수 없습니다. 방패가 부러질 수도 있다는 것을 암시할 수도 있기 때문에 주의가 필요합니다. 매출채권 회전율이 장기간 '2' '3'회를 유지하는 낮은 상태에 있는 기업들도 면밀히 살펴볼 필요가 있습니다. 현금흐름에 다소 문제가 생길 수도 있기 때문에 투자하기 전에 신중한 조사가 필요합니다. 매출채권 회전율이 낮다고 해서 무조건 나쁜 건 아닙니다. 하지만 조심해서 나쁠 것은 없습니다.

 염불리의 꿀팁

매출채권 회전율은 매출채권이 현금화되는 속도를 의미합니다. 제품을 판매하고 서비스를 제공해 즉시 현금을 받는 경우도 있지만 대부분의 기업들은 일정 기한 후에 현금을 지급받기로 약조한 매출채권을 받게 됩니다. 매출채권은 현금이 아닙니다. 하지만 매출채권은 매출액에 포함됩니다. 현금이 들어오지 않았어도 이익으로 잡을 수 있다는 의미입니다. 그런데 거래 상대방이 부도가 나서 매출채권을 현금으로 지급하지 못하게 되면 매출은 발생했지만 실제 현금은 유입되지 않았기 때문에 기업가치가 크게 훼손될 수 있습니다. 매출채권 회전율이 너무 낮은 기업들은 투자에 신중할 필요가 있습니다.

질문
TOP
61

재고자산회전율을
확인해야 하는 이유는
무엇인가요?

기업은 자체적으로 보유한 현금이나 은행 등에서 빌린 현금을 통해 생산시설을 짓고 제품을 만들어 재고를 쌓고 다양한 영업활동을 통해 거래처에 제품을 판매합니다. 판매 대금은 매출채권(외상 값)이 된 후 거래처가 매출채권에 대한 현금을 지불하면 기업으로 현금이 유입됩니다.

필자가 스마트폰을 제조하고 팔기 위해 1조 원의 현금을 준비했다고 가정해보겠습니다. 필자는 1조 원을 사용해 스마트폰 '어스(지구)'를 개발했고 대량 생산을 시작했습니다. 스마트폰을 팔기 위해 일단 재고를 쌓았는데요, 5,000억 원의 재고를 확보했습니다. 그리고 TV나 인터넷, 모바일 등을 통해 광고도 했습니다. 그러자 통신사, 가전 대리점 등에서 제품을 대량으로 구매하고 싶다는 연락이 왔습니다. 5,000억 원의 재고는 순식간에 사라졌고, 거래처에서는 매출채권을 발행해주었습니다. 3개월 후에 대금을 지급하겠다고 합니다. 매출액은 5,000억 원이지만 매출채권도 5,000억 원입니다. 3개월 후 결제대금이 입금되었습니다. 매출채권이 현금이 되어 돌아온 것입니다. 이 현금으로 스마트폰 '어스'를 또 대량생산했고, 재고는 다시 쌓였고, 주문이 또 들어왔고, 재고는 매출채권으로 전환되었고, 거래처가 대금을 갚자 매출채권은 다시 현금이 되었습니다. 이렇듯 '현금 → 재고자산 → 매출채권 → 현금'이 되는 과정을 기업이 돈을 버는 과정이라고 할 수 있습니다. 이 과정에서 가장 중요한 지표가 바로 재고자산입니다.

재고자산은 기업이 거래처에 판매하기 위해 창고에 보관해둔 제품을 의미하는데요, 필자가 제조한 스마트폰 '어스' 역시 거래처에 팔리기 전까지 창고에 보관을 해야 합니다. 물론 재고자산에는 제품만 있는 것은 아닙니다. 재공품(제품이 되기 위해 현재 제조과정에 있는 미완성품), 원재료(제품을 제조하기 위한 원자재 등의 재료), 미착품(거래처에서 구매한 제품이지만 아직 거래처에 도착하지 않은 제품) 등도 재고자산에 포함됩니다. 즉 판매를 위해 대기 중인 스마트폰, 이 스마트폰을 제조하기 위해 대기 중인 미완성품, 스마트폰 제조에 필요한 재료 등이 모두 재고입니다.

필자도 그렇지만 대부분의 사람들은 '재고는 적을수록 좋다'는 고정관념을 갖고 있습니다. 그도 그럴 것이 스마트폰을 아무리 많이 만들면 뭐하겠습니까? 안 팔리면 구형 스마트폰만 남게 되고 결국 헐값에 처분하게 되어 큰 손해를 볼 수밖에 없겠죠. 2022년 4분기와 2023년 1분기에 반도체 기업들이 처한 상황이 이와 같았습니다. 삼성전자, SK하이닉스가 보유한 반도체 재고자산의 정상적인 보유 기간은 5주 정도입니다. 그런데 반도체를 구매하겠다는 거래처들이 구매를 중단하자 반도체 재고자산은 20주까지 늘어났습니다. 재고자산이 20주면 거의 6개월 정도 되는 매우 긴 기간입니다. 반도체는 첨단 IT 부품 중 하나입니다. 첨단 반도체가 끊임없이 만들어지기 때문에 시간이 가면 갈수록 구형 반도체의 가치는 떨어질 수밖에 없습니다. 때문에 삼성전자와 SK하이닉스는 매우 낮은 가격에 반도체를 긴급 처분할 수밖에 없었고, 보유한 재고자산의 가치 역시 크게 하락하고 말았습니다. 삼성전자는 2023년 1분기에만 메모리 반도체에서 -4.5조 원의 적자를 냈고, SK하이닉스는 -3.4조 원의 적자를 냈습니다. 급격히 불어난 재고를 감당할 수 없었던 것입니다.

그런데 재고자산이 늘어나서 좋은 경우도 있습니다. 스마트폰 주문이 급격히 증가하거나, 자동차 주문이 급격히 증가해서 이를 제조하기 위한 원재료를 대량으로 구매했다면 이는 좋은 신호입니다. 제품을 만들기 위한 원재료 증가는 제품 주문이 증가했다는 의미입니다. 때문에 이로 인한 재고자산 증가는 긍정적인 신호라고 할 수 있습니다. 하지만 제품이 팔리지 않아 재고자산이 늘어난 것은 매우 부정적인 신호입니다.

투자자들은 매분기마다 발표하는 기업들의 실적에서 재고자산 항목을 잘 살펴보아야 합니다. 특히 제품이나 재공품 재고를 면밀히 관찰해야 합니다. 가장 중요한 것은 매출액과의 비교입니다. 매출이 증가하면서 재고도 증가한다면 괜찮습니다. 물론 매출 증가 폭이 재고자산 증가 폭보다 크다면 더 긍정적입니다. 가장 좋지 않은 것은 매출은 감소하는 데 제품이나 재공품 재고만 증가하는 것입니다. 이는 물건이 팔리지 않고 있다는 신호이기 때문입니다. 우리는 이러한 신호를 '재고자산 회전율'이라는 지표를 통해서 알 수 있는데요, 재고자산이 얼마나 빠르게 매출로 연결되고 있는지를 나타내는 지표입니다. 재고자산 회전율은 당연히 높을수록 좋습니다.

농심 사업보고서, 연결재무제표 주석 '재고자산'

출처: 금융감독원 전자공시시스템

　　재고자산 회전율은 매출액을 재고자산으로 나누면 구할 수 있습니다. 좀 더 정확하게 계산하면 '재고자산회전율=매출원가/평균재고재산'입니다. 농심의 2022년 재고자산회전율을 계산해보겠습니다. 사업보고서 연결재무제표 주석에서 재고자산을 검색하면 재고자산 항목이 나오는데요, 당분기말은 2022년 말을 의미합니다. 농심의 2022년 연간 매출원가는 2.2조 원입니다. 평균 재고자산은 기초(전년도말) 재고자산과 기말(금년도말) 재고자산을 합쳐서 2로 나누면 됩니다. 농심의 2022년 기초재고자산은 2021년 말 재고자산을 확인하면 됩니다. 2021년 말 재고자산은 2,560억 원입니다. 기말재고자산은 2022년 말 재고자산을 확인하면 됩니다. 2,968억 원으로 적혀 있네요. 평균재고자산은 2,764억 원입니다. 이제 숫자만 대입하면 되겠네요. 농심의 재고자산회전율은 '22,000억 원(매출원가)/2,764억 원(평균재고자산)=7.95회'입니다. 여기서 공식을 한 가지만 더 알려드리겠습니다. 365일을 재고자산회전율로 나누면 재고자산회전일수를 알 수 있습니다. '365/7.95=45.9일'이 계산됩니다. 이를 통해 우리는 농심의 재고자산이 매출로 전환되는 데 46일 정도 걸린다는 것을 알 수 있습니다. 재고자산회전율 역시 방향성도 확인할 필요가 있습니다. 2015년 이후 농심의 평균 재고자산회전율은 8.07입니다. 2022년 재고자산회전율 7.95는 평균보다는 낮지만 큰 차이가 없기 때문에 농심의 재고자산은 매년 큰 변화없이 정상적으로 매출로 전환되고 있다고 판단할 수 있습니다.

이번에는 SK하이닉스를 살펴보겠습니다. SK하이닉스의 2022년 매출원가는 28.99조 원입니다. 기초재고자산(2021년 말)은 8.92조 원입니다. 기말재고자산(2022년말) 15.66조 원입니다. 얼핏 봐도 재고가 1년간 거의 두 배나 늘었다는 것을 알 수 있습니다. 평균재고자산은 12.29조 원으로 계산됩니다. 재고자산회전율은 '28.99조 원(매출원가)/12.29조 원(평균재고자산)=2.36회'입니다. 재고자산회전일수도 계산해보겠습니다. '365일/2.36=154.7일'이 됩니다. 농심에 비해 SK하이닉스는 재고자산이 매출로 전환되는 기간이 상당히 긴 편입니다. 2015년 이후 SK하이닉스의 평균 재고자산회전율은 3.88회입니다. 가장 높았던 2015년 5.5회와 비교해도 재고자산회전율이 크게 감소한 것을 알 수 있습니다. 아마 많은 투자자들이 2022년 신문에서 '반도체 출하량이 감소하고 있다'는 기사들을 봤을 텐데요, 재고자산이 매출로 전환되는 것을 '출하'라고 합니다. SK하이닉스의 2022년은 한마디로 재고는 늘었지만 출하가 되지 않아 재고가 더 쌓이는 악순환이 반복된 해였다고 할 수 있습니다. 재고가 매출로 전환되지 않으니 악성 재고는 쌓여만 갔고, 2022년 4분기에는 결국 영업적자를 기록하고 말았습니다.

재고자산은 기업의 정량적 평가에 매우 중요한 지표 중 하나입니다. 재고가 있어야 제품을 팔 수 있고, 제품이 팔려야 매출(매출채권)이 발생할 수 있습니다. 재고가 매출(매출채권)로 빠르게 전환되고 매출채권이 현금으로 빠르게 전환될수록 기업의 현금흐름이 원활해지고 튼튼한 체력을 유지할 수 있습니다. 우리가 재고자산회전율과 매출채권회전율의 흐름을 계속 확인해야 하는 이유이기도 합니다.

엄블리의 꿀팁

'현금 → 재고자산 → 매출채권 → 현금'이 되는 과정은 기업이 돈을 버는 과정이라고 할 수 있습니다. 이 과정에서 가장 중요한 지표가 바로 재고자산입니다. 재고자산은 기업이 거래처에 판매하기 위해 창고에 보관해둔 제품을 의미합니다. 재고자산은 매출액과의 비교가 중요합니다. 매출이 증가하면서 재고도 증가한다면 괜찮지만, 매출은 감소하는 데 재고만 증가하는 것은 위험신호일 수 있습니다. 매출액과 재고자산의 흐름은 '재고자산 회전율'이라는 지표를 통해서 확인할 수 있습니다.

질문
TOP
62

순현금이 중요한 이유는
무엇인가요?

2023년 3월 10일 미국의 한 지역은행인 '실리콘밸리 뱅크'가 파산했습니다. 고금리에 의한 충격파가 시작되었다는 불안감에 주식시장은 급락했고, 글로벌 금융시장은 혼란에 빠졌습니다. 미국에서 열여섯 번째로 큰 은행이자 실리콘밸리의 부자 고객들을 많이 보유한 우량 은행이 어쩌다 파산까지 이르게 되었을까요?

한국의 시중은행들은 여러분이 예금한 돈을 받아 그 돈의 90% 이상을 자금이 필요한 기업이나 개인에게 대출을 해줍니다. 이것을 예대율이라고 하는데요, 예금의 몇 퍼센트를 대출해주는지를 나타내는 지표입니다. 예금금리보다 보통 대출금리가 높기 때문에 은행은 되도록 많은 대출을 하고 싶어 합니다. 대출을 많이 할수록 이자 수익은 늘어나겠죠. 이것이 일반적인 은행의 사업모델입니다. 그런데 실리콘밸리 뱅크는 달랐습니다. 국내은행의 평균 예대율은 96.5%에 이르는 데 반해 실리콘밸리 뱅크의 예대율은 42.9%에 불과했습니다. 그럼 실리콘밸리 뱅크는 예금을 어디에 활용해서 돈을 벌었을까요? 실리콘밸리 뱅크가 보유한 자산의 51%는 유가증권이었습니다. 이 유가증권의 79.5%가 10년만기 채권이었습니다. 채권도 대부분 미국의 국채였습니다. 세계에서 가장 안전한 미국 국채에 투자했는데 은행이 파산했다니 참으로 어이없는 일이 아닐 수 없습니다.

실리콘밸리 뱅크가 파산한 것은 부실해서가 아니라 현금흐름에 문제가 생겼기 때문입니다. 이 은행의 주요 고객은 대부분 실리콘밸리를 기반으로 하는 벤처, 스타트업 기업들입니다. 미국의 급격한 금리인상에 자금 확보가 어려웠던 기업들이 일시에 실리콘밸리 뱅크에 예치했던 예금을 인출했는데, 인출금액이 워낙 큰 데다가 예금 인출을 감당할 만큼의 현금이 부족하다는 루머가 급속도로 퍼졌고 결국 뱅크런(예금자들이 동시에 은행에서 자금을 대규모로 인출하는 것)이 발생하면서 파산하고 말았습니다. 왜 현금이 없었을까요? 그것은 자산의 대부분을 만기가 긴 상품에 투자했기 때문입니다.

10년만기 국채는 만기가 10년짜리인 아주 안전한 투자 상품입니다. 만기까지 보유하면 원금도 보장받고 이자도 따박따박 받을 수가 있습니다. 그런데 변수가 발생하면 상황도 바뀌게 됩니다. 큰 사고가 나서 병원 수술비로 2억 원이 필요하다고 가정해보겠습니다. 은행에 1억 원의 현금이 있고 삼성전자 주식을 1억 원(매수가 9만 원 기준)어치 보유하고 있었다면 2억 원을 마련할 수 있을까요? 삼성전자의 주가는 2023년 7월 기준 7만 원 정도 됩니다. 삼성전자 주식 보유 가치는 7,800만 원에 불과합니다. 지금 당장 주식을 팔아야 한다면 -22%의 손해를 감수할 수밖에 없습니다. 2억 원의 현금이 필요한데 어쩔 수 없이 손해를 감수하고 삼성전자를 매도해도 수중에 들어오는 현금은 은행 예금을 합쳐 1억 7,800만 원에 불과합니다. 부족한 2,200만 원은 은행 대출을 받아서 충당해야 합니다. 만일 기업이 이러한 상황이었다면, 현금 부족으로 돈을 못 갚는 일이 발생해 부도가 났을 것입니다. 즉 부실한 자산을 들고 있지 않더라도 당장 필요한 현금과 보유한 자산 간의 만기가 불일치할 때 큰 위험이 닥칠 수도 있습니다. 실리콘밸리 뱅크는 10년만기 미국 국채를 보유하고 있었지만 국채금리가 너무 크게 올라(금리가 상승하면 채권 가격은 하락함) 보유한 채권 가치가 이미 30~40% 정도 훼손된 상태였습니다. 그러한 상황에서 뱅크런이 발생했고, 예금을 돌려주기 위해 큰 손해를 감수하고 채권을 매각할 수밖에 없었습니다.

기업들을 위기에 빠뜨리는 예상치 못한 사건은 언제든 발생할 수 있습니다. 이를 감당하기 위해서는 반드시 현금이 필요합니다. 현금이 많은 기업은 위기에 버틸 수 있는 강력한 방패를 갖고 있는 것과 같습니다. 지금부터는 기업이 보유한 현금을 확인하는 방법을 알려드리겠습니다.

'순현금'이라는 지표인데요, 기업이 가지고 있는 현금성 자산에서 기업이 갚아야 하는 차입금(이자를 지급하는 부채)을 뺀 수치입니다. 당장 갚아야 하는 이자지급성 부채(은행 대출 같은)를 제하고 남는 현금을 의미합니다. 아무리 현금이 많아도 갚아야 할 차입금이 많다면 현금이 많다고 할 수는 없습니다. 순현금은 여러분이 직접 계산할 필요는 없습니다. '네이버' 검색을 통해 기업들의 순현금을 확인할 수 있습니다. 네이버에서는 순부채로 표시하는데요, 순부채는 순현금과 반대입니다. 이자지급성 부채에서 현금성 자산을 뺀 것을 의미합니다. 순부채를 반대로 뒤집으면 순현금을 알 수 있기 때문에 우리는 네이버에서 순부채만 찾으면 됩니다.

| 영원무역홀딩스 009970 코스피 | 2023.07.28 기준(장마감) 장시각 기업개요 ▾ | | | | + MY STOCK 추가 | 빠른주문 |

77,000
전일대비▲400 +0.52%

| 전일 76,600 | 고가 77,200 (상한가 99,500) | 거래량 10,906 |
| 시가 76,600 | 저가 75,500 (하한가 53,700) | 거래대금 831 백만 |

클릭

| 종합정보 | 시세 | 차트 | 투자자별 매매동향 | 뉴스·공시 | 종목분석 | 종목토론실 | 전자공시 | 공매도현황 |

| 기업현황 | 기업개요 | 재무분석 | 투자지표 | 컨센서스 | 업종분석 | 섹터분석 | 지분현황 | 🖶 인쇄 |

영원무역홀딩스 🔊 📄 009970   YoungoneHoldings | KOSPI : 기타금융업 | WICS : 섬유.의류.신발.호화품

EPS 34,436   BPS 190,490   PER 2.24   업종PER 7.48   PBR 0.40   현금배당수익률 3.96%   12월 결산

- PER : 전일 보통주 수정주가 / 최근 분기 EPS(TTM)
- PBR : 전일 보통주 수정주가 / 최근 분기 BPS(TTM)
- TTM: 최근 4분기 합산
- PER, PBR값이 (-)일 경우, N/A로 표기됩니다.
- 현금배당수익률 : 최근 결산 수정DPS(현금) / 전일 보통주 수정주가
- WICS: WISE Industry Classification Standard, modified by FnGuide
- TTM 데이터가 없는 경우, 최근 결산 데이터로 표시됩니다.

재무분석   **클릭**

| 포괄손익계산서 | 재무상태표 | 현금흐름표 |

주재무제표 ▾   ○연간 ●분기 검색   IFRS ⑦   산식 ⑦

클릭

| 주요재무항목 | | 자산성장성지표 |

투자정보   호가 10단계

시가총액	1조 499억 원
시가총액순위	코스피 215위
상장주식수	13,635,592
액면가 I 매매단위	500원 I 1주
외국인한도주식수(A)	13,635,592
외국인보유주식수(B)	2,561,662
외국인소진율(B/A)	18.79%
투자의견 I 목표주가	4.00매수 I 97,000
52주최고 I 최저	80,000 I 46,400
PER I EPS(2023.03) ▾	2.24배 I 34,436원
추정PER I EPS ▾	N/A I N/A
PBR I BPS(2023.03) ▾	0.40배 I 190,490원
배당수익률 I 2022.12 ▾	3.96%
동일업종 PER	7.44배
동일업종 등락률	+0.61%

아래로 스크롤 ▼

반품(환불)부채						
매출부채						
🔘 기타비유동부채	0.0	1.2	2.3	24.6	27.0	9.5
기타금융업부채						
•이자발생부채	4,028.8	5,155.8	5,373.9	4,700.2	7,021.9	49.4
•순부채	-8,493.1	-7,544.2	-9,492.5	-11,744.4	-11,073.3	5.7
•CAPEX	245.7	592.4	916.0	1,498.9	302.9	-79.8
자본총계	32,182.0	35,196.7	39,514.1	39,866.6	42,453.5	6.5
지배주주지분	16,623.9	18,076.1	20,130.6	20,478.5	22,106.2	8.0
🔘 자본금	68.2	68.2	68.2	68.2	68.2	0.0
신종자본증권						

의류 OEM 업체 영원무역의 지주회사인 영원무역홀딩스의 순부채를 확인해보겠습니다. 영원무역홀딩스의 순부채는 2023년 1분기 기준으로 -1.1조 원입니다. 순부채가 마이너스라는 것은 현금이 부채보다 많다는 의미입니다. 즉 순현금은 +1.1조 원입니다. 영원무역홀딩스의 시가총액은 2023년 7월 기준 1조 원입니다. 기업이 시장에서 평가받고 있는 가치보다 보유한 순현금이 더 많다는 것은 그만큼 기업가치가 저평가되어 있다는 의미이며, 위기에 사용할 수 있는 방패가 강력하다는 것을 의미합니다. 일시적으로 적자가 나더라도 영원무역홀딩스는 충분히 버틸 수 있습니다. 금리 상승도 영원무역홀딩스에는 악재가 아닙니다. 금리 상승은 현금의 가치를 올려주기 때문에 순현금이 많은 기업들은 금리 상승기에 매우 유리할 수 있습니다.

영화관 사업을 하는 CJ CGV의 순부채는 +2.4조 원입니다. 순현금은 -2.4조 원이 되겠네요. 현금을 제외하고도 갚아야 하는 차입금이 2.4조 원에 달한다는 의미입니다. 물론 이익을 낸다면 충분히 빚을 갚을 수 있겠지만 실상은 그렇지 않습니다. 막대한 부채에도 불구하고 CJ CGV는 이익을 제대로 내고 있지 못합니다. 2018년 이후 CJ CGV의 영업이익을 보도록 하겠습니다. 2018년 +777억, 2019년 +1,220억, 2020년 -3,886억, 2021년 -2,415억, 2022년 -768억 원의 영업이익을 기록했습니다. 2019년에는 1,220억의 흑자를 내기도 했지만 최근 3년간은 적자를 지속하고 있고, 2023년 1분기에도 -141억 원의 적자를 냈습니다.

순부채가 많다는 것은 이자 부담이 크다는 것을 의미합니다. CJ CGV의 연간 이자비용은 2022년 1,567억 원이었습니다. 극단적으로 이야기해서 영업이익이 1,567억 원을 넘지 않으면 당기순이익은 적자가 난다고 보면 됩니다. 2019년 1,220억 원의 영업이익을 냈지만 당시 이자비용은 1,576억 원이었습니다. 이익을 내도 이자를 감당할 수 없는 상황이었던 것입니다. 실제 2019년 당기순이익은 영업이익 흑자에도 불구하고 -1,526억 원의 적자를 기록했습니다. 영업이익은 기업의 경쟁력을 나타내는 지표이지만 당기순이익은 주주가치를 나타내는 지표입니다. 당기순이익이 발생해야 배당도 하고 자사주 매입도 할 수 있고, 성장을 위한 투자 재원으로 활용할 수도 있습니다. CJ CGV는 연간 1,500억 원이 넘는 이자를 갚아야 하기 때문에 주주들을 챙겨줄 여력이 없는 상황인 것입니다. 여기에 금리까지 상승했으니 그 충격은 클 수밖에 없습니다. 막대한 이자 부담에 허덕이던 CJ CGV는 결국 2023년 6월 20일 무려 4,399억 원에 달하는 유상증자를 결정했고, 주가는 하루 만에 -21% 급락하고 말았습니다.

마지막으로 POSCO홀딩스를 살펴보겠습니다. POSCO홀딩스의 2023년 1분기 순부채는 무려 14조 원에 달합니다. 순현금은 -14조 원입니다. 이 숫자를 본 순간 대부분 이렇게 생각을 할 것입니다. 'CJ CGV보다 더 위험한 거 아닐까?' '매도해버릴까?' 하지만 그럴 필요는 없습니다. 순부채의 절대적인 값은 큰 의미가 없습니다. 순부채를 감당할 수 있을 만큼 자산도 많은 데다가 영업이익도 이자비용을 감당할 수 있을 정도로 많이 내고 있기 때문입니다. POSCO홀딩스는 2022년 4.85조 원의 영업이익을 기록했습니다. 연간 이자비용은 순부채가 많다 보니 무려 6,074억 원이나 됩니다. 그렇지만 POSCO홀딩스가 빚도 많고 이자도 많이 내기 때문에 위험하다고 생각하는 투자자는 별로 없습니다. 왜냐하면 이자비용의 8배에 달하는 이익을 내고 있기 때문입니다. 이렇게 순부채가 많은데도 POSCO홀딩스는 2022년 주주들에게 주당 12,000원의 배당금(배당수익률 +4.3%)을 지급했습니다.

순현금은 비상금과 같습니다. 기업이 비상시에 쓸 수 있는 방패와 같기 때문에 순현금을 적절히 보유하면서 이익도 꾸준히 창출하고 있는 기업이라면 튼튼하다고 할 수 있습니다. 하지만 POSCO홀딩스의 경우에서 보듯이 순부채가 많다고 해서 무조건 나쁘게 봐서는 안 됩니다. 더 중요한 것은 순부채와 그에 따른 이자비용을 감당할 수 있는 이익의 수준입니다. 진짜 위험은 돈을 못 버는 것입니다. CJ CGV처럼 순부채를 감당할 수 없을 정도의 적자를 내는 기업의 투자는 더욱 신중해야 할 것입니다.

염불리의 꿀팁

기업들을 위기에 빠뜨리는 예상치 못한 사건은 언제든 발생할 수 있습니다. 이를 감당하기 위해서는 반드시 현금이 필요합니다. 현금이 많은 기업은 위기에 버틸 수 있는 강력한 방패를 갖고 있는 것과 같습니다. 순현금은 이자지급성 부채에서 현금성 자산을 뺀 것을 의미합니다. 순현금은 기업이 비상시에 쓸 수 있는 비상금 같은 존재입니다.

워런 버핏이 ROE를
중요하게 생각하는 이유는
무엇인가요?

워런 버핏은 "투자하기에 가장 이상적인 기업은 자기자본 이익률(ROE)이 높고 그 수익을 사업에 다시 재투자할 수 있는 기업이다"라고 말했습니다. 워런 버핏이 언급한 ROE는 무엇일까요? 자기자본 이익률이라고 하는 ROE 는 보유한 자본 대비 얼마만큼의 이익을 냈는지를 나타내는 지표입니다. 여러분이 1억 원의 자금을 가지고 주식투자를 했는데 1년간 3,000만 원의 이익을 냈다면 ROE는 몇 %일까요? ROE는 순이익을 자기자본으로 나눈 값입니다. 'ROE=3,000만 원/1억 원=30%'입니다. ROE 30%는 높은 수치일까요? 워런 버핏은 최근 3년간 ROE를 15% 이상 유지한 기업은 경쟁력이 있는 기업이라고 언급했습니다. 따라서 ROE 30%는 굉장히 높은 수익률이라고 볼 수 있습니다. 그런데 관건은 이 ROE를 꾸준히 유지하는 것입니다. 높은 ROE를 유지하는 것은 말처럼 쉽지 않습니다. 왜냐하면 ROE가 높을수록 분모인 자기자본이 계속 증가하기 때문입니다.

1억 원을 가지고 3,000만 원의 이익을 냈고, 이 돈을 고스란히 재투자 해보겠습니다. 자기자본은 이제 1억 3,000만 원이 됩니다. 지난해와 똑같이 3,000만 원의 이익을 냈다면 ROE는 얼마가 될까요? ROE는 '3,000만 원/1억 3,000만 원=23%'가 됩니다. 똑같은 이익을 냈지만 ROE는 7%나 감소하고 말았습니다. 이익이 늘어난 만큼 자본도 증가했기 때문입니다. ROE 30%를 유지하기 위해서는 이익이 더 늘어나야 합니다. 3,900만 원의 이익을 내야 ROE 30%를 유지할 수 있습니다. 이제 감이 오시나요? 이렇게 높은 ROE를 유지하기 위해서는 늘어난 자본만큼 이익도 그에 비례해 증가해야 합니다.

다시 주식투자로 돌아가보겠습니다. 주식투자 3년차에도 ROE 30%를 유지하기 위해서는 연간 5,090억 원의 이익을 내야 합니다. 즉 ROE 30%를 매년 유지하기 위해서는 연간 30%의 이익성장이 필요(이익을 모두 재투자한 다는 가정)합니다. 주식투자로 매년 30%의 이익을 내기는 쉽지 않습니다. 기업 경영도 마찬가지입니다. ROE 30%를 유지한다는 것은 매년 30%의 이익을 증가시킨다는 의미인데, 결코 쉬운 일이 아닙니다. 때문에 이렇게 높은 ROE를 유지하는 기업은 경쟁력이 매우 뛰어난 기업이라고 판단할 수 있습니다. 워런 버핏은 ROE 15% 이상을 유지하는 기업은 뛰어난 기업이라고 언급했습니다. 사실 ROE 15%를 유지하는 것도 쉬운 일은 아닙니다.

그런데 ROE에는 함정이 하나 있습니다. 이 함정에 빠지면 잘못된 판단을 할 수 있는 만큼 주의를 기울일 필요가 있습니다. 앞서 1억 원을 가지고 주식투자를 했고 3,000만 원의 이익을 냈다고 했는데요, 1억 원이 모두 자기 돈이면 ROE는 30%입니다. 만일 투자금 1억 원 중 빌린 돈이 5,000만 원이고 자기 돈이 5,000만 원이면 ROE는 얼마나 될까요? ROE는 자기자본 이익률입니다. 분모에는 자기자본만 들어갑니다. 즉 1억 원을 가지고 투자했지만 자기자본은 5,000만 원이기 때문에 ROE는 '3,000만 원/5,000만 원=60%'가 됩니다. ROE가 60%라니 정말 엄청난 수치입니다. 하지만 자기자본이 아니라 부채를 이용해 ROE를 증가시켰기 때문에 마냥 좋다고만 할 수 없습니다. 워런 버핏도 'ROE가 높은데 부채가 많은 기업은 경쟁우위를 가졌다고 할 수 없다'고 언급했습니다. 자기자본에 의한 이익 증가 및 그로 인한 ROE 증가는 인정하지만 부채를 늘려 ROE를 증가시키는 것은 조심해야 한다고 지적한 것입니다. 실제 주식시장에서도 ROE가 높지만 부채가 많은 기업들은 높은 평가를 받지 못하고 있습니다.

대표적인 기업으로 DN오토모티브가 있습니다. DN오토모티브는 자동차의 외부 소음을 차단하는 방진제품을 제조하는 기업입니다. 이 기업은 2022년 1월 두산공작기계를 인수하면서 외형도 커지고 이익도 크게 증가했는데요, ROE 역시 크게 상승했습니다. 2021년 12%에서 2022년에는 22%까지 급증했습니다. 두산공작기계 인수와 더불어 이익과 ROE가 증가한 것입니다. 시가총액도 크게 증가했는데요, 2021년 2,593억 원에 머물던 DN오토모티브의 시가총액은 2023년 7월 기준 9,000억 원까지 증가했습니다. 그런데 시장의 평가는 다소 인색합니다. ROE가 22%가 넘는데 PBR은 0.89배에 불과합니다. 1배가 되지 않습니다. PER도 2023년 7월 기준, 4.29배에 불과합니다. 코스피 PBR이 0.95배이고 PER이 12배인 점을 감안하면 너무나 저평가된 상황이라고 볼 수 있습니다. 이렇게 시장에서 할인을 받는 이유는 무엇 때문일까요?

그것은 바로 과도한 부채 때문입니다. DN오토모티브의 자기자본은

2023년 1분기 기준으로 9,583억 원입니다. 그런데 부채총계는 3.34조 원입니다. 부채비율이 275%나 됩니다. 시가총액은 7,500억 원인데 순부채는 2조 원이 넘습니다. ROE가 20%를 상회하는 것은 칭찬할 일이지만 과도한 부채가 점수를 깎아 내리고 있는 것입니다.

이번엔 다른 예를 들어보겠습니다. 코스닥 상장사 중 HPSP라는 기업이 있는데요. HPSP는 반도체 공정에 필요한 '고압수소 어닐링' 장비를 제조하는 기업입니다. 웨이퍼의 계면결함을 치료하는 열처리 장비로 전 세계에서 이 기업만이 유일하게 생산을 하고 있습니다. 독점기업이기에 영업이익률(2023년 1분기)은 59%나 됩니다. ROE(2022년)는 53%입니다. 정말 놀라운 수치입니다. 자기자본은 2,248억 원이고, 부채총계는 652억 원입니다. 부채비율은 29%에 불과합니다. 순현금은 무려 2,063억 원입니다. 부채의 도움 없이 자기 돈으로 이익을 꾸준히 증가시킨 '찐' 성장 기업이라고 할 수 있습니다. 시장의 평가도 높은 편입니다. 2023년 7월 기준 PBR은 14.91배, PER은 39.71배입니다.

두 기업의 당기순이익을 비교해보겠습니다. DN오토모티브는 2022년 1,800억 원을 기록했고, HPSP는 660억 원을 기록했습니다. 이익은 DN오토모티브가 3배인데 시가총액은 정반대입니다. 2023년 7월 기준 DN오토모

DN오토모티브 vs. HPSP 주요지표 비교

기업명	시가총액 (2023년 7월)	당기순이익 (2022년)	ROE (2022년)	부채비율 (2023년 1분기)
DN오토모티브	9,000억 원	1,800억 원	22%	275%
HPSP	2.9조 원	660억 원	53%	29%

티브의 시가총액은 9,000억 원인데 HPSP는 2.9조 원을 상회하고 있습니다. HPSP가 여러 가지 이유로 더 높은 평가를 받고 있겠지만 가장 중요한 요인 중 하나는 ROE입니다. ROE의 절대 수치도 2배 이상 높지만 부채가 아닌 자기자본으로 이렇게 높은 이익 성장을 달성하고 있다는 점에 시장은 열광하고 있는 것입니다. ROE는 당연히 높을수록 좋습니다. 하지만 그 안에 숨겨진 부채의 함정을 잊지 마시기 바랍니다.

 염블리의 꿀팁

워런 버핏은 "투자하기에 가장 이상적인 기업은 자기자본이익률(ROE)이 높고 그 수익을 사업에 다시 재투자할 수 있는 기업이다"라고 했습니다. ROE는 기업이 보유한 자본(자본총계) 대비 얼마만큼의 이익을 냈는지를 나타내는 지표입니다. ROE는 당연히 높을수록 좋습니다. 그런데 ROE가 높은 기업 중 부채가 많은 기업들은 주식시장에서 높은 평가를 받지 못하고 있습니다. 부채보다는 자기자본을 통한 이익 증가를 더 중요하게 여기기 때문입니다.

앞으로 공급될
잠재적 주식 유통 물량은
어떻게 확인하나요? ①

저자 직강 동영상 강의로 이해 쑥쑥!
QR코드를 스캔하셔서 동영상 강의를 보시고
이 칼럼을 읽으시면 훨씬 이해가 잘 됩니다!

가격은 어떻게 결정되는 걸까요? 치킨 한 마리 가격, BTS 앨범 가격, D램 가격 등 저마다 가격은 천차만별입니다. BTS 앨범의 가격은 수요가 워낙 많기에 과거 대비 크게 상승했고, 앞으로도 꾸준히 상승할 가능성이 높습니다. 반면 D램의 가격은 끝없이 하락하고 있습니다. 수요보다 공급이 많기 때문이죠. 이 가격에 D램을 구매하려는 고객은 별로 없는데 삼성전자, SK 하이닉스는 끝없이 반도체를 만들어내야만 합니다. 메모리 반도체 공장은 24시간 내내 가동을 하기 때문에 생산량을 줄일 수는 있어도 생산을 중단하기는 매우 어렵습니다. 이렇듯 공급이 증가하고 수요가 감소하면 가격은 하락하게 됩니다.

2022년 미국의 소비자물가 상승률은 무려 +9.1%를 기록했습니다. 지난

10년간 1~2%대에 머물던 물가 상승률이 이렇게 상승한 배경은 무엇일까요? 공급보다 소비가 많았기 때문입니다. 러시아의 우크라이나 침공으로 인해 에너지 공급이 크게 감소하자 원유, 천연가스 등 에너지 가격은 급등했고 에너지 가격에 기반한 휘발유, 경유, LNG 가격 역시 급등했습니다. 여기에 중국의 제로 코로나 정책으로 상해시가 봉쇄되었고, 세계 최대 무역항은 제 기능을 발휘하지 못했습니다. 물동량이 축소된 것이죠. 때문에 제품의 공급은 감소할 수밖에 없었습니다. 반면 소비는 여전히 견조했습니다. 코로나 팬데믹 시기 미국인들은 정부로부터 네 차례의 현금을 받았고, 실업급여도 두둑하게 받았습니다. 그로 인해 저축이 급증했고, 여전히 그 돈으로 안정적인 소비를 유지하고 있습니다. 2022년 물가 급등의 원인도 수요와 공급의 법칙 때문이었습니다. 공급 감소가 워낙 컸기 때문입니다.

주가 역시 마찬가지입니다. 주식 공급이 감소하고 주식 수요가 증가하면 주가는 상승합니다. 주가는 'EPS×PER'이라고 말씀드렸는데요, PER이 어떻게 주가를 결정하는지는 4장에서 다뤘습니다. EPS는 주당순이익입니다. 순이익을 주식수로 나눈 것입니다. EPS가 증가하면 주가는 상승할 가능성이 높습니다. EPS가 상승하기 위해서는 이익이 증가하거나 주식수가 감소하면 됩니다. 이익이 정체되어도 주식수가 감소해서 주식 공급이 줄어들면 주가는 상승 압력을 받게 됩니다.

주식수를 줄이는 가장 좋은 방법은 주식 소각입니다. 기업은 보유한 현금으로 자기 주식을 매입할 수 있습니다. 그런데 어떤 기업들은 자기 주식을 매입한 후 이 주식을 완전히 불태워버리는 소각까지 진행해 주식 공급을 크게 줄이기도 합니다. 주식 공급을 줄이면 EPS가 증가하게 되고 주가가 상승할 가능성이 높아지기 때문에 자기주식 소각은 대표적인 주주환원 정책으로 불립니다. 워런 버핏은 배당보다 자기주식을 매입해 소각하는 기업을 더 선호한다고 합니다. 실제 국내에서도 자기주식을 소각한 기업들의 주가 흐름은 양호했습니다.

　한미반도체는 반도체 후공정 장비를 만드는 기업인데, 국내에서 주주환원을 가장 잘하기로 소문난 주주환원 맛집입니다. 2018년 635만주 소각(발행주식 총수의 10%), 2020년 572만주 소각(발행주식 총수의 10%), 2021년 200만주 소각(발행주식 총수의 4%), 2022년 158만주 소각(발행주식 총수의 1.6%) 등 매년 꾸준히 자기주식을 소각하고 있는 기업입니다. 주가도 이에 화답했는데요, 2023년 상반기에만 주가가 +400% 상승했습니다. 물론 ChatGPT 수혜주로 부각된 점이 크지만 주식공급 감소도 주가에 긍정적으로 작용했습니다. 우주일렉트로는 IT, 자동차에 필요한 커넥터를 제조하는 기업인데 2023년 5월 26일 '주요사항보고서'라는 제목의 공시를 통해 자기주식 취득을 결정했습니다. 자기주식 50만주(발행주식 총수의 5.2%)를 매입하고 이를 소각하겠다는 내용입니다. 2023년 상반기 내내 부진했던 주가는 자기주식 매입 및 소각 공시에 하루 동안 +7.85%나 급등했습니다. 이처럼 공급감소는 주가에 긍정적입니다.

　이와 반대로 주식 공급증가는 주가에 부정적일 수밖에 없습니다. 주식 수가 증가하면 EPS가 하락하기 때문입니다. 가장 대표적인 주식 공급증가는 '전환사채' 발행, '신주인수권부사채' 발행 및 '유상증자'입니다. 여기에 관련된 자세한 내용은 『주린이가 가장 알고 싶은 최다질문 TOP 77』 1편의 77번째 질문에 수록했으니 그 내용을 참고하시기 바랍니다. 여기서는 주식 공급이 앞으로 늘어날 수 있는 기업인지를 확인하는 방법을 알려드리겠습니다. 기업마다 발행된 주식의 총수가 있고, 이를 확인하는 일은 어렵지 않습니다. 네이버에서 기업을 검색해도 쉽게 찾을 수 있습니다. 그런데 앞으로 공급이 늘어날 수 있는 숨겨진 주식이 있다면 이는 주가에 악영향을 끼칠 수도 있습니다. 주식 공급이 줄어들어 주가에 긍정적인 영향을 주는 착한 주식도 있지만 대규모 주식 공급이 도사리고 있는 나쁜 주식(나쁜 기업이 아닌 주가 측면에서 부정적인)도 많이 있기 때문입니다.

먼저 전자공시의 '사업보고서'나 '분기보고서'를 검색합니다. 가장 최근에 발표된 보고서를 찾으면 됩니다. 2023년 5월에 검색을 한다고 가정하면 대부분 '분기보고서'가 가장 먼저 검색될 것입니다. 서진시스템을 예로 들어보겠습니다. 'III.재무에 관한 사항'에서 '7.증권의 발행을 통한 자금조달'을 클릭합니다. 그러면 관련 내용이 나오는데 '나.미상환 전환사채 발행현황'을 확인합니다. 주식으로 전환가능한 전환사채 물량이 그대로 적혀 있습니다. 무려 7개나 되네요. 가장 최근에 발행된 전환사채의 전환청구가능기

서진시스템 미상환 전환사채 발행현황

나. 미상환 전환사채 발행현황
(기준일: 2023년 03월 31일)

종류\구분	회차	발행일	만기일	권면(전자등록)총액	전환대상 주식의 종류	전환청구가능기간	전환조건 전환비율(%)	전환조건 전환가액	미상환사채 권면(전자등록)총액	미상환사채 전환가능주식수
무기명식 이권부 무보증 사모 전환사채	제4회	2020년 03월 31일	2025년 03월 31일	30,000	보통주	2021.04.01~ 2025.02.26	100	14,500	30,000	2,068,966
무기명식 이권부 무보증 사모 전환사채	제5회	2020년 04월 02일	2025년 04월 02일	60,000	보통주	2021.04.03~ 2025.03.02	100	14,500	60,000	4,137,931
무기명식 이권부 무보증 사모 전환사채	제7회	2021년 03월 22일	2026년 03월 22일	70,000	보통주	2022.03.22~ 2026.02.22	100	23,500	70,000	2,978,723
무기명식 이권부 무보증 사모 전환사채	제8회	2021년 03월 25일	2026년 03월 25일	40,000	보통주	2022.03.25~ 2026.02.25	100	23,500	40,000	1,702,128
무기명식 이권부 무보증 사모 전환사채	제9회	2021년 12월 23일	2026년 12월 23일	18,000	보통주	2022.12.23~ 2026.11.23	100	23,500	18,000	765,957
신종자본증권	제10회	2022년 02월 04일	2052년 02월 04일	110,000	보통주	2023.02.04 ~2052.02.04	100	23,500	110,000	4,680,851
신종자본증권	제11회	2022년 02월 04일	2052년 02월 01일	60,000	보통주	2023.02.04 ~2052.02.04	100	23,500	60,000	2,553,191
합계	-	-	-	388,000	-	-	-	-	388,000	18,887,748

출처: 금융감독원 전자공시시스템

간이 2023년 2월 4일이기 때문에 언제든 이 사채는 주식으로 전환될 수 있습니다. 즉 당장 내일이라도 남아 있는 18,887,748주가 주식으로 전환되어 공급될 수 있다는 뜻입니다. 서진시스템의 발행주식 수는 37,580,64주입니다. 만일 1,888만주의 주식이 전환된다면 주식 공급은 무려 50%나 증가하게 되고, 이익의 변동이 없다면 EPS는 -50%나 감소하게 될 것입니다. 전환사채는 이제 확인했고, 그 다음으로 확인할 사항은 '신주인수권부사채'와 '전환형 조건부자본증권'입니다. 서진시스템의 분기보고서에는 해당사항이 없다고 표시되어 있습니다.

마지막으로 확인할 사항은 숨겨져 있는 주식수입니다. 'III.재무에 관한 사항'에서 '3.연결재무제표 주석'을 클릭합니다. 오른쪽 상단에 '검색어 입력'이라고 써 있는 하얀 박스에 검색어로 '주식선택권'을 기입해 검색합니다. 기업에 따라서는 '주식매입선택권'이라고 표시하기도 합니다. 주식선택권은 임직원에게 회사의 주식을 미리 정해진 가격으로 취득할 수 있는 권리를 부여한 것인데요, 주식선택권도 잠재적인 주식 공급 요인 중 하나입니다. 주식선택권 관련한 자세한 내용들이 소개되어 있는데요, 우리가 주목할 것은 주식으로 전환될 수 있는 물량입니다. 기말 잔여주가 1,076,000주입니다. 이 주식수가 무조건 공급된다는 것은 아니지만 이 수량만큼 주식의 공급이 증가할 수 있으니 확인이 필요합니다.

정리해보겠습니다. 서진시스템의 총 발행주식 수는 3,758만주입니다. 여기에 주식으로 전환될 수 있는 전환사채 대기 물량이 1,888만주입니다. 주식선택권 물량은 107만주입니다. 주식공급이 +53% 늘어날 수도 있다는 의미입니다. 서진시스템은 국내 대표 IT OEM 기업이고, 제조역량도 뛰어난 좋은 기업입니다. 하지만 주식 관점에서는 좋은 주식이라고 할 수 없습니다. 공급이 너무 많기 때문입니다. 그런데 정말 확인할 게 많네요. 이쯤 되면 주식투자 안 하고 싶다는 여러분의 불만에 찬 소리가 여기까지 들리네요. 맞습니다. 주식투자는 결코 쉽지 않습니다. 확인할 게 많거든요. 하지만 나의 소중한 돈을 누가 지켜줄까요? 스스로 지켜야 합니다. 그래서 주가에 부정적인 영향을 줄 수 있는 요소들도 꼼꼼히 살펴봐야 합니다. 주식 공급이 증가할지 감소할지 확인하는 것 역시 주식투자의 기본입니다.

 염블리의 꿀팁

공급이 증가하고 수요가 감소하면 가격은 하락합니다. 공급이 감소하고 수요가 증가하면 가격은 상승합니다. 주가도 마찬가지입니다. 주식 공급이 늘어나면 주가는 상승하기 어렵습니다. 가장 대표적인 주식 공급증가로는 '전환사채' 발행, '신주인수권부사채' 발행, '유상증자' 및 '주식매입선택권' 등이 있습니다. 전자공시를 통해 기업들의 숨겨진 주식 공급 증가 여부를 확인하는 것도 주식투자의 기본입니다.

질문
TOP
65

앞으로 공급될
잠재적 주식 유통 물량은
어떻게 확인하나요? ②

주식 공급이 크게 증가할 수 있는 기업은 나쁜 주식이 될 가능성이 높다고 말씀드렸는데요, 추가적인 사례를 통해 주식 공급을 확인할 수 있는 손쉬운 방법을 더 알려드리겠습니다. 전자공시는 사실 친절하지 않습니다. 특히 재무제표에 붙어 있는 주석을 처음 보면 무슨 외계어 같아서 개인투자자들이 이를 해석하기는 매우 어렵습니다. 해석하기도 상당히 어렵지만 원하는 내용을 찾는 것도 결코 쉽지 않습니다. 때문에 검색을 활용하는 것이 매우 중요합니다.

먼저 확인하고 싶어하는 것이 무엇인지 정하고 거기에 맞는 검색 키워드를 넣어서 검색을 하고 내용을 찾아 확인하면 됩니다. 여기서 우리가 확인하고 싶은 것은 숨어 있는 기업의 주식 공급입니다. 이를 재무제표 주석에서는 '잠재적 보통주'로 기재를 해놓는 경우가 많습니다. '잠재적보통주'가 이처럼 띄어쓰기 없이 붙어 있는 경우도 있고, '잠재적 보통주'처럼 띄어쓰기가 되어 있는 경우가 있기 때문에 검색을 할 때 2개의 키워드를 다 써넣는 것이 좋습니다. 물론 잠재적 보통주를 표기하지 않는 기업도 있습니다. 이 경우에는 앞 칼럼에서 설명한 서진시스템의 경우처럼 우리가 직접 찾는 수밖에 없습니다. 기업마다 제각기 다 다르기 때문에 어쩔 수 없이 우리가 맞춰가야 합니다.

　먼저 '엔켐'이라는 기업을 살펴보겠습니다. 엔켐은 2차전지 4대 소재 중 하나인 전해액을 만드는 기업입니다. 엔켐의 2023년 1분기 분기보고서를 클릭해서 분기보고서를 열어보겠습니다. 'III.재무에 관한 사항'에서 '3.연결

엔켐 2023년 1분기 분기보고서, 잠재적 보통주 내역

○현재목차 ●전체문서 　잠재적 보통주 🔍 〈이전 다음〉

첨부 •첨부선택• 　•직전 정기보고서 바로가기• 　🖳다운로드 🖨인쇄 🗐닫기

전환상환우선주의 전환효과	-	8,966
가중평균유통주식수	15,812,315	15,204,658

(2) 희석주당손익(당분기 및 전분기 중 희석성잠재적보통주의 반희석효과로 인해 희석성잠재적보통주 주당손익을 산출하지 아니하였습니다.)3) 당분기 중 반희석효과가 발생하여 희석주당순이익을 계산할 때 고려하지 않았지만 향후 희석효과가 발생할 수 있는 잠재적보통주의 내역은 다음과 같습니다.

구 분	행사가능기간	발행할 보통주식수(주)	1주당 행사가격(원)
제 7차 전환사채	2022-05-14~2024-04-14	239,673	26,703
제 8차 전환사채	2022-05-15~2024-04-15	85,146	28,187
제 9차 전환사채	2023-05-15~2024-04-15	70,175	28,500
제 10차 신주인수권부사채	2022-11-28~2026-11-29	1,140,525	78,911
제 15차 전환상환우선주	2023-04-21~2032-04-19	1,715,943	59,150
제 16차 전환상환우선주	2023-06-29~2032-06-27	713,407	55,648
제 1차 주식매수선택권	2023-04-14~2027-04-14	147,000	12,000
제 3차 주식매수선택권	2024-03-29~2028-03-28	52,271	90,757

출처: 금융감독원 전자공시시스템

재무제표 주석'을 클릭합니다. 그 후 오른쪽 상단 검색 창에 잠재적보통주라고 키워드를 넣고 검색을 해보겠습니다. 엔켐은 잠재적보통주를 떼어쓰기 없이 붙여서 써넣어야 합니다. 검색을 했더니 한눈에 주식 공급을 파악할 수 있는 화면이 나왔습니다. 전환사채, 신주인수권부사채, 전환상환우선주, 주식매수선택권까지 모든 잠재적 물량이 표기되어 있고 행사가격, 행사 가능기간까지 아주 친절하게 표기가 되어 있네요. 전환상환우선주는 우선주인데 본주로 전환할 수 있는 우선주를 의미합니다. 우선주가 본주로 전환될 경우에도 주식 공급은 증가하기 때문에 꼭 확인을 해야 합니다. 엔켐의 잠재적 보통주는 다 합쳐서 4,164,140주이고, 행사가격은 12,000원에서부터 90,757원까지 다양합니다. 가장 많은 비중을 차지하는 것은 제15차 전환상환우선주 1,715,943주로, 2023년 4월 21일부터 행사가 가능하며 행사가격은 59,150원입니다. 170만주가 넘는 대규모 물량이 언제든 주식으로 전환되어 시장에 유통될 수 있다는 의미입니다. 엔켐의 발행주식 총수는 15,812,315주입니다. 잠재적 보통주 416만주는 전체 주식수의 26% 비중을 차지합니다. EPS를 계산할 때 주식수가 26% 증가할 수 있다는 것을 염두에 두고 계산을 해야 한다는 의미입니다. 이익 변동이 없다면 EPS는 −26% 감소할 수 있습니다.

'증권의 발행을 통한 자금조달' 항목에서는 미상환 전환사채, 미상환 신주인수권부 사채는 확인할 수 있지만 전환상환우선주, 주식매수선택권은 확인이 안 되기 때문에 반드시 주석에서 잠재적 보통주를 확인해야 합니다. 그렇게 해야 기업의 주식 공급을 다 파악할 수 있습니다.

다음은 티웨이홀딩스입니다. 티웨이홀딩스는 티웨이항공으로 유명한 저비용 항공사(LCC)를 보유한 기업입니다. 이 기업은 연결재무제표가 없고

티웨이홀딩스 2023년 1분기 분기보고서, 잠재적 보통주 내역

4) 잠재적 보통주 미래에 기본주당이익을 희석화할 수 있는 잠재적 보통주의 내용은 다음과 같습니다.

(단위 : 주)

구분	청구기간	발행될보통주식수
신주인수권부사채	2020/11/22 ~ 2023/09/22	49,219,764
전환사채	2023/03/25 ~ 2025/02/25	10,500,807

출처: 금융감독원 전자공시시스템

개별재무제표만 작성했기 때문에 'III.재무에 관한 사항'에서 '5.재무제표 주석'을 클릭합니다. 검색창에 '잠재적 보통주'라고 키워드를 넣고 검색을 하면 잠재적 보통주 내역이 나옵니다. 티웨이홀딩스는 잠재적 보통주를 띄어서 썼기 때문에 검색할 때 우리도 그에 맞게 검색을 해야 합니다. 티웨이홀딩스는 잠재적 보통주는 신주인수권부사채와 전환사채가 있고, 공급 가능한 주식수는 59,720,571주입니다. 동사의 발행주식 총수는 109,471,658주입니다. 전체 주식수의 54.6%나 되는 대규모 물량이 주식으로 전환될 수 있다는 것을 확인할 수 있습니다. 특히 티웨이홀딩스의 신주인수권부사채는 4,900만주나 되고, 행사가격은 595원에 불과한 데다가 행사가능 기간도 2023년 9월 22일까지라서 기간도 얼마 남아 있지 않습니다. 만일 이 잠재적 물량이 주식으로 전환된다면 주가는 큰 충격을 받을 수도 있기 때문에 투자자들의 주의가 필요합니다.

브이원텍이라는 기업도 살펴보겠습니다. 2차전지 검사장비와 물류로봇을 제조하는 기업입니다. '잠재적보통주'로 검색했더니 확인하기 쉽게 기재가 되어 있습니다. 보통주 주식수는 14,370,339주이고, 주식선택권은 81,282

브이원텍 2023년 1분기 분기보고서, 잠재적 보통주 내역	

(*2)가중평균희석유통보통주식수

(단위 : 주)

구 분	전분기
가중평균유통보통주식수	14,370,339
희석잠재적보통주(주식선택권)	81,282
희석잠재적보통주(전환사채)	1,454,615
가중평균희석유통보통주식수	15,906,236

출처: 금융감독원 전자공시시스템

주, 전환사채는 1,454,615주입니다. 전체 주식수의 10.7% 정도 되는 물량이 주식으로 전환될 수 있음을 우리는 확인할 수 있습니다. 전환사채 145만주의 전환가액은 10,312원이고, 2022년 3월 13일부터 2026년 2월 12일까지 주식 전환이 가능합니다.

마지막으로 신흥에스이씨를 살펴보겠습니다. 각형 배터리 제조에 필요한 부품을 제조하는 기업입니다. 잠재적 보통주로는 검색이 되지 않네요. 기업마다 달라서 주식 공급을 확인하는 게 불편하지만 어쩔 수 없습니다. 우리가 맞춰가야 합니다. '증권의 발행을 통한 자금조달'을 확인했더니 미상환전환사채가 있네요. 그런데 20,579주만 남아 있어서 큰 의미를 부여하기는 어렵습니다. 전체 주식수가 7,763,229주이기 때문에 2만주 증가는 영향이 없다고 봐도 무방합니다. 그럼 신흥에스이씨는 이제 주식 공급은 없다고 봐도 될까요? 그렇지 않습니다. '연결재무제표 주석'으로 가서 마지막으로

(2) 전환우선주 발행 현황

(단위: 원)

구 분		내 용
발행일자		2021년 11월 02일
주당 액면가액		2,500
발행총액(액면가 기준)		3,346,720,000
현재 잔액		3,346,720,000
발행주식수		1,338,688 주
현재주식수		1,338,688 주
주식의 내용	이익배당에 관한 사항	-
	잔여재산분배에 관한 사항	-
	의결권에 관한 사항	우선주 1주당 1의결권
기타 약정사항 (주주간 약정 및 재무약정 사항 등)		투자자는 발행회사의 주요 경영사항에 대하여 사전동의권, 협의권, 이사지명권 등을 보유
		(1)전환비율: 1대 1.18(2) 전환가액 : 63,495원(3) 전환에 따라 발행할 주식 : 기명식 보통주 1,574,903주(4) 전환가액의 조정 : 가. 발

출처: 금융감독원 전자공시시스템

2가지를 확인해야 합니다. 첫번째로 '주식선택권' '주식매입선택권'입니다. 검색을 해도 결과가 없다고 나오네요. 그럼 두번째로 '전환상환우선주' '전환우선주'를 검색해보겠습니다. 전환상환우선주는 결과가 없다고 나오지만 전환우선주는 검색이 되었습니다. 검색창 옆에 다음 버튼을 클릭하면 전환우선주와 관련된 내용들을 순차적으로 확인할 수 있습니다. 전환우선주 발행내용을 보면 2021년 11월 2일에 발행했고, 전환가격은 63,495원이며, 보통주로 전환할 경우 1,574,903주가 증가할 수 있다고 적혀 있습니다. 전환청구기간은 2022년 11월 3일부터 2031년 11월 2일까지입니다. 내용을 보면

1,338,688주를 발행한다고 되어 있지만 전환비율이 1대 1.18이기 때문에 본 주로 전환할 경우에는 1,574,903주가 됩니다.

신흥에스이씨의 전체 주식수는 770만주입니다. 주식으로 전환 가능한 물량은 1,595,482주입니다. 이는 전체 주식수의 20.7%입니다. 전환사채 물량이 2만주밖에 되지 않고 잠재적 보통주로 검색이 되지 않아서 신흥에스이씨는 주식 공급물량이 거의 없다고 생각하고 넘어갔다면 우리는 시험에서 명백한 오답을 쓴 것입니다.

전환우선주도 주식 공급 요인 중 하나이기 때문에 반드시 확인을 해야 합니다. 모든 기업들이 잠재적 보통주 항목에 공급 물량을 다 적어주면 우리의 수고도 덜어지겠지만 그렇지 않은 경우도 많기 때문에 수고스럽더라도 꼼꼼히 확인을 해야 합니다.

 염블리의 꿀팁

전자공시 사업보고서나 분기보고서의 연결재무제표 주석 혹은 개별재무제표 주석에서 잠재적 보통주, 잠재적보통주를 검색하면 숨어 있는 주식수를 발견할 수 있습니다. 미상환 전환사채, 미상환 신주인수권부사채, 전환상환우선주(전환우선주), 주식매수 선택권 등 숨어 있는 잠재적 주식을 확인해서 밸류에이션을 계산할 때 꼭 반영을 해주어야 합니다. 주식수 증가는 EPS를 감소시켜 밸류에이션을 떨어뜨릴 수 있기 때문에 꼼꼼히 확인해야 합니다.

배당을 받고 싶은데
배당수익률은
어떻게 확인할 수 있나요?

정량적 분석의 마지막 단계는 배당입니다. 워런 버핏은 배당보다 자사주 매입을 선호한다고 했지만 필자는 그렇게 생각하지 않습니다. 배당도 어떤 기업의 투자 가치를 올려주는 중요한 요소라고 생각합니다. 주주환원은 기업이 번 돈(당기순이익)을 주주들에게 돌려주는 것을 의미합니다. 많이 돌려줄수록 주주들이 받아갈 몫이 많아지니 주가에도 긍정적인 영향을 끼칠 수 있습니다.

자사주 소각과 배당성향을 합쳐서 주주환원율이라고 하는데요, 현대자동차의 2022년 사업보고서에서 'III.재무에 관한 사항' '6.배당에 관한 사항'을 클릭하면 배당금을 확인할 수 있습니다. 현대차의 배당성향은 24.9%입니다. 배당수익률은 보통주 4.5%, 우선주는 8.8%입니다. 우선주는 의결권이 없는 대신 배당수익률이 높다는 장점이 있는데, 현대차 우선주는 배당수익률이 무려 8.8%나 됩니다. 현대차는 2023년 1월 26일 주식 소각 결정 공시도 냈는데요, 자사주 632,707주를 소각한다는 내용입니다. 전체 주식수의 1%라서 많은 비중은 아니지만 주식 공급이 1% 감소하기 때문에 주가에는 긍정적으로 작용할 수 있습니다. 현대차의 배당성향 24.9%와 더불어 주식 소각 1%를 더하면 25.9%가 되는데요, 이를 우리는 주주환원율이라고 합니다. 현대차는 버는 돈의 25.9%를 돌려주는 기업입니다.

주주환원을 많이 하는 대표적인 국내 기업으로는 제일기획이 있습니다. 제일기획의 배당성향은 매우 높은 편입니다. 2020년 코로나 팬데믹 당시에도 54.1%의 배당성향을 기록했고, 2021년 60.6%, 2022년 60.1% 등 벌어들인 돈의 대부분을 주주들에게 돌려주는 주주친화적 기업입니다. 비록 자사주 소각은 하지 않고 있지만 배당만으로도 주주환원율이 60%가 넘기 때문에 칭찬받아 마땅한 기업입니다. 배당수익률도 2022년 기준 4.81%로 꽤 높은 편입니다. 2023년 상반기에는 광고경기 악화로 주가가 많이 하락했는데요, 2022년 주당 배당금 1,150원을 그대로 지급한다고 가정하면 2023년 7월 주가 18,000원 기준으로 배당수익률은 '1,150원/18,000=6.4%'가 됩니다. 제일기획은 배당성향이 높기로 유명하기 때문에 18,000원대에서 투자를 하면 연간 6% 이상의 배당수익률을 올릴 가능성이 높습니다.

2023년 상반기는 수출과 내수 경기가 좋지 않아 많은 기업들이 마케팅비를 줄였습니다. 그로 인해 광고 관련 산업은 큰 타격을 받았습니다. 2023년 상반기는 마케팅비 축소로 어려움을 겪었지만 2023년 하반기에 수출경기가 회복되어 기업들의 광고비 지출이 다시 늘어난다면 주가는 상승할 가능성이 높습니다. 또한 배당수익률은 주주에게 제공하는 보너스입니다. 만

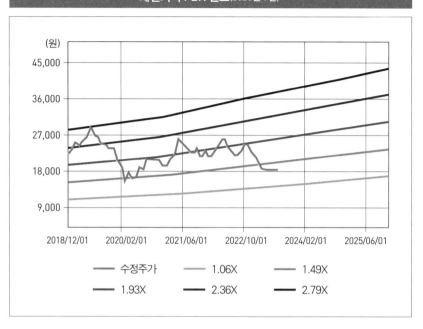

출처: CompanyGuide

일 광고경기가 예상보다 좋지 않아 주가 상승이 제한적이라도 6%가 넘는 배당수익률은 안전판 역할을 해줄 것입니다. 제일기획은 또한 '무릎에 사서 어깨에 팔아라'를 실천할 수 있는 구간에 진입했습니다.

    제일기획의 PBR은 1.06배, 1.49배, 1.93배, 2.36배, 2.79배의 PBR 밴드 안에서 움직이는데요, 2023년 7월 기준 PBR은 1.4배(예측치)입니다. 무릎 PBR은 1.49배이기 때문에 '무릎에 사서'를 실천할 수 있습니다. 만일 주가가 상승해서 중간(허리) 밴드인 1.93배까지만 상승해도 24,000원까지 상승할 수 있고, 이 경우 투자 수익률 +33%와 더불어 배당수익률 +6%를 합쳐 39%의 고수익을 거둘 수도 있습니다. 물론 어디까지나 예상일 뿐입니다.

하지만 압도적인 주주환원율, 삼성그룹이라는 거대한 그룹사에서 나오는 안정적인 광고물량, 저평가된 밸류에이션은 충분히 매력적이라고 생각합니다. 많은 슈퍼 개미들이 '하방이 단단한 기업에 투자해라'라고 조언합니다. 기업의 하방이 단단하다는 것은 하락 가능성이 낮아 손실은 제한적인 반면 상승 모멘텀이 부각되면 주가가 크게 상승할 수 있다는 것을 의미합니다. 2023년 7월의 제일기획은 하방이 단단한 기업 중 하나라고 볼 수 있습니다.

아래 표는 매년 꾸준히 배당성향 20% 이상을 유지하면서 배당수익률도 4%가 넘는 한국의 대표적인 배당주 10개 기업을 소개한 것입니다. 고배당주 투자법은 단순합니다. 배당 투자만을 위한 계좌를 하나 만들고 이 계좌

고배당 기업 10선(2022년 기준)

기업명	배당성향	배당수익률
쌍용C&E	173%	7.4%
SK가스	22.7%	5.6%
정상제이엘에스	54.1%	7.4%
SK텔레콤	79.3%	6.8%
제일기획	60.1%	4.8%
KT&G	57.2%	5.2%
삼성화재 우선주	45.8%	8.4%
현대차2우B	24.9%	8.8%
기업은행	27.6%	9.8%
KT	39.8%	5.5%

에 이 표에 나와 있는 기업들처럼 주주환원율도 높고 배당수익률도 높은 기업들이 무릎에 왔을 때 투자하시기 바랍니다. 1년에 한두 번 정도는 주가가 급락해서 무릎까지 오는 경우가 있습니다. 그런 때가 안 오면 기다리면 됩니다. 필요한 건 기다릴 수 있는 인내심입니다. 물론 분기마다 실적 확인은 필수입니다. 기업이 이익을 내지 못하면 배당도 없으니까요.

 염블리의 꿀팁

주주환원은 기업이 번 돈(당기순이익)을 주주들에게 돌려주는 것을 의미합니다. 많이 돌려줄수록 주주들이 받아갈 몫이 많아지니 주가에도 긍정적인 영향을 끼칠 수 있습니다. 매년 꾸준한 이익을 내고 있는 기업들 중 배당성향과 배당수익률이 높은 기업들은 하방이 단단한 기업들일 가능성이 높습니다. 지금 즉시 배당 투자만을 위한 계좌를 따로 하나 만드시기 바랍니다. 주주환원율도 높고 배당수익률도 높은 기업들이 무릎에 왔을 때 투자한다면 매년 보너스를 받는 투자가 될 수 있을 것입니다. 단, 그 기업이 적어도 현재의 이익을 꾸준히 유지할 수 있어야 합니다.

기업의 정량적인 분석을
실제로 해줄 수 있을까요?

2023년 상반기, 우리나라 주식시장의 주인공은 단연 에코프로비엠이었습니다. 에코프로비엠의 정량적인 분석을 통해 주인공이 될 만한 기업이었는지 한 번 살펴보겠습니다.

먼저 우리가 확인해야 할 것은 영업이익입니다. 에코프로비엠의 영업이익은 2018년 503억 원, 2019년 371억 원, 2020년 548억 원, 2021년 1,150억 원, 2022년 3,807억 원입니다. 2019년을 제외하고 매년 큰 폭의 성장을 보여주었습니다. 매출액 역시 급증했는데요, 2018년 5,800억 원에 머물던 매출액이 2022년에는 5.3조 원까지 거의 10배나 증가했습니다. 앞으로의 전망도 좋습니다. 2025년 매출액은 16조 원, 영업이익은 1.2조 원을 기록할 것으로 증권가에서는 전망하고 있습니다.

이번엔 영업이익률을 살펴보겠습니다. 에코프로비엠의 영업이익률은 2018년 8.53%였고, 2022년 영업이익률은 7.11%입니다. 지난 5년간 평균 영업이익률은 7.2%입니다. 영업이익률이 10% 이하라는 점에서 매력적인 사업구조를 가지고 있다고 보기는 어렵습니다. 에코프로비엠을 비롯한 2차전지 양극재 기업들은 리튬에다가 니켈, 코발트, 망간 같은 광물 등이 섞여 있는 전구체를 혼합해서 양극활물질을 만들고 이를 LG에너지솔루션 같은 2차전지 기업들에 판매해서 수익을 창출합니다. 양극재는 광물 등의 원자재가 원가의 대부분을 차지합니다. 2022년 총 비용(매출원가+판매비와 관리비)은 49,769억 원이었는데, 그중 원재료만 48,385억 원으로 전체 비용의 97%를 차지하고 있습니다. 매출액 대비 원재료 비중은 90%에 달합니다. 양극재에 필요한 전구체와 리튬을 구매해 양극활물질로 가공하고 여기에 적절한 마진을 붙여 판매하는 전형적인 가공산업인 것입니다. 전기차용 배터리 수요 급증으로 매출이 급증하면서 조단위의 이익을 내고 있는 점은 긍정적이지만 사업구조상 영업이익률이 낮을 수밖에 없는 점은 할인 요인입니다.

영업활동현금흐름은 2021년과 2022년 대규모 적자를 기록했습니다. 영업활동현금흐름이 악화된 이유는 매출채권과 재고자산의 증가 때문입니다. 대규모 양극재 수주로 매출이 늘었는데, 수주했다고 바로 현금을 받는 것은 아니기 때문에 매출채권은 급증할 수밖에 없습니다. 투자자가 걱정해야 할 것은 매출채권이 현금화되지 못하는 경우입니다. 에코프로비엠의 주요 고객사는 삼성SDI, SK온과 같은 대기업이기에 매출채권이 부실화될 가능성은 거의 없습니다. 2022년 전체 매출채권 8,798억 원 중 현금 회수가 어려울 것으로 판단하고 쌓아놓은 충당금은 24억 원에 불과합니다. 매출채권의 대부분은 현금으로 돌려받을 가능성이 높습니다. 매출채권을 얼마나 빨리 현

에코프로비엠의 주요 정량적 지표(단위: 억 원)

구분	2018년	2019년	2020년	2021년	2022년	2025년(예상)
매출액	5,892	6,161	8,547	14,856	53,576	163,053
영업이익	503	371	548	1,150	3,807	12,197
영업이익률	8.53%	6.2%	6.41%	7.74%	7.11%	7.48%
영업활동현금흐름	238	128	1,250	-1,009	-2,412	6,191
매출채권회전율	9.6	9.4	10.8	6.0	6.1	자료 없음
재고자산회전율	3.7	4.14	4.8	3.8	5.7	자료 없음
ROE	26.73%	12.99%	10.6%	20.26%	24.26%	30.08%
배당수익률	–	0.28%	0.26%	0.18%	0.49%	0.1%

금화할 수 있는지는 매출채권회전율에서 확인이 가능한데요, 매출채권회전율은 계속 감소하는 모습이긴 하지만 6.1로 양호한 상태입니다. 재고자산회전율은 5.7로 5년래 최고치를 경신했습니다. 양극재가 그만큼 잘 팔리고 있다는 의미입니다. 영업활동현금흐름이 적자라고 해서 무조건 나쁜 것은 아닙니다. 우리가 주의해야 할 것은 왜 적자이고, 그 적자의 원인이 해결 가능한 것인지를 파악하는 것입니다. 에코프로비엠의 영업활동현금흐름 적자는 매출액 증가, 재고자산 회전율 등을 감안 시 충분히 해결 가능한 적자이기에 우려감을 가질 필요는 없습니다.

에코프로비엠의 ROE(자기자본 이익률)는 매우 높습니다. 2018년 26%였는데 2022년에도 24%의 ROE를 유지하고 있습니다. 부채가 크게 늘면서 ROE가 늘어난 점은 다소 아쉽지만 높은 ROE의 원인은 이익 증가 때문입니다. 5년 전 369억 원에 불과하던 당기순이익이 2022년 2,323억 원까지 증가했기 때문입니다. 배당수익률은 1%가 되지 않을 정도로 배당은 큰 기대를 하지 않는 것이 좋습니다. 2차전지 사업에 투자해야 할 돈이 많기 때문에 낮은 배당수익률은 타당하다고 생각합니다.

마지막으로 희석물량을 확인해보겠습니다. 확인 결과 주식 수가 늘어날 전환사채나 신주인수권 등은 없었습니다. 주당가치를 떨어뜨릴 희석 요인이 없다는 점은 주가에 긍정적입니다.

정리하면, 에코프로비엠의 재무재표를 통해 정량적 분석에 대해 알아보았는데요. 에코프로비엠은 폭발적인 매출 성장을 기록하고 있고, 영업이익도 꾸준히 증가하고 있습니다. 매출채권회전율도 높은 편이고, 재고자산회전율도 양호합니다. 다만 영업이익률이 7%대에 불과하고, 영업활동현금흐름이 적자인 점은 다소 아쉬운 점입니다. 사업구조상 높은 이익률을 내는 것은 어렵다는 점은 감안해야 합니다. 영업활동현금흐름 적자도 강력한 매출 성장이 원인이기에 부정적으로만 보기는 어렵습니다. 너무 강한 성장이 현금흐름에 부담을 주었기 때문입니다. 주식수가 늘어날 요인은 없기에 이부분은 긍정적입니다. 고성장주이기에 배당을 기대하는 것은 어렵습니다.

 엄블리의 꿀팁

기업의 정량적 분석은 기업의 재무제표를 통해 기업이 하고 있는 사업이 제대로 진행되고 있는지를 숫자로 검증하는 과정입니다. 매출액, 영업이익, 영업이익률, 영업활동현금흐름, 매출채권회전율, 재고자산회전율, ROE, 배당수익률, 잠재적 보통주 등에 대한 정량적 분석은 여러분의 자산을 지켜주는 방패가 될 것입니다.

STOCK MARKET

9장

주린이가 가장
궁금해하는
증권사 보고서 활용하기

'듣기만 해도 외워지는 영어 단어!' '한 달 만에 몸짱 되기!' 등 속도를 강조하는 말들이 사람들의 마음을 많이 흔들고 있습니다. 무엇이든 빨리 달성하면 당연히 좋습니다. 주식투자의 성과도 마찬가지입니다. 오늘 매수해서 다음 날 +10% 수익이 난다면 이보다 좋을 수는 없을 것입니다. 하지만 이 세상에 그런 것이 있을까요? 있다고 해도 지속될 수 있을까요?

농부가 봄에 씨를 뿌려 가을에 벼를 추수하는 과정을 상상해보시기 바랍니다. 우리는 매일 밥을 먹지만 그 밥의 원재료가 되는 벼는 공짜로 만들어진 것이 아닙니다. 가뭄, 폭우, 병충해 피해 등 온갖 난관을 딛고 농부의 보살핌 아래 살아남아 우리 식탁에 올려진 것입니다. 주식투자도 마찬가지입니다. '공짜 점심'은 절대 없습니다. 매일 꾸준히 공부하고, 정보를 업데이트하고, 통찰력을 기르고, 기업에 대해 계속 고민하는 과정 속에서 답을 찾는 것이 주식투자입니다.

'루틴'이라는 단어를 들어보셨을 것입니다. 반복된 일상, 반복된 행위를 의미하는 것인데 주식투자에서 가장 중요한 것은 루틴이라고 생각합니다. 일관성을 가지고 매일매일 자신만의 주식투자 공부 루틴을 만들어서 행동으로 옮겨보시기 바랍니다. 한 달 후, 1년 후, 3년 후에 여러분의 투자 레벨은 지금과는 많이 달라져 있을 것입니다. 이번 9장에서는 주식투자로 성공하기 위한 루틴 중의 하나인 '증권사 보고서'에 대한 내용을 담았습니다. 과연 증권사 보고서를 공부하면 주식투자로 성공할 수 있을까요? 그 해답을 지금부터 제시해드리겠습니다.

증권사 보고서를 보면
정말 돈을 벌 수 있나요?

주식투자로 돈을 벌기 위해서는 주가가 상승할 기업에 투자해야 합니다. 너무 당연한 말입니다. 주가가 상승해야 수익이 나니까요. 그렇다면 주가가 상승할 기업은 어떻게 찾아야 할까요? 주가는 미래 가치를 반영합니다. 지금보다 미래의 기업가치가 나아질 기업을 찾으면 됩니다. 하지만 개인투자자가 2,000개가 넘는 상장 기업 중에서 그러한 기업을 아무런 정보도 없이 찾는 것은 불가능합니다. '차트가 좋아 보여서' '기관이 매수해서'와 같은 방법으로 투자를 하는 것은 운에 맡기는 것과 다르지 않습니다. 그런데 기업이 현재 어떤 상황이고, 앞으로는 어떻게 변화할 것 같고, 그 기업이 속한 산업의 성장성과 경쟁강도는 어떠하며, 주식시장에 영향을 미치는 금리와 환율 같은 매크로 상황은 어떤지를 알고 투자한다면 어떨까요?

『투자와 마켓 사이클의 법칙』의 저자인 하워드 막스는 지식의 우위가 중요하다고 했습니다. 지식의 우위란 남들과는 다른 통찰력을 의미합니다. 이 책에는 이런 내용이 나옵니다. 우리가 눈으로 볼 수 없는 'A'라는 상자 안에 빨간색 공 10개, 검은색 공 10개가 들어 있습니다. 빨간색 공을 뽑길 원하는데 빨간색 공과 검은 색 공이 5 : 5의 비율로 섞여 있기 때문에 빨간색 공을 뽑을 확률은 50%가 됩니다. 그런데 다른 상자 'B'에는 빨간색 공이 13개, 검은색 공이 7개 들어 있다고 해보겠습니다. 상자 B는 빨간색 공이 더 많은 상황이고, 빨간색 공을 뽑을 확률은 65%입니다. 그렇다면 어느 상자에서 빨간색 공을 뽑는 것이 유리할까요? 당연히 B입니다. 물론 A에서도 빨간색 공을 뽑을 수 있고, B에서는 검은색 공을 뽑을 수도 있습니다. 하지만 B

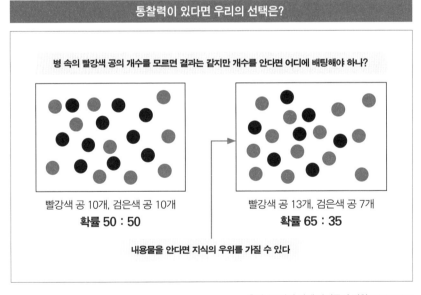

통찰력이 있다면 우리의 선택은?

병 속의 빨강색 공의 개수를 모르면 결과는 같지만 개수를 안다면 어디에 배팅해야 하나?

빨강색 공 10개, 검은색 공 10개
확률 50 : 50

빨강색 공 13개, 검은색 공 7개
확률 65 : 35

내용물을 안다면 지식의 우위를 가질 수 있다

출처: 『투자와 마켓 사이클의 법칙』(하워드 막스)

에 빨간색 공이 많은 것을 알고 있다면 누구나 상자 B에서 빨간색 공을 뽑으려고 할 것입니다. 상자 B에서 빨간색 공을 뽑을 확률이 매우 높기 때문입니다.

이것이 바로 지식의 우위입니다. 남들보다 더 많은 정보(물론 그 정보가 정확해야 합니다)를 알고 있고 그 정보를 바탕으로 미래의 기업가치를 합리적으로 상상할 수 있다면, 그러한 투자자는 유리한 위치에서 투자를 할 수 있을 것입니다. 개인투자자들이 정보를 획득하기는 사실 쉽지 않습니다. 기관투자자처럼 탐방이나 세미나에 참석하는 것도 말처럼 쉬운 일은 아닙니다. 그렇기에 증권사 보고서가 개인투자자에게 꼭 필요한 것입니다. 증권사의 애널리스트들이 작성한 보고서에는 다양한 정보들이 들어가 있습니다. 미국의 경제 상황과 물가 상황, 원달러환율이 왜 상승하는지, 2차전지 관련주의 상승 배경은 무엇인지, 반도체 업황은 왜 이렇게 변화가 심한지, 그렇다면 반도체 기업들은 언제 투자를 해야 하는지, 반도체 소부장(소재, 부품, 장비) 기업들 중 경쟁력 있는 기업은 어디인지, 화장품주 대표회사인 LG생활건강이 아닌 아이패밀리에스씨 같은 중소형 색조 화장품 회사에 투자하는 것이 왜 더 합리적인지 등을 우리는 증권사 보고서만 제대로 읽고 분석해도 알 수 있습니다. 물론 증권사 보고서에서 미진한 부분은 주식담당자분에게 전화를 해서 보충하는 것도 필요합니다. 증권사 보고서에 모든 내용이 담겨 있는 것은 아니기 때문입니다.

증권사 보고서는 데이터에 기반한 객관적인 사실만이 아니라 애널리스트의 주관적인 견해도 들어가 있습니다. 애널리스트는 산업이나 기업의 현황을 객관적으로 분석하고 진단한 후 기업에 대한 결론을 내립니다. 보고서 안에 기업의 미래에 대한 전망을 꼭 담아놓습니다. 그렇기에 그 의견이 틀릴 가능성도 있습니다. 워런 버핏이 와도 기업의 미래를 정확히 맞힐 수는 없습니다. 우리가 증권사 보고서를 100% 정답이라고 생각해서는 안 되는 이유이기도 합니다.

그렇다고 증권사 보고서를 불신해서도 안 됩니다. 증권사 보고서만큼 기업의 현황, 산업의 현황, 기업의 미래, 산업의 미래, 밸류에이션 등을 종합적으로, 그리고 꾸준히 업데이트를 해서 알려주는 정보는 어디에도 없습니다. '증권사 보고서는 신뢰할 수 없다' '증권사 보고서에서는 장밋빛 전망으로 기업을 추천하고 뒤에서는 기관이 공매도를 한다'는 등의 고정관념을 갖고 계신분들이 많은 것으로 알고 있습니다. 일부 신뢰할 수 없는 보고서도 물론 있을 수 있습니다. 하지만 증권사 보고서만큼 개인투자자들에게 양질의 정보를 제공하는 것은 결코 없다고 생각합니다.

매주 발표되는 조선업의 현황을 알 수 있는 신조선가, 한 달에 한 번 발표되는 반도체 고정거래 계약가격의 의미와 반도체 가격 전망, 매월 발표되는 수출데이터 분석, 반도체·자동차·2차전지·음식료 등 다양한 산업에 대한 통찰력 있는 미래 분석 등 개인투자자들이 수천만 원 이상의 비용과 수십 시간 이상의 시간이 필요합니다. 이런 정보를 고맙게도 무료로 보여주는 자료가 바로 증권사 보고서입니다. 때문에 이를 활용하는 투자자와 활용하지 못하는 투자자 간의 차이는 매우 클 수밖에 없습니다. 물론 신뢰할 수 없다면 안 봐도 되겠지만 이는 주식투자 성공을 위한 강력한 무기 하나를 버리는 것과 같다고 생각합니다. '믿어도 될까'를 고민하기 전에 증권사 보고서를 해석할 수 있는 능력을 키우는 것이 우선입니다.

지금 이 시간에도 정말 다양한 정보들이 주식시장과 여러분 곁을 맴돌고 있습니다. 정보가 많다고 주식투자에 성공하는 것은 아닙니다. 중요한 것은 정보의 질입니다. 친구나 지인이 알려주는 정보, 여기저기 떠도는 증권가 루머보다는 증권사 보고서를 친구처럼 곁에 두고 잘 활용하는 것이 여러분의 투자에는 훨씬 도움이 될 것이고, 남들보다 지식의 우위에 서서 유리한 투자를 할 수 있는 길입니다.

증권사 보고서는 어떻게 보면 칼과 같습니다. 잘 활용한다면 굉장한 무기가 될 수도 있지만 보고서를 너무 맹신하거나 잘못 해석한다면 그 칼이 자신을 다치게 할 수도 있습니다. 결국 모든 것은 투자자 스스로의 노력에 달려 있습니다. 칼을 무기처럼 잘 다루기 위해 수많은 연습을 하는 것처럼 증권사 보고서도 수없이 읽어보고, 요약해보고, 실제 투자에도 적용해보면서 경험을 쌓아 자기만의 해석법을 찾아야 합니다.

 염블리의 꿀팁

지식의 우위란 남들과는 다른 통찰력을 의미합니다. 남들보다 더 많은 정보를 알고 있고 그 정보를 바탕으로 미래의 기업가치를 합리적으로 상상할 수 있다면, 그러한 투자자는 유리한 위치에서 투자를 할 수 있을 것입니다. 증권사 보고서는 그러한 지식의 우위를 갖게 하는 데 가장 중요한 도구 중의 하나입니다. 증권사 보고서를 곁에 두고 해석하는 능력을 키우시기 바랍니다. 그 해석 능력이 바로 통찰력이고, 주식투자를 성공으로 이끄는 등대가 되어줄 것입니다.

증권사 보고서에는
어떤 것이 있나요?
- 투자전략 보고서

증권사 보고서는 3가지 종류로 분류할 수 있습니다. 1)투자전략(매크로), 2)산업분석, 3)기업분석의 3가지 형태로 보고서가 발간됩니다.

투자전략 보고서는 통화정책, 물가, 실업률, 수출, 미국과 중국의 경제환경, 기업이익 전망치, 정부정책, 환율 등을 종합해서 주식시장의 현재를 진단함과 동시에 주식시장의 미래를 예측합니다. 물론 이 전망은 틀리는 경우도 있습니다. 경제와 주가지수는 직선의 형태가 아니라 곡선의 형태를 그립니다. '1+1=2'이지만 경제와 주식시장에서는 '1+1=3'이 되기도 합니다. 그 이유는 사람이 개입하기 때문입니다. 2020년 코로나19, 2022년 푸틴의 우크라이나 침공, 2022년 중국의 제로 코로나 정책, 2022년 강원도 '레고랜드' 부동산 PF 사태 등 예상치 못한 사건들이 늘 발생하기 때문에 경제와 주식시장은 큰 진폭을 그릴 수밖에 없습니다. 그래서 누구도 정확히 경제(매크로)와 주식시장의 미래를 맞힐 수 없습니다. 그걸 정확히 맞히겠다고 자신하는 예언자들을 멀리해야 하는 이유입니다.

전망이 틀리더라도 투자전략 보고서를 봐야 하는 이유는 투자 비중을 조절하는 데 도움을 주기 때문입니다. 금리, 환율, 물가, 미국과 중국의 경제, 수출 등의 데이터가 현재 좋지 않더라도 앞으로의 방향성은 긍정적일 것이라는 전망을 합리적인 근거로 제시해주는 보고서가 있다면 우리는 그것을 참고로 주식 비중을 늘릴 수 있을 것입니다.

2023년 6월 1일 발간된 삼성증권의 '한국 5월 수출'이라는 보고서를 살펴보겠습니다. '2023년 5월 한국 수출은 전년 대비 -15.2%(522.4억 달러)를 기록하며 당사(-16.2%)와 시장 예상치(-16.4%)를 소폭 상회했다. 한편 일평균 수출은 조업일수가 1.5일 감소한 영향으로 전년 대비 -9.3%를 기록하며 2개월 연속 감소 폭이 축소되었다'라는 내용이 들어가 있는데요, 수출은 여전히 역성장 중이지만 그 역성장 폭이 줄어들고 있다는 내용입니다. 한국 주식시장은 경기에 민감하지만 경기 선행성이 매우 강한 시장입니다. 수출 증가율이 -여도 그 폭이 줄어들고 있다는 것은 이제 수출증가율이 바닥을 찍었다는 것으로 해석할 수 있습니다. 실제 이 보고서에서 삼성증권 정성태 연구원은 한국 수출이 이미 저점을 통과했다고 판단했습니다. 그 근거로 1)한국 수출에서 비중이 가장 높은 반도체 수출 감소 폭이 축소, 2)일평균 수출액이 5월 들어 올해 최고치를 경신, 3)한국 수출과 밀접한 관계가 있는 글로벌 제조업 PMI[*]가 2022

글로벌 제조업 PMI

기업의 구매 담당자를 대상으로 신규주문, 생산, 재고, 출하, 지불가격, 고용현황 등을 조사해 가중치를 부여해서 수치로 나타낸 것으로 50 이상이면 경기확장을, 50이하면 경기침체를 의미년 12월부터 2023년 4월까지 반등을 지속하고 있는 점 등을 제시했습니다. 그리고 2023년 하반기 한국의 수출 전망을 기존의 -7%에서 -3%로 상향했고, 2024년 전망도 +5.5%에서 +8%로 상향 조정했습니다.

물론 이 전망도 틀릴 수 있습니다(그런데 정성태 연구원은 2023년 하반기 한국 수출 전망을 잘 맞췄습니다. 10월부터 한국 수출은 플러스로 전환하며 상승반전에 성공했습니다). 하지만 분명한 건 사실과 과거 데이터에 기반해 미래를 합리적으로 예측했다는 점입니다. '수출 8개월 연속 감소, 15개월째 이어진 무역적자' '반도체는 10개월째 마이너스' 같은 신문기사 제목을 보면 어떤 생각이 드나요? '아, 여전히 수출은 안 좋고, 적자는 지속되고, 반도체도 좋아지려면 멀었구나' 하는 생각이 드실 겁니다. 물론 신문기사는 틀리지 않았습니다. 수출 역성장은 사실이니까요. 다만 투자자는 수출 데이터의 의미를 분석하고 앞으로 더 나아질지, 더 악화될지 방향성을 예측해서 투자 의사결정을 내려야 합니다. 그러한 관점에서 투자전략 보고서는 투자자들의 길잡이 역할을 할 수 있는 참고서입니다. 단, 그 전망을 무조건 믿어서는 안 됩니다. 정성태 연구원이 제시한 근거처럼 전망을 뒷받침할 데이터와 추론이 합리적인지를 파악하는 것이 더 중요합니다. 이 의견이 합리적이라고 생각되면 주식 비중을 늘려도 될 것입니다. 실제 5월 수출 데이터가 발표된 이후 코스피는 1년 만에 2,600p를 돌파했습니다.

필자가 2023년 들어와서 가장 인사이트를 얻었던 투자전략 보고서가 한 가지 있습니다. 애널리스트의 예측은 결국 맞았지만 당시에 알 수는 없었습니다. 하지만 그 논리가 너무 합리적이었고 신선해서 '그렇게 될 가능성이 높겠구나'라고 생각했는데, 2023년 상반기 주식시장은 그 예상이 맞았습니다. 하이투자증권의 이웅찬 연구원이 2023년 1월 5일 발간한 '우리는

HI Market Analysis

간판과 본질

하이투자증권 **DGB**

2023-01-05

[시황] 이웅찬

우리는 왜 상고하저(上高下低)를 이야기하는가

대부분의 증권사 의견과 달리, 당사에서는 올해 증시의 패턴을 상고하저로 전망한 바 있다. 올 한해 시장이 쉽지 않겠지만 긍정적인 모멘텀은 오히려 상반기에 몰려 있고, 증시는 이미 많이 하락해 있다는 판단이다.

■ 우리는 왜 상고하저를 이야기하는가

올 상반기에 증시가 대단히 많이 오를 것을 전망하는 것은 아니고, 지수의 움직임 폭도 그리 크지 않을 것이다. 코로나 팬데믹 이후의 거대한 매크로 장세는 마무리되고 있다. 그럼에도 굳이 증시 패턴을 따지자면 상반기의 반등 폭이 상대적으로 크고 하반기에는 덜 움직일 가능성이 높다고 본다. 미국의 경기 우려는 여전하지만 주가는 이미 많이 싸져 있고 중국의 경기모멘텀도, 미국의 금리 인상 중단도 상반기에 집중될 것이다. 중국 경기가 회복되고 항생 증시가 강세를 보이는 상황에서 한국 증시만 언더퍼폼하기는 어렵다.

■ 순환하는 것과 추세적인 것이 부딪히는 해, 순환하는 것이 상반기 금융시장을 주도할 것

출처: 하이투자증권 리서치센터

왜 상고하저를 이야기하는가'라는 보고서입니다. 당시 대부분의 증권사들은 2023년 주식시장을 상반기에 하락하고 하반기에 상승하는 '상저하고'로 전망했습니다(필자가 근무하고 있는 이베스트투자증권은 상반기도 하반기도 강세장인 상고하고를 전망했었습니다). 상반기에 상승장이 펼쳐질 것이라는 의견은 소수의견에 불과했지만 그 소수의견대로 2023년 상반기는 코스피가 +15%, 코스닥이 +25% 상승하는 강세장이 펼쳐졌습니다.

그가 2023년 상반기에 시장이 강할 것이라고 본 논리는 간단했습니다. 미국의 경기 우려는 여전하지만 주가는 이미 싸져 있고, 중국의 경기 모멘텀도, 미국의 금리 인상 중단도 2023년 상반기에 집중될 것이며, 중국 경기

가 회복되는 상황에서 한국 증시만 소외되기는 어렵다는 논리였습니다. 그리고 세계 경제의 구조적 변화 가능성도 언급했습니다. 세계화로 인한 미국 중산층의 일자리 감소로 미국 중산층이 소외되고 있는데 바이든 대통령은 이를 복원시키려 할 것이고, 이를 위해 미국에 공장을 짓는 리쇼어링* 정책을 지속할 것이라는 전망이었습니다. 이는 일시적이 아닌 구조적이라고 했는데, 장기간 지속될 것이라는 의미입니다. 실제 미국은 리쇼어링을 더욱 강화하고 있고, 미국 리쇼어링 수혜를 받는 2차전지, 전력기기, 신재생에너지, 굴삭기 관련주들의 주가는 시장을 이겼습니다. 또한 중산층 일자리 증가로 중산층 소비가 늘어날 것이라고 봤는데, 그로 인해 대중문화(大衆文化)가 다시 부활할 것이라고 했습니다. K-POP이 미국에서 인기를 끌고 있는 것과 무관하지 않다고 생각합니다.

> **리쇼어링**
>
> 비용 등을 이유로 해외에 나간 자국 기업이 다시 국내로 돌아오는 현상. 기업이 해외에 공장을 짓는 오프쇼어링과 반대되는 개념

이 보고서를 읽고 필자는 큰 인사이트를 얻었습니다. 대부분의 증권사가 '상저하고'를 예상했고, 많은 전문가들이 '상반기 미국 경기침체, 주식 시장 약세'를 예견했기에 이 보고서는 소수 의견에 불과했습니다. 하지만 이번에도 소수 의견이 이겼습니다. 필자는 이 보고서를 읽고 '상반기 시장은 생각보다 좋겠구나' '미국이 투자할 때 수혜를 받는 산업의 성장은 일시적이 아닌 몇 년간 이어지겠구나'라는 생각에 정신이 번쩍 들었고, 하반기는 모르겠지만 적어도 상반기에는 강세장에 편승해야겠다는 생각을 명확히 했습니다. 그리고 '미국 시장 매출 비중이 높은 기업들이 시장을 이기겠구나'라는 생각을 바탕으로 미국 비중이 높은 기업들에 대해 더욱 관심을 갖게

되었습니다. 실제 주식 시장은 상반기에 굉장히 뜨거웠습니다. 미국의 나스닥과 더불어 한국의 코스닥 시장은 +20% 이상 상승하는 급등장이 펼쳐졌었습니다. 미국 비중이 높았던 피부미용 의료기기, 엔터, 건설기계, 전력기기, 2차전지, AI 관련 기업들의 주가 역시 상반기에 높은 성과를 냈습니다.

물론 결과가 달랐다면 이 보고서의 가치도 떨어졌겠지만 그 누구도 시장을 정확히 맞출 수는 없습니다. 다만 투자자들은 이러한 보고서를 통해 보고서를 작성한 애널리스트의 의도를 이해하고, 그 의견이 충분히 합리적인지 스스로 생각하고 판단해 결론을 내고 의사결정을 하면 됩니다. 증권사 보고서는 합리적인 의사결정을 할 수 있도록 도와주는 훌륭한 도구입니다.

 염블리의 꿀팁

증권사 보고서 중에서 투자전략 보고서는 통화정책, 물가, 실업률, 수출, 미국과 중국의 경제 환경, 기업이익 전망치, 정부정책, 환율 등을 종합해서 주식시장의 현재를 진단함과 동시에 주식시장의 미래를 예측해서 알려주는 보고서입니다. 투자전략 보고서를 봐야 하는 이유는 투자 비중을 조절하는 데 도움을 주기 때문입니다. 금리, 환율, 물가, 미국과 중국의 경제, 수출 등의 데이터가 현재 좋지 않더라도 앞으로의 방향성은 긍정적일 것이라는 전망을 합리적인 근거로 제시해주는 보고서가 있다면 우리는 그것을 참고로 주식 비중을 늘릴 수 있을 것입니다.

증권사 보고서에는
어떤 것이 있나요?
- 산업분석 보고서 ①

이번엔 산업분석 보고서에 대해 살펴보겠습니다. 투자전략 보고서, 산업분석 보고서, 기업분석 보고서 중에서 필자가 가장 중요하게 생각하는 보고서가 바로 산업분석 보고서입니다. 산업분석 보고서는 반도체, 2차전지, 자동차, 바이오, 조선 등 우리나라를 대표하는 다양한 산업의 현재와 미래를 분석하고 예측한 자료입니다.

한국 증시에 상장된 많은 기업들은 중간재를 제조하고 해외에 수출해서 이익을 내는 경우가 많습니다. 한국을 대표하는 2개의 업종인 반도체와 2차전지 역시 최종재가 아닌 중간재입니다. 미국의 애플, 아마존, 테슬라, 마이크로소프트, 구글 같은 빅테크 기업들은 중간재가 아닌 최종 소비재를 판매하는 기업들입니다. 이들 기업들은 자신들이 직접 시장을 만들어가는 경우가 많은 데 비해 한국의 제조업체들은 이들에게 중간재를 공급하고 있어 업황의 영향을 많이 받을 수밖에 없습니다. 테슬라의 전기차 판매가 잘되고 더 많은 투자를 한다면 테슬라 전기차의 주요 배터리 공급사인 LG에너지솔루션의 매출과 이익도 계속 성장할 것입니다. 반대로 테슬라의 전기차 판매가 급감하고 구조조정까지 한다면 LG에너지솔루션의 매출과 이익은 크게 감소할 것입니다. 애플의 스마트폰 판매가 감소하고 아마존이 클라우드 사업 부진으로 데이터센터 투자를 줄인다면 여기에 반도체를 공급하는 삼성전자와 SK하이닉스의 실적도 충격을 받을 수밖에 없을 것입니다. 따라서 한국의 주요 기업들에 투자하기 위해서는 산업의 흐름을 파악하는 것이 무엇보다 중요합니다.

산업분석 보고서는 크게 5가지로 구분할 수 있습니다. 1)매주 한 번씩 업황을 진단하는 Weekly(주간) 보고서, 2)매월 한 번씩 발표되는 자료를 기준으로 업황을 진단하는 Monthly(월간) 보고서, 3)상반기·하반기 산업전망 보고서, 4)업종별 이슈 진단 보고서, 5)인뎁스 보고서(특정 업종에 대한 아주 깊이 있는 분석) 등이 있습니다.

먼저 1)Weekly 보고서입니다. 매주 한 번씩 업황을 진단하는 Weekly(주간) 자료는 각 산업을 담당하는 애널리스트들이 한 주간의 중요한 산업 데이터와 이슈들을 정리해서 발간하는 자료입니다. 한 주를 시작하는 월요일에 Weekly 보고서가 나옵니다. 석유화학의 주요 원재료 가격과 제품 가격 동향, 선박의 수주 가격을 나타내는 신조선가, 해운 운임지수, 반도체 현물가격 동향, 음식료 업계 동향 등 다양한 자료들이 발간됩니다. 예를 들어 조선주를 보유한 투자자라면 선박 수주 가격이 지난주에는 어떤 흐름을 보였고 어떤 조선사가 얼마에 수주를 했는지를 알 수 있기 때문에 조선 업황을 판단하는 데 도움이 될 것입니다. 대표적인 위클리 자료를 소개해드리겠습니다.

다올투자증권의 최광식 연구원은 매주 '다올 선박'이라는 자료를 발간해 한 주간의 조선업 동향을 알려줍니다. 선박의 수주 가격을 의미하는 신조선가는 '클락슨'이라는 기관에서 매주 발표하는데요, 신조선가는 조선주의 장기적인 주가를 결정하기 때문에 매우 중요한 지표입니다. 그런데 개인투자자들이 이 데이터를 확인하는 것은 거의 불가능합니다. 데이터를 확인하기 위한 유료 구매 가격이 매우 비싸기 때문입니다. 그래서 이런 위클리 자료가 소중할 수밖에 없습니다. 개인투자자들이 확인하기 어려운 신조선가 같은 데이터들이 위클리 자료에 그대로 담겨 있고, 그 내용까지 해석해주는 데다가 향후 전망까지 알려주고 있기 때문에 조선주 투자자들은 반드시 읽어보아야 하는 자료입니다.

2)Monthly(월간) 보고서는 매월 한 번씩 발표되는 산업별 데이터를 기준으로 업황을 진단하는 보고서입니다. 월간 자동차 판매량 분석, 월간 임플란트 수출데이터 분석, 월간 유통업체별 매출 동향, 월간 광고 시장 분석 등의 내용들이 담겨 있습니다. 가장 대표적인 것으로는 매월 초에 발표되는 전월 자동차 판매량 보고서가 있습니다. 매월 초에는 글로벌, 미국, 한국 등 다양한 시장에서 판매된 전월 차량 데이터가 공개되는데요, 자동차 애널리스트들은 이러한 데이터를 기반으로 현대차와 기아 등 한국 자동차 회사들의 판매 현황과 향후 전망을 보고서에 담아서 발간합니다.

한국투자증권의 김진우 연구원은 5월 자동차 판매 분석 보고서인 '5월 판매 - 크고 비쌀수록 잘 팔린다'라는 보고서를 2023년 6월 2일 발간했습니다. 현대차, 기아 모두 판매가 증가했는데 특징적인 점은 SUV처럼 자동

true friend **한국투자** 증권

산업 Note

2023. 6. 2

자동차

5월 판매 - 크고 비쌀수록 잘 팔린다

5월 글로벌 판매 - 현대차 +7.8%, 기아 +14.4%

5월 글로벌 판매대수는 현대차가 34.9만대로 7.8% 증가했고, 기아가 26.9만대로 14.4% 늘었다(이하 모두 YoY, 도매판매 기준). 전월 대비로도 현대차 4.3%, 기아 3.5% 증가했다. 내수판매는 현대차 6.9만대로 8.4% 증가했고 기아도 5만대로 10.3% 판매가 늘었다. 크고 비싼 차들이 잘 팔렸다. 현대차는 그랜저가 월 1만대를 돌파했으며(11,581대, +52.3%) GV80(2,737대, +67.4%)도 판매 호조로 이어졌다. 기아는 승용차 중 상대적 고가인 K8(4,487대, +23.4%)이 가장 많이 팔렸고 RV 중에서도 가장 큰 카니발(6,695대, +22.1%)이 가장 많이 판매됐다. 한편 해외판매는 현대차와 기아가 28.1만대, 21.9만대로 각각 7.7%, 15.4% 증가했다.

비중확대(유지)

종목	투자의견	목표주가
현대차	매수	265,000원
기아	매수	135,000원

주요 종목 valuation

		2022A	2023F	2024F
현대차	PER(x)	7.0	5.6	5.8
(005380)	PBR(x)	0.7	0.6	0.6
	EV/EBITDA(x)	8.0	7.3	7.8
	DY(%)	3.5%	4.5%	4.5%
기아	PER(x)	6.4	4.2	4.2
(000270)	PBR(x)	0.9	0.8	0.7
	EV/EBITDA(x)	1.2	1.4	1.3
	DY(%)	4.1%	5.2%	5.8%

12개월 업종 수익률

(p)	— KOSPI 대비(%p, 우)	(%p)
12,000		20

출처: 한국투자증권 리서치센터

차 크기가 크고 가격이 제법 비싼 차들이 잘 팔렸다는 내용입니다. 경기가 좋지 않아 소비가 감소하는 상황에서 오히려 크고 비싼 차들이 잘 팔린다는 사실이 믿기지 않았는데요, 실제 기아에서 가장 큰 차량 중의 하나인 카니발은 2023년 5월 판매량이 +22.1%나 증가했습니다. 지갑은 얇아져도 비싼 차를 선호하는 현상이 지속되면서 이익률이 증가하고 있어 수익성에 긍정적으로 작용할 것이라는 전망입니다. 월간 보고서 역시 업황을 점검할 수 있다는 점에서 꼭 필요한 보고서입니다.

3)상반기·하반기 산업전망 보고서는 1년에 두 번씩 발간되는 보고서입

니다. 각 산업별로 상반기와 하반기에 대한 전망을 담당 애널리스트들이 심혈을 기울여 작성합니다. 향후 6개월간의 산업 흐름을 전망하는 것이기 때문에 깊이 있는 내용들이 많고, 담겨 있는 데이터도 방대합니다. 주간·월간 보고서가 현재를 진단하는 것이라면, 상반기·하반기 산업전망 보고서는 미래를 예측하는 보고서입니다. 내용이 워낙 많기 때문에 투자자들의 선택이 필요합니다. 투자자가 관심있거나 꼭 공부가 필요하다고 생각한 산업만 선택해서 읽는 것을 권합니다.

4)업종별 이슈 진단 보고서는 어떤 업종에 영향을 줄 수 있는 사건이 발생했을 때 그 사건이 끼칠 영향을 분석해 대응전략을 제시하는 보고서입니다. '미국 인플레이션 감축법안 통과에 따른 관련한 2차전지 산업 영향과 투자전략' '삼성디스플레이 4.1조 원 차세대 OLED 투자에 따른 디스플레이 장비·소재 기업 실적 전망' '한중 외교갈등에 따른 중국 소비주 매출 영향 분석' 등이 대표적입니다.

메리츠증권에서 반도체를 담당하는 김선우 연구원은 2023년 5월 16일 '웨스턴 키옥시아 탄생? - 합병 관련 FAQ'라는 제목의 보고서를 발간했습니다. 메모리 반도체의 종류 중 하나인 낸드 반도체 세계 2위 키옥시아와 4위 웨스턴디지털이 합병할 것이라는 뉴스에 대한 김선우 연구원의 생각을 담은 보고서였는데요, 김선우 연구원은 반도체 영업환경 악화로 큰 손실이 발생했기 때문에 합병을 통해 영업환경을 개선하고 주요 주주들의 투자손실을 보전하기 위해 합병을 추진하고 있다고 설명했습니다. 또한 독자생존 가능성이 낮기 때문에 합병 가능성이 높다고 평가했습니다. 합병하면 국내 반도체 기업들에 긍정적이라는 의견도 담겨 있었습니다. 이번 합병을 유도한 것은 결국 삼성전자였고, 합병이 되면 삼성전자의 목적이 달성되는 것이기에 삼성전자는 더 적극적으로 반도체 감산을 해서 반도체 업황이 개선될 것이라는 의견입니다.

김선우 연구원의 의견은 실제로 맞았습니다(아직 합병은 성사되지 않았습니다). 삼성전자는 2023년 7월 27일에 2분기 실적발표를 하면서 낸드 추가 감산을 발표했습니다. 기업들의 합병은 반도체 업황에도 큰 영향을 끼칠 수 있기 때문에 김선우 연구원의 의견은 반도체 투자자들의 의사결정에 큰 도움이 되었을 것입니다.

 염블리의 꿀팁

산업분석 보고서는 반도체, 2차전지, 자동차, 바이오, 조선 등 한국을 대표하는 다양한 산업의 현재와 미래를 분석하고 예측한 자료입니다. 한국 증시에 상장된 많은 기업들은 중간재를 제조하고 해외에 수출해서 이익을 내는 경우가 많기 때문에 산업분석이 가장 중요합니다. 산업분석 보고서에는 1)매주 한 번씩 업황을 진단하는 Weekly(주간) 보고서, 2)매월 한 번씩 발표되는 자료를 기준으로 업황을 진단하는 Monthly(월간) 보고서, 3)상반기·하반기 산업전망 보고서, 4)업종별 이슈 진단 보고서 등이 있습니다.

질문
TOP
71

증권사 보고서에는
어떤 것이 있나요?
- 산업분석 보고서 ②

산업분석 보고서 중에서 가장 중요한 보고서는 5)인뎁스 보고서입니다. '인
뎁스(In-Depth)'는 '깊이(상세히, 심도 있게)'라는 뜻인데요, 단어 그대로 산업
에 대한 아주 깊이 있는 보고서를 의미합니다. 하워드 막스는 "지식의 우위
를 가지고 있어야 한다"고 말했습니다. 지식의 우위란 '통찰력'이고 통찰력
은 인뎁스 보고서를 통해 공부해서 자기 것으로 만들 수 있습니다.

　인뎁스 보고서는 애널리스트가 애널리스트 보조(RA)에서 정식 애널리
스트로 데뷔할 때 반드시 작성하는 자료입니다. 배우로 따지면 첫 출연작인
셈이죠. 그런데 첫 출연작부터 주인공 역할을 맡았기 때문에 애널리스트로
데뷔하는 RA는 모든 것을 불태울 정도의 열정으로 보고서를 작성합니다.
자신의 첫 데뷔작을 망치고 싶은 애널리스트는 없을 것입니다. 따라서 이러

한 인덱스 자료는 꼭 읽어보아야 합니다. 유안타증권의 백길현 RA는 2022년 유안타증권 반도체 담당 애널리스트인 이재윤 연구원의 이직으로 인해 애널리스트로 승진하면서 2022년 9월 반도체 인덱스 자료인 'Duration보다 방향성에 집중'이라는 보고서를 발간했습니다. 2022년 반도체 산업 현황, 2023년 반도체 산업 전망, 반도체 투자전략, 그리고 반도체가 어떻게 만들어지는지를 자세히 설명한 자료로 반도체 제조공정 분석과 반도체 밸류체인까지 부록으로 담았습니다. 무려 115페이지에 달하는 보고서라서 읽고 이해하는 데만 일주일 이상 걸렸습니다. 하지만 그만큼 얻은 게 많았습니다. 반도체 업황도 정리할 수 있었고, 반도체 공정의 모든 것을 파악할 수 있었습니다. 필자는 이 보고서를 통해 반도체 제조공정을 잘 이해할 수 있었고, 그로 인해 다른 반도체 보고서에 나오는 수많은 외래어 같은 어려운 용어들을 쉽게 해석할 수 있었습니다.

이베스트투자증권 안회수 연구원의 자료도 도움이 많이 되었는데요, 2022년 9월 14일 철강·비철금속 업종 인덱스 보고서 'Still Strong Steel'을 발간했습니다. 당시에는 크게 주목받지 못했던 POSCO홀딩스의 리튬 사업 가치가 얼마인지를 세세하게 분석했고, POSCO홀딩스에 대한 긍정적인 전망을 제시해주었습니다. 안회수 연구원의 의견처럼 POSCO홀딩스의 리튬 사업 가치는 2023년 들어 시장에서 인정받기 시작했고, 보고서 발간 당시 248,000원에 머물던 주가는 2023년 상반기에 70만 원까지 급등하기도 했습니다. 리튬 사업이라는 히든카드를 제대로 공부할 수 있게 해주었고, 리튬에 대한 통찰력을 키워준 매우 고마운 보고서였습니다.

그런데 RA에서 애널리스트로 데뷔할 때만 인덱스 자료를 쓰는 것은 아닙니다. 애널리스트들은 자신이 담당하는 업종을 변경하기도 하는데요, 유통 산업을 담당하다가 인터넷 업종으로 담당 업종을 변경하기도 합니다. 업종을 변경했을 때도 새로 맡은 업종에 대한 데뷔 보고서를 쓰게 됩니다. 로맨스 드라마에 출연했다가 이제는 장르를 바꾸어 액션 영화에 출연하는 것과 비슷하다고 생각하면 됩니다. 또한 업종에 큰 변곡점이 찾아왔을 때도 인뎁스 자료를 작성합니다. 산업의 큰 변화가 생겨서 담당한 업종이 앞으로 크게 성장할 것으로 판단되면 인뎁스 자료를 써서 그 변화를 알리곤 합니다. 대표적인 인뎁스 자료는 대신증권 이새롬·한경래 연구원이 2021년 5월 25일 발간한 '구조적 성장, 더해질 보복 소비. 부담 없는 밸류에이션'이라는 제목의 미용 의료기기 산업분석 보고서입니다. 당시 필자는 이 보고서를 여러 번 정독했고, 요약까지 했습니다. 미용 의료기기 산업에 대해 공부해서 좋았지만 이 시장이 왜 커질 수밖에 없는지 명확하게 이해했습니다. 실제 피부 미용 의료기기 시장은 애널리스트들의 의견대로 고성장을 하고 있고, 이 자료에 나와 있던 기업들의 기업가치는 크게 상승했습니다.

인뎁스 보고서 중에서는 여러 명의 애널리스트들이 서로 의견을 모아 함께 보고서를 쓰기도 하는데요, 이런 보고서를 '콜라보레이션 보고서'라고 합니다. 21세기는 융합의 시대입니다. 하나의 산업만 홀로 성장하는 시대가 아니라 다양한 산업들이 서로 긍정적인 영향을 끼치며 성장하는 경우가 많습니다. 가장 고성장하고 있는 2차전지 산업만 봐도 그렇습니다. 2차전지는 IT와 화학, 그리고 원재료인 광물 산업이 결합된 융합 산업입니다. IT, 화학, 비철금속 애널리스트들이 함께 모여 보고서를 작성한다면 보고서의 내용은 더 깊어질 것입니다.

2023년 1월 25일 이베스트투자증권에서 'ESG 시대, 리사이클링 금속 굴기'라는 제목의 보고서가 발간되었습니다. 원자재를 담당하는 최진영 연

이베스트투자증권 리서치센터 입니다.

이베스트 중장기 테마 발굴 Vol.4 입니다.
산업금속은 2001~2010년 신흥국의 고도성장 이후 다시 한번 공급부족 시대를 맞이하고 있습니다.
탄소중립 가이드라인 하 xEV와 친환경 인프라 수요가 성장함에 따라 필수 소재인 산업금속은 미래 에너지로 재평가 받기 시작했습니다.
문제는 공급입니다. 정·제련업은 높은 에너지 소비와 탄소배출에 의존합니다. 수요의 성장과 달리 공급은 감소하는 결과가 나타나고 있습니다.
그러나 우리는 늘 그렇듯 해답을 찾을 것입니다. ESG가 중요해진 시대, 이에 맞춰 기존 공급 방식의 변화에 주목해야 할 때 입니다.

Part I 산업금속 부족 시대에서 살아남기에서는 리사이클링 금속 시장의 성장이 가속화될 수밖에 없는 환경을 재조명해봤습니다.
탄소중립 정책뿐 아니라 주요 생산국들의 자원민족주의(비우호적 투자환경)와 위태로운 광산 주명(생산성↓) 문제들은 공급부족 사태를 한층 더 심화시키고 있습니다.
그러나 이 같은 환경은 리사이클링 금속 시장이 성장할 수 있는 토양을 제공합니다. 그간 2차 지금(재활용 금속) 통한 공급비중이 평균 27%에 그친 이유는 2005~2012년 광산의 과도한 투자가 리사이클링 금속 시장의 성장을 억눌러왔기 때문입니다. 즉, 반대의 상황이 연출될 수 있는 환경이 조성되고 있습니다. 특히, 2001~2010년 신흥국 고도성장기 사용됐던 금속제품의 내구연수까지 도래하기 시작했습니다. 이는 방향성 측면에서 생산비용 절감효과까지 극대화시킬 수 있는 부분입니다.

Part II 진입장벽 너머에 이너서클이 있다에서는 리사이클링 금속을 둘러싼 제도적 특징과, 이를 통해 향후 산업이 형성되어 갈 방향성을 고민했습니다.
자원 수입 의존도가 높은 제조업 기반 국가일수록 리사이클링 통한 순환경제 도입 수요가 높습니다. 다만, 우리나라는 순환경제 도입에 대한 지원과 제도 면에서 미흡한 부분이 존재합니다. 리사이클링 금속은 폐기물처리업으로 분류되어 폐기물관리법 규제 하에 놓이게 됩니다. 사용 후 제품으로부터 희유금속 추출 기술을 보유한 스타트업에게는 진입장벽으로 작용하는 형국입니다. 달리 보면, 기존 1차 지금 업체들이 자본력을 이용해 기술 보유 업체를 인수하거나, 사업적 시너지를 낼 수 있는 기업들과의 협업 네트워크를 구축하면서 이너서클을 더욱 공고히 할 가능성이 높습니다.

Part III 제련 기업들로부터 얻는 아이디어에서는 기술적 우위와 Case Study를 통한 투자전략을 도출했습니다.
리사이클링은 결국 정·제련업과 유사합니다. 기업들은 원료 구입 비용을 최대한 줄여야 하므로 원료 네트워크가 중요합니다. 금속 판매에 그치기 보다 이를 활용한 산업 소재 생산으로 부가가치를 높이면 알파의 이익을 가져갈 수 있습니다. 효율적인 공정으로 규모의 경제를 달성해야 비용 통제가 쉬워지고 원료 확보 협상에서도 우위를 점할 수 있습니다. 리사이클링 금속은 건식+습식 공정을 거치는데, 이는 제련기업들의 정통 영역입니다. 특히 최근 폐배터리 리사이클링에서 습식 기술력만이 주목 받아왔으나 규모의 경제는 건식 상공정 도입으로 이루어질 수 있고, 이는 다른 리사이클링/화학기업보다 제련기업만이 강점을 갖는 분야입니다.
이렇게 ①원료 네트워크, ②수직계열화, ③규모의 경제 세가지 기준으로 Case study를 통해 Best 기업들을 살펴봤습니다.

감사합니다.

출처: 이베스트투자증권 리서치센터

구원, ESG를 담당하는 김윤정 연구원, 철강·비철금속을 담당하는 안회수 연구원 등 3명이 힘을 모아 함께 작성한 보고서입니다. 필자는 이 인뎁스 자료를 보고 큰 통찰력을 얻었습니다. 리튬이나 니켈 같은 산업금속이 왜 중요하며, 그것을 확보하기 위해 리사이클(재활용) 시장이 커질 수밖에 없는지를 명확히 이해했습니다. 실제 산업금속 재활용 관련 기업들의 기업가치는 크게 증가했기에 내용도 훌륭하고, 결과도 매우 훌륭했던 보고서라고 할 수 있습니다.

또 다른 통찰력을 제시해주었던 보고서도 소개하겠습니다. 2021년 9월 6일 발간된 다올투자증권(현재는 미래에셋증권 소속) 배송이 연구원의 '화장품, 헤게모니의 이동'이라는 보고서인데요, 화장품 산업의 주도권이 변하고 있다는 내용입니다. 아모레퍼시픽, LG생활건강 같은 브랜드 업체들은 중국에서의 성장성 둔화와 경쟁 심화로 인해 불확실성이 가중되고 있고, 경쟁으로 인해 비용 지출이 계속 확대될 수밖에 없어 업종의 주도권이 ODM 업체로 넘어갈 수 있다는 의견이었습니다. 배송이 연구원의 산업 전망은 정확했습니다. 2023년 한국의 대표 화장품 브랜드 업체인 아모레퍼시픽, LG생활건강의 실적과 주가는 매우 부진한 상황인데요, 배송이 연구원의 의견처럼 브랜드 업체 간 경쟁은 더욱 치열한 상태이며 매출 부진과 비용 부담은 지속되고 있습니다. 지금은 다른 업종으로 이직했지만 하나증권의 박종대 연구원은 2022년 1월 1일부터 '화장품 산업의 기초'라는 자료를 시리즈로 발간했는데요, 이를 통해 유통채널, 밸류체인 등 화장품 산업의 기초를 다질 수 있었습니다. 교보증권의 정소연 연구원은 2022년 10월 14일 '일본 화장품 시장과 K-뷰티의 가능성'이라는 인뎁스 자료를 발간했습니다. 중국 화장품 시장보다 일본 화장품 시장을 주목해야 하고, 색조 비중이 높고 중국 비중이 낮은 기업을 주목해야 한다고 언급했습니다. 이 보고서들을 공부하면서 확실히 알 수 있었습니다. 화장품 산업의 주도권이 대형 브랜드사(아모레퍼시픽, LG생활건강)에서 비중국 중소형 색조 브랜드사와 ODM 기업으로 넘어갔다는 것을요. 중소형 색조 ODM 기업인 씨앤씨인터내셔널의 시가총액은 2022년 9월 2,000억 원에서 2023년 5월에는 4,700억 원까지 +130% 증가했고, 정소연 연구원 보고서에서 소개되었던 색조브랜드 기업 아이패밀리에스씨의 시가총액은 800억 원에서 2023년 5월 2,100억 원까지 증가했습니다. 같은 기간 LG생활건강의 시가총액은 8.9조 원에서 8.3조 원으로 감소한 것과는 대비되는 결과입니다.

인덱스 자료를 통해 화장품 산업의 헤게모니를 이해한 투자자들은 이 변화에 적절히 대처해서 큰 수익을 낼 수 있었을 것입니다. 인덱스 자료는 이처럼 모르던 분야에 눈을 뜨게 해주고 투자 아이디어까지 제시해주는, 투자자들이 꼭 장착해야 할 필수 교과서입니다. 이를 활용하는 투자자와 활용하지 못하는 투자자 간의 실력차는 시간이 갈수록 더 벌어지게 될 것입니다.

염블리의 꿀팁

산업분석 보고서에서 가장 중요한 보고서는 인덱스 보고서입니다. '인덱스(In-Depth)'는 '깊이(상세히, 심도 있게)'라는 뜻으로 산업에 대한 아주 깊이 있는 보고서를 의미합니다. 투자자에게 인덱스 보고서는 모르던 분야에 눈을 뜨게 해주고 투자 아이디어까지 제시해주는 투자 필수 교과서입니다. 이를 활용하는 투자자와 활용하지 못하는 투자자 간의 실력차는 시간이 갈수록 더 벌어지게 될 것입니다.

증권사 보고서에는
어떤 것이 있나요?
- 기업분석 보고서 ①

이번엔 기업분석 보고서에 대해 살펴보겠습니다. 개별 기업에 대한 자료를 작성한 보고서인 기업분석 보고서는 1)실적 분석, 2)탐방 결과 보고서, 3)호재와 악재에 대한 의견 제시, 4)기업 소개, 5)목표주가 및 투자의견 변경, 6)투자 아이디어 제공 등이 있습니다.

1)실적 분석 보고서는 매 분기마다 기업들이 발표하는 실적을 분석한 자료입니다. 애널리스트들은 자신이 담당하는 기업이 실적을 발표하면 실적 데이터를 분석하고 그에 따른 투자의견을 제시합니다. 실적이 아무리 좋아도 앞으로 전망이 좋지 않으면 목표주가를 낮추기도 합니다. 반면 현재 실적이 적자여도 향후 전망이 긍정적이면 목표주가를 상향하거나 적극적인 매수 추천도 합니다. SK하이닉스는 2023년 1분기 -3.4조 원의 대규모 영업

적자를 기록했지만 대신증권 위민복 연구원은 실적은 바닥을 확인했고 점차 적자 폭은 줄어들 것이라며 적극 매수를 추천했습니다. 당시 87,400원에 머물던 SK하이닉스 주가는 한 달 만에 11만 원까지 급등했기 때문에 매수 추천은 적절했다고 생각합니다.

SK아이이테크놀로지는 2차전지의 4대 소재 중 하나인 분리막을 제조하는 기업입니다. 글로벌 2위 기업임에도 매분기 영업적자가 이어지며 20만 원이 넘던 주가가 4만 원대까지 떨어지기도 했습니다. 2023년 5월 SK아이이테크놀로지는 1분기 실적 발표를 했는데 영업이익은 -37억 원으로 여전히 적자였습니다. 하지만 애널리스트들은 일제히 목표주가를 상향했습니다. 2차전지 분리막 사업부가 +18억 원 이익을 내며 드디어 흑자를 기록했기 때문입니다. 분리막 흑자는 일회성이 아니고 앞으로 지속될 것이라는 전망이 대부분이었습니다. 한때 46,500원까지 떨어졌던 주가는 2023년 7월 10만 원까지 상승했고, SK아이이테크놀로지는 기나긴 부진의 늪에서 벗어났습니다.

애널리스트들은 항상 실적을 추정합니다. 특히 실적 시즌이 임박하면 프리뷰 보고서를 발간하는데요, 이번 분기 실적이 호전될지 악화될지 등을 추정해서 자료를 발간합니다. LG생활건강은 2021년 7월 2분기 실적 발표를 앞두고 있었는데요, 당시 LG생활건강을 담당하고 있던 애널리스트들은 7월 초 발간한 보고서에서 긍정적인 의견들을 제시했습니다. 2분기 견조한 실적이 유지될 것이고, 대중국 수요도 긍정적이고, 성장주이면서 주가도 싸다는 의견도 있었습니다. 목표주가도 대부분 상향했기 때문에 실적 발표를 앞둔 분위기는 긍정적이었습니다. 그런데 7월 22일 실적이 발표되자 분위기는 돌변했습니다.

LG생활건강은 시장의 기대치에 미달한 영업이익을 발표했는데요, 중국 오프라인 매출액이 -15%를 기록하며 충격을 주었습니다. 화장품 전체 매출은 괜찮았지만 기대치가 너무 높았던 것도 부담으로 작용했습니다. 중국 판매에서 가장 중요한 제품인 '후'의 매출이 +17% 성장에 그치며 성장 기대를 충족시키지 못했고, 생활용품과 음료 사업은 역성장을 기록했습니다. LG생활건강 주가를 결정하는 핵심 요인은 중국, 그중에서도 후의 성장률입니다. 중국에서 마케팅을 적극적으로 펼쳤음에도 매출 성장은 시장 평균 수준에 그쳤습니다. 마케팅을 적극적으로 해야만 후의 성장이 지속될 수 있다는 의미로, 이는 곧 비용 증가를 뜻하며 후의 브랜드력이 약해졌다는 의미입니

출처: NAVER

다. 구조적인 성장 둔화가 시작되었다는 우려에 실적 발표 이후 애널리스트들은 목표주가를 낮추었습니다. 당시 LG생활건강의 2021년 2분기 영업이익은 전년동기 대비 +10.7% 증가했습니다. 이익이 증가했는데도 시장의 시선은 차가웠고, 애널리스트들은 목표주가를 일제히 하향 조정했으며, 주가는 폭락했습니다. 숫자도 중요하지만 결국 실적이 의미하는 내용이 더 중요하다는 뜻입니다.

LG생활건강의 2021년 2분기 당시 주가는 170만 원이었습니다. 2023년 7월 주가는 42만 원입니다. 매출액, 영업이익이라는 숫자만 보고 판단해서는 안 됩니다. 실적 분석 보고서에 담긴 내용을 우리가 반드시 확인해야 하는 이유입니다.

다음은 2)탐방 결과 보고서입니다. 탐방 보고서는 애널리스트가 탐방한 기업에 대한 의견을 작성한 자료입니다. 직접 기업을 방문해 좋아진 부분과 안 좋아진 부분을 파악하고 의견을 제시합니다. 이베스트투자증권 조은애 연구원은 제이브이엠을 탐방하고 나서 2022년 9월 2일 보고서를 발간했습니다. 대구공장 본사와 공장 탐방을 통해 조제 자동화 장비와 소모품 생산 현황을 파악했고, 신사업으로 건강기능식품 조제 자동화 장비를 개발한 것도 확인했습니다. 생산 공정은 자동화를 통해 생산성을 높여 인당 매출액이 크게 증가했다고 언급했습니다. 회사의 주력인 약국 조제 자동화 장비는 수요 확대로 재고가 적정수준 이하로 떨어졌다고 했습니다. 이를 종합하면 제이브이엠의 주력 제품 수요는 꾸준히 확대되고 있고, 신사업도 준비 중이고, 자동화로 비용도 적절히 통제하고 있음을 알 수 있습니다. 제이브이엠의 주주라면 이 보고서를 통해 중간 점검을 할 수 있었을 것입니다. 제이브이엠의 당시 시가총액은 2,300억 원이었고, 2023년 7월 시가총액은 4,026억 원으로 기업가치는 +75% 이상 증가했습니다.

대신증권 박장욱 연구원은 2023년 3월 13일 부산 피팅 기업들을 탐방하고 태광, 성광벤드, 디케이락에 대한 보고서를 작성해서 발간했습니다. 피팅은 한글로 관이음쇠입니다. 파이프와 파이프를 연결하는 부품인데 주로 조선, 석유화학 플랜트, 발전소 등에 사용됩니다. 당시 필자는 피팅 산업의 성장에 관심이 많았기 때문에 부산 피팅 기업 탐방 보고서를 관심 있게 읽어보았습니다. 피팅은 기자재 산업이기 때문에 선박 수주가 증가하고 석유화학이나 발전소 건설이 많아지면 수주가 늘어 실적이 좋아지는 산업입니다.

이 보고서에는 업황, 내년 전망, 인력 충원, 높은 이익률의 원인 등 투자자가 알아야 할 내용들이 충실히 담겨 있었습니다. 이 보고서 덕분에 필자는 피팅 산업의 성장이 지속될 것임을 확신했습니다. 피팅 관련 기업들의 주가도 상승해서 결과도 좋았습니다.

 엄블리의 꿀팁

기업분석 보고서는 개별 기업에 대한 자료를 작성한 보고서입니다. 기업분석 보고서는 1)실적 분석, 2)탐방 결과 보고서, 3)호재와 악재에 대한 의견 제시, 4)기업 소개, 5)목표주가 및 투자의견 변경, 6)투자 아이디어 제공 등이 있습니다. 실적 분석 보고서는 매 분기마다 기업들이 발표하는 실적을 분석한 자료입니다. 기업이 실적을 발표하면 애널리스트들이 실적 데이터를 분석하고 그에 따른 투자의견을 제시합니다. 탐방 결과 보고서는 애널리스트가 탐방한 기업에 대한 의견을 작성한 자료입니다. 기업을 방문해 좋아진 부분과 안 좋아진 부분을 파악하고 의견을 제시합니다.

증권사 보고서에는
어떤 것이 있나요?
- 기업분석 보고서 ②

기업분석 보고서에서 다루는 또 다른 주제는 3)호재와 악재에 대한 의견 제시입니다. 호재와 악재 분석은 기업가치에 영향을 줄 수 있는 사건이 발생했을 때 애널리스트가 이에 대해 진단하고 의견을 제시하는 보고서입니다.

2차전지 양극재 제조사인 에코프로비엠은 2022년 1월 21일 오창 공장에서 화재사고가 발생해 주가가 이틀간 -12%나 하락했는데요, 삼성증권 장정훈 연구원은 이에 대해 큰 영향은 없을 것이라는 내용의 보고서를 발간했습니다. 이 화재로 인한 피해는 전체 생산의 6.6% 수준이고 향후 포항 공장이 증설되면 4.4% 비중으로 낮아진다며 영향은 제한적일 것이라고 언급했습니다. 오창 공장 화재로 인한 연간 실적 변화 가능성은 크지 않다고 하면서 목표주가와 투자의견을 유지했습니다. 화재사고와 그 이후 발생한 경영진의 선행매매 의혹으로 주가는 20% 이상 급락했지만 그 후 4개월 만에 저점에서 +100% 상승하며 사고 영향은 제한적이었음이 입증되었습니다.

2023년 3월 31일 미국 정부는 인플레이션 감축 법안의 친환경차 보조금에 대한 세부 지침을 발표했는데요, 거기서 눈에 띄는 내용이 하나 있었습니다. 배터리 부품에 분리막이 포함된 것입니다. 배터리 부품은 반드시 북미에서 제조해야만 전기차 구매 보조금 혜택을 받을 수 있다는 뜻입니다. 중국 기업과 치열하게 경쟁하고 있는 국내 배터리 분리막 기업들에 이 뉴스는 호재로 작용했습니다. 미국에서 전기차 보조금을 받기 위해서는 북미에서 분리막 생산을 해야 하는데, 중국 기업들이 미국에 공장을 짓는 것은 미중

삼성증권 조현렬, 김영욱 연구원의 'SK아이이테크놀로지' 보고서

EV/모빌리티팀
조현렬
Senior Analyst

김영욱
Research Associate

SK아이이테크놀로지 (361610)
미국 IRA가 바꿔줄 산업의 패러다임

- IRA 세부지침 발표로 인해 동사에게 2가지 긍정적 변화 기대 가능.
- 2H23 이후 가동률 증가를 통해 수익성 개선 예상, 특히 북미시장에서 고객사 수요 증가 및 동사의 투자도 가속화될 전망. 투자의견 BUY로 상향하고, 목표주가도 상향.

WHAT'S THE STORY?

IRA 세부지침이 가져다줄 2가지 변화: 미국 인플레이션 감축 법안(IRA)의 Clean Vehicle Credit에 대한 세부지침이 지난달 31일부로 확정. 이는 동사에게 2가지 긍정적인 변화를 불러일으킬 전망.

- **변화 (1), 산업의 패러다임 변화:** 분리막 산업은 양극재/음극재와 같이 고가 금속이 아닌 플라스틱(PE, PP)으로 생산. 이에 따라 운전자본 부담이 컸던 양극재 산업의 성장과 함께 수반되었던 장기공급계약 체계는 분리막 산업에선 없었음. 이는 고객사 수요변화에 또는 경쟁사의 공격적인 증설에 따라 동사의 가동률에 급격한 변화로 야기. 현재 당사 추정 중인 국내공장 가동률은 40% 수준. IRA 법안의 Clean Vehicle Credit 수령을 위해 완성차업체는 배터리 부품으로 간주된 분리막 및 액상 전해액은 현지 증설 요구가 늘어날 전망이며, 여타 지역 대비 높은 투자비를 감안했을 때 이를 상쇄할 판매가격 상승과 장기공급계약 체결이 발생할 것으로 예상. 따라서 분리막 산업의 구조 또한 스팟 공급계약 위주에서 장기공급계약 체계로 변화할 전망.

▶ AT A GLANCE

투자의견	**BUY**	
목표주가	96,000원	34.8%
현재주가	71,200원	
시가총액	5.1조원	
Shares (float)	71,297,592주 (35.8%)	
52주 최저/최고	48,050원/131,000원	
60일 평균 거래대금	318.3억원	

▶ ONE-YEAR PERFORMANCE

1M   6M   12M

출처: 삼성증권 리서치센터

갈등으로 사실상 불가능한 상황이었습니다. 때문에 한국 분리막 기업들이 미국 전기차용 배터리 분리막 시장을 장악할 것이라는 긍정적 전망이 나왔고, 실제 주가도 크게 상승했습니다. 2023년 4월 3일 삼성증권 조현렬 연구원은 이러한 내용을 바탕으로 SK아이이테크놀로지에 대한 보고서를 발간했습니다. 이제 배터리 분리막도 양극재처럼 장기공급계약이 가능할 것이고, 이번 법안으로 한국과 일본 분리막 기업들이 수혜를 받을 것이라고 언급했습니다. 호재에 대한 의견을 명확히 제시한 것입니다.

조현렬 연구원의 의견은 그대로 적중했습니다. 2023년 6월 2일 SK아이이테크놀로지는 북미 및 기타 해외 지역의 한 업체(비밀유지사항으로 공급처가 어디인지는 공개되지 않았음)에 배터리 분리막을 장기공급계약한다고 공시했습니다. 7년간의 장기공급계약인데, 분리막 기업들도 이제 장기공급이 시작되었음을 알리는 사건이었습니다. 조현렬 연구원은 합리적 근거를 기반으로 이미 두 달 전에 이를 정확하게 예측했던 것입니다.

2023년 4월 10일 현대그린푸드는 인적분할(현대그린푸드를 지주회사와 사업회사로 분할)을 마치고 코스피에 재상장했는데요, 같은 날 KB증권 '이경은·성현동' 연구원은 현대그린푸드의 인적분할 재상장에 대한 보고서를 발간했습니다. 식자재 사업이 본업인 현대그린푸드는 분할 전에는 가구 사업, 중장비 제조사업, 법인 영업사업 등이 혼재되어 있어서 기업가치를 적절히 평가받지 못하고 있었는데 이번 분할로 기업가치가 재평가될 것이라는 의견이었습니다. 거래정지 이전 현대그린푸드의 시가총액은 2,456억 원으로 경쟁사인 CJ프레시웨이의 3,372억 원보다 저평가되어 있다는 내용도 담겨 있었습니다. 현대그린푸드의 2022년 순이익은 783억 원이고, CJ프레시웨이의 2023년 이익 전망치는 681억 원입니다. 현대그린푸드가 CJ프레시웨이에 비해 할인받을 이유가 없다는 의미였습니다. 인적분할 이후 재상장을 하면 주가 변동성이 커지기에 주주들이나 이 기업에 대해 관심을 갖고 있는 투자자들은 기업의 적정 가치를 판단하기 어려운데, 이 보고서는 현대그린푸드의 가치가 최소 3,372억 원 이상은 될 수 있다고 알려주었습니다. 길잡이 역할을 한 셈이죠. 현대그린푸드는 인적분할 후 재상장했고, 재상장 이후 주가가 상승해 시가총액은 2023년 5월 4,500억 원까지 증가했습니다.

다음은 4)새로운 기업 소개입니다. 기업 소개는 해당 기업에 대해 보고서를 처음 작성하는 애널리스트가 주로 쓰는 보고서입니다. 기업에 대한 첫 소개이고 왜 이 기업을 긍정적으로 평가하고 있는지 등을 자세하게 담고 있어 기업 공부하기에 좋은 보고서입니다. SK증권 이동건 연구원이 신한투자증권에서 SK증권으로 이직한 후 작성한 '제테마'란 기업의 보고서(2023년 5월 16일)가 대표적입니다. 애널리스트들은 타 증권사로 이직을 할 때 기존에 분석하던 기업에 대한 보고서를 다시 쓰는 경우가 있는데요, 제테마 보고서가 그러한 경우입니다. 기업분석 보고서는 길어도 10페이지가 넘어가지 않는데, 이 보고서는 무려 19페이지의 분량을 자랑할 정도로 제테마의 모든 것을 낱낱이 파헤친 인뎁스 기업분석 보고서입니다. 사실 필자는 제테마에 대해서는 잘 알지 못했는데, 이 보고서를 읽고 이 기업의 경쟁력을 알게 되어서 의미가 있었습니다.

제테마는 보톡스라고 부르는 피부 주름개선 치료제 보툴리눔 톡신과 필러를 제조해서 판매하는 기업입니다. 당시 보툴리눔 톡신 업계는 균주 논란이 한창이었는데요, 메디톡스가 대웅제약에 제기했던 균주도용 소송에서 메디톡스가 승소하면서 균주 출처가 불명확한 기업들의 주가가 크게 흔들렸던 시기였습니다. 그런데 제테마는 균주 출처가 명확한 기업이었습니다. 영국 국립보건원 산하 국립표준 배양균주 보관소에서 보툴리눔 독신 균주를 도입해서 제조했기 때문에 소송 위험에서 자유로웠습니다. 제조공법에서도 경쟁력이 뛰어나다고 언급되어 있습니다. 특수 감압건조 방식으로 건조시간을 단축시키는 등 뛰어난 경쟁력을 보유하고 있다는 내용입니다. 2024년에는 국내와 브라질 등에서 독신 품목허가를 받아 수출 증가가 기대된다는 내용도 있었습니다. 보고서 발간 당시 제테마의 시가총액은 3,700억 원이었습니다. 이 보고서 발간 후 두 달 만에 시가총액은 4,900억 원까지 +32% 증가했습니다.

2022년 11월 29일 삼성증권의 이종욱·류형근 연구원이 작성한 'HPSP'라는 기업의 보고서도 인상적이었습니다. 21페이지가 넘는 장문의 보고서였고, 내용도 충실했습니다. HPSP는 고압수소 어닐링 장비를 제조하는 기업입니다. 웨이퍼 표면의 계면 결함을 열처리를 통해 치료해주는 장비로 반도체 공정이 미세화하면서 수요가 계속 늘고 있는 기업입니다. 특히 이 장비는 전 세계에서 HPSP만 제조하기 때문에 진입장벽이 높다는 의견이 들어가 있었습니다. 독점기업이고 반도체 고객들이 원하는 장비를 제조하고 있어 불황에도 강할 것이라고 언급했습니다. 독점기업이라는 것은 당시 보고서를 통해 처음 알게 되었고, 이 보고서를 계기로 계속 관심을 갖게 되었습니다. 실제 반도체 업황 악화에도 HPSP는 2023년 1분기 영업이익률 +59%라는 놀라운 수치를 보여주었습니다. 기업에 대한 공부도 할 수 있었고, 전망도 알 수 있었고, 앞으로의 반도체 기술 트렌드도 알 수 있어서 도움이 많이 되었습니다.

2022년 8월 1일 메리츠증권의 양승수 연구원이 작성한 '뉴프렉스' 보고서도 인상적이었습니다. 뉴프렉스란 기업에 대해 처음 소개하는 보고서였는데, 필자는 당시 뉴프렉스에 대해 잘 몰랐습니다. 뉴프렉스는 스마트폰 카메라에 탑재되는 FPCB를 제조하는 기업인데, 스마트폰 시장 침체에도 구조조정에서 살아남았기 때문에 실적 상승 모멘텀이 충분하다는 의견이었습니다. 그런데 뉴프렉스의 주가를 결정하는 것은 스마트폰 사업부가 아니었습니다. VR 기기용 FPCB가 핵심이었습니다. 뉴프렉스는 '메타(구 페이스북)'의 자회사 '오큘러스'의 VR 헤드셋 '퀘스트'에 FPCB를 납품하고 있었습니다. 메타가 2024년까지 4종의 VR 헤드셋을 출시할 것이고, 기기당 FPCB 탑재량이 증가해서 외형과 이익 성장이 지속될 것이라는 전망이었습니다.

당시 5,200원에 머물던 뉴프렉스 주가는 양승수 연구원의 의견처럼 VR 모멘텀이 가시화되며 한 달 만에 9,720원까지 크게 상승했습니다. 기업을 새로 알게 된 것도 좋았지만 보고서의 투자 아이디어가 적중하고 그것을 시장이 알아주면 비교적 짧은 시간 안에 큰 성과를 낼 수 있다는 것을 깨닫게 해준 보고서였습니다.

 염블리의 꿀팁

기업분석 보고서는 기업의 호재와 악재에 대해 어떻게 판단을 내려야 할지 도움을 주기도 합니다. 기업가치에 큰 영향을 줄 수 있는 사건이 발생했을 때, 애널리스트가 이에 대해 진단하고 의견을 제시하는 길잡이 같은 역할을 하는 보고서입니다. 새로운 기업 소개를 하는 보고서도 발간됩니다. 기업 소개는 해당 기업에 대해 보고서를 처음 작성하는 애널리스트가 주로 쓰는 보고서로, 한 기업을 깊게 분석해 기업의 강점과 약점을 파악하고 투자전략까지 제시합니다. 기업 공부를 하는 데 훌륭한 참고서가 될 수 있는 자료라고 생각합니다.

질문
TOP
74

증권사 보고서에는
어떤 것이 있나요?
- 기업분석 보고서 ③

다음은 5)목표주가 및 투자의견 변경에 대한 보고서입니다. 기업에 대한 전망이 변경되어 목표주가를 올리거나 내리는데, 왜 이런 결정을 내렸는지 그 근거를 제시하는 자료입니다.

기업은 늘 변화하고 있고 기업가치에 영향을 주는 환경도 계속 변화하기 때문에 애널리스트들은 이를 계속 추적해 변동사항이 생겼을 때 목표주가를 변경합니다. 물론 목표주가가 상승했다고 해서 주가가 계속 오르고, 목표주가를 낮추었다고 해서 주가가 계속 하락하는 것은 아닙니다. 애널리스트들의 예상과 반대로 주가가 움직여 목표주가와 현재가의 괴리가 너무 커지게 되면 기업에 대한 생각과 전망이 달라지지 않았어도 목표주가를 변경하는 경우도 있습니다.

2023년 5월 11일 하나증권 최수지 연구원은 반도체 부품기업 '케이엔제이'라는 기업에 대해 '왜들 그리 다운돼 있어'라는 다소 신선한 제목의 보고서를 통해 케이엔제이의 목표주가를 2만 원에서 25,000원으로 상향 조정했는데요, 디스플레이 장비사업부의 턴어라운드와 삼성전자 낸드 투자 지속에 따른 반도체 부품 사업부의 호실적 가능성을 근거로 목표주가를 크게 올렸습니다. 당시 17,000원대에 머물던 주가는 3주 만에 24,500원까지 +43%나 급등했습니다.

2023년 2월 15일 삼성증권 박은경 연구원은 외국인 카지노 업체 'GKL'의 목표주가를 24,000원으로 +26%나 상향조정한 보고서를 발간했습니다. 이유는 용산 사업장 이전 때문이었습니다. GKL의 경쟁사 파라다이스가 인천 영종도에 신규 사업장을 개장한 이후 점유율이 하락하고 있었는데, GKL이 강북지역 사업장을 중구 힐튼호텔에서 용산 드래곤시티 호텔로 이전했고 큰 폭의 매출 성장을 기록하면서 용산 사업장 효과를 톡톡히 누렸다는 내용입니다. 영업장 면적이 20% 증가하고 테이블 수도 10% 증가한 데다가 새로운 인테리어로 객장 환경이 업그레이드되면서 일본 VIP 방문객수가 +70% 급증하는 등 이익전망 상향 여지가 생겨서 목표주가를 올렸다고 그 배경을 설명했습니다.

기업분석 보고서의 마지막은 6)투자 아이디어 제공입니다. 애널리스트가 알려주는 투자 비법이라고 생각하면 됩니다. 2022년 4월 14일 메리츠증권 김준성 연구원은 '현대차 우선주 매수 적기, 바로 지금'이라는 보고서를 발간했습니다. 현대차 우선주를 지금 매수하라는 내용이었습니다. 2008년 금융위기 당시 우선주 배당수익률 9%를 제외할 경우 7% 내외의 배당수익률이 예상되는 시점에서 우선주 투자는 성공적이었고 매력이 있다는 의견이 제시되어 있습니다. 현대차에 투자하는데 연 7%의 배당수익률이 가능하다면 귀가 솔깃하지 않을 수가 없는데요, 당시 현대차2우B(신형우선주의 한 종류)의 주가는 당시 88,000원이었습니다.

이 보고서가 발간된 이후 잠시 주가는 상승세를 보였지만 시장 하락과 업황 우려로 73,500원까지 하락하기도 했습니다. 2023년 7월 기준 현대차 2우B의 주가는 108,700원입니다. 보고서 발간 이후 주가는 +22% 정도 상승했습니다. 1년간 +22%면 아주 많다고 할 수는 없지만 배당을 합치면 이야기가 달라집니다. 2022년 주당배당금은 우선주 기준으로 7,100원입니다.

메리츠증권 김준성 연구원의 '현대차 우선주' 보고서

현대차 005380

우선주 매수 적기, 바로 지금

✓ 현재 Forward Price to Dividend 15배, Forward Dividend Yield 7% 수준.
  역사적으로 시장은 이 같은 지표 레벨에서 우선주 투자 매력을 인지하기 시작
✓ 지표 산정을 위한 2022년·2023년 배당금 추정은 각각 5,600원, 6,300원,
  이는 컨센서스 대비 낮은 당사 실적 전망에 배당 성향 가이던스 하단 적용해 산출
✓ 낮은 재고 환경에서 반도체 정상화 가시성 상승 중. 생산 증대와 재고 축적은 판매
  와 실적 개선을 견인할 것이며, 이는 배당에도 긍정적, 배당주에 대한 관심 필요

우선주 투자 매력도 점검

지난 2008년 이후 현대차 우선주 (유통주식수가 가장 많고 배당금이 더 높은 2우
B를 기준으로 지표 산정) 주가는 세 차례의 저점을 형성한 이후 빠르게 반등했다.
세 차례의 저점은 모두 Forward Price to Dividend 기준 15배 내외에서 형성됐으
며, 현재 해당 지표는 다시금 15배 내외까지 조정된 모습이다.

같은 맥락에서 Forward Dividend Yield (배당 수익률)로 확인해보면, 첫 번째 저점
이 기록됐던 2008년 금융위기 시점 (9%)을 제외할 경우 시장은 약 7% 내외의 수
익률에서 우선주에 대한 투자 매력을 인지했다. 현재 배당 수익률은 다시 7%이다.

출처: 메리츠증권 리서치센터

88,000원에 매수를 했다면 +8%의 배당수익률을 올릴 수 있습니다. 2023년 현대차의 예상 배당금은 10,500원입니다. 이 경우 배당수익률은 무려 +12%가 됩니다. 매년 10% 이상의 배당이 보장(물론 지금의 이익이 지속된다는 가정에서)되는 보물을 잡은 것과 같습니다. 필자도 전혀 생각하지 못했던 배당투자 아이디어를 제시해준 김준성 연구원에게 항상 감사하는 마음입니다. 자주는 아니지만 간혹 애널리스트들이 이런 중요한 팁을 알려주기도 합니다.

　기업분석 보고서는 기업에 대해 알려주는 중요한 자료입니다. 누구보다 이 기업에 대해 잘 아는 애널리스트들이 기업의 현황을 업데이트하고, 분석하고, 전망까지 해주는 자료입니다. 투자자로서 개별 기업의 현황을 파악하고 기업의 미래를 예측하고 싶다면 기업분석 보고서와 반드시 친하게 지내야 합니다.

　단, 주의할 것이 있습니다. 목표주가 변경은 기업의 영업환경이 긍정적으로 혹은 부정적으로 바뀔 때 애널리스트가 기업 실적 추정치를 변경해 이루어지는 경우가 대부분입니다. 하지만 현재가와 목표주가의 괴리가 너무 커졌을 때 목표주가를 변경하는 경우도 있다고 앞서 말씀드렸는데요, 증권사 리서치센터마다 다르지만 현재가와 목표주가의 간격이 너무 벌어지게 되면 목표주가를 현재가에 맞추어 조정하는 것이 원칙입니다. 2023년 4월 5일 대신증권 양지환·이지니 연구원이 발행한 '현대글로비스' 보고서에 이러한 내용이 나옵니다. "목표주가와 현 주가와의 괴리율을 반영해 목표 배수를 조정"이라는 내용인데, 목표주가와 현재가의 격차가 크기 때문에 목표주가를 -15.4% 하향 조정한다는 내용입니다. 물론 실적 추정치도 일부 하향 조정을 했습니다. 하지만 마지막 결론은 PER 5배로 절대적인 저평가이니 매수 의견을 유지한다는 것입니다. 목표주가는 현재가와의 괴리율 때문에 낮추지만 주가도 저평가이고 향후 수익성 개선도 예상되니 관심을 가져도 괜찮다는 내용이었습니다.

목표주가를 낮춘다고 해서 무조건 나쁘고, 목표주가를 올린다고 해서 무조건 좋은 것은 아닙니다. 규정상 목표주가를 낮추거나 올려야 하는 경우도 있기 때문에 목표주가를 왜 변경하는지 그 이유에 주목하기 바랍니다. 목표주가를 변경하는 것보다 그 변경 근거가 더 중요합니다.

 염블리**의 꿀팁**

기업분석 보고서에는 목표주가 및 투자의견 변경에 대한 보고서도 있습니다. 기업에 대한 전망이 변경되어 목표주가를 올리거나 내리는데, 왜 이런 결정을 내렸는지 그 근거를 제시하는 자료입니다. 기업은 늘 변화하고 있고 기업가치에 영향을 주는 환경도 계속 변화하기 때문에 애널리스트들은 이를 계속 추적해 변동사항이 생겼을 때 목표주가를 변경합니다. 기업분석 보고서를 통해 투자 아이디어도 제공해줍니다.

증권사 보고서는
어떻게 찾아볼 수 있나요?

지금까지 증권사 보고서 활용 방법을 알려드렸는데요, 이제부터는 증권사 보고서를 확인할 수 있는 방법을 말씀드리겠습니다.

먼저 각 증권사 홈페이지에 접속해서 보고서를 확인하는 방법이 있습니다. 이베스트투자증권은 계좌가 없더라도 누구나 무료로 홈페이지에서 보고서를 볼 수 있습니다. 하지만 대부분의 증권사들은 그 증권사의 계좌가 있는 고객들에게만 보고서를 공개합니다. 때문에 전 증권사 계좌를 다 보유하고 있어야 해서 이 방법으로 보고서를 확인하는 것은 쉽지 않습니다. 계좌가 있다고 해도 20개가 넘는 증권사를 일일이 접속해서 보고서를 찾아보는 것은 너무 많은 시간이 걸리기에 효율적이지 않습니다.

가장 효율적인 방법은 월 구독료를 지불하고 편리하게 증권사 보고서를 확인하는 것입니다. 국내에서 증권사 보고서를 돈을 지불하고 볼 수 있는 사이트는 2곳입니다. FN가이드(fnguide.com), 와이즈리포트(wisereport.co.kr)입니다. 월 구독료는 10만~20만 원대로 알려져 있습니다. 비용 부담은 있지만 시간을 절약할 수 있고 검색시스템도 잘 구비되어 있어서 10년 전의 증권사 보고서도 찾아볼 수 있습니다. 매일 발간되는 최신의 보고서도 실시간으로 업데이트되어 확인이 가능합니다. 비용 부담이 있어도 공부를 제대로 해보고 싶고 통찰력을 키우고 싶은 투자자들은 2개의 유료 사이트 중에서 한 곳을 선택해 보고서를 매일 확인하면 좋을 것입니다.

　무료로 보고서를 한눈에 볼 수 있는 방법도 있습니다. 네이버의 '증권' 페이지에는 '리서치'라는 메뉴가 있는데요, 여기서 투자전략, 산업, 기업분석 보고서를 무료로 확인할 수 있습니다. 단, 무료로 제공하는 증권사가 정해져 있기 때문에 모든 증권사 보고서를 볼 수 없다는 점은 단점입니다. 교보증권, 메리츠증권, 한화투자증권, 대신증권, 하이투자증권, 유진투자증권, SK증권, 키움증권, 하나증권, 신한투자증권, 이베스트투자증권, DS투자증권 등의 자료가 제공되고 있습니다. 무료라는 장점이 있지만 보고서를 제공하는 증권사가 한정적인 점은 단점입니다.

　그런데 증권사들이 작성하는 산업·기업 분석 보고서를 꼭 증권사들만 제공하는 것은 아닙니다. 독립리서치라고 해서 증권사가 아닌 외부 리서치 기관에서 보고서를 작성하는 경우도 있습니다. 한국IR협의회, FS리서치, 아이브이리서치, CTT리서치, 밸류파인더, 리서치알음, 피벗리서치, 버핏연구소, 바바리안의 미국주식 정복기 등이 있습니다. 대부분 월 구독료를 내는 유료 서비스입니다. 네이버 검색을 통해 홈페이지에 접속한 후 관련 내용을 확인하면 되겠습니다.

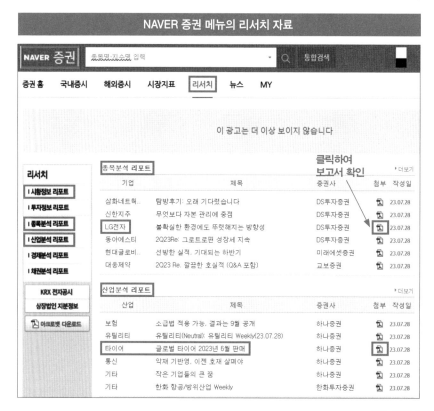

NAVER 증권 메뉴의 리서치 자료

종목분석 리포트				
기업	제목	증권사	첨부	작성일
삼화네트웍..	탐방후기: 오래 기다렸습니다	DS투자증권	🔴	23.07.28
신한지주	무엇보다 자본 관리에 중점	DS투자증권	🔴	23.07.28
LG전자	불확실한 환경에도 뚜렷해지는 방향성	DS투자증권	🔴	23.07.28
동아에스티	2Q23Re: 그로트로핀 성장세 지속	DS투자증권	🔴	23.07.28
현대글로비..	선방한 실적, 기대되는 하반기	미래에셋증권	🔴	23.07.28
대웅제약	2Q23 Re. 깔끔한 호실적 (Q&A 포함)	교보증권	🔴	23.07.28

클릭하여 보고서 확인

산업분석 리포트				
산업	제목	증권사	첨부	작성일
보험	소급법 적용 가능, 결과는 9월 공개	하나증권	🔴	23.07.28
유틸리티	유틸리티(Neutral): 유틸리티 Weekly(23.07.28)	하나증권	🔴	23.07.28
타이어	글로벌 타이어 2023년 6월 판매	하나증권	🔴	23.07.28
통신	악재 기반영, 이젠 호재 살펴야	하나증권	🔴	23.07.28
기타	작은 기업들의 큰 꿈	하나증권	🔴	23.07.28
기타	한화 항공/방위산업 Weekly	한화투자증권	🔴	23.07.28

출처: NAVER

한편 대학생들이 직접 리서치를 하고 보고서를 발간하는 곳도 있는데요, 바로 대학교 가치투자 동아리입니다. 가장 대표적인 곳으로 서울대학교 경영대학 투자연구회 'SMIC'와 한동대학교 '청지기투자학회'가 있습니다. 서울대학교 투자연구회 홈페이지 주소는 snusmic.com이고, 한동대학교 청지기투자학회 홈페이지 주소는 stewardinvestors.com입니다. 이곳은 저도 자주 들어가는 사이트인데요, 대학생들이 작성했다는 것이 믿기지 않을 정도로 훌륭한 내용의 보고서들이 많이 있습니다. 대학생들이 작성한 기업분석 보고서를 보고 감탄사를 연발한 적이 한두 번이 아니었습니다. 무료이고 회원가입도 필요 없기 때문에 바로 양질의 보고서를 볼 수 있습니다. 증권사 보고서는 아니지만 산업연구원(kiet.re.kr)에서 발간하는 연간 경제, 산업 전망 자료도 의사결정을 하는 데 큰 도움이 될 것입니다.

　　마지막으로 '버틀러'라는 사이트를 소개해드리겠습니다. 홈페이지 주소는 butler.works입니다. 기업들의 재무제표를 시각화해 투자자들이 기업들의 과거와 현재를 한눈에 파악할 수 있는 곳입니다. 재무제표 외에도 내부자 매수, 공시, IR자료, 증권사 보고서 등 다양한 정보를 다 확인할 수 있는 투자 치트키 같은 사이트입니다(2023년 12월 기준 무료).

염블리의 꿀팁

증권사 보고서를 확인할 수 있는 방법은 다양합니다. 무료로 증권사 보고서를 확인할 수 있는 곳은 네이버 증권, 한경컨센서스입니다. 유료로 증권사 보고서를 확인할 수 있는 곳은 FN가이드, 와이즈리포트입니다. 대학교 가치투자 동아리인 서울대학교 경영대학 투자연구회 'SMIC'와 한동대학교 '청지기투자학회'에서는 대학생들의 생생한 기업, 산업분석 보고서를 확인할 수 있습니다. 또한 '버틀러'에서는 기업의 모든 것을 한눈에 확인할 수 있습니다.

증권사 보고서의 용어가
너무 어려운데
어떻게 해야 할까요?

증권사 보고서를 읽다 보면 개인투자자들이 해석하기 어려운 난해한 용어들이 나옵니다. 애널리스트들은 일상적으로 쓰는 용어이지만 그 단어를 처음 본 투자자들은 당황할 수밖에 없습니다.

로마에 가면 로마법을 따라야 하는 것처럼 보고서를 해석하기 위해서는 투자자들도 거기에 맞추어 기본적인 용어들은 알고 있어야 합니다. 증권사 보고서에 자주 등장하는 용어들을 한데 모아봤습니다. 여러분들이 보고서를 해석하는 데 도움이 되길 바랍니다.

(다음의 용어 설명에 나오는 기업들은 필자가 가정한 하나의 예시일 뿐이며, 투자권유가 절대 아닙니다.)

1) YoY(Year on Year, 전년동기 대비)

- 전년 같은 기간과 비교(예: 2022년 1분기 대비, 2023년 1분기 수치 비교)
- 2023년 1분기 수출 YoY +5%: 2022년 1분기 대비해서 2023년 1분기 수출이 +5% 증가했다는 의미

2) QoQ(Quarter on Quarter, 전분기 대비)

- 직전 분기와 비교(예: 2023년 1분기 대비, 2023년 2분기 수치 비교)
- 2분기 영업이익 QoQ +10%: 1분기 대비해서 2분기 영업이익이 +10% 증가했다는 의미

3) MoM(Month on Month, 전월 대비)

- 직전 월과 비교(예: 2023년 1월 대비, 2023년 2월 수치 비교)
- 5월 자동차 글로벌 판매량 MoM +20%: 4월 대비해서 5월 자동차 판매량이 +20% 증가했다는 의미

4) YTD(Year To Date, 연초 이후 지금까지 누적 수익률)

- 삼성전자 2023년 YTD +30%: 삼성전자의 2023년 1월부터 현재까지의 누적 수익률이 +30%

5) 1H(First Half, 상반기)

- 1H23: 2023년 상반기라는 의미

6)2H(Second Half, 하반기)

• 2H23: 2023년 하반기라는 의미

7)1Q, 2Q, 3Q, 4Q(Quarter, 분기)

• 1Q23: 2023년 1분기라는 의미, 4Q24: 2024년 4분기라는 의미

8)23F(Forecast, 2023년 예측치)

• 4Q23F: 2023년 4분기 예측치

• 1Q24F 영업이익 YoY +30%: 2024년 1분기 영업이익이 2023년 1분기 보다 +30% 증가할 것으로 전망한다는 의미

9)탑라인(Top Line, 전체매출)

• 매출액은 재무제표(손익계산서) 가장 상단에 표기하므로 '탑라인'이라고 표현

• 탑라인 성장이 가시화되어야: '매출 성장이 시작되어야'라는 의미

10)바텀라인(Bottom Line, 순이익)

• 순이익은 재무제표(손익계산서) 가장 하단에 표기하므로 '바텀라인'이라고 표현

11) 컨센서스(Consensus, 시장의 기대)

- 시장의 기대치 또는 애널리스트들의 추정치
- 1Q23 영업이익 컨센서스 530억 원: 2023년 1분기 영업이익을 시장에서는 530억 원으로 기대한다는 의미

12) 가이던스(Guidance, 목표치)

- 기업이 제시한 예상 또는 목표 수치
- 테슬라는 3Q23 자동차 판매 가이던스를 200만 대로 제시: 테슬라는 2023년 3분기 자동차 판매량이 200만 대가 될 것이라고 발표했다는 의미(컨센서스는 시장이 예상하는 수치이고, 가이던스는 기업이 예상하거나 목표하는 수치임)

13) 어닝서프라이즈(Earning Surprise, 깜짝 실적)

- 컨센서스보다 영업이익이 +10% 이상 높게 나온 상황
- 삼성전자 3Q23 어닝서프라이즈: 삼성전자의 2023년 3분기 영업이익이 시장 기대보다 +10% 이상 높게 나왔다는 의미

14) 어닝쇼크(Earning Shock, 실적 충격)

- 컨센서스보다 영업이익이 -10% 이상 낮게 나온 상황
- 삼성전자 4Q23 어닝쇼크: 삼성전자의 2023년 4분기 영업이익이 시장 기대보다 -10% 이상 낮게 나왔다는 의미

15) MAU(Monthly Active Users, 월간 활성 이용자 수)

- 한 달 동안 해당 서비스를 이용한 사람의 수
- 카카오톡 MAU 4,000만: 한 달 동안 카카오톡을 이용한 사람이 4,000만 명이라는 의미

16) ARPU(Average Revenue Per User, 서비스 가입자당 평균 수익)

- 서비스 가입자가 특정 기간 동안 지불한 평균금액으로, 비싼 상품(요금제)을 쓰는 고객이 많을수록 ARPU가 상승
- SK텔레콤의 5월 ARPU는 35,000원: SK텔레콤의 가입고객들은 5월에 평균적으로 35,000원의 금액을 지불하고 SK텔레콤의 통신서비스를 사용 중이라는 의미

17) GMV(Gross Merchandise Volume, 거래액 또는 총 상품 판매액)

- 온라인 쇼핑몰이나 플랫폼에서 특정 기간 동안에 발생한 총 상품 판매액
- 쿠팡의 2023F GMV 25조 원: 쿠팡의 2023년 총 거래액은 25조 원이 될 것으로 예상한다는 의미

18) ASP(Average Sales Price, 평균판매단가)

- 기업이 판매하는 제품들의 평균 가격
- 삼성SDI의 각형 배터리 ASP가 +20% 증가: 삼성SDI가 공급하는 각형 배터리 평균판매단가가 +20% 상승한다는 의미

19)Capex(Capital Expenditures, 자본적 지출)

- 기업이 미래의 이익을 창출하기 위해 지출한 비용으로, 설비투자라는 개념으로도 사용
- 삼성전자의 24F Capex는 30조 원에 달할 것: 삼성전자는 2024년 설비투자에만 30조 원을 지출할 것으로 전망한다는 의미

20)Capa(Capacity, 생산가능 능력)

- 기업이 해당 기간 동안 생산할 수 있는 최대 생산 능력
- 현대차는 24F Capa 2배 증설에 5조 원을 투자: 현대차는 2024년 자동차 생산능력을 2배로 늘리기 위해 5조 원을 투자할 것으로 전망한다는 의미

21)OPM(Operating Profit Margin, 영업이익률)

- OPM +10%: 영업이익률 +10%라는 의미

22)스프레드(Spread, 차이)

- 금리차이, 원재료와 제품 판매가격의 차이 등에 사용
- 장단기금리 스프레드 역전: 장기금리에서 단기금리를 뺐더니 -가 되었다는 의미. 장기금리보다 단기금리가 더 높다는 의미
- 롯데케미칼의 에틸렌 스프레드가 개선: 에틸렌(제품)과 나프타(원재료)의 가격 차이가 위로 벌어지고 있다는 의미. 나프타로 에틸렌을 제조하는 롯데케미칼의 이익이 개선될 것이라는 의미

23)멀티플(Multiple, 배수)

- PER, PBR 배수
- 삼성전자의 PBR 멀티플은 2배까지 상승 가능: 삼성전자 PBR이 2배까지 상승 가능하다는 의미

24)밸류에이션 콜(Valuation Call, 저평가 추천)

- 이 가격은 크게 잃을 것이 없는 바닥이라고 판단한 애널리스트가 고객들에게 전화를 해서 추천을 한다고 해서 붙여진 용어
- 삼성전자 6만 원은 밸류에이션 콜이 가능한 가격: 삼성전자 6만 원은 바닥이니 투자 가능하다는 의미

25)컨빅션 콜(Conviction Call, 강력 매수 추천)

- 확신을 가지고 전화한다는 의미로, 애널리스트가 강한 확신을 갖고 기업을 추천하는 것
- SK하이닉스 지금은 컨빅션 콜을 해야 할 때: SK하이닉스 현재 구간은 강력 매수 구간이라는 의미

26)침투율

- 새로운 제품이나 서비스가 기존 시장에서 어느 정도 비중을 차지하고 있는지를 의미
- 전기차 침투율 20%: 전체 자동차 시장에서 전기차가 차지하는 비중은 20%라는 의미

27)M/S(Market Share, 시장점유율)

- D램 M/S, 삼성전자 45% / SK하이닉스 28% / 마이크론 24%: D램 반도체 시장점유율이 삼성전자는 45%, SK하이닉스는 28%, 마이크론은 24%라는 의미

28)피크아웃(Peak Out, 고점 이후 하락)

- 업황이나 기업의 실적이 지금 가장 좋지만 앞으로는 둔화될 것이라는 의미
- 주가는 미래를 선반영하기 때문에 피크아웃이라는 용어가 등장하면 주가에 부정적으로 작용
- 현대차 2Q23 영업이익 피크아웃: 현대차 영업이익은 2023년 2분기가 고점이라는 의미

29)바텀아웃(Bottom Out, 바닥 이후 반등)

- 업황이나 기업의 실적이 최악이지만 앞으로는 개선될 것이라는 의미
- 주가는 미래를 선반영하기 때문에 바텀아웃이라는 용어가 등장하면 주가에 긍정적으로 작용
- 현대백화점의 1Q23 실적은 바텀아웃: 현대백화점의 2023년 1분기 실적이 바닥이라는 의미

30) 기저(비교하는 기간의 수치)

- 한화솔루션의 1Q23 실적은 전년 기저가 낮아 긍정적일 듯: 한화솔루션의 2023년 1분기 실적은 2022년 1분기 실적이 낮았기 때문에 상대적으로 높게 나올 전망이라는 의미(실적 증감률은 과거와의 비교이므로, 기저가 낮다는 것은 과거와 비교해 실적이 증가할 가능성이 높다는 의미)

31) 타이트한 수급

- 수요는 많은데 공급이 부족하다는 의미
- 타이트한 D램 공급: D램 공급이 부족해서 D램 가격이 상승할 수 있다는 의미

32) 업스트림(Up-Stream, 원자재 탐사, 시추 및 생산)

- 제품 제조 공정 중 가장 앞에 있는 공정
- LNG 업스트림: LNG를 생산하기 위한 원료인 천연가스를 시추하고 생산하는 것
- 배터리 재활용 업스트림: 배터리 재활용에 필요한 원재료인 폐배터리를 수거하는 것

33) 미드스트림(Mid-Stream, 중간 운송)

- 생산된 원자재를 필요로 하는 곳에 운송하는 과정
- LNG 미드스트림: 천연가스를 액화상태인 LNG로 전환하고 LNG 운반선을 통해 LNG를 필요한 곳으로 보내는 것(조선사, 해운사들은 미드스트림 영역에 있음)

34)다운스트림(Down-Stream, 제품화)

- 공급받은 원자재를 정제하고 가공해 상품화하는 것
- LNG 다운스트림: 선박으로부터 공급받은 LNG를 다시 기화해서 천연가스로 전환하고 발전소 등 필요한 곳에서 천연가스를 활용해 전력을 생산하거나 농작물에 필요한 비료 등의 제조에 사용하는 과정

35)바텀피싱(Bottom Fishing, 저점매수)

- 어떤 기업의 주가가 본질가치 대비 많이 하락해 저평가되었다고 판단해 매수하는 것
- 바텀피싱 전략은 유효: 지금 주가 수준은 저평가되어 있기 때문에 어느 순간에는 적정가치로 회귀할 수 있으니 저점 매수하는 전략은 괜찮다는 의미

36)캡티브(Captive, 내부시장)

- 계열사 간의 내부시장이라는 용어로, 계열사를 활용해 수익을 창출할 수 있다는 의미
- 제일기획의 캡티브 매출은 +20% 증가: 제일기획은 삼성그룹의 광고 기획사로, 제일기획의 캡티브 매출은 삼성그룹에서 주는 광고 물량. 삼성그룹의 계열사들이 광고를 많이 해서 제일기획의 삼성그룹 향 매출이 +20% 증가했다는 의미. 제일기획이 SK하이닉스의 광고 수주를 했다면 이는 캡티브 매출이 아님

37)탑픽(Top Pick, 최고 선호 기업)

- 애널리스트가 담당하는 업종에서 가장 선호하는 기업
- 2차전지 탑픽은 LG에너지솔루션, 에코프로비엠: 2차전지 업종에서 LG에너지솔루션과 에코프로비엠을 가장 좋게 보고 있다는 의미

38)IP(Intellectual Property, 지식재산권)

- 인간의 지적 창조물에 대해 법이 인정한 권리. 게임, 드라마, 영화, 소설, 음악 등의 고유한 창작물을 보호하기 위한 권리
- 하이브의 BTS IP 탑라인이 +20% 증가: 하이브가 BTS의 음원, 굿즈, 광고 등을 통해 매출이 +20% 증가했다는 의미

염블리의 꿀팁

로마에 가면 로마 법을 따라야 합니다. 영어나 일어를 하기 위해서는 단어를 알고 있어야 합니다. 보고서 읽기도 마찬가지입니다. 보고서에 등장하는 각종 용어들을 이해하고 있어야 보고서 독해가 가능합니다. 처음 보면 외계어 같지만 용어를 이해하고 자주 읽다 보면 보고서에 등장하는 용어들이 친숙하게 느껴질 것입니다. 증권사 보고서 해석을 위해서라도 꼭 숙지하시기 바랍니다.

질문
TOP
77

주식담당자(IR 담당자)에게 전화를 하면 진짜 도움이 되나요?

'주가는 미래를 선반영한다'라는 속성을 우리는 잘 알고 있습니다. 미래를 알면 주가도 예측할 수 있겠지만 사실 그건 말이 안 되는 이야기입니다. 미래를 정확히 예측하는 건 신의 영역이니까요. 하지만 주식투자자는 본인이 투자한 기업의 미래를 예측해야 합니다. 설사 그 예측이 틀리더라도 예측이 필요합니다. '주식은 예측이 아니라 대응이다'라는 이야기도 있지만 저는 그 의견에 동의하지 않습니다. '주식은 예측이자 대응이다'라고 생각합니다. 예측은 투자한 기업의 미래가 향후 어떤 그림을 그릴지 100%는 아니어도 근거를 가지고 합리적으로 상상하는 과정입니다. 대응은 기업이 예측한 방향대로 사업을 잘하고 있는지, 아니면 예측과 다른 방향으로 가고 있는지를 점검해 보유·매도·매수 여부를 결정하는 행동입니다.

'상상력 → 점검 → 행동'이 바로 주식투자의 과정입니다. 이러한 주식투자 과정의 성공 여부를 결정하는 핵심 요인 중의 하나가 바로 정보입니다. 상상력도 정보가 있어야 가능하며, 점검도 역시 정보가 있어야 가능합니다. 기업 정보는 기업의 외부보다는 내부에서 더 정확하게 알고 있을 가능성이 높은데요, 기업의 정보를 담당하는 직원과 우리가 소통할 수 있다면 이는 주식투자에 매우 큰 도움이 될 것입니다. 기업의 정보를 담당하고 투자자에게 기업의 현황을 설명하는 직원을 주식담당자라고 부르는데요, IR 담당자라고도 합니다.

주식담당자는 기업이 자본시장에서 정당한 평가를 받기 위해 개인·기관투자자 및 언론을 대상으로 기업의 현황에 대한 정보를 제공하고 기업을 홍보하며 투자자들과 상호 소통하는 사람을 의미합니다. 정보력이 부족한 개인투자자들에게는 정말 소중한 존재입니다. 주식 탐방을 가서 기업의 현황을 눈으로 보는 것도 중요하지만 개인투자자들이 사실 탐방을 가는 것은 매우 어렵고 시간도 많이 걸릴 뿐 아니라 탐방을 간다고 100% 투자에 성공하는 것도 아니기 때문에 필자는 개인적으로 탐방보다는 주식담당자와의 전화통화를 권유드립니다.

개인투자자들 중에서 낯가림이 심한 투자자는 주식담당자에게 전화를 거는 것을 매우 두려워하는 경우도 있습니다. 말실수할까 두렵기도 하고, 하찮은 질문을 할까 걱정도 되고, 무엇보다 주식담당자가 귀찮아하면 어떡할까 지레 겁먹는 경우가 많습니다. 하지만 그런 생각은 넣어두시기 바랍니다. 대부분의 주식담당자는 매우 친절합니다. 법에 저촉되는 내부정보는 알려줄 수 없지만 공개가 가능한 정보는 친절하게 알려주는 경우가 많습니다. 절대 두려움을 갖지 마시고, 기업의 정보에 대해 궁금하면 꼭 전화하셔서 원하는 정보를 얻어내시기 바랍니다. 주식담당자와 친하게 지내고 정보를 업데이트한다면 이 또한 개인투자자에게는 큰 무기가 될 것입니다.

　지금부터는 주식담당자와 대화하는 팁을 몇 개 알려드리겠습니다. 먼저 전화를 하기 전해 무엇을 얻어내고 싶은지를 명확하게 결정하고 전화를 해야 합니다. 추상적이고 넓은 범위의 질문이 아닌 구체적이고 좁은 범위의 질문이 좋습니다. 예를 들어 색조 화장품을 판매하는 '아이패밀리에스씨'가 실적 발표를 했는데 시장이 예상한 것보다 20% 더 많은 이익을 기록했다면 여러분은 어떻게 하겠습니까? 왜 실적이 이렇게 잘 나왔는지 당연히 궁금할 것입니다. 그럴 땐 아이패밀리에스씨 주식담당자에게 전화를 하면 됩니다. 단, 전화하기 전에 질문지를 꼭 작성하시기 바랍니다. 질문지를 한번 작성해보겠습니다. '이번 3분기 영업이익이 시장 예상보다 +20% 잘 나왔는데 롬앤이라는 브랜드 매출이 증가해서 그런 건가요? 아니면 다른 일회성 요인이 있었던 건가요?'(아이패밀리에스씨의 주력 브랜드는 '롬앤'이고 매출의 대부분이 롬앤에서 발생), '롬앤의 실적이 기대보다 좋았다면 롬앤의 상품 중에서

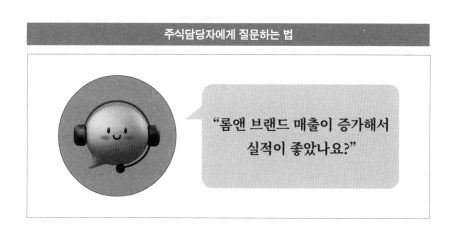

주식담당자에게 질문하는 법

"롬앤 브랜드 매출이 증가해서
실적이 좋았나요?"

어떤 것이 가장 팔려서 그런 건가요?' '롬앤의 해외 사업부 실적은 이번에 어땠나요? 일본에서 잘 팔린다고 들었는데 맞나요?' '올리브영 매장에서 판매가 실제 잘 되고 있나요?' '만일 일회성 이익이 반영되어 실적이 좋았다면 다음 분기부터는 이 일회성 이익은 소멸되는 건가요?' 등 구체적인 질문을 하는 것이 좋고, 그렇게 해야 원하는 답을 명확하게 얻어낼 수 있습니다. 이와 반대로 '실적이 왜 이렇게 좋아요?' '실적이 좋은데 주가는 왜 안 올라가나요?' '실적도 좋은데 회사에서는 주가가 얼마까지 갈 것이라고 생각하나요?' 같은 추상적이고 주가 전망을 해달라는 질문은 바람직하지 않습니다.

이번에는 게임주의 예를 들어보겠습니다. 어느 날 엔씨소프트 주가가 -6% 급락했다면 주주들은 당연히 그 이유가 궁금할 것이고, 그 이유를 찾기 위해 뉴스도 검색해보고 주식담당자에게 전화를 할 가능성이 높습니다. 여기서는 2가지 가정을 해보겠습니다.

먼저 급락의 이유가 밝혀진 경우입니다. 엔씨소프트가 신작게임 출시 일정을 연기할 것이라는 뉴스가 나왔고 엔씨소프트의 구체적인 언급이 아직 없었다면 주식담당자에게 전화를 하는 것이 좋습니다. 역시 질문은 핵심만 간결하게 하는 것이 좋습니다. '신작게임 출시 일정이 연기된 것이 사실인가요?' '사실이라면 신작게임은 언제쯤 출시될까요?' '신작게임 출시가 연기된 이유가 무엇인가요? 게임 개발에 구체적으로 어떤 문제가 있었던 건가요? 아니면 보다 완성도 높은 게임을 만들기 위한 시간이 필요한 것인가요?' '신작게임 개발을 포기하는 것은 아니죠?' 등의 질문으로 답변을 이끌어내면 됩니다. 신작게임 완성도를 높이기 위해 3개월 정도 출시 일정을 연기했다고 답변한다면 이는 단기적으로는 악재지만 결국 출시가 되는 것이기에 중기적으로는 큰 영향이 없을 것으로 생각해도 됩니다.

두 번째는 급락의 사유가 명확하지 않은 경우입니다. 실제 엔씨소프트는 2022년 12월 13일 명확한 사유도 없이 주가가 -8% 급락했습니다. 당시 일부 언론에서는 내년 6월 엔씨소프트의 신작게임인 'TL'이 미국 게임사 블리자드의 신작게임 '디아블로4'와 같은 달 출시되기 때문에 경쟁을 할 가능성이 높아 흥행이 불확실하다는 우려가 제기되었습니다. 막연한 추측이고 아직은 먼 이야기인데 주가는 반응을 한 것이죠. 이렇게 급락의 사유가 애매할 때는 주식담당자에게 전화를 하지 않는 것이 낫습니다. 사실 전화를 해도 명확한 답을 알 수 없는 경우가 많습니다. 왜냐하면 주식담당자도 이러한 내용에 대해서는 명확한 답변을 할 수 없기 때문입니다. 만일 전화를 한다면 이러한 질문은 괜찮습니다. '디아블로4가 내년에 나오는데 엔씨소프트의 신작게임과 경쟁을 할 수 있는 같은 장르의 게임인가요?' '엔씨소프트 측에서는 디아블로4를 잠재적 경쟁자라고 판단하나요?' 'TL이라는 게임이 가진 다른 게임과의 차별성은 무엇인가요?' 등의 구체적인 질문은 주식담당자가 답변하기도 수월하기 때문에 좋은 답을 얻어낼 수 있습니다. 반면이러한 질문은 삼가야 합니다. '왜 주가가 8%나 급락했나? 내부에 무슨 문제가 있는 거 아닌가?' '기업 경영에 문제가 있는 거 아닌가?' '주가가 급락했는데 주식을 파는 게 낫겠죠?' 등의 질문은 주식담당자도 명확하게 답변을 하기가 어려운 질문들입니다. 주가를 예측하는 것은 주식담당자의 업무가 아닙니다.

사업보고서를 읽다가 기업에 대해 궁금한 점이 생겼을 때에도 전화를 하는 것이 좋습니다. 만일 한미반도체에 대해 공부를 하고 있었다면 주요 제품 중에서 '비전플레이스먼트'가 핵심인 것을 알 수 있을 것입니다. 비전플레이스먼트가 무엇인지 알아야 이 기업의 적정가치를 평가할 수 있기 때문에 주식담당자에게 전화를 해서 비전플레이스먼트가 정확히 무엇을 하는 제품인지 물어보면 됩니다. 그러면 주식담당자가 친절하게 여러분에게 설명해줄 것입니다.

주식담당자도 사람입니다. 기계가 아닙니다. 그리고 직장인입니다. '용건만 간단히'라는 생각을 가지고 주식담당자와 통화하시기 바랍니다. 주식담당자는 우리의 친구가 되어야 합니다. 친구를 적으로 만드는 질문은 되도록 하지 마시기 바랍니다. '내년에는 주가가 얼마나 오를까요?' '왜 주가가 못 오르나요?' '주가 부양 좀 해주세요' 등의 질문과 요청은 자제해야 합니다. 전화하는 것을 두려워하지 말고, 궁금한 점이 생기면 준비와 예의를 갖추고 전화하시기 바랍니다. 질문이 좋으면 답변도 친절하고 좋게 나올 것이고, 거기서 알아낸 정보로 상상력은 더욱 구체화될 수 있을 것이고, 기업에 대한 점검도 더욱 명확해질 것입니다.

다음은 주식담당자와 제가 실제 통화했던 사례입니다.

주식담당자와의 전화통화 사례 – 한화솔루션

미국에서 'NEM 3.0'이라는 제도가 2022년 12월 15일 확정되었습니다. 캘리포니아는 미국 주택용 태양광 수요의 50%를 차지하는 지역인데, 신규 주택의 지붕에는 태양광을 의무적으로 설치해야 하기에 태양광 수요가 다른 지역보다 많을 수밖에 없습니다. 태양광을 설치한 주택은 전력사용량이 적은 시간에 지역 발전회사에 전력을 팔아

수익을 내곤 하는데요, NEM 3.0은 지역 발전회사들의 비용부담을 줄여주기 위해 주택에서 구입하는 태양광 전력 구매 요금을 78%나 할인해주는 제도입니다. 이게 시행이 되면 캘리포니아 주의 주택용 태양광 설치 수요는 급감할 수밖에 없다고 합니다. 2023년 4월 15일 부터 시행이 되기 때문에 여기에 큰 영향을 받을 수 있는 비상장 기업 한화큐셀의 모회사인 한화솔루션에 전화를 걸어보았습니다.

"미국에서 NEM 3.0이 확정되었다고 하는데 내년 4월부터 시행되면 주택용 태양광 비중이 높은 한화큐셀에 어떤 영향이 있을 것으로 회사 측에서는 보고 계시나요?" → "1분기에 태양광 설치 수요가 급증할 것이고 2분기부터는 줄어들 것으로 봅니다. 하지만 합치면 평년 수준이 될 것입니다."
"전체 매출에서 캘리포니아가 차지하는 비중은 얼마인지 알 수 있을까요?" → "한화큐셀만이 아니라 모든 태양광 기업들 입장에서 캘리포니아 시장은 큽니다. 미국 시장의 절반이 캘리포니아이기 때문에 매우 큰 시장입니다."
"주택이 아닌 유틸리티, 상업용 비중을 늘릴 계획은 있나요?" → "한화큐셀의 전략은 태양광에서도 마진이 좋은 미국, 그중에서도 주택용과 상업용부터 공략하는 것입니다. 유틸리티는 마진이 이 둘에 비해서는 낮기 때문에 순서면에서는 후순위입니다."

전화로 문의한 결과 NEM 3.0은 한화솔루션에는 부담스러울 수 있는 제도라는 걸 확인했습니다. 물론 장기적으로 미국의 태양광 시장은 성장하겠지만 주택용은 2023년에 다소 정체될 수 있습니다. 결론적으로 한화솔루션은 주택용 외에 발전용·산업용 비중을 늘려야 하고, 유럽 등으로 지역을 다변화할 필요성이 있습니다. 다소 부담스러운 정책을 잘 극복할지 지켜보아야 하는 상황입니다.

주식담당자와의 전화통화 사례 - HSD엔진

HSD엔진은 선박용 엔진 전문 제조업체입니다. 2023년 한국의 HD현대중공업은 메탄올을 연료로 사용하는 컨테이너선 수주를 대량으로 받았습니다. 메탄올 연료 추진선에 필요한 엔진은 HD현대중공업이 직접 제작합니다. 문득 필자는 이런 생각이 들었습니다. '경쟁사인 HSD엔진은 메탄올 연료 추진선에 필요한 엔진을 생산할 수 있을까?' 너무 궁금했습니다. 메탄올 연료 추진선이 앞으로 컨테이너선의 대세가 될 분위기인데, 이 엔진을 만들지 못한다면 HSD엔진의 투자 매력은 떨어질 수밖에 없기 때문입니다. 그래서 2023년 6월 HSD엔진 주식담당자에게 전화를 걸었습니다.

"HSD엔진도 HD현대중공업처럼 메탄올 연료 추진선의 엔진을 만들 수 있나요?" → "네, 엔진 양산이 가능합니다. 엔진은 MAN社의

라이선스를 받아 제작하는데, 선박 수주만 받으면 제조가 가능한 상태입니다. 삼성중공업이 2023년 7월경 메탄올 컨테이너선을 수주하면 당사가 메탄올 엔진을 제작해서 납품을 시작할 것으로 예상하고 있습니다."

이 전화를 통해 한국 조선사들의 선박 수주가 늘어나고 있는 가운데 가장 중요한 선박으로 떠오르고 있는 메탄올 연료 추진선의 엔진도 HSD엔진이 제작 가능하다는 것을 확인했습니다.

주식담당자의 의견대로 실제 삼성중공업은 메탄올 연료추진 컨테이너선 16척을 수주했다고 2023년 7월 17일 공시했습니다. 물론 이 선박에 들어가는 엔진을 HSD엔진이 무조건 제작한다는 보장은 없습니다. 하지만 HD현대중공업은 삼성중공업의 경쟁사입니다. 삼성중공업이 엔진 제작을 HD현대중공업에 맡길 가능성은 제한적입니다. 삼성중공업의 엔진은 그동안 대부분 HSD엔진이 맡아서 제작해왔습니다. 이번 메탄올 연료 추진선 엔진도 HSD엔진이 제작할 가능성이 높다고 보는 이유입니다.

어떤 기업과 동행하기로 했다면 계속해서 그 기업의 가치에 영향을 줄 수 있는 요소들을 면밀히 확인하고 그 영향을 분석해야 합니다. 기업가치에 영향을 주는 변수들은 너무 많습니다. '전쟁이 나면 조선 업황은 어떻게 될까?' '대만에 지진이 나면 한국 반도체 기업들은 어떤 영향을 받게 될까?' '트럼프 전 대통령이 미국 대통령에 당선되면 전기차 산업은 어떻게 될까?' 등 예측하기 어려운 변수들은 많습니다. 이러한 변수들을 미리 예상해서 투자자들이 행동을 취하는 것은 더더욱 어려운 일입니다. 이런 불확실성이 발생할 수도 있고, 발생하지 않을 수도 있기 때문입니다. 그렇기 때문에 우리는 예측할 수 있는 범위 내에서 합리적인 의사결정을 해야 합니다. 예측할 수 있는 범위 내에서 합리적인 의사결정을 하기 위해서는 확인 가능한 변수들을 꼼꼼히 살펴보면 됩니다. 언론기사, 주식 전문가의 의견, 시장의 소문 등을 통해서도 변수들을 확인할 수 있겠지만 가장 합리적인 확인 방법은 주식 담당자와의 전화통화입니다.

시간이 되어 탐방을 간다면 더욱 좋겠지만 과연 그럴 시간을 낼 수 있는 투자자들이 얼마나 될까요? 직장인들은 현실적으로 탐방은 불가능할 것입니다. 그렇기 때문에 더더욱 주식 담당자와 친해지시길 권합니다. 기업의 미래를 합리적으로 예측할 수 있는 전화기가 우리 옆에서 항상 대기하고 있다는 것을 잊지 마시기 바랍니다.

염블리의 꿀팁

어떤 기업과 동행하기로 했다면 계속해서 그 기업의 가치에 영향을 줄 수 있는 요소들을 면밀히 확인하고 그 영향을 분석해야 합니다. 기업가치에 영향을 줄 수 있는 내용들을 확인하는 가장 좋은 방법은 기업의 주식담당자에게 전화를 걸어 확인하는 것입니다. 주식은 예측이자 대응입니다. 예측과 대응을 합리적으로 할 수 있는 가장 좋은 방법 중 하나는 주식담당자와의 전화통화입니다. 두려워하거나 어려워하지 말고, 궁금한 내용이 있다면 다이얼을 돌리시기 바랍니다.